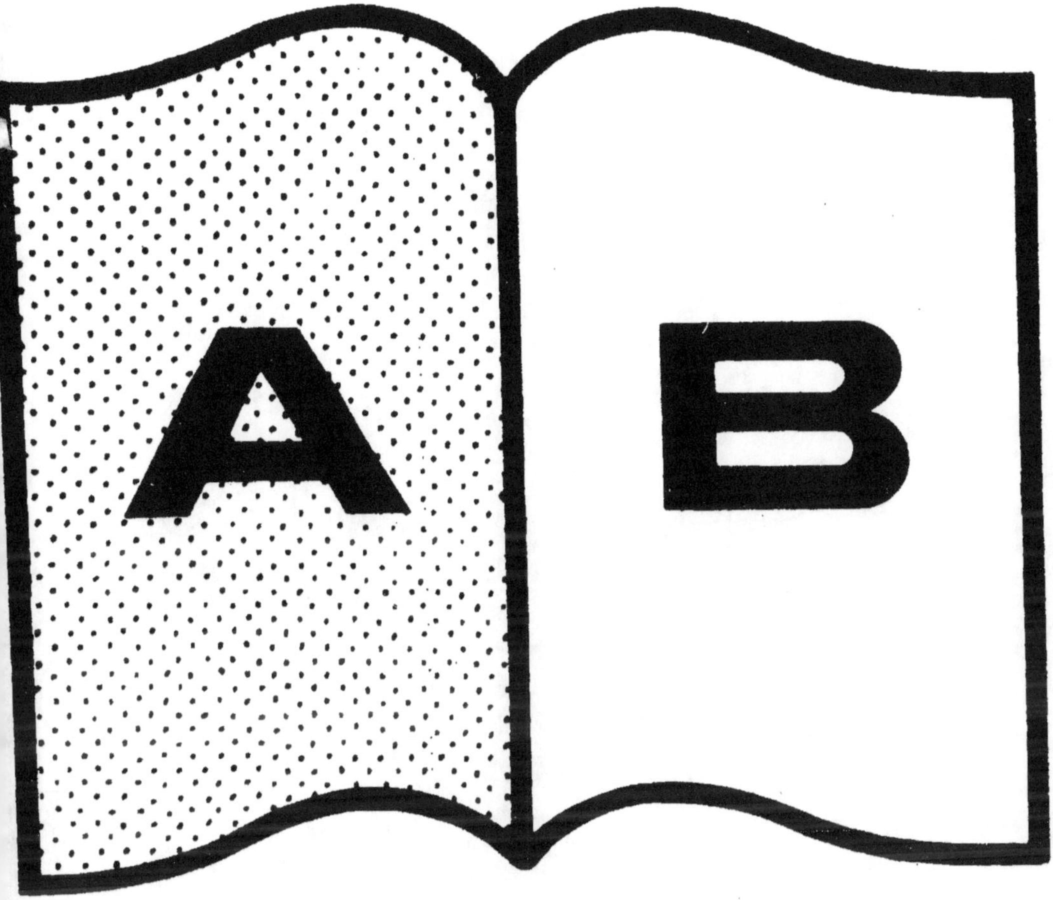

Contraste insuffisant

NF Z 43-120-14

HISTOIRE DE TOULON

OUVRAGES DU MÊME AUTEUR

Histoire des guerres de religion en Provence. 2 volumes in 8º (épuisé).

Les consuls de Toulon commandants militaires et lieutenants du roi au gouvernement de la place. 1 vol. in 8º.

Nicolas Laugier (de Toulon), graveur d'histoire. Sa vie et ses œuvres, In 8º.

Le régime municipal et l'affranchissement des communes en Provence au moyen âge. 1 vol. in-8º.

L'œuvre de la rédemption des captifs à Toulon. In-8º.

Histoire du siège de Toulon en 1707, d'après des documents inédits. Avec un plan indiquant les positions des batteries ennemies. In-8º.

Histoire de Toulon, 4 vol. in-8º.

HISTOIRE

DE

TOULON

PAR

LE Dʳ GUSTAVE LAMBERT

DEUXIÈME PARTIE

Depuis la réunion de la Provence à la France (1487)
jusqu'à la Révolution (1789)

TOME QUATRIÈME

TOULON

IMPRIMERIE DU VAR, RUE PICOT, 48

1892

HISTOIRE DE TOULON

CHAPITRE XVIII

TOULON SOUS LOUIS XIV
(Suite)
1680-1700

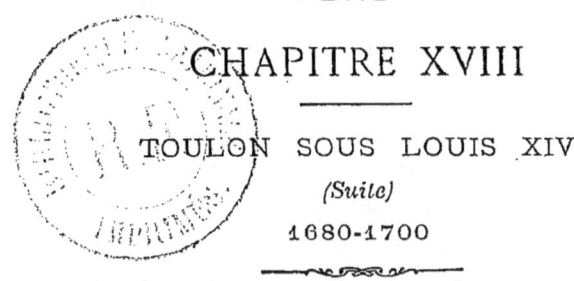

Agrandissement de la ville : ouverture de sept rues nouvelles; la place d'Armes, la place Saint-Roch et la porte Royale. — Construction de la Fonderie, du collège royal ou Séminaire de la Marine et de l'hôtel de l'Intendance. — Etablissement à Toulon d'un commandant militaire en résidence fixe. — Conflit entre le commandant militaire et les consuls. — Ordonnance du roi réglant leurs rapports. — Le *Cérémonial* de la ville de Toulon. — Des visites des consuls après leur élection. — Marches et cérémonies publiques. — De la réception par les consuls des souverains et des princes, des gouverneurs de la province, des ministres, ambassadeurs, etc. — Les querelles du Jansénisme à Toulon. — Jean de Vintimille du Luc, évêque. — La vénalité des offices à Toulon. — Armand, Bonnin de Chalucet, évêque. — Fondation de l'hôpital de la Charité. — Institution d'une école primaire gratuite de filles. — Introduction des PP. Récollets dans la ville et construction de l'église Saint-Jean. — Construction de la Poissonnerie.

Les vingt-huit mille cinq cents toises carrées, demandées par Vauban pour l'agrandissement de l'arsenal et la création d'un quartier urbain nouveau relié à la ville de Henri IV, avaient été expropriées par l'Etat. Vauban, étranger à Toulon et trompé sans doute par de fausses appréciations locales, avait commis une erreur en estimant le prix total d'achat à cinquante mille sept cent cinquante francs; en réalité, il atteignit la somme élevée pour l'époque de cent cinq mille six cent soixante-dix-huit francs, quatre sous, huit deniers. Les terrains acquis se composaient généralement de jardins, dont quelques-uns ayant une maison d'habitation, d'une *bastide* convertie en couvent par les PP. Récollets, qui n'avaient pu encore se faire admettre dans la ville, et de l'abattoir communal, désigné dans l'acte de vente sous le nom de Tuerie (1).

L'année 1680 fut entièrement consacrée à la démolition des anciens remparts, s'étendant du bastion Saint-Roch ou de la Fonderie à la mer. Les travaux du port, à l'exception de ceux de la jetée, ne commencèrent réellement qu'en 1681, lorsqu'on eut élevé la muraille de séparation de l'arsenal et de la ville, laquelle existe encore sous le nom de mur de la Corderie. La délimitation du parc royal étant ainsi posée, on traça sur les terrains restés libres une place d'Armes pour les exercices journaliers de la garnison, et

(1) La Tuerie, expression qui est restée dans le langage du peuple de Toulon pour désigner l'abattoir, occupait l'emplacement de notre ancien hôpital militaire, dans la rue de la Comédie, aujourd'hui dénommée rue Denfert-Rochereau. Lorsqu'on la démolit, en 1680, la ville la fit réédifier sur un terrain loué à un sieur Gérin, englobé actuellement dans le champ de manœuvres dit Champ-de-Mars. L'acte de location est à la date du 26 août 1680.

Pendant le siège de Toulon par le duc de Savoie, en 1707, tous les bâtiments situés sous la place ayant été abattus pour en dégager les approches, ceux de la Tuerie furent rasés. Après la levée du siège, le roi fit défense de bâtir, à l'avenir, dans un rayon de deux cent cinquante toises autour des remparts, et force fut à la ville de transporter son établissement communal plus loin. Elle loua alors une prairie appartenant à un sieur Revest, située au delà du pont de l'Eygoutier, sur notre route du Cap-Brun, où elle n'éleva que des hangars provisoires en attendant d'acquérir un terrain définitif. En 1715, en effet, elle fit l'achat de la propriété d'un bourgeois du nom de Beaussier, « sise près du pont de » l'Eygoutier, au quartier de la Calade », où elle édifia ces bâtiments qui ont existé jusqu'à nos jours et viennent d'être remplacés par des constructions plus appropriées aux exigences de l'hygiène publique. L'acte de ratification d'achat est du 25 avril 1715.

nos rues dites aujourd'hui : Nationale, prolongée de la place de l'Intendance à la place Saint-Roch, de Saint-Roch, de la Corderie, de la Comédie, primitivement appelée du Jeu-de-Paume, du Trésor (1), de l'Ordonnance et de Possel (2), ainsi que la place Saint-Roch. La porte de Notre-Dame, située sur la place actuelle de l'Intendance, à l'ouvert de la rue Nationale, fut démolie et reportée au côté Nord de la place Saint-Roch, où elle prit le nom de porte Royale. Elle a disparu à son tour en 1852, lors du dernier agrandissement de la ville, et s'ouvre aujourd'hui à l'extrémité Ouest du boulevard de Strasbourg, sous l'appellation de porte Nationale.

Dans le périmètre de la ville agrandie, outre la place d'Armes, l'Etat s'était réservé un espace de terrain assez étendu pour y construire une fonderie de canons et un

(1) Ce nom de rue du Trésor est le résultat d'une altération du nom primitif provençal de rue des *Très oratori*. Il existait, en effet, sur le tracé de la nouvelle voie, un carrefour duquel partaient trois chemins divergents, marqués chacun par un oratoire, simple pilastre en maçonnerie, comme on en rencontre encore beaucoup sur nos chemins ruraux, dans lequel était creusée une niche renfermant l'image du Christ ou de la Vierge. Avec le temps, soit que la dénomination populaire de rue des *Très oratori* fût trop longue, soit, ce qui est plus probable, qu'elle fût mal interprétée par les habitants du quartier, presque tous officiers de la flotte ou de l'armée et ignorants de l'idiome du pays, l'expression de rue du Trésor prévalut définitivement sur celle de *Très oratori* et finit par être adoptée officiellement.

(2) La rue Possel, parallèle à la rue Nationale, entre celle-ci et la place d'Armes, porta primitivement le nom de rue de la Gabelle. Cette appellation lui vint de ce que les greniers à sel, situés sur la place d'Armes, avaient une porte donnant sur cette rue, par laquelle on emmagasinait le sel à son arrivée des salines et où on le chargeait sur des charrettes pour l'exportation. Plus tard, M. de Possel, commissaire ordonnateur de la marine, ayant acquis la maison de la rue Nationale où se trouve aujourd'hui la sous-préfecture et ouvert ses écuries et les

séminaire ou collège royal de la marine. Ces deux établissements existent encore, avec des affectations différentes, il est vrai, de celles qui leur avaient été primitivement assignées.

La Fonderie, qui donna son nom à l'ancien bastion de Saint-Roch, en partie réédifié à cette époque, est encore ainsi dénommée, quoiqu'elle ne soit plus occupée que par les bureaux de l'administration de la marine et les magasins de matériel des directions des constructions navales et des travaux hydrauliques. Avant l'année 1680, la fonderie existait déjà, mais dans des proportions très étroites et pour la fonte seule des menus objets d'armement des vaisseaux. On ne commença à y couler et travailler les canons qu'après son agrandissement, vers 1684. On a deux mandats de paiement de 1689, l'un de cinq mille livres et l'autre de dix mille livres, au nom du sieur Gaspard Chaussegros, pour règlement de comptes de travaux faits pour l'agrandissement de la fonderie ; mais à cette époque

---

communs de son hôtel sur la rue de la Gabelle, cette appellation tomba bientôt en désuétude et fut remplacée par celle de rue de M. de Possel, qui lui est restée.

Ce nom de Possel n'évoque plus aucun souvenir parmi nous. Il appartenait à une famille toulonnaise enrichie au XVIIe siècle dans le commerce des esclaves. On sait que le recrutement des équipages de rameurs des galères royales se faisait par achats, au moyen d'intermédiaires, des captifs faits par des navires armés en course, sur les côtes d'Afrique, de Grèce et du Levant. La famille Possel avait acquis une grande fortune dans ce trafic, pour lequel elle possédait de nombreux comptoirs en Orient. On a un acte d'un Possel, à la date du 17 février 1685, stipulant qu'il achète une frégate du roi appelée la *Fée*, moyennant le prix de cent cinquante turcs, « bons et en état de servir pour la rame, payables
» dans trois ans, sçavoir : cinquante pour chaque année, qui seront consi-
» gnés à l'agent du roy à Malte, où le sieur Possel promet et s'oblige de
» les rendre. S'il ne pouvoit remplir ce nombre, il paieroit 350 livres
» pour chaque turc de déficit ».

l'établissement était en pleine activité déjà depuis plusieurs années. M. Ch. Ginoux a publié, dans une de ses intéressantes monographies artistiques (1), une note extraite des *Archives* du port, qui nous apprend que, du 30 décembre 1687 au 22 avril 1689, il fut fondu par le sieur René Landouillet, maître fondeur, cinq cents pièces de canon de divers calibres et que cette fonte coûta trente-quatre mille sept cents livres, vingt sols, six deniers.

C'est dans l'ancienne fonderie de la marine, dans un magasin mis à sa disposition par l'intendant général Arnoul, que Pierre Puget, alors dans toute la force de son génie, sculpta le *Milon de Crotone*, l'*Andromède* et le *Diogène*. Ces grandes œuvres furent commencées en 1676. En 1679, le *Milon* fut monté sur un piédestal dans le jardin actuel du commissariat général, qui faisait partie de la fonderie, et les autres marbres furent transportés dans l'arsenal. A ce moment, le *Milon* n'était pas encore complètement achevé : il restait à faire le pied gauche et la main prise dans le tronc de l'arbre. Puget termina ce chef-d'œuvre sur place.

Le collège royal, aujourd'hui hôpital de la marine, fut, à l'origine, destiné à un séminaire d'aumôniers de vaisseaux et à des écoles de mathématiques, d'astronomie et d'hydrographie à l'usage des officiers de la flotte et du corps des gardes de la marine. La création en fut décidée en 1685, mais il ne fut commencé que dans les premiers mois de l'année 1687, sous le ministère du marquis de Seignelay, fils de Colbert. On trouve, dans les registres des *Archives* du port, l'acte de prix-fait avec devis, passé par devant notaire le 9 décembre 1686 par M. Husson, intendant de la

---

(1) *De la décoration navale au port de Toulon aux XVIe et XVIIe siècles.*

marine, et César Aguillon et Pierre Gombert, entrepreneurs, pour la construction d'un séminaire royal et d'une chapelle pour les RR. PP. Jésuites, aumôniers de la marine. Le premier paiement des travaux, avec ordonnance et quittance, est à la date des 22 et 23 mai 1687. L'acte de prix-fait portait la construction du séminaire à quarante mille livres et celle de l'église à trente mille livres. Il y eut loin de cette somme primitive de quarante mille livres au prix définitif de construction.

Le roi voulut confier le soin de former les aumôniers et d'instruire les gardes de la marine aux Jésuites, qui, depuis longtemps, avaient donné les preuves les plus éclatantes de leur méthode dans l'enseignement des sciences. Par contrat passé le 11 septembre 1686, avant même que le séminaire ne fût commencé, entre J.-B. Colbert, marquis de Seignelay, et le R. P. Petit, provincial de la province de Lyon, un revenu annuel de dix mille cinq cents livres fut assuré à la maison, tant pour la nourriture et l'entretien de douze religieux jésuites que pour l'instruction, la nourriture et l'entretien de vingt prêtres séculiers destinés à embarquer comme aumôniers sur les vaisseaux. De plus, le roi lui accordait les mêmes honneurs, avantages, privilèges, franchises, exemptions et immunités dont jouissaient les maisons et communautés de fondation royale (1). Parmi

---

(1) Extrait du contrat d'établissement des Jésuites à Toulon, du 11 septembre 1686.

« Ledit séminaire jouira des mêmes honneurs, avantages, privilèges, » franchises, exemptions et immunités dont jouissent les maisons et com- » munautés de fondation royale, même du privilège de faire entrer » quinze tonneaux pour chacun, quittes de douane, entrée de port et » autres droits, et encore de trois minots de sel à prendre annuellement » à la gabelle dudit Toulon, francs de tous droits..... »

Archives communales. Série EE : *Marine.* Art. 55 : *Correspondance.*

les douze pères jésuites devaient se trouver un instructeur, chargé de confesser les élèves aumôniers et de leur faire des conférences; trois professeurs, dont un de mathématiques, un d'astronomie et un d'hydrographie; les autres devaient prêcher dans la ville, visiter les marins ou ouvriers du port malades, « et faire la mission sur les vaisseaux » avant leur départ et à leur retour ».

Le premier directeur du séminaire fut le P. Albert Daugières, né à Arles en 1634. C'était un homme d'une grande piété et d'un esprit très cultivé. Il avait professé successivement les humanités, la philosophie et la théologie. On a de lui une dissertation sur la Vénus d'Arles, statue antique trouvée en 1651 dans les ruines du théâtre et placée aujourd'hui au musée du Louvre, et un volume de poésies latines publié en 1684 et réimprimé avec de nombreuses additions en 1708. Dans cette édition se rencontrent plusieurs pièces écrites à Toulon et se rapportant à cette ville, et entr'autres celle intitulée : *Seminarium marinum Telonense, Societatis Jesu, a Ludovico magno fundatum*. Dans cette poésie, qui est fort belle de pensées et de style, il nous apprend que les ports de Gênes, Palerme, Alger, Tripoli, avaient été bombardés par des flottes sorties de Toulon, et fait ensuite une description poétique de la ville et de la rade, se terminant par celle du Séminaire, dans lequel trois cents jeunes gens, futurs marins, reçoivent leur instruction et se forment aux vertus de leur noble carrière. Le P. Daugières dirigea la maison de Toulon avec beaucoup de prudence et de succès jusqu'à l'année 1700, où il fut envoyé à Lyon.

Rien ne donne mieux une idée de la magnificence des monuments élevés pendant la période brillante du règne de Louis XIV que l'établissement du Séminaire Royal. Il se développe sur une façade qui n'a pas moins de soixante mètres et comporte deux étages surmontés d'un observatoire (1). Sa profondeur est de cent mètres environ et sa superficie totale ornée de bâtiments desservis et éclairés par deux grandes cours. Il s'ouvre sur la rue Nationale par une porte monumentale, percée entre deux colonnes accouplées d'ordre dorique soutenant un entablement sur lequel reposent, à demi couchées, deux statues colossales représentant la Religion et la Force. Au-dessus des deux statues sont deux génies enfants portant dans leurs bras un écusson sur lequel étaient jadis des fleurs de lis, qui ont été grattées pendant la Révolution. Les dessins de cette décoration sculpturale furent faits par Rombaud-Languenu, maître sculpteur du port, mort à Toulon en 1718. Le travail à exécuter fut mis aux enchères le 3 août 1689 et adjugé à un artiste non sans mérite du nom de Tombarelli, pour le prix dérisoire de cent trente livres, non compris le prix des pierres. Le dessin des ornements de la porte en bois de chêne fut fait par un sieur Dubreuil et payé trente livres; l'exécution en fut confiée au sieur Imbert, sculpteur (2).

C'est dans ce grandiose établissement que, pendant plus de soixante-dix ans, les PP. Jésuites ont présidé à l'instruction d'une nombreuse suite de générations d'aumôniers de la marine et d'officiers de vaisseau distingués, habiles et courageux. Plusieurs des professeurs qui se succédèrent au Séminaire Royal ont laissé des traces de leur science et de

---

(1) L'observatoire ne fut construit qu'en 1719, sur la demande du P. Laval, professeur d'astronomie. Depuis quelques années seulement il a été abandonné par la Marine, qui en a fait édifier un nouveau, pour les études et les besoins des officiers de la flotte, sur les terrains plus élevés du boulevard de Strasbourg.

(2) *Archives de la Direction des Travaux du port de Toulon.*

leur érudition. Quelque dépourvu que nous soyions à cet égard, nous pouvons cependant citer parmi eux : le P. Hoste, qui a publié, entr'autres ouvrages, un *Recueil des traités de mathématiques nécessaires à un gentilhomme qui doit servir sur terre et sur mer,* un *Traité des évolutions navales,* et un *Traité des signaux,* imprimé à Toulon en 1696; le P. Laval, professeur d'hydrographie, en même temps qu'astronome éminent, qui fit une campagne dans le Levant, en 1720, sur le vaisseau le *Henry,* et publia à son retour les cartes qu'il avait dressées ; le P. du Chatelard, qui le remplaça à Toulon et fit insérer dans les *Mémoires de Trévoux* neuf mémoires sur diverses observations astronomiques, et auquel on doit encore un *Traité de mathématiques à l'usage de MM. les gardes de la marine,* en trois volumes; le P. Ferrand, de Toulon, que le pape Innocent XI honorait d'une estime particulière; le P. Amiot, né aussi à Toulon, qui quitta sa chaire de professeur pour aller évangéliser la Chine et, rentré en France, publia une *Vie de Confucius* et un *Mémoire sur la musique des Chinois;* le P. d'Allemagne, issu d'une grande maison de Provence, orateur éloquent, qui prononça l'oraison funèbre de Villars dans la cathédrale de Toulon, le 19 août 1734.

Les Jésuites gardèrent la direction du Séminaire Royal jusqu'à l'année 1762. A cette époque, on le sait, l'ordre entier fut expulsé de France et ses biens confisqués et vendus. De ce fait, le Séminaire fit retour à la marine. Nous suivrons plus tard ses destinées nouvelles et sa transformation dernière en hôpital de la marine.

En même temps qu'on créait la fonderie et qu'on élevait le Séminaire Royal, un emplacement contigu au premier de ces établissements, dont il n'était séparé que par un jardin de très médiocre étendue, était acquis par un sieur Gravier, qui y faisait édifier un hôtel. Destiné, dès l'origine, à servir de logement à l'intendant de la marine, qui était, à cette époque, la plus haute autorité du port, cet hôtel fut appelé d'abord la Maison Royale et ne prit que plus tard le nom d'Intendance de la Marine, qu'il porte encore aujourd'hui. Il constituait l'habitation la plus spacieuse et la plus luxueusement ornée et décorée de la ville. Le 20 juillet 1687, l'hôtel était achevé et Jean Vanloo, le père de Louis et le grand-père de J.-B. Vanloo, était déclaré adjudicataire, pour la somme de deux cents livres, des travaux de peinture à exécuter dans le grand salon de réception. Ces travaux d'art, faits d'après les dessins de la Rose, maître peintre du port, qui était mort le 1er février de cette année, se composaient d'un plafond représentant un sujet d'histoire, avec bordure ornée, et aux quatre angles duquel des enfants tenant des guirlandes de fleurs se jouaient au milieu d'arabesques. Sur les soubassements et les trumeaux étaient représentés des sites champêtres, et sur les ébrasements des ornements en camaïeu et de petits paysages. Pendant tout le xviii° siècle, l'Intendance, concurremment avec l'hôtel de ville, fut mise à la disposition des grands personnages qui s'arrêtaient à Toulon. Philippe V, roi d'Espagne, y logea avec son frère en 1700 et 1702 ; le chevalier d'Orléans, grand prieur de France, en 1732 ; le ministre Maurepas en 1744, etc. Les derniers personnages politiques qui habitèrent l'Intendance furent, en 1793, les conventionnels Barras et Fréron. En 1768, la marine, qui avait cet hôtel en location depuis soixante-dix ans, en fit l'acquisition. Il avait toujours été loué quatorze cents livres. La famille Gravier, qui en était restée propriétaire, allait le mettre en vente et l'intendant de la marine proposa au ministre de l'acheter. Celui-ci aurait préféré faire construire un hôtel ; mais il finit par se ranger à l'avis de M. Husson et l'achat se fit cette année, au prix de trente-huit mille six cent quatre-vingts livres.

Au moment où la ville entrait dans un état nouveau, du fait des grands travaux maritimes qui allaient s'accomplir, les consuls perdirent le privilège, cher à leur orgueil municipal, du commandement militaire de la place en absence du gouverneur. Cet amoindrissement des fonctions consulaires fut amené par une affaire criminelle dans laquelle un des consuls en exercice joua un rôle certainement condamnable, quoique resté mystérieux pour nous. Ce fut un prétexte heureux pour le pouvoir central de mettre un terme à un état de choses qui n'était plus en rapport avec l'importance de Toulon comme ville de guerre et grand port de mer.

Le duc de Vendôme, qui fut le dernier gouverneur de Toulon, était mort en 1665. Le roi ne lui avait pas donné de successeur et, jusqu'en 1680, les consuls exercèrent seuls, en leur qualité de lieutenants du roi, le commandement militaire. Leurs attributions, sous ce rapport, étaient, on le sait, fort étendues. Un règlement édicté en 1661, et confirmé par M. de Mérinville, lieutenant du roi en Provence, les rappelait en les énumérant avec soin. Les consuls devaient passer les revues des troupes, donner le mot d'ordre, que le major de la place venait prendre tous les soirs à l'hôtel de ville, présider les conseils de guerre et tenir le premier rang dans les cérémonies publiques. Les officiers du régiment en garnison à Toulon ne pouvaient coucher hors de la ville sans leur permission. Si un officier ou un soldat était soupçonné de trahison contre le service du roi ou la sûreté de la place, le major ne pouvait informer contre lui que de leur ordre. Si un soldat était mis en prison sur leur demande, il ne pouvait être relaxé sans leur consentement, etc. (1).

Pendant tout le temps que le duc de Vendôme avait eu le gouvernement de Toulon, quoiqu'il n'eût jamais paru de sa personne dans cette ville, il semble que les chefs militaires aient accepté, sans protestations apparentes, une autorité supérieure à la leur dans ce qui touchait au commandement des troupes. Peut-être estimaient-ils que les consuls agissant au nom du gouverneur, un acte de désobéissance de leur part aux ordres qu'ils donnaient remonterait jusqu'à lui. A sa mort, le même frein n'existant plus, M. Lebret, colonel, et de Lamon, major de la place, remplirent la ville et la cour du bruit de leurs revendications. Leur grand effort portait surtout à dépouiller les consuls du droit de présider les conseils de guerre, de donner le mot d'ordre, de faire acte de commandement en ce qui concernait la garde et la défense de la ville, enfin de les priver des honneurs militaires quand ils ne marchaient pas en corps et revêtus de leur chaperon. Mais les consuls, soutenus par la puissance royale, avaient su maintenir intactes leurs prérogatives, souvent au prix de luttes ardentes, qui durèrent de 1665 à 1671. Cette année, le roi, voulant mettre fin à ces interminables contestations, rendit, à la date du 21 janvier, une ordonnance dans laquelle il déclarait que, pour ce qui se rapportait à la présidence des conseils de guerre, « les assemblées pour les jugements militaires
» devoient se faire au logis des gouverneurs des places et,
» en leur absence, au logis des lieutenants de gouverneurs,
» lesquels gouverneurs ou lieutenants de gouverneurs les
» présideront, sans que, sous prétexte qu'ils n'avoient

(1) *Archives communales.* Série AA. Art. 29 : *Conflits.*

» aucun corps ni compagnie sous leur commandement par-
» ticulier, il y puisse être apporté quelque empêchement ».
Pour ce qui concernait les autres sujets de litiges, il décidait que : « Conformément à ce qui s'est pratiqué au passé,
» lesdits consuls de Thoulon, soit qu'ils se trouvent en
» corps ou séparément, jouiront de tous les honneurs qui
» sont dus à la dignité de leur charge de lieutenants du
» roy au gouvernement de ladite ville et, en cette qualité,
» donneront le mot d'ordre, feront toutes actions de com-
» mandement qui regarderont la sûreté de ladite ville, et
» ordonneront, conjoinctement ou séparément, tout ce qu'ils
» jugeront à propos pour le bien du service de Sa Majesté,
» pourvu toutes fois qu'ils portent le chaperon, qui est la
» marque de leur dignité consulaire. Enjoint, à cet effet,
» très expressément audit major et à tous autres officiers
» ou soldats de les reconnoître et obéir, en corps ou séparé-
» ment, pourvu, comme dit est, qu'ils portent leur chaperon,
» à peine de désobéissance (1). »

Ce règlement mit fin à toutes les contestations et, de 1671 à 1678, il ne paraît pas que de nouveaux conflits se soient élevés entre les consuls et les chefs militaires. Au cours de cette dernière année, un événement aussi pénible qu'inattendu fut la cause déterminante d'un changement complet dans l'économie du commandement de la place.

En 1678, le consulat était formé des sieurs Ange Cabasson, premier consul, Charles Bosquet, deuxième consul, et André Vaccon, troisième consul. Le major de la place étant absent ou empêché, le sieur de la Robinière, capitaine au régiment Champagne, le remplaçait provisoirement.

---

(1) *Archives communales.* Série AA. Art. 10 : *Cahier de la lieutenance de roy.*

Cet officier, il ne faut pas l'oublier, avait certains devoirs à remplir envers les consuls, en sa qualité de major, et on doit supposer que des tiraillements s'étaient déjà produits entre eux et lui.

Le 29 octobre, le capitaine de la Robinière rentrant chez lui, à quatre heures du soir, fut assailli dans la rue des Beaux-Esprits par quatre « cadets » de la ville, nommés Gineste, Teissère, Massin et Paul Brun. Il n'est pas probable que ces quatre jeunes gens eussent l'intention de l'assassiner, car ils avaient des épées et ne le frappèrent que du plat de leurs armes : « Ils l'ont battu et excédé, dit le pro-
» cès-verbal, à coup de plat d'épée et à coup de bâton. »
Un grand rassemblement de passants et de voisins ne tarda pas à se former et personne ne s'interposa pour soustraire l'officier à cette lâche agression. M. de la Robinière, tout meurtri qu'il était, eut cependant la force de se présenter à l'hôtel de ville pour faire sa déclaration. Ce fut le deuxième consul Bosquet qui reçut sa plainte. Le même soir, les trois consuls se transportèrent aux demeures des coupables pour les mettre en état d'arrestation et, ne les ayant pas trouvés, y laissèrent des sentinelles. De là, ils se rendirent aux portes de la ville pour donner leur signalement aux chefs de postes et leur délivrèrent l'ordre de s'emparer de leurs personnes s'ils se présentaient pour sortir. Après deux jours de recherches infructueuses dans la ville et dans les maisons de campagne des environs, le conseil de ville décida que les quatre coupables seraient, quoique en fuite, poursuivis criminellement, et que le consul Bosquet se rendrait à Aix, auprès de M. de Grignan, gouverneur de la province, pour lui rendre compte de l'affaire.

L'attentat commis contre le capitaine de la Robinière avait produit une vive agitation dans la ville, et M. de Grignan se montrait très irrité contre la population, comme le constate sa correspondance avec les consuls. Il donna les ordres les plus sévères pour qu'on fît une recherche exacte de tous les habitants qui avaient été les témoins impassibles de cette odieuse agression. Les consuls, après une laborieuse enquête, purent lui présenter un rôle de trente-quatre personnes, qui furent condamnées par le gouverneur à payer au capitaine de la Robinière, à titre de dommages et intérêts, la somme de 550 livres « pour ne s'être pas mis » en devoir d'empêcher l'assassinat commis le 29 octobre » ou d'arrêter les coupables (1) ».

Pendant ce temps, la justice suivait son cours. Le prévôt des maréchaux de France, dans le ressort de la sénéchaussée de Toulon, escorté de ses archers à cheval, battait inutilement la viguerie pour trouver les coupables. Le bruit avait couru qu'ils s'étaient réfugiés parmi les PP. Dominicains de la Sainte-Baume. Le prévôt des maréchaux s'y transporta ; mais, après une recherche exacte faite dans le couvent et la forêt, il se convainquit que c'était là une erreur. En novembre, cependant, on fut informé qu'on les avait vus et reconnus, à bord d'un navire parti de Marseille à destination du Levant, que le mauvais temps avait forcé de relâcher en rade des îles d'Hyères. On se hâta d'envoyer une chaloupe armée pour se saisir d'eux ; mais à son arrivée on ne trouva plus le bâtiment, qui avait repris la mer la veille. L'exempt de la maréchaussée qui commandait la chaloupe ayant interrogé les habitants riverains de la rade, l'un d'eux lui assura « avoyr vu partir le vaisseau du capitaine » Carouge, hier à bon matin, sur lequel les cadets de Toulon » nommés Teissère, Massin, Brun et Gineste sont embar-

---

(1) *Archives communales.* Série EE. Art. 5 : *Affaires militaires.*

» qués. Ce qui, ajoutait l'exempt dans son rapport, nous a
» esté aussi asseuré par Pierre Bonnet, de la ville d'Yères,
» fermier de M. le marquis de Solliès (1) ». Tout fait supposer
que ces assertions étaient vraies, car on ne revit jamais les
coupables à Toulon et il est probable qu'ils s'établirent
dans le Levant.

Sur ces entrefaites, la question s'était compliquée. Le consul
Bosquet, celui-là même qui avait reçu la plainte du capitaine de la Robinière et avait été député vers M. de Grignan,
se trouva, moins d'un mois après, assez compromis dans
l'attentat dont avait été victime le major de la place, ou, ce
qui est plus probable, dans l'évasion des coupables, pour
que le roi, par une ordonnance en date du 14 novembre,
décidât qu'il serait destitué de sa charge de consul et défendît
aux habitants de l'élever à aucune fonction publique pendant
six ans. Malheureusement, des mains amies ont soustrait
des *Archives communales* toutes les pièces qui se rapportent
à cette affaire, et ce n'est que par l'ordre du roi, lu en séance
du conseil et enregistré au procès-verbal, et par une lettre
de M. de Grignan, écrite le 28 janvier 1679, que nous pouvons
acquérir la certitude d'une participation quelconque du
consul Bosquet au guet-apens du 29 octobre ou à ses conséquences. Le 28 janvier 1679, M. de Grignan écrivait, en
effet, aux consuls : « Les habitans doivent s'estimer heureux
» de n'avoir été condamnés qu'à la somme de cinq cent
» cinquante livres pour n'être intervenus pour empêcher
» cet assassinat; et quant au consul Bosquet, j'espère que
» le Roy lui sera plus tard favorable, mais pour le présent
» il n'y faut point compter (2). »

(1) *Archives communales*. Série FF. Art. 626 : *Procédures criminelles*.
(2) *Archives communales*. Série EE, Art. 5 : *Affaires militaires*.

Ce qui confirme davantage encore la participation du consul à cette déplorable affaire, sans cependant apporter aucune lumière sur le rôle qu'il joua, c'est que, cinquante ans après, sa culpabilité pesait encore sur les consuls de Toulon et qu'on leur reprochait comme une honte pour eux l'indignité de leur prédécesseur. En 1733, M. de Grandville, major de la place, en conflit avec les consuls, adressa un *Mémoire* au ministre, dans lequel il disait : « M. Dupont, » commandant militaire de la ville, vient de me dire que » par le détail qu'il eut ordre d'envoyer l'année dernière » d'une affaire arrivée ici deux ans avant l'établissement » d'un commandant, il paroit que tous les ordres qui » regardoient les troupes étoient adressés au sieur de la » Robinière, capitaine de la garnison. » Et les consuls, dans leur réponse au *Mémoire*, faisant allusion à ce passage, disaient avec amertume : « Que prétend conclure de là » M. de Grandville ? L'affaire dont il veut parler est une » affaire dont l'imprudence d'un consul fit gémir et souleva » toute la ville, ce qui donna lieu à l'établissement d'un » commandant militaire dans Toulon. Est-il surprenant que » pendant le cours de cette triste affaire, où l'un des consuls » se trouvait malheureusement et imprudemment engagé, » les ordres fussent adressés à M. de la Robinière ou tel » autre officier que l'on voudra (1). »

Ce jugement porté par des hommes qui devaient être bien instruits de la conduite du consul Bosquet est sa plus formelle condamnation. En 1679, le retentissement qui se fit autour de cette procédure criminelle, où la personnalité d'un consul était impliquée, fut exploitée par les ennemis de la lieutenance du roi jointe aux fonctions consulaires, et

---

(1) *Archives communales.* Série AA. Art. 33 : *Conflits.*

il fut question de retirer cette charge aux consuls de Toulon. C'est ce qui résulte de la lettre suivante de M. Vialhe, agent de la communauté à Paris, en date du 12 mai 1679 : « J'ay
» appris que vostre procès verbal ayant esté rapporté au
» Roy, Sa Majesté a paru satisfaite de vos diligences, mais
» qu'Elle avait dit que cela ne suffisoit pas et qu'il falloit
» empêcher les désordres et les assassinats, parce qu'ils
» estoient bien souvent impunis. Et cela, joint à l'affaire de
» M. Bosquet, on appréhende extrêmement pour la lieu-
» tenance de Roy. Je sais d'ailleurs que des gens puissants
» vous desservent extrêmement et qui font leurs efforts
» pour faire mettre un lieutenant de Roy à votre place. Pour
» prévenir cela, il seroit à souhaiter qu'on empêchât les
» désordres qui arrivent dans votre ville, car on appelle ici
» tous vos procès verbaux grimaces, et on dit que si vous
» aviés fait pendre deux ou trois cadets, cela persuaderoit
» mieux que des procès verbaux que vous y allés de bon
» pied. Je n'ose vous en dire davantage, parce qu'il faudroit
» que je nommasse des gens dont il faut épargner le nom.
» Ce qu'il y a donc à faire pour prévenir les maux dont on
» vous menace, c'est d'avoir l'œil sur toutes choses et de
» faire quelque chose d'éclat et qui puisse marquer que vous
» n'entendés point raillerie, c'est-à-dire faire pendre quel-
» ques-uns des coupables (1). »

Les appréhensions de M. Vialhe ne tardèrent pas à se réaliser. Les consuls ne furent pas dépouillés, il est vrai, de leur fonction de lieutenants du roi, commandant en absence, mais on la réduisit en un titre purement honorifique et, pour ainsi dire, décoratif, par la création, en 1679, d'une charge de commandant militaire « de la ville et tours de

(1) *Archives communales.* Série BB. Art. 269 : *Correspondance.*

» Toulon » avec obligation de résidence pour le titulaire. Le premier commandant militaire fut M. de Courcelles, officier général de l'armée, qui prit possession de son poste au mois de juillet de l'année suivante. Dans ces conditions amoindries, toute autorité directe sur les troupes de la garnison et la défense de la place échappait aux consuls, qui, en leur qualité de lieutenants du roi, restaient subordonnés à un chef toujours présent, et ne retenaient de leurs anciennes prérogatives que l'honneur sans éclat de siéger à sa droite dans les conseils de guerre et de marcher immédiatement derrière lui dans les cérémonies publiques. Cet état de choses dura jusqu'à la Révolution. Le dernier consul de Toulon, lieutenant du roi, fut M. Roubaud, mort le 2 janvier 1790, frappé d'apoplexie dans son cabinet, à l'hôtel de ville.

Quoiqu'on ne puisse douter que les consuls n'aient douloureusement ressenti l'humiliation qui leur était imposée par la présence d'un commandant militaire, il semble, cependant, que tout d'abord ils aient accueilli M. de Courcelles avec une grande déférence. Ils lui offrirent les appartements de l'hôtel de ville, en attendant qu'il eût trouvé une demeure pour s'y installer avec ses services et, deux mois après, firent un présent de bougies, de gants et d'eau de senteur à Mme de Courcelles, lorsqu'elle vint rejoindre son mari. Mais cet état de paix ne dura pas longtemps. Un conflit éclata au début du mois de janvier 1681, à propos de la visite du premier jour de l'an, que le commandant prétendait devoir lui être faite par les consuls, en corps et en chaperon, exigence à laquelle ceux-ci refusaient de se soumettre. On ne put s'accorder et on finit par en appeler au roi qui, un an après, le 4 avril 1682, rendit une ordonnance donnant pleine satisfaction aux consuls et réglant pour l'avenir le *cérémonial* de leur subordination envers le commandant militaire.

Cette ordonnance, en forme de règlement, a été observée jusqu'à la Révolution. Elle portait que :

1º A l'égard des visites prétendues par le sieur de Courcelles, le jour de l'an et autres bonnes fêtes de l'année, les consuls seraient seulement obligés de lui en rendre une en chaperon immédiatement après leur élection (1).

2º Le jour de la Fête-Dieu, les consuls devaient aller en chaperon prendre le sieur de Courcelles dans son logis et l'accompagner à l'église, pour le reconduire ensuite chez lui.

3º Le jour de la Saint-Jean, ils devaient également se rendre chez lui en chaperon pour aller allumer le feu de joie, et le reconduire ensuite chez lui.

4º Lorsqu'il se chanterait un *Te Deum* ou se ferait quelque réjouissance publique par ordre du roi, les consuls feraient de même.

5º Dans les marches et cérémonies, M. de Courcelles marcherait seul devant MM. les consuls et eux immédiatement après, sans que le commandant pût faire marcher aucun de ses domestiques ou autres personnes entre lui et les consuls.

6º Le major de la place serait tenu de porter le mot

---

(1) Les consuls satisfaits d'avoir fait constater leur droit s'empressèrent de faire leur visite au commandant militaire le 1ᵉʳ janvier de l'année suivante : « Il n'y a aucune visite obligatoire pour les consuls et le con- » seil dans le cours de l'année. Néanmoins, le corps municipal a l'habitude » de faire le premier jour de l'an, en chaperon et à la tête du conseil, » une visite de pure honnêteté et de simple politesse au commandant, à » Mᵍʳ l'évêque, au commandant de la marine et à l'intendant, pour leur » souhaiter la bonne année. » *Cérémonial de la ville de Toulon.* 1723. *Archives communales.* Série II. Art. 7 : *Documents historiques.*

d'ordre aux consuls le lendemain du jour de leur élection seulement, et pendant le reste de l'année il leur serait porté par un sergent.

7° Lorsque les consuls, soit conjointement, soit séparément, passeraient devant un corps de garde ou le visiteraient portant leur chaperon, l'officier et les soldats de garde seraient tenus de se mettre en haie, sans prendre les armes et avec leurs épées seulement (1).

Les choses étant ainsi réglées, M. de Courcelles semble avoir vécu assez pacifiquement avec les consuls. Il mourut le 10 novembre 1698 et fut remplacé par M. de Chalmazel, qui arriva à Toulon au mois d'avril de l'année suivante.

Ces questions de visites, de marche dans les cérémonies publiques, de préséance, tenaient une grande place dans la vie consulaire de nos pères et amenaient fréquemment des conflits avec les majors de la place, les commandants de la marine, les juges de la sénéchaussée et même les autorités de la province, de passage ou fortuitement en service à Toulon. Lorsqu'on descend dans les détails des agissements officiels de nos consuls, on est frappé des obligations multiples qui leur étaient imposées, soit par les traditions, soit par leur situation de lieutenants du roi dans une ville de guerre, grand port maritime. Au milieu de cette existence si agitée, il semble que le temps devait manquer à nos magistrats municipaux pour administrer, alors cependant que nous connaissons la somme considérable de travail accompli par eux pour lutter contre les impérieuses nécessités d'un état financier en détresse, aggravé bientôt par les calamités d'un siège et d'une peste cruelle. Pour s'expliquer comment les consuls pouvaient

(1) *Archives communales*. Série AA. Art. 31 : *Conflits*.

suffire à tant de préoccupations intérieures, peut-être faudrait-il se rappeler ce que le premier consul Honoré Raisson écrivait en 1702 à l'intendant général de Provence : « Nous » travaillons, lui disait-il, généralement tous les jours » depuis sept heures du matin jusqu'à midi sonné, et d'abord » après le dîner nous recommençons jusqu'à neuf heures » du soir. Nous n'avons pas même cessé pendant les fêtes » de Pâques. »

Depuis le moment où les consuls revêtaient le chaperon consulaire jusqu'au jour où, déchargés du fardeau des affaires, ils rentraient dans la vie privée, entourés de l'estime générale et avec la satisfaction du devoir accompli, ils appartenaient à la vie publique et s'y consacraient avec un entier dévouement. Il n'est peut-être pas sans intérêt d'indiquer rapidement ici quelques-unes des coutumes qu'observaient nos magistrats municipaux et des obligations qu'ils accomplissaient au cours de leur gestion annuelle. Il n'y a là, il est vrai, que ce qu'on a appelé la menue monnaie de l'histoire ; mais, en réalité, ces faits domestiques caractérisent une population et une époque et portent avec eux un enseignement, quand on les compare avec ce qui se passe aujourd'hui sous nos yeux.

J'emprunte ce que je vais dire à deux documents qui ne sauraient être suspects : le premier est le *Journal de MM. les consuls*, où les actes municipaux sont racontés jour par jour, et le deuxième le *Cérémonial de la ville de Toulon*, rédigé d'après les règlements et ordonnances pour servir de guide aux consuls. Pour ce qui concerne ce que j'ai appelé les traditions et coutumes, et ne pas sortir de l'époque où je suis arrivé dans mon récit, je citerai le journal tenu par MM. Martiny d'Orvès, maire-consul, Astour, deuxième consul, et Gavoty, troisième consul, élus le 15 juin 1694.

Voici ce qu'on y lit :

JOURNAL TENU PAR MM. LES CONSULS DE TOULON, COMMENCÉ LE 15 JUIN 1694.

« Le 15 juin, jour de notre élection, nous ne fîmes aucune
» visite, attendu que l'état nouveau ne fut fait que sur les
» huit heures du soir. »

« Le 16 juin, nous fûmes, les trois consuls ensemble,
» rendre visite à Mgr l'évêque et à M. de Courcelles (1). »

« Le 17, jour de l'Octave de la Fête-Dieu, nous marchâmes
» à la procession. »

« Les autres jours, nous les employâmes à recevoir et à
» rendre des visites à MM. les consuls sortant de charge,
» à MM. du conseil ancien et nouveau, et aux personnes de
» distinction de la ville. »

« Le 24, jour de Saint-Jean, nous nous rendîmes à l'hôtel
» de ville à sept heures du matin pour être installés avec
» tout l'état nouveau. M. le maire ayant prêté le serment
» entre les mains du maire sortant de charge, qui lui
» remet la place, avec les sceaux, papiers et clefs de l'hôtel
» de ville, le greffier continue à nommer tous les officiers
» nouveaux, qui viennent prêter serment entre les mains
» de M. le maire, tenant les Saints Evangiles.

» L'installation finie, on envoie savoir si MM. du Chapitre
» étaient prêts pour aller à la chapelle de Saint-Jean, et
» comme on vint nous dire qu'on n'attendoit que nous,
» nous commençâmes à marcher avec le cortège habituel
» dans l'ordre suivant : les tambours, les fifres et les vio-
» lons, les sergents de ville, les prieurs de la chapelle

---

(1) Ce n'était là que des visites de politesse auxquelles le *cérémonial* ne les obligeait pas et ne les dispensaient nullement de celles qu'ils leur devaient après qu'ils avaient reçu leur investiture.

» Saint-Jean, les capitaines de ville, nos trois laquais, les
» trompettes de ville, les trois consuls, les membres du
» conseil et un grand cortège de notables habitans. Etant
» arrivés à la paroisse, M. le sacristain, qui se trouvoit la
» première dignité du Chapitre, en absence des deux autres,
» fit un discours à MM. les consuls, auquel M. le maire
» répondit (1). Après, on marcha en procession à la cha-
» pelle de Saint-Jean, où on entendit la grande messe qui
» s'y célébra. On retourna à la paroisse avec la procession
» et après nous allâmes, dans le même ordre, faire visite à
» M. de Courcelles, commandant dans la place (Mgr l'évê-
» que étant en visite dans son diocèse). M. le maire-consul
» lui fit un discours, auquel M. le commandant répondit, et

(1) Le Chapitre tenta plusieurs fois de se soustraire à l'obligation de venir recevoir les consuls à la porte de l'église. En 1729, il décida de rompre définitivement cet usage. Les consuls s'étant présentés à la cathédrale, après s'être fait annoncer préalablement par le chef des fourriers de ville, ne trouvèrent pas les chanoines les attendant sous la grande porte. Ils entrèrent et aperçurent le prévôt au milieu de la nef de gauche, qui s'avança de quelques pas vers eux et les harangua. Les consuls écrivirent au Chapitre pour se plaindre de ce grave manquement aux coutumes. Messire Vial, chanoine et administrateur du Chapitre, répondit qu'il n'y avait là qu'un usage qui ne reposait sur rien, qu'un simple témoignage de l'union des deux corps, qui ne pouvait devenir obligatoire ni donner aucun droit à la communauté. Les consuls n'acceptèrent pas cette interprétation et s'adressèrent à un avocat renommé du barreau d'Aix, du nom de Ganteaume, pour lui demander une consultation. Ganteaume conclut au maintien de l'usage comme droit. Son *Mémoire* est rempli de citations empruntées aux écrits des jurisconsultes les plus autorisés. Au fond, son argumentation était assez faible ; elle reposait sur ce principe discutable que le titre de consul était une dignité à laquelle tous les citoyens devaient « révérence et honneur, » surtout le jour de leur installation » ; or, l'Eglise étant dans l'Etat et les chanoines étant les premiers des citoyens, il était naturel qu'ils reconnussent et honorassent les consuls, le jour de leur installation, comme étant le premier ordre de la ville. Le conflit n'eut pas de suite. L'évêque intervint et la paix se fit sur la conservation de l'ancien état de choses.

» après les accompagna jusques à l'escalier seulement,
» étant incommodé de la goutte.

» On revint à l'hôtel de ville et comme M. l'intendant de
» la marine était absent, nous fûmes voir M. Robert, com-
» missaire général et ordonnateur dans ce port; nous y
» fûmes avec MM. du conseil et prîmes nos chaperons à la
» porte. M. le maire lui fit un petit compliment, auquel
» M. Robert répondit, et nous reconduisit jusqu'au dehors
» de la porte de sa maison.

» Le soir, après le souper, nous nous rendîmes à l'hôtel
» de ville pour y commencer les enchères de nos fermes
» de la mouture, du piquet et des moulins, et M. Guilloire,
» major de la place, étant venu pour nous donner le mot de
» l'ordre, nous prîmes nos chaperons et après avoir pris le
» mot, nous l'accompagnâmes jusques au bas de l'escalier,
» après quoi nous nous retirâmes chez nous. »

« Le 25, M. Robert nous étant venu rendre visite, nous
» prîmes nos chaperons; nous le reçûmes à la porte de la
» salle et après avoir répondu au discours très honnête et
» très obligeant qu'il nous fit, nous l'accompagnâmes jusque
» hors la porte de l'hôtel de ville. »

« Le 26, Mgr de Toulon étant de retour, nous fûmes, avec
» MM. du conseil et une suite de plus de cent personnes
» de la ville, rendre nos devoirs à notre prélat. M. le maire
» lui fit un compliment auquel monseigneur répondit très
» obligeamment et d'une manière très éloquente. Comme
» il était en robe de chambre, il nous accompagna jusqu'à
» la montée. »

« Le 27, M. l'aide-major et quelques capitaines de la
» garnison nous étant venus voir à l'hôtel de ville, nous
» leur rendîmes leur visite. »

« Le 28, sur les onze heures du matin, Mgr l'évêque de

» Toulon nous est venu rendre visite dans l'hôtel de ville ;
» le conseil étant assemblé, nous l'avons reçu en chaperon
» et reconduit jusqu'à la rue. Sur les trois heures, MM. les
» prud'hommes des pêcheurs nous vinrent prendre pour
» aller à l'église de Saint-Pierre avec eux. MM. les capitaines
» de ville marchaient devant nous et nous marchâmes avec
» nos chaperons. »

« Le 29, jour et fête de Saint-Pierre, sur les dix heures,
» MM. les prud'hommes des pêcheurs vinrent encore nous
» prendre pour aller à la paroisse et de là à l'église de
» Saint-Pierre entendre la grande messe. Nous y marchâ-
» mes en chaperon et MM. les capitaines de ville devant
» nous. »

« Le 30, M. de Courcelles, commandant dans la ville,
» vint nous rendre visite dans l'hôtel de ville. Il était
» accompagné de M. Guilloire, major de la place, et de
» M. Imbert, aide-major. Nous l'avons reçu en chaperon à
» la porte de la salle, avec une bonne compagnie que nous
» avions convoquée, et nous l'avons reconduit jusque hors
» de la porte de l'hôtel de ville. Le même jour, nous avons
» reçu une lettre de M. de Grignan, lieutenant général en
» Provence, pour faire des réjouissances publiques pour la
» victoire que l'armée du roi en Catalogne, commandée par
» M. le maréchal duc de Noailles, a remportée sur celle des
» Espagnols, sur la rivière du Ter, le 27 mai dernier. La
» dite lettre a été apportée par un maréchal des logis de
» M. le comte de Grignan et nous lui avons donné un louis
» d'or pour étrennes. Le même jour nous avons écrit à la
» cour les lettres suivantes : »

Viennent ensuite treize lettres adressées au roi, à M. le duc de Vendôme, gouverneur de Provence, à M. le marquis de Croissy, ministre d'Etat, à M. de Ponchartrain, contrôleur général des finances, à M. de Barbezieux, ministre d'Etat, à M. Phélipeaux, secrétaire d'Etat, à M. de Souzy, intendant général des fortifications de France, etc., tous grands personnages qui pouvaient dans différentes affaires favoriser les intérêts de la ville et auxquels ils notifiaient leur avènement au pouvoir municipal en réclamant leur protection.

Le mois de juillet trouve les consuls aussi prodigues de visites que le mois de juin. Le journal auquel j'emprunte ces détails de la vie municipale continue ainsi :

« Le 3 juillet, l'aumônier de Mgr l'évêque est venu dans
» l'hôtel de ville pour nous prier de sa part d'assister le
» lendemain au *Te Deum*. Le même jour, sur les quatre
» heures de l'après-midi, madame de Courcelles et made-
» moiselle sa fille nous sont venues rendre visite dans
» l'hôtel de ville. »

« Le 4, sur les neuf heures du matin, l'armée navale
» composée de soixante vaisseaux de guerre, sous le com-
» mandement de M. l'amiral de Tourville, est arrivée de
» Barcelone. Le vent contraire qui a soufflé tout le jour
» nous a empêchés de l'aller saluer à son bord. Le même
» jour nous avons assisté, avec MM. du conseil et une grande
» foule des plus apparents de la ville, au *Te Deum* qui
» s'est chanté dans la cathédrale. Mgr l'évêque officiant
» pontificalement. »

« Le 5, à sept heures du matin, nous sommes allés saluer
» à son bord M. l'amiral de Tourville, qui nous a fait beau-
» coup d'honnêtetés. Lorsque nous sommes sortis, nous
» ayant accompagnés jusqu'au dehors de sa chambre, il
» nous a priés de l'excuser de ce qu'il ne pouvoit pas nous
» accompagner plus loin à cause qu'il étoit incommodé
» d'une fluxion, et nous a fait accompagner par les officiers

» qui étaient auprès de lui. Au sortir de l'amiral, nous
» sommes allés saluer M. le comte d'Estrées, vice-amiral,
» sur son bord, il nous a fort bien reçus et en sortant il
» nous a accompagnés jusque sur le gaillard. »

» Le 8, les galères de France, au nombre de vingt-cinq,
» commandées par M. le bailli de Noailles, sont arrivées
» en ce port, revenant de Barcelone. Nous l'avons été
» saluer sur la *Patrone*. Il nous a reçus fort obligeamment,
» nous a fait faire en entrant le salut ordinaire par la
» chiourme, et en sortant nous a accompagnés jusqu'à
» l'échelle et a fait tirer quatre coups de canon. »

On comprend quels sentiments de légitime orgueil municipal de pareils honneurs devaient inspirer à de minces bourgeois investis des fonctions de consuls, et quel prestige leur donnaient aux yeux de la population ces relations courtoises et bienveillantes avec des hommes qui jouissaient d'une si grande renommée. Les jours suivants furent employés à faire ou à recevoir de nombreuses visites. Parmi les personnages que nous rencontrons dans le *Journal* des consuls, les principaux sont : MM. de Nesmond et Chateau-Renaud, lieutenants-généraux de l'armée navale; de Vanvré, intendant de la marine du Levant; du Luc, lieutenant du roi en Provence, etc. Le 14 juillet, M. Martiny d'Orvès, MM. Flamenq et Bernard, conseillers, et Pèbre, trésorier, partirent pour Nice « pour aller rendre
» leurs devoirs à Son Altesse, monseigneur le duc de Ven-
» dôme, gouverneur de Provence », d'où ils se dirigèrent sur Aix pour visiter les autres « puissances » de la province (1).

---

(1) Ces visites « aux puissances » étaient d'obligation. Le *cérémonial* déterminait le nombre et la qualité des délégués ainsi que les grands

Le *Journal* des consuls continue en ces termes : « Le 18
» juillet, jour de dimanche, on a chanté un *Te Deum* pour
» la prise de Palamos, en Catalogne, par l'armée du roy,
» commandée par M. le maréchal duc de Noailles, auquel
» nous avons assisté avec M. de Tourville et M. le comte
» du Luc. M. de Courcelles n'a pas voulu paroître à cette
» cérémonie, sous prétexte qu'il était indisposé. Sur les
» deux heures de l'après-midi, suivant l'ordre que M. de
» Tourville nous en avoit donné, nous nous sommes rendus
» auprès de lui avec MM. du conseil, accompagnés des plus
» considérables de la ville et d'une foule extraordinaire de
» peuple, où nous avons trouvé M. du Luc, à qui le maré-
» chal avoit donné à dîner, ainsi qu'à Mgr l'évêque, M. le
» comte d'Estrées et aux autres généraux de la marine. On
» a ensuite marché dans l'ordre suivant : MM. les capitaines
» de ville, précédés de leurs sergents, tambours, fifres,
» trompettes et violons, marchoient devant MM. les consuls,
» et immédiatement après eux M. l'amiral de Tourville et
» M. le comte du Luc à sa gauche, suivis de MM. du conseil
» et de tout le peuple. Etant arrivés dans l'église cathé-
» drale, M. l'amiral et M. le comte du Luc ont pris leurs
» places dans des fauteuils qu'on leur avoit préparés, avec
» des prie-dieu couverts de tapis, tous semblables et sur
» la même ligne. Mgr l'évêque, officiant pontificalement, a
» entonné le *Te Deum*, qui a été continué par la musique,

personnages qu'ils devaient voir. La députation était composée du maire-
consul, des deux premiers conseillers et du trésorier de la commune,
accompagnés d'un trompette de ville et de quatre laquais. Les députés
devaient visiter le gouverneur, le lieutenant général et l'intendant
général, en quelque endroit de la province qu'ils se trouvassent, et, à
Aix seulement, en leur hôtel, les premiers présidents du parlement et
de la cour des comptes, MM. les présidents à mortier, les deux conseillers
doyens et les gens du roi des deux cours, ainsi que Mgr l'archevêque.

» accompagnée des violons et des trompettes. Au sortir de
» l'église, M. l'amiral et M. le comte du Luc, à cause du
» grand chaud qu'il faisait, se sont mis en carrosse pour
» s'en retourner et ont prié MM. les consuls d'y prendre
» place, lesquels s'en sont excusés en disant qu'ils ne
» pouvoient pas laisser sur le pavé tant d'honnêtes gens
» qui les avoient accompagnés, et ils s'en sont retournés à
» l'hôtel de ville dans le même ordre qu'ils étoient venus. »

J'arrête mes emprunts au *Journal* des consuls en 1694 sur ce trait, qui montre à quel point nos anciens magistrats municipaux avaient le sentiment des déférences bienveillantes qu'ils devaient à leurs administrés.

Par sa situation et son importance maritime, Toulon était devenu le lieu où arrivaient, soit par la voie de terre, soit par celle de mer, les plus éminents personnages de France. Sans parler des Duquesne, des Tourville, des d'Estrées et de tant d'autres illustrations de notre marine, qui y avaient droit de cité, des princes, des maréchaux, des ministres, des ambassadeurs y embarquaient ou débarquaient incessamment, y séjournaient et, par leur présence, provoquaient des réjouissances et des fêtes publiques. Pour nous renfermer dans la fin du XVII° siècle, nous voyons s'arrêter successivement à Toulon Mme de Sévigné (1), les ducs de Bourgogne et de Berry, petits-fils de Louis XIV ; la très jeune femme de Philippe V, leur frère, roi d'Espagne, venue

---

(1) « Mme de Sévigné, belle-mère de M. le comte de Grignan, étant à
» Tolon, et cette visite étant la première, il seroit de l'honnêteté de la ville
» de luy faire quelque présent pour luy marquer ses respects. Sur quoi
» l'assemblée a unanimement délibéré que ledit présent sera fait et que
» le soin d'iceluy en est donné aux consuls, pourvu que la dépense
» n'excède pas soixante livres. » *Archives communales*. Délibération du
conseil du 29 janvier 1673.

de Naples avec une flotte de galères et qui allait rejoindre
son mari à Barcelone ; le duc de Vendôme, se rendant à
l'armée d'Italie ; le comte de Toulouse, grand amiral de
France, qui occupa pendant plusieurs semaines l'hôtel de
ville, en attendant le départ de la flotte qu'il commandait ;
le maréchal de Noailles ; le maréchal de Vivonne, M. de
Girardin et M. de Chaulnes, ambassadeurs à Rome en 1685
et 1689 ; un ambassadeur turc et un ambassadeur marocain ;
le marquis de Torcy, ministre d'Etat, etc. Les présents qui
étaient faits à la plupart de ces grands seigneurs, les fêtes
et réjouissances qui accompagnaient leur séjour dans la
ville coûtaient fort cher à la caisse communale : nous trouvons dans les comptes trésoraires que dans le présent offert
au duc de Vendôme figuraient, entr'autres choses, six cents
bouteilles de vin vieux de la Malgue, et que celui qu'on fit
au comte de Toulouse coûta trois mille cent vingt-sept livres.
Les réjouissances publiques empruntaient à l'union politique et sociale de tous les habitants un cachet d'universalité
que nos temps modernes ne connaissent plus. Outre la joûte
dans la darse, dont le spectacle passionnait la population
et charmait toujours les nobles hôtes de la ville, les bals, qui
comportaient des distributions, par des conseillers désignés
à cet effet, de jarretières, d'affiquets, de rubans et de mouchoirs de soie aux plus gracieuses danseuses et aux plus
corrects et intrépides danseurs, les parades en armes des
compagnies de quartier, la ville intervenait opulemment
pour seconder les bonnes volontés de tous dans les ornements et décorations des maisons et des rues. Les comptes
trésoraires nous montrent la caisse communale fournissant
dans ces joyeuses circonstances jusqu'à sept mille lanternes
en papier de couleurs pour permettre aux habitants pauvres
d'illuminer leurs fenêtres, distribuant à la milice cinq cents

guidons de taffetas et cinq quintaux de poudre pour faire la *Bravade*. Ces frais municipaux n'étaient pas improductifs, en un temps où la protection des grands personnages de l'Etat, au lieu de s'adresser comme de nos jours à des individualités politiques, s'exerçait surtout sur les intérêts communs d'une population.

Le *Cérémonial* de la ville réglait avec soin les obligations des consuls à l'arrivée à Toulon des grands personnages. Pour un roi ou un prince, le premier consul, à cheval et en chaperon, allait à sa rencontre, suivi d'une foule de notables, jusqu'à l'Escaillon, limite territoriale de la commune sur la route d'Ollioules. Dès que le carrosse entrait sur les terres toulonnaises, le premier consul mettait pied à terre, sa suite restant en selle, et il haranguait le prince, qui lui répondait quelques mots aimables et bienveillants. Ensuite il remontait à cheval et précédait le carrosse avec son escorte de bourgeois. Arrivé à la porte royale, où les régiments en garnison étaient massés sur les glacis, l'hôte de Toulon était reçu sous un arc de triomphe par les deuxième et troisième consuls, les conseillers et les autorités militaires et maritimes. L'orateur de la ville lui adressait un discours et le deuxième consul lui présentait les clefs des portes. De là, on se rendait, au pas des chevaux, à l'hôtel de ville, préparé pour le recevoir, entre une double haie de miliciens, au bruit des cloches de toutes les églises et de l'artillerie de la flotte et des remparts. Le soir, les consuls étaient admis à présenter ce qu'on appelait le Vin d'Honneur, qui consistait habituellement en bougies, gants et vin muscat ou de la Malgue. Le lendemain, au lever du prince, les consuls, en chaperon, allaient le prendre dans sa chambre et l'accompagnaient à la messe, marchant devant lui et précédés des capitaines de ville, des sergents et des gens à livrée de la commune.

Le même cérémonial était usité pour le gouverneur et le lieutenant général de la province, mais la première fois seulement qu'ils venaient à Toulon. La seule différence apportée à leur réception consistait en ce que c'était le deuxième consul qui allait les recevoir à l'Escaillon, et que le premier consul les attendait à la porte de la ville pour leur offrir les clefs.

J'ai déjà eu l'occasion de parler du cérémonial dans la réception des évêques venant prendre possession de leur siège épiscopal, et des visites à faire en rade à l'arrivée d'une flotte commandée par un amiral. Les vice-amiraux, les chefs d'escadre, les présidents du Parlement et de la Cour des comptes, les ministres, les ambassadeurs, l'intendant de la province et celui de la marine à Toulon, les conseillers des deux cours en service, les trésoriers généraux en commission, les procureurs du pays, les consuls de Marseille et de Lorgues depuis la peste de 1664, étaient visités chez eux et en chaperon.

Cependant, Mgr de Forbin d'Oppède était mort le 29 avril 1675 (1). Son épiscopat avait été souvent troublé par les querelles religieuses qui, en ces temps, agitaient la France et avaient emprunté au tempérament provençal un grand degré de violence. Partisans et adversaires des doctrines de Jansénius se déshonoraient et portaient des coups

---

(1) « L'an 1675 et le 29 du moys d'avril, entre huit et neuf heures du
» matin, sellon que m'a rapporté M. Bernard, grand vicaire, Mgr Louis de
» Forbin d'Oppède, évesque de Toulon, est décédé, ayant été muni de
» tous les sacremens et regretté généralement de tout son diocèse, qu'il
» avoit heureusement gouverné comme un bon pasteur pendant douze
» années. » *Archives communales*. Série GG. Art. 67 : *Registre des décès de la paroisse Sainte-Marie*. L'évêque de Forbin d'Oppède ayant été sacré le 28 octobre 1664, n'avait siégé qu'un peu plus de dix ans et non douze ans, comme le porte par erreur son acte de décès.

cruels à la religion par leurs scandaleuses polémiques. Pendant que la presse inondait la province de libelles, les excitations les plus ardentes et les accusations les moins fondées d'hérésie tombaient du haut de la chaire et jetaient le doute dans l'esprit des fidèles. Avec plus de passion que de justice, semble-t-il, les ennemis des Jansénistes accusaient les Pères de l'Oratoire, régents du collège, de soutenir et propager dans leur enseignement les erreurs de Port-Royal. Le régent de philosophie, le P. Carrier, homme d'une grande vertu et d'un profond savoir, avait écrit un traité contenant certaines propositions et conclusions sur la liberté de la Prémotion physique et de la Grâce. Ce traité avait soulevé « des tempêtes » pour me servir de l'expression même de Mgr de Forbin, et on en arriva à ce point de surexcitation que les Pères de l'Oratoire furent publiquement dénoncés comme hérétiques, au grand scandale des gens de bien. Un jour, un religieux Augustin, prêchant dans l'église de Saint-Pierre, condamna avec des paroles irritées les idées émises par le P. Carrier et, oubliant toute retenue comme tout respect, osa l'appeler parjure, blasphémateur, sacrilège, dénonçant aux pères de famille l'instruction que les Oratoriens donnaient à leurs enfants.

Le trouble était dans l'église et dans la ville. Mgr de Forbin en fut très affligé. Il ordonna au P. Carrier d'expliquer dans un *Mémoire* le sens exact qui devait être donné à ses propositions et conclusions ; celui-ci obéit et le fit de façon à ne laisser aucun doute sur leur orthodoxie. Ce fut à cette occasion que l'évêque publia, le 3 novembre 1674, moins de six mois avant sa mort, son dernier mandement « portant règlement de quelques points de doctrine sur les » matières de la Grâce et autres dans le diocèse ». Parlant des propositions et conclusions du P. Carrier, il disait :

« Plusieurs personnes, à cause de l'obscurité dans laquelle
» elles ont été couchées, leur donnant un sens qui pouvoit
» les faire soupçonner et les rendre suspectes d'hérésie,
» nous avons cru de notre devoir de les exposer en public,
» avec les explications que le régent de philosophie leur a
» données... » Et il présentait les argumentations fournies
par le P. Carrier, « lesquelles, disait-il, sont orthodoxes et
» on ne peut condamner sans injustice », il ajoutait avec
une certaine sévérité : « Il est encore plus injuste de
» condamner la maison et le collège des PP. de l'Oratoire,
» desquels la ville de Tolon et notre diocèse reçoivent des
» services considérables, soit par l'instruction de la jeunesse,
» soit par les missions et prédications qu'ils y font pour la
» gloire de Dieu et la conversion des âmes. Ainsi, nous
» déclarons que les invectives de ce prédicateur contre
» cette communauté de l'Oratoire sont très mal dites et
» contre la vérité, et que, par conséquent, son emportement
» est insoutenable, plein d'imprudence et de témérité. »
Pour qu'à l'avenir on ne se servit plus de la chaire de vérité
« pour donner au zèle indiscret dont on est quelquefois
» animé toute la liberté qu'il prétend », il défendit de traiter
dans les sermons aucunes matières de controverses et
surtout celle touchant la Grâce, sans un ordre exprès ou
permission de sa part.

Ce mandement semble avoir mis fin aux polémiques
scandaleuses de la chaire, mais fut impuissant pour arrêter
les querelles particulières qui s'élevaient fréquemment, soit
entre les membres du clergé, soit parmi les laïques, que
ces questions passionnaient à ce point que la paix des
familles en était souvent troublée. Pour faire cesser ces
discussions, dans lesquelles intervenaient, comme élément
local, les accusations les plus vives contre les Oratoriens

d'embrasser la cause d'Arnaud, de Pascal, de Nicole et de tous les solitaires de Port-Royal, Mgr de Forbin, peu de jours avant sa mort, fit une ordonnance par laquelle il imposait, sous des peines ecclésiastiques, « le silence à tous » les fidèles du diocèse, de quelle condition et qualité qu'ils » soyent, touchant les cinq propositions (de Jansénius) » condamnées par le Saint-Père ». L'apaisement se fit peu à peu. Les passions religieuses n'étaient cependant qu'endormies. Elles se réveillèrent plus ardentes au commencement du xviiie siècle, à propos de l'ouvrage du P. Quesnel, intitulé : *Réflexions morales sur le nouveau testament*, condamné en 1713 par le pape Clément XI dans la fameuse bulle *Unigenitus*. Nous verrons plus tard le retentissement qu'eurent ces querelles à Toulon et les conséquences déplorables qu'elles entraînèrent.

Il faut rapporter à l'épiscopat de Forbin d'Oppède l'acquisition par l'évêché du prieuré de Saint-Antoine, dit anciennement de Bonnefoi, dans la vallée de Dardennes. L'évêque l'acquit, avec ses dépendances, du chanoine Larmodieu qui l'avait en prébende, « moyennant une juste » compensation » (1) il engloba l'antique chapelle dans une grande habitation qu'il fit élever et qui est encore désignée sous le nom un peu ambitieux de château de Saint-Antoine. Jusqu'à la Révolution, cette demeure servit de résidence d'été aux évêques de Toulon. Elle fut confisquée à cette époque et vendue « pré, jardin et bâtiments » vingt-quatre mille huit cent seize francs comme propriété nationale.

A Mgr de Forbin succéda Jean de Vintimille du Luc, d'une noble et antique famille de Marseille. Nommé évêque

---

(1) L'acte de transaction est à la date de 1671, *Archives communales.* Série GG. Art. 8 : *Propriétés de l'église.*

de Digne en 1669, il fut transféré sur le siège de Toulon en 1675. Il fit son entrée dans sa ville épiscopale le 22 septembre 1676. Girardin a dit des Vintimille : « Les » seigneurs de cette famille ont toujours été pleins de bonté » et de libéralité. » Jean du Luc ne démentit pas ces grandes qualités de sa maison ; il fut toujours d'une humeur douce pour son clergé et ses diocésains, et d'une générosité rare pour les pauvres. Il semble, néanmoins, que cette bonté native cachait une certaine absence d'initiative et n'excluait pas chez lui des sentiments prononcés d'ambition. Il était avant tout l'homme du devoir dans ses fonctions d'évêque, et de l'obéissance dans ses rapports avec le roi, qui ne laissait tomber ses faveurs que sur les dévoûments qui servaient sa gloire ou son orgueil. Il existe aux *Archives* de la ville un recueil des actes synodaux de cet évêque, et ce n'est pas offenser sa mémoire que de dire qu'ils brillent plutôt par le nombre que par la qualité. Le cadre des matières et le programme, presque toujours le même, manquent d'ampleur. Ce recueil témoigne du moins du zèle du prélat à tenir ses synodes (1).

L'épiscopat de Jean de Vintimille fut marqué surtout par la part qu'il prit, comme délégué de l'église de Provence, à la mémorable assemblée du clergé de 1682, où furent formulés les quatre articles qui consacraient définitivement ce qu'on a appelé les libertés de l'église gallicane. On sait qu'un des empiètements qui tentèrent toujours le plus l'ambition de Louis XIV fut l'usurpation de la puissance spirituelle, qui lui apparaissait comme un merveilleux instrument d'autorité sur ses sujets. Jansénistes, catholiques orthodoxes, protestants devaient tour à tour ressentir

(1) *Archives communales.* Série GG, Art. 1 : *Culte catholique.*

les rigueurs du grand roi dans tout l'enivrement du succès de ses armes. En 1679 il avait dispersé les solitaires de Port-Royal ; en 1682 il mit la main sur l'église de France et lui imposa la soumission à ses ordres et à ses volontés ; quelques années après il signa la révocation de l'édit de Nantes. Ce qu'il voulait en 1682, c'était l'extension du droit de Régales à tous les diocèses et le droit de nomination aux bénéfices pendant la vacance des sièges ; ce qu'il poursuivait par dessus tout, c'était l'abaissement de la puissance spirituelle du pape par une délimitation plus étroite de ses droits sur l'église de France. Il réunit dans ce but une assemblée générale du clergé. Les élections se firent par les assemblées provinciales ; mais comme il lui fallait des députés dévoués à ses volontés, par ses ordres, sévèrement exécutés par ses ministres, des chapitres entiers, des curés et même des évêques, dont les opinions étaient connues, ne furent pas convoqués et par là privés de leur droit de vote. Jean de Vintimille fut un des deux députés élus par le clergé de Provence.

L'assemblée générale se tint à Paris. Elle céda à toutes les exigences de Louis XIV. Elle accepta l'extension de la Régale à tous les diocèses de France, la nomination aux bénéfices vacants et vota la fameuse déclaration dite des Quatre Articles, qui établissaient : 1º que le pape n'avait aucune autorité sur le temporel des rois ; 2º que la plénitude de puissance du siège apostolique sur les choses spirituelles devait être réglée d'après les canons du concile de Constance ; 3º que l'exercice de l'autorité pontificale devait être conforme aux canons ; 4º que les décisions du pape en matière de foi n'étaient irréformables qu'après avoir été confirmées par le consentement de l'Eglise. En fait, le pape était prisonnier. Le clergé de France en avait fait une sorte de roi constitutionnel qui régnait sur les âmes mais ne les gouvernait pas. Il ne pouvait émettre un jugement en matière de foi sans le soumettre préalablement aux discussions orageuses des assemblées de l'Eglise et, en définitive, à un scrutin de ballottage !

Après que le roi eut congédié, au mois d'avril, l'assemblée du clergé, dont il n'avait plus besoin et qui lui avait rendu tous les services qu'il exigeait d'elle, Jean de Vintimille rentra à Toulon. Il n'eut pas le temps de recevoir de Louis XIV la rémunération de ses complaisances. Il mourut le 15 novembre 1682 et fut enseveli dans le chœur de la cathédrale (1).

Vers ce temps, Toulon commença à entrer dans cette voie de dépenses extraordinaires et imprévues qui devaient amener, pendant plus de cinquante ans, un effroyable déficit dans ses finances. Les origines et les causes de cette longue crise doivent être recherchées dans les exigences de l'Etat, qui pesèrent du même poids sur la France entière et la ruinèrent.

A la fin du XVIIe siècle, la France luttait seule contre l'Europe coalisée. La guerre était partout, sur terre comme sur mer, et la victoire, qui avait été si longtemps fidèle aux armes de Louis XIV, semblait l'abandonner malgré la valeur des soldats et le génie des généraux. Le trésor était épuisé.

---

(1) « Mgr Jean de Vintimille du Luc, des comtes de Marseille, ayant été
» évesque de Tolon pendant six ou sept ans, est décédé le 15 novembre
» 1682 et a été enseveli le 17 du même moys, regretté universellement
» de tout le peuple de Tolon, qui l'aimoit pour sa bonté et sa douceur,
» qui étoient incomparables. Il a reçu tous les sacremens de l'Eglise avec
» une dévotion exemplaire. Son corps repose dans le chœur, derrière le
» grand autel de l'église cathédrale. » *Archives communales.* Série GG.
Art. 71. *Registre des décès de la paroisse Sainte-Marie.*

Le comte de Ponchartrain, contrôleur général des finances, homme d'une probité irréprochable, qui n'avait accepté ces difficiles fonctions qu'à son corps défendant, tant il redoutait d'être dur aux intérêts des populations, s'était raidi contre la sensibilité. Il réussit à trouver des ressources extraordinaires pour les sommes énormes de cent cinquante millions par an pendant huit ans, « avec du parchemin et » de la cire », c'est-à-dire en vendant aux enchères les charges et les privilèges. La nature et l'énumération des offices vendus pour faire de l'argent nous frappent encore de stupeur, et on refuserait d'y croire si l'on n'avait pas le témoignage irrécusable des preuves officielles. C'est par quarante mille qu'on compte le nombre des offices créés et vendus en dix-neuf ans, de 1690 à 1709 ! Il y eut en France des nuées d'officiers crieurs, vendeurs de bestiaux, emballeurs, rouleurs de tonneaux, essayeurs d'étain, pourvoyeurs d'huîtres, etc. Ces fonctions, *financées* par les acheteurs et déclarées héréditaires, étaient imposées aux populations pour leurs services désormais inévitables, et les détenteurs forcément payés par tout particulier obligé d'y recourir. Les règlements sur la vente des offices autorisaient les communautés à les acquérir quand elles le trouvaient bon, soit par le mode dit de Réunion, c'est-à-dire en traitant directement avec le ministre avant la mise en vente, soit par voie de rachat, en indemnisant le possesseur. Mais, dans les deux cas, et par un abus scandaleux d'autorité, le ministre ne tardait pas à confisquer l'office et à le remettre aux enchères. C'est ainsi, pour n'en citer qu'un exemple, qu'à Toulon, les offices de crieurs d'enterrement furent rachetés trois fois par la commune dans le court espace de quatre ans : une première fois en 1690 pour la somme de deux mille quatre cents livres, ensuite en 1691 et 1694 pour le prix total de neuf mille quatre cent trente livres (1).

Par un semblable motif qui avait fait établir ces abus, le roi supprima bientôt en grande partie les libertés municipales en les vendant au plus fort enchérisseur. Les charges électives des maires, consuls, échevins, capitouls, syndics, jurats, celles de trésoriers et greffiers des communautés et jusqu'à celles des agents les plus subalternes, tels que trompettes de ville, valets et concierges de mairie, furent peu à peu mises en vente, achetées, rachetées par les communes, confisquées de nouveau et, en définitive, avilies dans ces honteux trafics. Il y eut tout un long règlement concernant ces opérations (2). Le bureau central de Paris recevait des chefs-lieux de généralités les offres faites pour l'achat des offices municipaux mis en vente, et envoyait toutes les semaines, dans chaque province, un extrait de ces offres, à l'effet d'en informer les souscripteurs de ces provinces et de les mettre au courant des fluctuations du marché. Les surenchères devaient être au moins de trente livres sur les offices d'une mise à prix de cent livres, de soixante livres pour ceux de mille à deux mille livres, de

---

(1) Ces crieurs d'enterrement intervenaient dans tous les détails des cérémonies funèbres; ils devaient faire les publications des décès, poser les tentures de deuil à la porte de la maison du décédé, fournir le cercueil, faire creuser la fosse, etc. La façon dont les acquéreurs de ces offices rançonnaient les familles avait soulevé des plaintes universelles dans Toulon. Le conseil de ville délibérant sur la nécessité de leur rachat en constatait ainsi l'urgence : « L'objet de la communauté est de soulager » les habitants des droits attribués aux titulaires de ces offices et de » laisser au public la liberté de se pourvoir comme bon lui semblera » pour les enterrements et cérémonies funèbres. »

(2) *Arrêt du conseil d'Etat du Roy portant règlement pour la vente des offices municipaux.*

cent vingt livres pour ceux de deux mille à quatre mille livres, et de deux cent cinquante livres pour ceux de quatre mille livres et au-dessus. Les émoluments attribués aux offices étaient pris sur les octrois et autres ressources financières de la ville; ils étaient établis sur le pied du trois pour cent du prix de leur finance (1). Lorsque l'office *n'était pas levé*, c'est-à-dire lorsqu'il ne trouvait pas acquéreur, le prix de mise en vente était versé au trésor par la commune, qui en restait propriétaire jusqu'à une nouvelle dépossession. Les adjudicataires pourvus de leur lettre de *provision* entraient en charge et nul, sous peine d'amende et de prison, ne pouvait les inquiéter ou troubler dans leurs fonctions. Néanmoins, les communautés étaient autorisées à traiter de gré à gré avec l'acquéreur pour racheter son office; d'autre part, il leur était facultatif de soumissionner au même titre que les simples traitants, à la condition de faire leurs soumissions office par office et concurremment avec ceux qui se présentaient pour surenchérir. Lorsque, par un de ces moyens, la commune était devenue adjudicataire, elle était tenue de désigner une personne au nom de laquelle étaient expédiées les lettres du grand sceau. Le roi autorisait, dans ce cas, les communautés, pendant la vie de celui au nom duquel les lettres avaient été expédiées, à continuer d'élire en la manière ordinaire les officiers qui leur convenaient pour faire les fonctions des offices acquis par elles.

Détruire en un seul jour l'antique administration communale dut paraître imprudent à Louis XIV; il institua d'abord

---

(1) « Attribuons à tous les offices présentement créés ou rétablis des
» gages sur le pied de trois pour cent de leur finance principale, à
» prendre tant sur les deniers communs patrimoniaux que d'octroi des
» communautés. »

un conseiller-procureur et un secrétaire-greffier, à sa nomination et moyennant finances, dans chaque commune. Ces représentants du pouvoir central devaient assister à toutes les assemblées municipales, veiller à l'emploi des revenus communaux, en empêcher la dissipation, proposer et requérir tout ce qui serait d'utilité publique, tenir les livres du cadastre, ordonner et expédier les bulletins de logement des gens de guerre, etc. L'édit du mois de juillet 1690 qui créait ces offices était très dur pour les anciens secrétaires du conseil. Il invoquait dans ses considérants « l'insuffisance des particuliers commis à cette charge, qui, » n'étant pas responsables des papiers et registres, les » négligent le plus souvent, les divertissent ou les suppri- » ment, soit au profit de leurs parents ou amis, soit dans » l'intérêt d'un bénéfice personnel illicite ». Nous ignorons ce qui se passa à Toulon à la réception de cet édit, qui portait une si grave atteinte à la puissance consulaire. Les deux offices furent acquis, celui de procureur-conseiller par un sieur Légier, et celui de secrétaire-greffier par un sieur Roustan. Sur la demande de la municipalité, le roi en autorisa le rachat et, en décembre 1690, la commune rentra dans ses droits de libre administration, en indemnisant Légier de dix mille sept cents livres et Roustan de six mille quatre-vingt-onze livres. L'ère des sacrifices était ouverte.

L'année suivante, au mois d'avril 1691, un nouvel édit enleva aux communes le droit de nomination à l'élection, de leur trésorier. C'était là une fonction importante, qui exigeait des aptitudes spéciales, une grande honorabilité chez celui qui l'exerçait et qu'on ne pouvait souffrir aux mains d'un traitant. La charge, mise en vente à titre d'office perpétuel et héréditaire, fut acquise, à Toulon, le 9 juin, par la ville, au prix de soixante-trois mille livres, au nom de Joseph Marin, maître orfèvre, qui en resta nominalement titulaire jusqu'en 1701, quoiqu'elle fût remplie par des fonctionnaires régulièrement élus toutes les années. A cette époque, Joseph Marin étant mort, le conseil décida qu'il serait écrit au roi pour lui demander de réunir cet office à la communauté, comme héritière du décédé. La France était en ce moment en pleine paix ; le roi accueillit favorablement la demande et réunit la charge de trésorier au corps de ville, moyennant une finance de six mille six cents livres pour la confirmation de l'hérédité.

Il n'y avait là encore qu'une sorte d'essai destiné à cacher des résolutions plus mortelles. L'année suivante, au mois d'août 1692, un autre édit supprima l'élection des maires, consuls, échevins, capitouls, syndics et jurats, réservant au roi seul la nomination de ces magistrats, dont les charges étaient mises aux enchères. Le préambule de cet édit odieux calomniait la France pour justifier la spoliation qu'il consommait. Il déclarait que la cabale et les brigues seules présidaient à l'élection des maires, « d'où il est presque » toujours arrivé, disait-il, que les officiers ainsy élus, pour » ménager les particuliers auxquels ils étaient redevables » de leur emploi et ceux qu'ils prévoyent leur pouvoir » succéder, ont surchargé les autres habitans des villes et » surtout ceux qui leur avoient refusé leurs suffrages..... » Mais ce n'était pas tout. A ce maire étaient joints quatre assesseurs-conseillers et un commissaire aux revues créés à titre d'office, dont l'établissement était justifié, au dire de l'édit, par l'incapacité des deuxièmes consuls et des conseillers élus. « ..... Et d'autant que dans les villes de » Notre royaume, le grand nombre et l'importance de nos » affaires demandent le secours et l'application de plusieurs

» personnes d'expérience et zélées pour le bien public, Nous
» avons cru qu'en donnant aux communautés un chef ou
» premier officier éclairé, Nous devions en même temps
» créer en titre d'office un certain nombre de conseillers
» ou assesseurs tirés des plus notables bourgeois, qui se
» rendront plus capables que les autres de remplir les
» charges et fonctions municipales par la connoissance
» qu'ils acquerront des affaires communes et seront aussy
» plus en état de soulager les maires dans les occasions. »

Cet édit frappa la population de Toulon de stupeur. L'alarme se mit dans la ville et au sein de l'administration municipale. Un conseil général, auquel avaient été appelés un grand nombre d'adjoints, se réunit et décida, à l'unanimité, que les nouveaux offices créés de maire, d'assesseurs et de commissaire aux revues seraient achetés et que, pour cela, la ville était autorisée à contracter un emprunt. Les consuls chargèrent Mgr de Chalucet, évêque de Toulon, en ce moment à Paris, de traiter avec M. de Ponchartrain de la réunion de ces offices à la commune. Le ministre accéda à la demande, moyennant la somme totale de cinquante-neuf mille cinq cents livres, dont vingt-sept mille cinq cents pour le rachat de l'office de premier consul, treize mille deux cents pour ceux des quatre assesseurs et huit mille huit cents pour celui de commissaire aux revues. L'arrêt de réunion est à la date du 20 décembre 1692. Il porte que la ville pourra, à l'avenir, procéder par la voie ordinaire de l'élection à la nomination des officiers municipaux visés par l'édit, en attachant le titre de maire à la charge de premier consul (1), celui de commissaire aux

---

(1) C'est à partir de ce moment que le premier consul prit le titre de maire-consul, qu'il conserva jusqu'à la Révolution.

revues à celle de deuxième consul, et ceux d'assesseurs aux quatre premiers conseillers. La somme de cinquante-neuf mille cinq cents livres fut versée au trésor à titre de subside au roi, les offices n'ayant pas été mis en vente.

Après avoir déshérité les communes du droit d'élire leurs magistrats municipaux, on créa en 1694 des offices de colonels, majors, capitaines et lieutenants des milices bourgeoises (1). On voit mal dans nos documents ce qui se passa à Toulon dans cette occasion. On trouve qu'un sieur Sylvi céda ces offices à la commune quelques mois après les avoir acquis, pour la somme de quatorze mille quatre-vingts livres. Le marché ne tint pas plus de douze ans. Ces distinctions honorifiques et qui étaient ambitionnées par les citoyens les plus distingués de Toulon, furent, en effet, de nouveau érigées en titre d'office en 1706, et de nouveau rachetées par la commune au prix de douze mille livres. La même année 1694, un édit créa des offices de commissaires des deniers communs, sortes de surveillants de la comptabilité municipale ; en 1695 on mit une taxe sur l'office de viguier, qui se renouvela en 1698 et 1703, et coûta en tout à la ville treize mille cinq cents livres ; enfin, en 1696, on érigea en titre d'office, des peseurs jurés, un garde du scel de la commune et des jaugeurs de vins.

De 1696 à 1702 il ne fut pas fait de nouvelles créations d'office. Il faut rendre cette justice à Louis XIV que, dès qu'il fut délivré de la seconde coalition, il se mit résolûment à l'œuvre pour réparer les conséquences de cette funeste guerre. Mais les malheurs de la patrie, qui assombrirent la fin de son règne, conduisirent fatalement le gouvernement

---

(1) Le viguier était le colonel de la milice de la ville et le deuxième consul sorti de charge le major.

à avoir encore recours aux expédients financiers. Les créations d'offices se succédèrent bientôt d'année en année presque. Après avoir confisqué les charges et les avoir vendues, on les confisqua de nouveau pour les revendre, et chaque fois à perpétuité, car c'était la formule obligée des actes de réunion des offices aux communautés. En 1702, un édit mit aux enchères les offices de lieutenants de maire, qui répondaient à Toulon aux charges de deuxième et troisième consuls, et pour la deuxième fois ceux de conseillers-assesseurs. En 1704, un autre édit mit en vente les offices de concierges de mairie, de trompettes, tambours, valets de ville, etc. En 1705, un autre édit encore obligea les habitants des villes à prendre des lettres de bourgeoisie, lettres dont le prix était réglé au profit du fisc, et il arriva ainsi qu'après avoir ôté à ce titre de bourgeois ou de citoyen les droits et prérogatives qui s'y rattachaient, on en exigea formellement le prix. En 1706, on créa les offices de maires et lieutenants de maires alternatifs et triennaux, conception bizarre et informe à laquelle on avait recours parce qu'on reculait devant une nouvelle confiscation des magistratures municipales (1).

(1) Le fonctionnement était celui-ci. On créait dans toutes les communes un deuxième office de maire et un de lieutenant de maire pour, les officiers qui en étaient pourvus, exercer alternativement leurs fonctions avec les maires et consuls élus, sous le titre d'alternatif et mi-triennal. Les acquéreurs des offices devaient entrer en exercice en 1707, au jour ordinaire des élections, pour continuer à l'avenir alternativement avec les maires et consuls élus. C'était l'alternance des fonctions, tous les dix-huit mois, des magistrats élus et des intrus acquéreurs des offices. On comprenait si bien que cette combinaison n'était pas applicable, que pour forcer les communes à réunir ces offices au corps de ville avant qu'ils ne fussent mis en vente, on avait introduit cette clause dans l'édit : « Les pourvus » desdits offices ne pourront, sous quelque prétexte que ce soit, être » remboursés du prix de leurs offices par les villes ou communautés. » *Archives communales.* Série CC. Art. 452, 453, etc. *Vénalité des charges.*

Je ne puis suivre dans ses détails l'histoire de la vente et du rachat des offices à Toulon pendant plus de vingt-cinq ans. Un document qui existe aux *Archives* nous indique l'étendue des sacrifices que s'imposa la ville, de l'année 1690 à l'année 1708, pour conserver ses libertés publiques. Ce document est intitulé : *Etat des charges et offices que la communauté a acquis et payés au roy depuis 1690 jusqu'en 1715.* On remarquera que la somme portée comme ayant été payée la dernière est à la date de 1708 et non de 1715, ce qui nous conduit à supposer que ce travail de dépouillement ne fût pas achevé. Tout incomplet qu'il est, il a cependant une éloquence douloureuse.

Estat des charges et offices que la communauté a acquis et payés au roy depuis 1690 jusqu'en 1715.

Pour l'office de procureur, que la communauté a remboursé au sieur Légier, acquéreur, créé par édit de juillet 1690 : 10.700 livres.

Taxe d'augmentation de gages sur ledit office, par édit de novembre 1704 : 2.640 livres.

Pour les offices d'experts jurés, remboursés aux sieurs Gavoty, Gervais, Vidal et Reboul, créés en 1690 : 4.925 livres.

Deux offices de jurés crieurs d'enterrement achetés en 1690 : 2.400 livres.

Pour la réunion des offices de jurés crieurs en 1691 et 1694 : 9.430 livres.

Pour l'office de secrétaire-greffier de la communauté créé en 1690 et remboursé au sieur Roustan : 6.091 livres.

Pour l'office de trésorier particulier de la communauté, créé par l'édit d'avril 1691, acquis le 7 juin au dit an, tant pour la finance que pour les deux sols par livre : 63.000 livres.

Pour les provisions du dit office : 100 livres.

Pour la taxe faite par l'édit d'octobre 1693 sur ledit office de trésorier pour raison du droit des quittances et les deux sols par livre : 2.200 livres.

Taxe pour la confirmation de l'hérédité : 6.600 livres.

Taxe pour l'augmentation des gages par l'édit de novembre 1704, avec les deux sols par livre : 11.000 livres.

Pour la taxe faite sur le même office par édit de novembre 1707, pour l'augmentation d'un tiers de ses droits et deux sols par livre : 1.540 livres.

Pour l'office de maire créé en août 1692 : 27.500 livres.

Pour les offices de quatre assesseurs créés par le même édit : 13.200 livres.

Pour l'office de commissaire aux revues : 8.800 livres.

Frais de provisions payés aux traitants pour les dits offices : 6.700 livres.

Pour le contingent de divers offices créés par édit d'août 1691 et abonnés par la province, la ville a payé : 32.350 livres.

Pour l'office de substitut de procureur du roy de la communauté créé en mars 1694 : 3.024 livres.

Pour les offices de colonel, major, capitaines et lieutenants de la bourgeoisie, créés en mars 1694 et acquis par le sieur Sylvi : 14.080 livres.

Même édit pour l'office de commissaire des deniers communs : 16.468 livres.

L'office de viguier a payé trois taxes, en 1695, 1698 et 1703 : 13.080 livres.

Pour la réunion de l'office de peseur juré, édit de 1696 : 500 livres.

Pour l'office de garde du scel, édit de 1696 : 3.300 livres.

Pour le contingent de divers offices : lieutenants généraux

de police, commissaires-greffiers et huissiers, réunis au corps des communautés de la province, Toulon a payé de son chef : 15.723 livres.

Pour l'office de courtier de vin créé en 1704 et supprimé moyennant : 561 livres.

Taxe sur l'office de procureur du roy de la communauté en 1704 : 2.400 livres.

Pour l'office de courtier en 1705 : 1.300 livres.

Pour de nouveaux offices de courtiers de vin et d'eau-de-vie en 1705 : 9.700 livres.

Pour l'office d'inspecteur de la boucherie et autres, Toulon a payé pour son contingent sur la répartition faite par la province en 1705 : 47,903 livres.

Pour les offices de maire et lieutenants de maire alternatifs et my-triennaux, créés par édit de décembre 1706 : 9.881 livres.

Taxe sur les offices de la milice bourgeoise en 1706 : 12.100 livres.

Pour la réunion de l'office de l'avocat du roy de la communauté créé en 1708 : 7.700 livres.

Pour diverses autres charges rachetées par la province : 22.000 livres (1).

Nous trouvons donc que Toulon avait payé en dix-huit ans, pour rachats d'offices municipaux et autres, la somme de 395.965 livres. Si à cela nous ajoutons que la commune eut à racheter, en outre, dans ce même espace de temps, un certain nombre de privilèges ou de taxes qui constituaient pour elle de véritables sources de revenus : le privilège de la glace, que le roi avait concédé à un sieur de

---

(1) *Archives communales*. Série BB. Art. 29 : *Mémoires à consulter*. F° 112.

Beaumond, que la ville indemnisa de 46,500 livres ; les lettres de bourgeoisie, qu'elle paya 27,000 livres des fonds communs ; les droits des halles, de la boucherie, de la poissonnerie, qu'un édit avait déclarés devoir être perçus par le fisc et qu'elle conserva moyennant le versement de 2.640 livres ; les taxes mises sur les *lanternes*, dont elle s'exonéra au prix de 4.000 livres, etc., nous arrivons à la somme minimum de 476.105 livres. A la vérité, la livre ne représentait plus à cette époque que notre franc actuel ; mais si on tient compte du pouvoir de l'argent, qui était à la fin du xviie siècle trois fois plus élevé qu'au xixe (1), on est forcé d'admettre que 476.105 livres représentaient 1.430.000 francs de notre monnaie, somme formidable pour une ville dont le budget se réglait en 1690 par 132.850 livres de recettes seulement.

Au xviiie siècle, les hommes valaient mieux que les institutions. En 1723, des édits mirent de nouveau en péril les libertés communales et Toulon eut à fournir d'écrasants subsides pour racheter ses droits électoraux. La situation était terrible : la ville sortait à peine d'une peste qui avait tari pour longtemps ses revenus, emporté 13.283 de ses habitants sur 26.000, et grevé son avenir d'une dette de 158.500 livres dont elle ne pouvait même pas payer les intérêts. Le 27 octobre, le conseil se réunit et, malgré l'état précaire du crédit municipal, décida qu'il serait fait un appel pressant à la population « avec affiches et publica- » tions », pour la convier à souscrire un nouvel emprunt, dont le taux d'intérêt serait fixé par les prêteurs eux-mêmes. Un mois après, la souscription était close et le maire-consul

---

(1) En 1702, la journée d'un paysan était payée une livre, elle coûte aujourd'hui trois francs.

rendait compte en séance des résultats obtenus. Les sommes offertes se divisaient en trois catégories : dans la première étaient celles pour lesquelles les prêteurs demandaient un et demi pour cent d'intérêt, dans la deuxième celles pour lesquelles on demandait un et quart pour cent, et enfin dans la troisième, celles pour lesquelles on n'exigeait que un pour cent seulement. Les prêteurs de cette dernière série étaient assez nombreux pour couvrir la somme demandée, qui était de 163.000 livres. Le prix des offices à racheter était en réalité de 229.000 livres, mais la commune pouvait disposer de 66.000 livres provenant d'un emprunt précédent pour parfaire la somme. Le maire-consul, en présence d'un si patriotique dévouement, prononça ces paroles émues, qui furent consignées au procès-verbal : « Nous ne pouvons, messieurs, recevoir qu'avec douleur
» des offres si désavantageuses pour ceux qui les font,
» surtout lorsque nous réfléchissons qu'elles nous viennent
» de la part de nos hôpitaux, des monastères des filles
» religieuses de cette ville et des particuliers, citoyens de
» cette commune. Mais les affaires, suivies de tant de
» disgrâces pour nous, qui sont survenues coup sur coup,
» nous forcent à ne rien refuser de ce qui peut tendre à
» notre soulagement et ne nous permettent point de réfléchir
» en cette rencontre à l'intérêt des particuliers, qui sont
» obligés d'abandonner ces sortes d'effets (les bons royaux,
» qui devaient entrer pour une certaine proportion dans le
» rachat des offices) pour si peu d'intérêt (1). »

Le roi avait autorisé l'emprunt à la condition que la ville s'engagerait envers les prêteurs à les rembourser intégra-

---

(1) *Archives communales*. Série BB. Art. 82 : *Délibérations du conseil de ville*, et série CC. Art. 588 : *Emprunts*.

lement en dix années. Douze ans après, en 1745, il était encore dû 21.231 livres.

Je viens d'écrire tout à l'heure le nom de Mgr de Chalucet. Ce prélat, qui a laissé de si profonds souvenirs de son passage sur le siège de Toulon, avait succédé à Mgr Jean de Vintimille du Luc, mort en 1682. Sa nomination est à la date de l'année 1684, le siège étant demeuré vacant pendant deux ans. Armand-Louis Bonnin de Chalucet appartenait à une noble et ancienne famille du Poitou. Il était fils de Jean-François Bonnin de Chalucet, marquis de Chalucet, comte et vicomte de Montrevault, baron de Bogars, de Boherdy, etc., et de dame Urbaine de Maillé, fille du duc de Maillé et d'une nièce du cardinal de Richelieu, de la maison de Brézé. Lorsque Armand de Chalucet fut nommé évêque de Toulon, il était prieur d'Eyjaux, en Limousin, et, depuis l'année 1673, abbé commendataire de l'abbaye de Vaux-en-Cernay, où il avait eu pour prédécesseur Jean-Casimir, roi de Pologne, et eut pour successeur Charles-Maurice de Broglie, fils du maréchal de Broglie. Les graves dissentiments qui existaient entre la cour de France et le Saint-Siège, à la suite des résolutions prises par l'assemblée du clergé en 1682, furent cause que le pape refusa d'envoyer ses bulles à l'évêque. Ce ne fut qu'à la mort d'Innocent XI, arrivée en 1689, que la réconciliation s'étant faite entre Louis XIV et Alexandre VIII, le nouveau pontife régularisa la situation d'un grand nombre d'évêques de France nommés par le roi et non investis par le pape. Mgr de Chalucet avait pris possession de son siège dès l'année même de sa nomination, mais en s'abstenant de faire son entrée dans sa ville épiscopale avec l'appareil usité en pareil cas. Une délibération du conseil de ville du 14 novembre 1684 nous permet de dire qu'il dut arriver à

Toulon vers le 25 de ce mois. En 1692, ayant reçu ses bulles d'investiture, il se rendit à Paris, où il fut sacré le 25 mars. Il ne revint en Provence que dans les premiers mois de l'année suivante. Nous trouvons, en effet, que le 5 février 1693, le conseil de ville informé que le prélat venait d'arriver à Aix, où il devait séjourner quelques jours auprès de son métropolitain avant de se rendre à Toulon, décida que le sieur du Revest, premier consul, et le conseiller Baudon iraient à Aix pour le complimenter, accompagnés des conseillers Aycard et Brémond, « mais ces derniers à leurs » frais ». Le séjour de l'évêque à Aix parait s'être prolongé, car il ne fit son entrée solennelle à Toulon que le 5 mars. Il s'arrêta à l'hôpital de la Charité, dont il avait été un des fondateurs, et fut, jusqu'à sa mort, le bienfaiteur. Il y fut reçu par les consuls, les conseillers, le clergé, les autorités militaires, maritimes et judiciaires, et se rendit de là, processionnellement, à la cathédrale, revêtu de ses habits pontificaux, marchant sous un dais porté par les quatre capitaines de ville.

L'épiscopat de Mgr de Chalucet fut marqué par diverses œuvres ou fondations pieuses et des événements de guerre importants, qui mirent en relief la charité évangélique de ce grand prélat, ses vertus sacerdotales et son dévouement pour son peuple.

En 1678, était mort à Toulon, messire Jean de Gautier, fils d'un conseiller au Parlement d'Aix, prieur et seigneur temporel de la Valette (1). Par son testament, en date du 4 novembre 1677, notaire Pierre Roustan, il avait disposé

---

(1) « Le 17 avril 1678, décédé messire Jean de Gautier, prieur et » seigneur de la Valette, sur les deux heures après minuit. A esté enseveli » le lendemain 18 dans la chapelle du Bon-Pasteur. » *Archives communales*. Série GG. Art. 70 : *Actes de décès de la paroisse Sainte-Marie*.

de touté sa fortune, évaluée à 57,000 livres environ, en faveur d'un asile à construire pour y recevoir les vieillards pauvres (1). On doit inférer des termes de son testament qu'il avait l'intention de faire élever cet édifice lui-même ; mais la maladie le retenant dans son lit, il ne put donner suite à ses projets et la mort l'ayant surpris, ce soin fut dévolu, comme il l'avait sagement prévu, à l'évêque siégeant, Jean de Vintimille, et à ses exécuteurs testamentaires. Cet héritage était plein d'orages. Le testament fut attaqué par les frères du vénérable prieur et donna lieu à de longues procédures dont la ville supporta tous les frais (2). Le testament fut revisé par sentence du sénéchal de Toulon, le 13 juillet 1678, et l'affaire portée devant le parlement de Provence, qui confirma le premier jugement, non sans soupçon d'avoir voulu favoriser un des frères du testateur, membre de cette compagnie. De ce fait, le legs pieux du prieur de Gautier se trouva considérablement réduit.

(1) « Ledit testateur a fait, institué et de sa propre bouche, nommé et
» appelé son héritier universel et général, l'Hospital de la Charité, qui
» sera establi et basti au dit Tolon ou à ses faubourgs. Et en cas qu'il ne
» fut encore en état lors de son décès, il prie le seigneur évesque de
» Tolon et les exécuteurs testamentaires ci-après nommés, d'avoir la
» bonté d'appliquer leurs soins à faire bastir et establir le dit hospital
» de la Charité jusques à la perfection, le plustôt qu'il se pourra, au
» dépend de l'héritage du dit testateur, et qu'on choisisse pour cet effet
» un lieu propre et convenable dans cette ville ou ses faubourgs..... »

(2) Le conseil de ville décida, le 25 avril 1678 « d'introduire une ins-
» tance à cause du testament de feu messire Jean de Gautier en faveur
» de l'hospital de la Charité » ; le 13 août, que le procès entre les exécuteurs testamentaires de feu messire de Gautier et ses « prétendus » héritiers serait poursuivi ; le 20 août, que la communauté supporterait les frais du procès « contre MM. de Gautier, frères du défunt, prieur de
» la Valette, et qu'elle en décharge les exécuteurs testamentaires. »
Archives communales. Délibérations aux dates indiquées.

La somme restée libre entre les mains de l'évêque Jean de Vintimille fut employée à la construction d'un bâtiment adossé à la chapelle Saint-Roch, hors les murs de la ville (1). Cet établissement, qui ne tarda pas à disparaître dans l'extension qui fut donnée quelques années après à l'hôpital de la Charité, était de proportions très modestes et ne pouvait recevoir que trente vieillards. Il fut terminé dans les premiers mois de l'année 1679 et inauguré le 1er mai en présence de l'évêque, des consuls et d'une grande foule de peuple (2).

Les choses restèrent en cet état pendant quinze ans environ. Mgr de Chalucet, nommé évêque de Toulon sur ces entrefaites, porta, dès les premiers temps de son épiscopat, toute sa sollicitude sur cette œuvre de bienfaisance et s'occupa sans relâche de se procurer les sommes nécessaires pour la compléter et lui assigner dans toute son étendue l'affectation humanitaire qu'avait voulu lui donner le prieur de Gautier. Indépendamment d'une somme de sept mille livres prise sur ses propres fonds, il fit personnellement une quête très fructueuse dans la ville et obtint, en 1688, que le conseil votât six mille livres « pour être

---

(1) Cette chapelle, qui était fort ancienne, existe encore, quoiqu'on n'y célèbre plus les cérémonies du culte. Elle a été englobée, il y a environ quarante ans, dans les constructions de l'hospice civil actuel.

(2) « Le premier jour de mai 1679, l'hospital de la Charité a commencé
» son establissement dans l'église de Saint-Roch, hors la porte de Notre-
» Dame, par le nombre de trente pauvres, qui furent conduits au dit lieu
» par une procession générale de tous les ordres pénitents et confréries,
» où Mgr l'évesque assista, aussi bien que MM. les consuls, à la tête d'un
» grand concours de peuple. Les premiers recteurs du dit hospital ont
» été Mgr de Vintimille, évesque; M. Arnoul, intendant de la marine, et
» MM. les consuls. » *Archives communales.* Série BB. Art. 12 : *Livre vert.*

» employées à la batisse et logement qui sera fait pour le
» dit hospital général de la Charité, et cent pistoles d'or (1)
» pour aumônes qu'il convient de faire pour le dit hospital ».
On ne s'explique pas bien que les fonds nécessaires pour
la construction projetée étant recueillis vers 1688, elle n'ait
été commencée que six ans après, en 1694. Il semble que
l'évêque avait eu d'abord le projet d'édifier la Charité sur
les terrains de la ville agrandie et qu'il aurait obtenu pour
cela du roi Louis XIV une superficie de quatorze cent
quarante-trois toises carrées (2); mais, pour des motifs que
nous ignorons, il dut y renoncer. Ce fut alors qu'il fit édifier,
en y annexant le bâtiment élevé déjà avec les fonds du
prieur de Gautier, l'hôpital de la Charité, d'une architecture
simple mais non sans élégance, dont la façade a été reliée
de nos jours à celle de l'hospice civil.

La première pierre de l'hôpital de la Charité fut posée le
16 août 1694, jour de la fête de Saint-Roch. L'évêque, les
consuls en chaperon, les conseillers et un grand nombre
d'habitants assistèrent à cette cérémonie. L'évêque bénit la
pierre fondamentale, sur laquelle étaient gravées ses armes
et celles de la ville. « Après quoi, César Aiguillon, maître
» maçon, entrepreneur, a présenté la truelle à M. l'évesque
» et ensuite à MM. les consuls et à MM. les recteurs, qui
» ont mis successivement du mortier sous la pierre. Nous
» avons donné un écu chacun à l'entrepreneur. M. l'évesque

---

(1) La pistole d'or valait onze livres trois sols.

(2) « Mgr l'évesque de cette ville ayant résolu, par un effet de son zèle
» et de sa charité envers les pauvres, d'enfermer tous les mendiants de
» la ville dans l'hospital général de la Charité, et pour cet effet le dit
» seigneur évesque ayant obtenu de la bonté du roy une place dans la
» nouvelle enceinte de la ville pour y bâtir une maison pour ledit hos-
» pital de la Charité..... etc. » *Séance du conseil de ville du 3 avril 1688.*

» lui a donné deux louis d'or et cent louis d'or pour aumône
» au sieur Montanar, trésorier du dit hospital général (1) ».

M<sup>gr</sup> de Chalucet se montra, tant qu'il vécut, le bienfaiteur infatigable de l'hôpital de la Charité. Par son testament, en date du 9 juillet 1712, il lui laissa des biens évalués à quarante mille écus. A sa mort, une plaque de marbre fut placée dans la salle de réunion des recteurs; elle a été brisée et perdue en 1793. Elle portait gravée l'inscription suivante, qui rappelait les principaux actes de bienfaisance de l'éminent prélat :

    Armando, Ludovico-Bonnin
           de Chalucet
       episcopo Tolonensi
  quod domum hanc ædificavit;
  intactam urbe obsessa servavit;
pauperes ad Christi doctrinam instituit;
    ad artes utiles admovit;
    frumento necessario juvit;
et ne in posterum annona deficeret
  sollicitudine et magnificentia sua
       abunde providit.
Consules et moderatores monumentum
           P. P.
     Anno M. DCC. XII.

Pendant que M<sup>gr</sup> de Chalucet pourvoyait aux besoins de la vieillesse indigente en construisant l'hôpital de la Charité, il introduisait dans Toulon la gratuité de l'instruction primaire pour les jeunes filles pauvres. C'était là une question qui avait toujours été méconnue par les magistrats

---

(1) *Archives communales*. Journal tenu par MM. les consuls.

municipaux et les conseils, comme le constatait, en le déplorant, le consul Beaussier, dans la séance du conseil du 2 septembre 1686. Il n'est pas sans intérêt pour la vérité, à une époque où on s'efforce de persuader aux masses ignorantes que le clergé a toujours été l'adversaire, sinon l'ennemi, de l'instruction pour le peuple, de rencontrer dans nos annales un évêque instituant le premier, à Toulon, une école gratuite de filles, avec un personnel d'institutrices vouées par esprit de religion à ce devoir social et chrétien.

Dès son arrivée à Toulon, au mois de novembre 1684, Mgr de Chalucet avait fait venir de Paris « trois jeunes filles » qui sont d'une vertu et d'une piété exemplaires, appelées » la sœur de la Pomeraie, la sœur d'Aloimont et la sœur de » la Croix (1) ». Ces trois religieuses appartenaient à de grandes familles et sortaient d'un institut fondé en 1666 à Rouen, et établi en 1678 à Paris, par un pieux Père Minime du nom de Barret, qui mourut en odeur de sainteté le 31 mars 1686. Comme rien n'était préparé à Toulon pour recevoir les sœurs de la maison du P. Barret, l'évêque les installa à l'évêché, où elles ouvrirent leurs classes dans les salles basses du palais épiscopal qui avaient accès sur la ruelle, aujourd'hui fermée, qui débouchait sur la place de l'Eglise, sur l'alignement du clocher. La congrégation fondée par le P. Barret avait pris à sa mort le nom de Congrégation des Dames de Saint-Maur, du nom de la rue où était le siège de l'institut à Paris ; à Toulon, cette appellation ne prévalut pas dans le langage populaire et, pendant la longue durée de deux siècles, les dames de Saint-Maur n'ont été connues et désignées que sous le nom de sœurs de

---

(1) *Archives communales*. Série BB : *Rapport du consul Beaussier dans la séance du conseil de ville du 2 septembre 1686.*

l'Evêché, en souvenir de leur premier séjour dans le palais épiscopal.

Les sœurs de Saint-Maur tinrent leurs classes dans la demeure de l'évêque jusqu'à la fin de l'année 1686, avec un succès qui est attesté par tous nos documents municipaux. Mais bientôt le nombre des élèves devenant tous les jours plus grand et les locaux ne suffisant plus, en même temps qu'ils étaient rendus inabordables par les travaux de réfection qu'on exécutait en ce moment à la façade de l'église (1), l'évêque s'adressa à la communauté, au mois d'août 1686, pour qu'elle prît à sa charge l'entretien des trois sœurs institutrices, ainsi que le local scolaire. Il offrait de contribuer pour la moitié du loyer de la maison nécessaire pour y établir les classes. Le conseil se réunit le 2 septembre; il accepta les propositions qui lui étaient faites et vota une somme de quatre cent cinquante livres pour les trois sœurs, soit cent cinquante livres pour chacune d'elles, « parce qu'elles n'ont pas de revenus, disait le premier » consul, pour subvenir à leur entretien et nourriture, et » qu'il semble juste qu'en travaillant à une œuvre si pieuse » et si avantageuse à la communauté, elle supporte pour » le moins la dépense qu'il convient de faire pour leur » entretien, au lieu des salaires que les pères et mères » de famille seroient obligés de leur donner ».

---

(1) « ..... Mais parce que l'exercice de cet établissement est non seu-
» lement interrompu par l'impossibilité où sont les jeunes filles d'entrer
» en sûreté dans le lieu où se trouvent les écoles, à cause de la cons-
» truction que l'on fait d'un nouveau portal à l'église, outre que la
» petitesse des lieux en restreint beaucoup l'exercice..... etc. » Rapport
de messire Jean Talmas, promoteur du diocèse de Toulon, à M. Lebret,
intendant de Provence. *Archives communales*. Série GG, Art. 54 : *Ecoles primaires*.

L'école des filles, sous la direction des dames de l'institut du P. Barret, fut établie dans la rue Bonnefoi. L'immeuble, loué au prix annuel de quatre cents livres, appartenait à un habitant du nom de Ferdinand de Breil, sieur de Rodeillat. En 1708, de Breil étant mort, sa veuve et son fils proposèrent à la communauté de lui vendre cette partie de leur héritage pour la somme de neuf mille livres. Les consuls et l'évêque s'accordèrent sur la nécessité de cette acquisition, et il fut convenu, par un acte sous seing privé en date du 12 novembre, que Mgr de Chalucet contribuerait à cet achat pour le tiers, soit trois mille livres, et la communauté pour six mille livres. Pour des raisons que nous ignorons, mais qu'on pourrait trouver dans l'état de pénurie où étaient les finances de la ville après le siège de 1707, l'acte d'achat définitif ne fut passé que trois ans après. Le 13 juillet 1711, le conseil donna pouvoir aux consuls de procéder à l'achat de la maison de Breil et, le 31 août, l'acte fut souscrit au nom de « l'illustrissime et révérendissime
» Père en Dieu, messire Armand-Louis Bonnin de Chalucet,
» évêque de Toulon, et des trois consuls de la ville, présents
» et acceptants, chacun pour leur part et portion, sçavoir,
» l'évêque pour un tiers et les consuls, au nom de la
» communauté, pour les deux tiers. » L'évêque stipulait, en outre, que son acquisition et contribution pour trois mille livres étaient faites par lui sous cette condition expresse que : « Si, dans la suite, l'exercice de l'école des filles
» venoit à manquer en cette ville sous l'institution et direc-
» tion de ces sœurs, par quel sujet et prétexte que ce soit,
» et que la propriété de la susdite maison acquise restât à
» Mgr l'évesque et à la communauté pour les portions chacun
» les concernant, en ce cas, son intention est que les trois
» mille livres de son capital, ou le tiers des fonds de la dite

» maison, reviennent et appartiennent au séminaire du
» même institut de Paris (1). »

La maison scolaire qui venait d'être acquise était celle que toutes les générations qui se sont succédé à Toulon, depuis le milieu du xviie siècle jusqu'à nos jours, ont connue dans la rue Bonnefoi, sous le nom de Maison de l'Evêché, du nom populaire de sœurs de l'Évêché donné aux Dames de Saint-Maur, qui en avaient la direction (2). Déjà, après l'avènement de la République, en 1870, M. V. Allègre, maire de Toulon, sans raison et sans droit, pour obéir à des excitations parties d'en bas, et par un simple arrêté administratif, avait tenté d'expulser les sœurs de leur séculaire demeure. Il ne nous appartient pas de juger ici les mesures brutales prises à cette époque par le premier magistrat de la cité, qui s'empara de la maison de la rue Bonnefoi, fit détruire la chapelle, murer les portes des classes et relégua les sœurs dans leur dortoir en les mettant en demeure de s'assurer promptement un asile. Le tribunal de Toulon, la cour d'appel et la cour de cassation firent justice. Dix ans après, une administration municipale rendue plus prudente par cet insuccès, mais non moins passionnée, transporta la question de l'expulsion des sœurs sur le terrain judiciaire. Elle cita les dames de l'Évêché en licitation, mais en les sommant, avant toute chose, de justifier de leur qualité de propriétaires : on leur contestait qu'elles fussent de l'ordre fondé primitivement par le

---

(1) *Acte de maître Mouton, notaire à Toulon.* Aux archives de maître Bertrand, notaire.

(2) Cette dénomination de sœurs de l'Évêché était si bien entrée dans le langage de la population, que la rue de Bonnefoi elle-même n'était pas autrement connue que sous le nom de rue de l'Évêché.

P. Barret. L'affaire fut plaidée au fond et la preuve établie. Les parties finirent par consentir à la licitation sur les bases des deux tiers de la propriété au profit de la ville et du tiers restant au profit des dames de Saint-Maur. La commune se rendit adjudicataire de la maison et la fit démolir. Les dames de Saint-Maur, *sœurs de l'Évêché*, ont acquis à leurs propres dépens un immeuble dans la rue de la Miséricorde, aujourd'hui rue Hoche, où elles ont rouvert leurs classes gratuites d'instruction primaire.

Au milieu de ses sollicitudes sociales, qui se traduisaient par des fondations pieuses et durables destinées à venir au secours des faibles et des déshérités, Mgr de Chalucet, qui voyait dans le développement des ordres réguliers une force mise au service de la religion, favorisait de toute son influence l'introduction dans la ville d'une compagnie conventuelle des PP. Récollets. L'établissement à Toulon des PP. Récollets avait donné lieu depuis plus de cinquante ans à de pénibles incidents et, encore en 1677, ils n'avaient pu parvenir à se faire accepter par la communauté. Il n'existe malheureusement dans nos *Archives* aucun dossier sur ces religieux, et si nous trouvons dans les procès-verbaux des délibérations du conseil de ville des décisions prises contre eux, nous ne parvenons pas à saisir le motif qui les faisait repousser par nos pères. Peut-être n'y aurait-il pas de témérité à supposer que le refus du conseil était basé sur le trop grand nombre d'ordres mendiants établis déjà dans la ville; c'est, du moins, la raison qu'il avait donnée en 1646 pour s'opposer à l'établissement des PP. de la Mercy, qu'il ne consentit ensuite à recevoir qu'après qu'ils eurent renoncé au droit de besace. Nous n'avons pas de documents, il est vrai, nous apprenant que la situation était la même pour les Récollets et que ces religieux avaient refusé d'y souscrire, mais à défaut d'indication précise, celle-ci pourrait être acceptée comme probable.

Les Récollets apparaissent pour la première fois dans nos documents en 1636 ; le 16 mai de cette année, le conseil municipal repoussa une demande qu'ils venaient d'introduire à l'effet d'être autorisés à établir un couvent de leur ordre dans la ville. Pendant quarante ans environ il n'est plus question d'eux dans nos *Archives* et ce n'est qu'en 1677 que nous les retrouvons de nouveau. A cette époque, ils renouvelèrent leur demande au conseil, avec l'appui de l'évêque Jean de Vintimille. Les mêmes raisons de les éloigner subsistant sans doute, le conseil leur opposa le même refus. Ils eurent alors recours aux voies judiciaires pour forcer la communauté à les recevoir et lui intentèrent un procès devant le lieutenant au siège. Celui-ci, au grand étonnement de la population, rendit une sentence favorable à leurs prétentions. Le conseil, qui voyait dans ce jugement une violation de la loi municipale, se réunit le 5 juin et autorisa les consuls à faire « les poursuites nécessaires » contre les révérends pères Récollets, au sujet du couvent » qu'ils veulent établir dans la ville ». Ceux-ci en appelèrent au Parlement, qui rendit un arrêt conforme. Il ne restait plus aux consuls qu'à porter l'affaire devant le roi, et c'est ce qu'ils firent avec un plein succès. Le roi, par une ordonnance signée en conseil d'Etat, le 16 octobre 1678, cassa et annula la sentence rendue par le lieutenant au siège de Toulon, ainsi que l'arrêt confirmatif du Parlement, et ordonna que les PP. Récollets se retireraient de la ville et de son territoire, leur défendant de s'y établir à l'avenir sans une autorisation expresse de lui (1). L'ordonnance fut

---

(1) « ..... Le roy, sans s'arrêter à la sentence rendue par le sieur

présentée au sieur Nicolas de Bonnegrace, conseiller du roi, lieutenant particulier au siège de Toulon, qui l'enregistra à la requête de maître Pierre Brémond, procureur, au nom des consuls.

Malgré l'ordonnance du roi, qui leur interdisait le séjour dans la ville et sur son territoire, les Récollets ne s'éloignèrent pas de Toulon. Ils s'établirent hors les murs, à peu de distance de la porte Notre-Dame, dans une maison rurale située sur l'emplacement actuel de la place Saint-Roch, dont ils furent expropriés quelques années après, lorsque la ville fut agrandie dans l'ouest. Il ne faut pas douter que ce fut à l'intervention de Mgr de Vintimille auprès du roi qu'ils durent d'obtenir de ne pas s'éloigner de Toulon ; mais les consuls ne les virent pas sans un vif déplaisir se fixer à demeure aux portes de la ville. Il semble qu'ils eurent à ce sujet de nombreux conflits avec eux, et comme en ces temps la population et ses magistrats consulaires vivaient en parfaite communauté d'idées, les Récollets eurent à subir de fréquentes avanies de la part des habitants. C'est ce qu'on pourrait inférer, du moins, d'une lettre que Louis XIV écrivait aux consuls le 18 septembre 1680, et dans laquelle il leur disait « que les Révérends Pères » Récollets ayant à se plaindre d'eux et des habitans, sur

» lieutenant général au siège de Toulon, ni à l'arrêt du Parlement de
» Provence, confirmatif d'icelle, portant l'établissement des Pères Récollets
» en cette dite ville, que Sa Majesté a cassé et annulé comme contraire à
» l'édit du mois de décembre 1668, a ordonné et ordonne que les Pères
» Récollets se retireront de cette dite ville pour aller faire leur résidence
» dans tels couvents de leur ordre qui leur seront ordonnés par leurs
» supérieurs, avec défenses très expresses de s'établir à l'avenir dans
» cette dite ville ou ailleurs, sans lettres patentes de Sa Majesté...... »
Archives départementales du Var. Greffe du sénéchal de Toulon.

» la demande du seigneur évesque de Toulon il les invitoit
» à faire cesser les conflits existans (1) ».

Deux ans après, Mgr de Vintimille mourait et l'évêque de Chalucet le remplaçait sur son siège. Sa grande autorité paraît avoir « adouci les humeurs » et un apaisement complet se fit lorsque les PP. Récollets, expropriés de leur demeure, se trouvèrent errants sur le territoire de la commune. Nous ignorons ce qu'ils devinrent à cette époque et dans quel lieu ils s'établirent; mais nous trouvons que le 18 mai 1693, le conseil donna pouvoir aux consuls « de » demander à Sa Majesté la permission de recevoir les » Pères Récollets ». Cette demande au roi se justifie par l'ordonnance du 16 octobre 1678, qui leur interdisait le séjour dans la ville. Le 7 juin, les consuls adressèrent une requête en ce sens au roi, qui l'agréa. Le 18 janvier de l'année suivante, il signa des lettres patentes qui autorisaient la communauté à recevoir les PP. Récollets dans Toulon.

Nous ignorons en quel nombre les PP. Récollets entrèrent dans Toulon et dans quelle partie de la ville ils se logèrent. Ils paraissent avoir été un peu errants pendant les premières années de leur séjour parmi nous, n'ayant pas même à leur disposition une chapelle exclusivement desservie par eux. Ce ne fut qu'en 1696 que, par une convention passée le 9 avril avec la communauté, celle-ci les mit en possession de la chapelle Saint-Jean, sur la place de ce nom. Il semble que pendant dix ans encore ils aient continué à habiter une maison louée par eux dans le voisinage; mais, en 1706, nous les trouvons recevant en pur don ou acquérant de leurs propres deniers un terrain attenant à leur chapelle, sur

---

(1) *Archives communales.* Série AA : *Lettres des souverains.*

lequel ils élevèrent un couvent, d'où ils ne sortirent qu'à la Révolution. Ce couvent existe encore dans sa forme et ses dimensions primitives. Devenu propriété nationale après l'expulsion des ordres religieux, il fut pris à bail par divers industriels, qui le transformèrent en entrepôt de marchandises. Quelques années après, par un décret signé le 4 mars 1807 au camp d'Ostende, l'empereur Napoléon en fit cession à la ville, à la condition qu'il serait converti en école primaire gratuite de garçons, sous la direction des Frères dits *Ignorantins* (1). Je dirai plus loin, lorsque j'aurai à m'occuper de l'introduction à Toulon des Frères de la Doctrine Chrétienne, par quelles circonstances, alors que les passions politiques qui règnent depuis vingt ans au sein des conseils de la ville ont exclu de tous nos établissements scolaires municipaux les fils du bienheureux de la Salle,

---

(1) Le décret était ainsi formulé :

NAPOLÉON, empereur des Français et roi d'Italie,

Sur le rapport de notre ministre des finances, nous avons décrété et décrétons ce qui suit :

Article premier

Le Préfet du Var est autorisé à abandonner à la ville de Toulon le cloître des ci-devant Récollets de cette ville à l'effet d'y établir une école primaire, laquelle sera dirigée par les Frères dits Ignorantins, à la charge de ladite ville d'entretenir le bail existant d'une portion de ce bâtiment, si mieux elle ne préfère indemniser le locataire à ses frais, et d'entretenir, en outre, ledit bâtiment de toutes réparations quelconques.

Article second

Nos ministres des finances et de l'intérieur sont respectivement chargés de l'exécution du présent décret.

NAPOLÉON.

Par l'empereur. Le secrétaire d'Etat : H. DE MARET.
Pour ampliation. Le ministre de l'Intérieur : CHAMPAGNY.
Pour copie conforme. Le préfet du Var : D'AZÉMAR.

Enregistré à la Sous-Préfecture de Toulon, le 11 mai 1807.

Le sous-préfet : BLANC.

l'école de l'ancien couvent des Récollets est restée seule inscrite au budget communal, sous la régence de ces humbles instituteurs du peuple.

Le couvent des Récollets communiquait avec la chapelle Saint-Jean par une porte intérieure. En 1744, la chapelle étant devenue insuffisante pour le grand nombre de fidèles qui la fréquentaient, elle fut abattue et remplacée par l'église qui existe encore sous le vocable récent de Saint-François-de-Paule (1). La première pierre fut posée le 30 janvier 1744. Les consuls, en chaperon, le clergé séculier et régulier, les autorités militaires et maritimes ainsi qu'une grande foule de peuple, assistèrent à cette cérémonie. On scella dans la pierre fondamentale une plaque de cuivre portant gravée une inscription latine, dont le texte ne nous a pas été conservé, ainsi que les noms des consuls en exercice, celui de l'évêque siégeant et le millésime de 1744.

A l'extrême fin du XVII° siècle, pendant que la ville de Toulon subissait une profonde transformation par suite de l'extension de son périmètre fortifié et la création d'un immense arsenal maritime, fut construite la halle aux poissons, dite Poissonnerie dans les documents du temps, dénomination qui lui est restée. Si je consigne ici la date de cette construction, c'est moins à cause de l'ampleur du monument et de son importance architecturale, que parce que P. Puget, vieilli et retiré en ce moment à Marseille, en dressa les plans et devis, ce qu'on paraît avoir ignoré jusqu'à

---

(1) Cette église garda sa désignation de Saint-Jean jusqu'à la Révolution, où elle fut transformée en club. C'est au club de Saint-Jean que se réunissaient les patriotes exaltés, et c'est de là que sortirent tant d'arrêts de mort. Rétablie en 1803 et rendue au culte, elle fut placée sous l'invocation de Saint-François-de-Paule, mais le peuple ne la connaît encore que sous son ancienne appellation de Saint-Jean.

ce jour, et que rien ne doit être oublié de ce qui se rapporte aux conceptions de ce grand artiste, même lorsqu'elles n'ajoutent rien à sa gloire.

En réalité, la première halle aux poissons à Toulon date de l'année 1638. Jusqu'à ce moment la vente aux habitants des produits de la mer s'était faite à ciel ouvert, sur des bancs mobiles dressés tous les matins au long des maisons limitant aujourd'hui la place de la Poissonnerie. Cet état de choses était devenu intolérable dans une ville qui voyait sa population s'accroître tous les jours, et il se produisait à chaque instant dans ces rues étroites des encombrements préjudiciables au bon ordre et à la facilité des transactions. En 1638, le conseil décida que le marché aux poissons serait transféré sur la place Saint-Pierre, qui présentait une superficie favorable à son établissement. Un arrêt du Parlement autorisa ce déplacement; mais les propriétaires des maisons voisines de l'ancien marché, qui voyaient dans sa suppression un amoindrissement de la valeur de leurs immeubles, firent alors aux consuls des propositions par lesquelles ils s'engageaient à construire à leurs frais une halle, si on voulait la conserver dans son quartier primitif. L'offre fut agréée et l'arrêt rapporté. Les sieurs Thomas de Beaulieu, de Cuers de Cogolin et Tassi, en leur nom et au nom de leurs voisins, acquirent, par acte du 9 avril, au prix total de six mille trois cent soixante-quinze livres, deux maisons contiguës pour être démolies et le terrain qu'elles occupaient être converti en marché aux poissons. La construction coûta aux traitants trois mille huit cent soixante-douze livres, en tout dix mille deux cent quarante-sept livres, moyennant lesquelles la ville entra en possession d'une poissonnerie sans bourse délier.

Bientôt, par suite de l'importance que prit la ville sous

le règne de Louis XIV et de l'augmentation de sa population qui, de douze mille âmes, atteignit, en moins de cinquante ans, vingt-sept mille âmes, le marché ouvert en 1638 se trouva insuffisant. En 1686, le conseil, d'accord avec les propriétaires voisins, décida, dans sa séance du 7 octobre, que la poissonnerie serait agrandie par l'acquisition et la démolition de deux nouvelles maisons, et qu'il serait élevé sur la totalité de l'emplacement une halle « monumentale ». Le prix d'acquisition des deux maisons et les frais de construction devaient être supportés pour les deux tiers par la communauté, et pour le troisième tiers par les propriétaires du voisinage, « à proportion du bénéfice, profit » et utilité que leurs maisons doivent en retirer ». L'achat des deux immeubles fut de vingt mille quatre cent trois livres, dont six mille huit cent quatre à la charge des propriétaires. Les consuls s'adressèrent à P. Puget pour qu'il dressât les dessin, plan et devis de la nouvelle construction.

Le plan de la poissonnerie envoyé de Marseille par Puget comportait un rectangle de vingt-deux mètres quarante centimètres sur dix mètres vingt centimètres. Sur chacun des grands côtés se trouvaient cinq colonnes d'ordre toscan, en pierres dures, dont la hauteur, y compris le piédestal, était de sept mètres trente-huit centimètres, et le diamètre inférieur de quatre-vingt-seize centimètres. « La vieille » poissonnerie et les maisons abattues, disait Puget dans » un *mémoire* explicatif, sera fait place nette pour faire les » alignements suivant qu'ils sont marqués sur le plan. Les » fondations seront creusées jusques autant avant que le » terrain le permettra pour y pouvoir faire une muraille de » quatre pans à la droiture des colonnes, et aux endroits » où on ne trouvera pas le ferme sera mis des pilotis. La

» fondation étant élevée jusques au rez-de-chaussée, on
» commencera à élever les piédestails et ensuite les colonnes
» par dessus..... Le pavé de la poissonnerie sera élevé de
» deux degrez (marches) du niveau de la rue. Les dits
» degrez seront de pierre dure et d'un pan et demy (0ᵐ36ᶜ)
» de large, avec sa mouchette sur le devant comme est
» marqué à l'élévation, et les dits degrez règneront d'une
» colonne à l'autre..... Le dedans de la poissonnerie sera
» pavé avec des échantillons de pierre dure par assise le
» moins d'un pan de queue, travaillé grossièrement avec
» l'aiguille et posé avec de bon mortier. »

La couverture de la halle était ainsi déterminée par Puget : « Les colonnes étant à leur hauteur, bien propre-
» ment taillées et bouchardées à petit grain, il sera mis des
» pièces de sapin ou sablières de quatorze pouces de hauteur
» et neuf de large, d'une colonne à l'autre et au-dessus des
» chapiteaux, qui marqueront la frise pour lui faire sup-
» porter la corniche qui servira d'avant toit, aussi bois de
» sapin; et au-dessus d'icelle sera fait la couverture, à sol
» négat **(1)**, à quatre pantes, couvert de tuiles de Marseille.
» Les tirants (entraits et sablières) qui traverseront d'un
» pilier (colonne) à l'autre, auront quinze pouces de hauteur
» et dix d'épaisseur. Toute la charpente sera de bois de
» sapin du Rhosne (arrivant par la voie du Rhône), toutes
» les pièces bien clouées les unes contre les autres, aussi
» bien que les chevrons qui seront au-dessus de ladite
» charpente. La couverture étant finie, il sera fait une
» gouttière de plomb ou de fer blanc avec ses griffons, pour
» jeter l'eau en dessous, de la longueur qu'on trouvera à

---

(1) Superposition sur des chevrons espacés de briques noyées dans une couche de mortier.

» propos. Pour toutes lesquelles ouvrages, qui seront faites
» bien et deuvement, les entrepreneurs fourniront tous les
» matériaux nécessaires..... etc. (1) »

Trois années s'écoulèrent avant que les travaux ne fussent entrepris. En 1689, les consuls, par suite de deux délibérations du conseil de ville aux dates du 11 juillet et du 14 octobre, mirent aux enchères la construction de la poissonnerie sur les plans et devis de P. Puget. Les enchères furent vivement disputées par quatre entrepreneurs et adjugées définitivement, le 20 février 1690, au sieur César Aguillon, pour le prix total de quatre mille cinq cents livres, l'adjudicataire prenant les matériaux de démolition de l'ancienne halle et des deux maisons acquises pour son agrandissement sur le pied de deux mille quatre cent soixante-quinze livres, ce qui réduisait la somme à débourser par la ville à deux mille vingt-cinq livres.

Quelques mois après, le 12 juin, le conseil de ville décidait qu'il serait payé au sieur P. Puget onze livres douze sols, valeur d'un louis d'or, « pour avoir fait un dessain de la
» construction de la poissonnerie ». Le 20 du même mois, le trésorier de la commune remettait cette somme au frère de la femme de Puget, le sieur Boullet, lequel lui en donnait quittance en ces termes :

« J'ai reçu de M. le trésorier onze livres douze sols,
» suyvant l'ordre que M. Puget, mon beau-frère, m'a donné.
» A Toulon, le 24 juin 1690 (2). »

---

(1) *Archives communales.* Série DD : *Propriétés communales.* Art. 16 : *Devis des ouvrages qui doivent être faits pour la construction de la poissonnerie que la communauté de Toulon veut faire bastir.*

(2) *Archives communales.* Série CC : *Impôts et comptabilité.* Art. 280: *Livre de la trésorerie de* JACQUES ROCHE.

Le plan de la poissonnerie construite à Toulon en 1690 et payé onze livres douze sols, fut, sans doute, le dernier travail sorti des mains de P. Puget, qui mourut à Marseille le 2 décembre 1694, à l'âge de soixante-douze ans. A ce titre, peut-être, avait-il le droit d'être indiqué dans l'histoire d'une ville dont il aimait à se dire le citoyen, qu'il a remplie de ses souvenirs et illustrée par son long séjour de trente ans, son mariage avec une toulonnaise et les grandes œuvres qu'il y a exécutées, depuis les *Cariatides* et le *Milon de Crotone*, jusqu'à ces décorations sculpturales des vaisseaux, dont il ne reste que des débris précieusement conservés dans nos musées du Louvre et de notre direction du port.

CHAPITRE XIX

LE SIÈGE DE TOULON EN 1707

1700-1707

La guerre de la succession d'Espagne. — L'armée des coalisés réunie dans les Alpes menace la Bresse, le Dauphiné et la Provence d'une invasion. — Incertitudes funestes à la cour de France sur les projets des ennemis. — On apprend que leur objectif est de surprendre Toulon avec l'appui d'une flotte anglaise concentrée à Gênes. — Les coalisés descendent par Coni et Nice sur le Var. — Situation misérable des fortifications de la place de Toulon. — Le maréchal de Tessé reçoit l'ordre de diriger une armée de secours du Dauphiné sur la Provence. — Préparatifs de défense à Toulon : état du personnel et du matériel de siège. — Construction d'ouvrages avancés sur le front est de la ville et d'un camp retranché à Sainte-Anne. — Les ennemis passent le Var le 11 juillet. — Les premiers bataillons français arrivent à Valensole le 19. — Toulon devenu l'enjeu d'une marche à accomplir par les deux armées. — Itinéraires projetés du maréchal de Tessé de Valensole à Toulon. — Le comte de Grignan les fait modifier. — Marche des bataillons à travers les montagnes, de Tavernes à Montrieux et de là à Toulon, par Orvès. — Sept bataillons de secours entrent à Toulon le 22, pendant que le duc de Savoie campait au Luc. — Arrivée à Toulon, le 23 juillet, de neuf bataillons, et le 25 des treize derniers bataillons. — Les ennemis arrivent le 26 à la Valette et y établissent leurs campements. — Ouverture des hostilités. — Les assiégeants s'emparent de la Croix-de-Faron, et, successivement, de la hauteur d'Artigues et du plateau de Sainte-Catherine. — Ils ouvrent une parallèle de Sainte-Catherine à la hauteur de la Malgue. — Opérations de la flotte anglaise devant Toulon, et sur la côte. — Le

7 août les ennemis ouvrent le feu de leurs batteries contre la ville. — Relation du siège. — Plan d'une sortie générale des assiégés sur six colonnes. — Combat du 15 août. — Les ennemis perdent leurs positions de Faron, d'Artigues, de Sainte-Catherine et de Dardennes. — Bombardement de Toulon par terre et par mer. — Levée du siège. — Etat de la ville et de son territoire après la levée du siège. — Retraite de l'armée des coalisés sur le Var. — Inaction du maréchal de Tessé.— Ses causes et ses effets. — Conclusion.

Depuis le traité de Ryswick, signé en 1697, la France était en paix. Trois ans après, la mort de Charles II, roi d'Espagne, en plaçant la couronne sur la tête de Philippe V, duc d'Anjou et petit-fils de Louis XIV, mit de nouveau les armes à la main de l'Europe entière. C'était la période d'expiation qui allait s'ouvrir pour le grand roi.

La France ne se laissa pas abattre. Il fallut la coalition de huit peuples pour mettre sa fortune en échec (1), et jamais la défaite ne mérita plus d'honneur et de respect. Dans cette lutte immense et qui n'avait pas de précédent dans les annales de l'Histoire, les Triumvirs de la ligue, comme les appelle Torcy dans ses *Mémoires*, furent le duc de Marlborough, le plus grand par ses talents militaires et le plus méprisable par la bassesse de son caractère, des généraux qu'ait produits l'Angleterre; le prince Eugène, un illustre fugitif français, et Heinsius, Grand Pensionnaire de Hollande. Ces trois hommes, à la haine commune qui les unissait contre la France, joignaient des griefs ou des desseins plus implacables encore que la politique. Louis XIV leur opposa Villars, Vendôme, Berwick et Dugay-Troin, qui tinrent, non sans gloire, malgré leurs malheurs, la place des Condé, des Turenne, des Luxembourg et des Duquesne.

(1) L'Angleterre, le Danemark, la Hollande, l'Autriche, la Prusse, les cercles de l'Empire, le Portugal et la Savoie.

De toutes les grandeurs du règne, c'était encore le génie militaire qui restait le plus fécond.

La France se débattait depuis deux ans déjà contre sept nations coalisées, lorsque le duc de Savoie, Victor-Amédée, que des liens de famille unissaient étroitement à la couronne de France (1), fermant son cœur à tous ses sentiments d'affection pour n'écouter que ses intérêts, qui étaient ceux de son peuple, prit des arrangements avec l'empereur. Au mois de janvier 1703, il s'engagea à faire la guerre à Louis XIV et à l'Espagne, contre la promesse de la cession au Piémont du Montferrat, d'Alexandrie, de Valenza, de la Lomelline et du Val de Sésia. A partir de ce moment la guerre couvrit l'Europe presque entière : en Italie, en Espagne, sur le Rhin, dans les Pays-Bas, du Zuidersée à Naples, du Danube à Gibraltar. Jamais la coalition n'avait été aussi étendue et aussi compacte, jamais la victoire n'avait été aussi infidèle à nos drapeaux, jamais la patrie française n'avait couru d'aussi effroyables périls.

Les années 1705 et 1706 furent désastreuses pour nos armes. En 1707, Marlborough occupait le Brabant et la Flandre espagnole et se disposait à marcher sur Lille. En Italie, nos troupes, battues sous les murs de Turin, avaient été forcées d'évacuer toutes leurs garnisons. Le duc de Savoie et le prince Eugène, maîtres du Milanais, du Piémont, du Mantouan et de Naples, réunirent le gros de leurs forces, auxquelles vinrent s'adjoindre douze mille impériaux, et en formèrent quatre corps, qui prirent position : le premier à Mazan, près d'Ivrée, le deuxième et le troisième

---

(1) Deux filles de Victor-Amédée avaient épousé, l'une, Marie-Louise-Gabrielle de Savoie, le duc d'Anjou, devenu roi d'Espagne, sous le nom de Philippe V, et l'autre, Marie-Adélaïde de Savoie, le duc de Bourgogne, père de Louis XV.

à Rivoli et à Sancillac, non loin de Pignerol, et le quatrième à Desmons, dans les environs de Coni.

Ce n'était un mystère pour personne que les coalisés, campés sur le revers des Alpes, n'allaient pas tarder à descendre en France. A la cour, on s'attendait, soit à une invasion du Dauphiné par le Pas de Suze, soit à une invasion de la Savoie et de la Bresse par le Val d'Aoste. Chose inouïe ! Nul dans les conseils du gouvernement ne prévoyait que les alliés pouvaient descendre sur le Var par Coni, Sospel et le comté de Nice, et entrer librement en Provence. Dans l'incertitude où on était du point par lequel les ennemis déboucheraient en France, le roi avait ordonné de concentrer l'armée sortie vaincue d'Italie en Dauphiné et en Savoie, et en avait donné le commandement au maréchal de Tessé qui, malheureux en Espagne, désirait faire oublier sa mauvaise fortune. Le maréchal avait une grande étendue de pays à garder avec des troupes insuffisantes, découragées par la défaite, mal payées et manquant de tout. Il écrivait au ministre de la guerre, le 18 juin 1707, de Chaumont, petit bourg de la Haute-Savoie, où il avait établi son quartier général : « ..... Mais cette valeur fran-
» çaise qu'est-elle devenue ? Elle est telle qu'elle n'a jamais
» été, et je ne sçaurois trop admirer ce que je vois tous les
» jours : des officiers qui marchent à pied, parce qu'ils
» n'ont pas de quoy servir autrement, que je les vois
» réduits au pain de munition et à l'eau, et que j'en sçois
» nombre qui sont des sept et huit jours sans manger un
» morceau de viande, parce qu'ils n'ont pas de quoy en
» acheter. Après cela, de croire que cette extrême disette,
» qu'il faut voir de près pour la croire, mette de la gaité et
» de la volonté dans la vivacité du service, c'est ce qui
» n'est et ne sera jamais, et quelque louable que soit la

» vertu, ses efforts pour la guerre ne se font point quand
» l'indigence, au point qu'elle est, se retrouve tous les
» jours (1). »

Mais les alliés ne menaçaient ni le Dauphiné, ni la Savoie, ni la Bresse; leur objectif était la Provence, à laquelle personne ne pensait en France et à la cour et qu'on laissait désarmée. L'Angleterre et la Hollande avaient imposé cette expédition à la coalition, et c'était Toulon, ce grand arsenal maritime odieux aux Anglais et d'où étaient sorties les flottes qui avaient tenu en échec la puissance maritime de la Hollande dans la Méditerranée, qu'on voulait anéantir à tout jamais. Le plan en avait été dressé à Londres à la fin de l'année 1706, dans un conseil présidé par la reine Anne, qui avait promis le secours d'une flotte anglaise et six millions de subsides, et arrêté définitivement dans ses détails d'exécution le 15 janvier 1707, à Valence, dans un conseil de guerre auquel assistèrent l'amiral anglais Schowel et quatre ministres des nations coalisées. A Toulon cependant on ne se faisait aucune illusion sur les dangers que courait la ville. Dès le mois d'avril, on avait connu la présence d'une escadre anglaise sur les côtes de la Ligurie, et des avis divers étaient venus souvent des ports de l'Italie, annonçant que les vaisseaux anglais n'étaient réunis dans ces mers que pour participer au siège d'une ville, qui ne pouvait être que Toulon. Le vieux comte de Grignan, lieutenant général en Provence et commandant en absence du duc de Vendôme, gouverneur, et M. de Chalmazel, commandant militaire de Toulon, avaient écrit à la cour,

---

(1) *Correspondance du maréchal de Tessé*. Manuscrit d'une très belle écriture de la fin du XVIIIe siècle; 2 volumes in-folio, à la bibliothèque communale de Toulon.

qui resta indifférente à leurs informations, dominée qu'elle était par l'idée que le duc de Savoie ne tenterait jamais une expédition dans laquelle Charles-Quint avait échoué deux fois. Ils ne se lassèrent cependant pas de représenter à M. de Chamillard, ministre de la guerre, la mauvaise situation militaire de la Provence et l'état déplorable des fortifications de Toulon, « qui ne pourroit supporter un siège de quatre » jours ». A un certain moment même, le ministre parut fatigué à ce point des lettres de M. de Chalmazel, qu'il lui répondit non sans aigreur, « que si, comme il le disoit, » Toulon étoit assiégé, il pensoit qu'il feroit son devoir » pour le défendre (1) ».

Le maréchal de Tessé lui-même informait le ministre des

---

(1) *Journal de ce qui s'est passé à Toulon pendant que cette ville étoit assiégée en 1707 par Victor-Amédée, duc de Savoye, et par l'amiral anglais Schowel, commandant la flotte des alliés.* Manuscrit en ma possession.

Cette relation, qui me servira de principal guide dans mon récit du siège de Toulon, a été écrite par l'aide de camp de M. de Chalmazel, bien placé, comme on le voit, pour connaître toutes les opérations militaires. L'auteur anonyme explique le but qu'il poursuit en écrivant son *Journal* et trahit sa personnalité dans ces quelques lignes placées en tête de son manuscrit.

« Je n'étois point dans le dessein d'écrire ce qui s'est passé dans » Toulon pendant le temps que cette ville a été attaquée par le duc de » Savoye; mais ayant remarqué peu de fidélité dans les relations qui ont » paru et les *Mémoires* qui ont fourni matière aux deux volumes que » l'auteur du *Mercure galant* a donnés au public étant fort défectueux (l'auteur fait ici allusion à l'*Histoire du siège de Toulon*, par Devize, publiée en 1707 par l'éditeur du *Mercure galant*), je n'ai pu m'empê- » cher de rompre le silence sur un sujet qui a été l'entretien de toute » l'Europe.

» Je me suis rapporté à des personnes de foi sur ce qui s'est fait dans » cette ville avant le 20 juillet ; c'est le jour que j'y suis arrivé, venant » d'Aix, et que M. le marquis de Chalmazel, brigadier des armées du » Roy, commandant de la ville, me choisit pour son aide de camp. »

bruits qui couraient en Dauphiné d'un envahissement prochain de la Provence par les coalisés ; néanmoins, il ne pouvait être assez affirmatif pour le convaincre, et il ne cachait peut-être pas assez que les relations qui arrivaient jusqu'à lui pouvaient bien n'être, au fond, qu'une ruse de guerre pour lui faire évacuer le Dauphiné et la Savoie. Il écrivait, en effet, le 15 juin à M. de Chamillard : « ..... Les
» positions occupées par les ennemys peuvent faire douter
» si c'est en Savoye, en Dauphiné ou en Provence qu'ils
» ont envie de pénétrer ; cependant la flotte combinée
» qu'ils ont dans la Méditerranée doit faire croire que c'est
» sur cette dernière province qu'ils portent leurs vues, et
» c'est pour cela que je vous envoye un exprès, car il n'y
» a pas un moment à perdre pour jeter à Toulon et dans les
» autres places du pays les hommes et les munitions néces-
» saires. Pour moi, en attendant les ordres précis de Sa
» Majesté, je ne changeroi rien à ma situation. Je verroi
» les Allemands passer en Provence, comme ils en font
» courir le bruit, mais je n'abandonneroi ni le Dauphiné,
» ni la Savoye tandis que je verroi l'ennemi aussi puissant
» à Rivoli et à Orbassan, d'où il peut se répandre dans le
» Val d'Aoste et attaquer nos vallées. Qui sait même si ce
» bruit d'entrer en Provence n'est point affecté ? » Chaque jour cependant la conviction se faisait plus nette dans les appréciations du maréchal. Le 19 juin il écrivait de nouveau, de Chaumont, au ministre : « Le camp principal
» s'assemble et grossit dans la plaine d'Orbassan. L'autre
» camp, du côté de Sossan, a coulé vers Coni, et les gros
» magasins de vivres, d'artillerie et de munitions se font de
» ce côté là par des convois de sept à huit cents charettes
» par jour, suivies de plus de six mil mulets..... Songez à
» Toulon, car je n'y puis rien faire. » Et le même jour il

lui disait, dans une deuxième lettre, qu'il venait d'apprendre que la flotte anglaise embarquait à Gênes et autres ports, quarante mille sacs de grains, des vivres pour trente jours, des bombes, des fascines, etc. « Tout, ajoutait-il, sent » quelque entreprise sur nos côtes de Provence. Dieu » veuille que ce ne soit pas Toulon. » En même temps, le prince de Monaco envoyait courrier sur courrier à la cour pour l'informer que la flotte alliée embarquait à Final, dans le golfe de Gênes, des canons, des munitions et des vivres, « et que tous ces préparatifs n'étoient que pour » faire le siège de Toulon ».

Le roi et ses ministres finirent par être ébranlés. La vérité était que jusqu'à ce moment ils avaient cru à une invasion par la Savoie et la Bresse et à une marche sur Lyon, pour rayonner de là dans les Cévennes et y rallumer le feu des guerres religieuses, ce que rendait probable la présence de Cavalier au camp des alliés (1). Cependant, avant de prendre une détermination, le ministre voulut avoir l'avis de l'illustre Catinat, qui répondit par l'envoi d'un *Mémoire* dans lequel il déclarait que la Provence allait être envahie et que Toulon et Marseille, sans défense, seraient brûlés : « C'est un très grand malheur, disait-il, » qu'on ait si peu de temps et tant de choses à faire. Toulon » n'a qu'une seule enceinte avec un seul chemin couvert » presque ruiné et sans palissade. Il n'y a presque point » de troupes en Provence et il faut du temps pour y faire » venir celles qui sont le plus à portée. On ne s'est pas » décidé à les faire venir parce que l'on craint pour Grenoble » et Lyon. Laissés Lyon, jetés en Provence tout ce que l'on

---

(1) On a dit, mais sans pouvoir jamais le prouver d'une manière décisive, que Cavalier était sous les murs de Toulon pendant le siège.

» a de troupes, et faites tout pour fortifier Toulon en faisant
» entrer dans la place partie des milices du pays (1). »

Le marquis de Langeron, lieutenant général des armées navales et commandant de la marine au port de Toulon, et M. de Vauvré, intendant de la marine au même port, se trouvaient en ce moment à Versailles. Le roi les fit appeler auprès de lui. Ils ne purent lui dissimuler le peu de résistance que le duc de Savoie rencontrerait en Provence et la facilité qu'il aurait à se rendre maître de Toulon. Ils lui démontrèrent, en effet, que la place ne pouvait tenir que pendant quelques jours; qu'en bien des points, du bastion Saint-Jean ou des Minimes au bastion de la Fonderie, les anciennes murailles n'étaient pas terrassées; que le parapet était ruiné et les fossés comblés à demi; qu'il n'y avait pas trace de chemin couvert; « que le glacis étoit
» à niveau et même plus bas que la campagne et qu'on
» voyoit le pied des remparts de quelque côté qu'on y
» jettât les yeux ». Le roi parut fort surpris de ce qu'on lui apprenait et dit « qu'il n'auroit jamais crû qu'une place où
» les ouvrages qu'il avait fait faire coutoient tant de millions
» put être emportée d'emblée ». A quoi M. de Langeron et M. de Vauvré répondirent qu'il était vrai que M. de Vauban avait proposé de couvrir la porte Saint-Lazare et toutes les courtines de demi-lunes, « de mettre à perfection » les chemins couverts et les glacis, mais que les fonds destinés à ces ouvrages avaient été employés à des usages qu'on croyait alors plus nécessaires (2).

Le roi donna l'ordre à M. de Langeron et à M. de Vauvré de rejoindre leur poste le soir même. Il envoya un courrier

---

(1) *Archives du ministère de la guerre.* Vol. 2,041.

(2) *Journal du siège de Toulon.*

au maréchal de Tessé pour qu'il eût, « sans retardement », à faire marcher un corps d'armée sur la Provence, sans dégarnir pour cela entièrement le Pas de Suze. En même temps, le ministre de la guerre désignait le lieutenant général de Sailly pour commander en Provence sous les ordres de M. de Grignan, qui était âgé de 75 ans, et le lieutenant général marquis de Saint-Paters pour commander les troupes qui devaient composer la garnison de Toulon, M. de Chalmazel ayant tout le détail de la place. Les lieutenants généraux de Sailly et de Saint-Paters faisaient partie de l'armée du Dauphiné.

Le marquis de Langeron et M. de Vauvré arrivèrent à Toulon le 23 juin. Le comte de Grignan, qui avait reçu des ordres en conséquence, s'y rendit le lendemain et MM. de Sailly et de Saint-Paters y entrèrent le 26. Ils visitèrent les fortifications et les dehors de la place et tinrent ensuite un conseil, auquel fut appelé M. Niquet, directeur des fortifications de Provence, en ce moment à Marseille. Il fut décidé qu'on ferait un retranchement depuis la hauteur de Sainte-Catherine jusqu'à la chapelle de ce nom (1). Ce retranchement, dirigé nord et sud, du fort d'Artigues actuel à notre fort Sainte-Catherine, était destiné à couvrir

---

(1) Il y a une confusion à éviter relativement aux positions que les documents du temps appellent Sainte-Catherine ou hauteur de Sainte-Catherine et chapelle de Sainte-Catherine. En 1707, on donnait le nom de Sainte-Catherine et souvent de hauteur de Sainte-Catherine, à l'exhaussement rocheux sur lequel nous voyons aujourd'hui le fort d'Artigues, et celui de chapelle Sainte-Catherine à la colline, plus rapprochée de la ville, sur laquelle fut édifié plus tard le fort encore dénommé de Sainte-Catherine. Pour une plus facile intelligence des opérations du siège, j'emploirai dans mon récit l'expression de hauteur d'Artigues, aujourd'hui consacrée, en opposition à celle de chapelle Sainte-Catherine, désignant l'emplacement du fort actuel de ce nom.

la porte Saint-Lazare et la partie nord et nord-est de la place. L'ingénieur Niquet fut chargé d'en dresser le plan et d'en surveiller l'exécution. M. de Grignan envoya l'ordre aux communautés des environs de lever des paysans pour travailler aux défenses. Le 29 juin, quatre mille ouvriers étaient réunis à Toulon.

Le maréchal, en recevant l'ordre du roi de diriger un corps d'armée sur la Provence, semble s'être toujours tenu en garde contre une manœuvre des ennemis. Il avait décidé d'abord de ne faire marcher ses troupes que jusqu'à Sisteron, pour les avoir mieux sous la main dans le cas où les mouvements des alliés n'auraient été qu'une ruse pour couvrir une invasion facile en Savoie ou en Dauphiné. C'est ce qu'on peut inférer, du moins, d'une lettre qu'il écrivait au ministre le 25 juin et dans laquelle il lui disait : » ..... J'envoye Duchy à Marseille pour voir les moyens de » préparer les vivres de l'armée que je compte d'assembler » à Sisteron, si les ennemys entreprennent sur Toulon, et » je risqueroi le tout pour le tout afin de prévenir ce terrible » malheur. » Ce ne fut que dans les derniers jours du mois de juin que le plan des alliés se dessina clairement par la concentration de leurs forces à Coni : « Les meilleures » troupes du duc sont en marche vers Coni, écrivait le » maréchal le 28 juin, de Chaumont, et la flotte embarque » à Final. » Et le 3 juillet, pendant que les troupes de secours étaient déjà en marche : « Plus de doute, disait-il » au ministre, les ennemys vont en Provence. Si leur » dessein, comme je le crois, est sur Toulon, ne pouvant » arriver assez tôt ny en force par le Var, je dois les laisser » déterminer à quelque chose et j'espère que ce qu'ils entre- » prendront durera assez de temps pour me donner le loisir » d'arriver. » Deux jours après, le 5 juillet, il avait quitté son quartier général de Chaumont et était à Briançon, en route pour se rendre à Sisteron par la vallée de Barcelonnette.

Le mouvement de concentration des alliés sur Coni ne fut connu à Toulon que le 2 juillet. Le lendemain, le comte de Grignan convoqua le ban et l'arrière-ban de la viguerie : la noblesse devait se rendre auprès de lui avec ses équipages, les milices se tenir prêtes à se porter partout où il ordonnerait, les habitants de Toulon se former en compagnies pour la garde intérieure de la ville. Il se passa alors un fait qui montre bien à quel degré de pauvreté était réduite la gentilhommerie de notre région. Presque tous les nobles répondirent qu'ils étaient prêts à donner à Sa Majesté des marques de leur fidélité et qu'ils allaient prendre les armes, mais que « sans chevaux, sans argent » et dans l'attente de la récolte du blé », ils marcheraient à pied, et ils suppliaient le comte de leur fournir l'étape comme à de simples fantassins, « n'étant point en leur » pouvoir de servir dans un autre équipage ». Le comte de Grignan n'ignorait pas les tristes nécessités qui pesaient sur la petite noblesse ; il fit donner des chevaux et distribuer quelques armes aux gentilhommes les plus déshérités et leur prescrivit de se porter à la tête des milices de leurs quartiers là où besoin serait ou selon les ordres qu'ils recevraient.

Il était difficile de fonder de sérieuses espérances sur les levées des milices rurales, composées d'hommes arrachés à leurs travaux des champs, pour le plus grand nombre sans armes, sans cohésion entr'eux et destinés à agir contre des ennemis nombreux, bien organisés et possédant une puissante cavalerie. Néanmoins, les paysans se familiarisèrent bientôt avec la guerre d'embuscades, pour laquelle leur tempérament les disposait et, en définitive, tuèrent beaucoup d'ennemis et rendirent de grands services. Ils en auraient rendus de plus grands encore si, le plus souvent, ils n'avaient pas manqué de poudre et de balles, comme le constata plus tard le maréchal de Tessé lui-même dans une lettre au ministre.

Mais il ne fallait pas seulement lever les populations pour résister aux ennemis et se défendre contre une invasion et un siège ; il fallait de l'argent pour mettre en état les fortifications de Toulon, établir des magasins de munitions et faire des approvisionnements de vivres pour les troupes qui descendaient en Provence. Les fonds de la province étaient épuisés et on ne pouvait songer à demander des subsides à l'Etat. M. Lebret, intendant de Provence, donna le premier l'exemple du dévouement patriotique en faisant porter sa vaisselle d'argent à la Monnaie pour être convertie en pièces de dix sols ; M. de Grignan fit également fondre son argenterie, aux armes des Grignan-Sévigné ; Marseille donna cent mille piastres ; Aix, Arles et toutes les autres communautés se cotisèrent selon leurs ressources. Toulon ouvrit une souscription publique : Mgr de Chalucet versa quinze cents livres, M. Burgues de Missiessy cinq cents livres, etc., en tout trente-trois mille livres, que les consuls affectèrent à l'achat d'un chargement de blé, de douze cents moutons et de quelques bœufs.

La plus grande activité régnait à Toulon. On avait recruté dans la ville et la région, jusqu'à Aubagne et Brignoles, tout ce qu'on avait pu trouver de maçons et de terrassiers, pour la réfection des remparts et les démolitions des maisons qui pouvaient gêner la défense. M. de Saint-Paters était un vaillant homme de guerre, mais on peut dire, sans offenser sa mémoire, qu'il se montra toujours dur aux habitants et intraitable pour tout ce qui touchait aux intérêts généraux ou particuliers de la communauté. Il fit abattre les arbres des jardins pour faire des fascines et des palissades, démolir les maisons de campagne dans un rayon très étendu autour de la ville (1), jeter bas au niveau du sol le couvent des Pères de la Merci, raser les couvents des Minimes et des Bernardines à la hauteur des courtines, dépaver les rues pour éviter les éclats de pierre par le choc des bombes et des boulets, et en arriva même à ordonner de faire sauter par la mine les monuments élevés à la mémoire de Mgr de Pingré et de M. de Courcelles dans le cimetière de Saint-Lazare ! Exagérations évidentes d'un zèle prévoyant qu'on ne peut blâmer, mais qu'on a le droit de regretter.

Les chefs de la marine, qui donnèrent pendant le siège les preuves les plus éclatantes de leur bravoure et s'inspirèrent toujours des plus énergiques résolutions, semblent n'avoir agi, dans les premiers moments, qu'au milieu d'une certaine confusion, née de déterminations mal refléchies. C'est là un des côtés de l'histoire du siège de Toulon que les écrivains ont absolument passé sous silence, soit qu'ils l'aient ignoré, soit qu'ils écrivissent leurs *Relations* à une époque où il n'était pas permis de tout dire. A la suite d'un conseil tenu chez M. de Langeron, auquel assistaient M. de Vauvré, tous les chefs d'escadre et capitaines de vaisseau, M. de Saint-Paters et M. de Chalmazel, il fut

---

(1) « On auroit pu se passer de faire abattre tant de maisons de cam-
» pagne, ce qui a causé une perte inutile et considérable à beaucoup de
» bourgeois ; mais M. de Saint-Paters l'ayant jugé nécessaire pour la
» sûreté de la place, il a fallu subir cette loi et celle de voir couper les
» arbres fruitiers, non-seulement des jardins, mais encore à une demie
» lieue à la ronde, pour faire des fascines dont on se servoit aux batteries
» et aux retranchements de Sainte-Anne. »

décidé qu'on viderait les magasins de l'arsenal des cordages, des mâts, des voiles « et de tout ce qu'on avoit de meilleur », qu'on embarquerait ces agrès sur des tartanes, ainsi que les canons en fonte aux armes du roi, et que le tout serait transporté à Arles, pendant qu'on expédierait par voie de terre la comptabilité de la marine à Avignon, portée par les commissaires, écrivains et commis du port. Il y a là une preuve certaine du peu de confiance qu'on avait sur la résistance que pouvait offrir Toulon. Dans un deuxième conseil de guerre tenu pour étudier l'utilisation dans la défense des batteries qui garnissaient les côtes de la rade, il fut arrêté qu'elles seraient démolies, « parce qu'elles ne » pouvoient pas soutenir une attaque venant de terre à la » suite d'un débarquement », ce qui fut exécuté pour les batteries de la hauteur de la Malgue et de la presqu'île de Saint-Mandrier, où on jeta les canons et les mortiers à l'eau. « Peu s'en fallut, dit le *Journal du siège*, que dans le » même conseil, la démolition des tours et des forts ne » suivit celle des batteries ; ce qui fut agité. » Et, comme si ce n'était pas assez d'abandon de soi-même dans ces circonstances critiques, quelques jours après on décida que les huit galères qui étaient en ce moment dans le port, sous le commandement de M. des Roye, seraient renvoyées à Marseille. M. des Roye refusa d'obéir, disant qu'ayant reçu l'ordre de Sa Majesté de venir à Toulon, il ne se retirerait que sur un ordre formel de la cour. On écrivit pour cela au ministre de la marine, et telles étaient les incertitudes qui régnaient sur les résultats du siège, que l'ordre arriva au commandant des galères de rentrer à Marseille. Ce fut une faute grave. Douze jours après leur départ on reconnaissait si bien la nécessité de la présence des galères, qu'on écrivait à M. des Roye de revenir, et que M. Arnous, intendant des galères, partait en poste pour Marseille pour hâter leur retour. Mais la flotte anglaise gardait déjà les approches de la rade de Toulon et elles furent condamnées à l'immobilité du mouillage.

Cependant les travaux de défense s'exécutaient rapidement : les retranchements de Sainte-Catherine s'achevaient, les glacis des fronts est et nord de la place avaient été exhaussés avec la terre extraite des fossés, les courtines et bastions étaient mis en état provisoire et armés de grosses pièces de marine. Le comte de Grignan semblait avoir retrouvé toute l'activité de sa jeunesse. Toujours en poste entre Marseille et Toulon, il prescrivit aux capitaines gardes-côtes de l'arrondissement de mettre leurs compagnies sous les armes (1) et aux milices cantonales de se rendre à Toulon. Il forma ainsi trois bataillons de gardes-côtes (2) et six compagnies de milice, plus trente compagnies de cent hommes levées à Toulon. Les miliciens ne tardèrent pas à arriver, mais l'embarras vint de l'obligation de régler leur emploi, de les armer et d'en tirer parti. On ne sut

---

(1) L'organisation des gardes-côtes remontait aux derniers mois de l'année précédente et était à peine achevée au moment de l'invasion. Elle comportait la division du littoral en départements maritimes. Celui de Toulon s'étendait de la Ciotat au cap Sainte-Marguerite, près Fréjus. Les compagnies de gardes-côtes étaient composées des riverains, armés et instruits aux frais des communautés.

(2) Un de ces bataillons, commandé par M. de Bandeville, fut envoyé aux Vaux d'Ollioules pour garder ce défilé et le tenir libre pour le passage des troupes de secours, dans le cas où les ennemis paraîtraient avant elles devant la place. Un autre, sous les ordres de M. de Beaucouse, fut dirigé sur la Ciotat, et c'est, sans doute, à sa présence qu'on dut, plus tard, que les vaisseaux anglais n'osèrent jamais faire une descente dans ce port de mer. Enfin le troisième, commandé par le chevalier de Solliès, campa sous Toulon et fournit, pendant le siège, des détachements aux forts de la rade et de la côte.

bientôt plus qu'en faire. Les miliciens se plaignaient de n'être ni armés, ni incorporés et, comme ils n'étaient pas payés, ils désertèrent peu à peu pour retourner dans leurs villages. De ce fait, il se créa dans l'armée des opinions hostiles contre les milices. M. de Chalmazel écrivait le 20 juillet au ministre : « Je n'ay jamais vu une nation si
» rebelle que le peuple de ce pays ; on a beau leur
» commander, ils n'obéissent pas ; quand il vient des
» paysans, au bout de deux jours ils désertent, comme
» aussi tous ceux qui sont commandés pour la milice,
» lesquels viennent sans armes..... (1) ». Et, de son côté, le maréchal écrivait le 26 juillet, mais avec plus de tempérament et de raison : « C'est une erreur de compter sur les
» milices et même sur la noblesse du pays. Les milices ont
» été assemblées et à peine arrivées disparaissent ; elles ne
» sont ni armées, ni payées, et la noblesse n'a ni cheval,
» ni mule..... Je vois que vous comptés sur les peuples et
» les milices; il n'est question ni de l'un ni de l'autre : ils
» n'ont ni armes ni poudre, et leur meilleure volonté est
» impuissante ». Le désarroi était tel que les services des trente compagnies levées à Toulon même furent paralysés par l'impossibilité où on se trouva de les armer. M. de Saint-Paters leur fit distribuer des lances, des piques, des sabres, et les employa à la garde des postes intérieurs et à la surveillance des travaux extérieurs.

Pendant que l'armée des alliés descendait de Coni sur le Var par Sospel et Nice et que les forces françaises débouchaient par la vallée de Barcelonnette sur Sisteron, le maréchal de Tessé était venu en poste à Toulon, où il arriva le 10 juillet. Il fut très surpris de l'état de délabre-

---

(1) DE SAPORTA. *La famille de Madame de Sévigné en Provence.*

ment des fortifications de la place. Deux jours après, le 12 juillet, il écrivait d'Aix au roi : « Toulon, Sire, n'est pas
» une place, c'est un jardin dans lequel est renfermé tout
» ce qu'il y a de plus précieux pour vous et dont la perte
» irréparable est indicible. On n'a jamais songé aux forti-
» fications du côté de la terre, mais tout ce qui regarde la
» mer est en bon état. Ce que l'on appelle le glacis, qui
» n'étoit pas formé et auquel on travaille, est semé de
» grosses maysons de plaisance, de jardins et de maysons
» religieuses. L'on n'avait jamais songé à faire un chemin
» couvert, l'on en forme actuellement un que l'on pallissade
» comme l'on peut. Il n'y a aucune demy lune le long des
» courtines, excepté celle qui couvre la porte par où l'on
» entre en arrivant d'Aix ; il n'y a pas même de terre le
» long des courtines et l'on y fait des échafaudages pour
» faire le recul du canon, tant le rempart a peu d'espace.
» A tout cela, Sire, quatre mille habitans du pays et vos
» troupes travaillent jour et nuit... Si vos ennemys, qui
» sont actuellement à Nice, sont une fois postés devant
» Toulon, cette place, dans l'état qu'elle est, malgré la
» valeur et la bonne volonté des officiers, qui y feront au
» delà du possible, ne peut pas durer longtemps. » Et comme il annonçait au roi qu'il fallait jeter trente ou quarante bataillons dans la place, il ajoutait : « Dieu veuille
» que M. le duc de Savoye m'en laisse le temps ! »

Ce tableau que le maréchal de Tessé traçait au roi de l'état misérable des fortifications était d'une rigoureuse exactitude. Il aurait pu ajouter que la défense éloignée n'existait pas et que la place était dominée au nord et au sud, à l'est et au nord-est, par la montagne de Faron et les hauteurs dites de Sainte-Catherine, de la chapelle de Sainte-Catherine, de la Malgue et de la croupe de la Malgue, lesquelles n'étaient ni armées, ni gardées, et offraient, en conséquence, de bonnes positions d'attaque aux assiégeants. La seule partie forte de la défense était du côté de la mer. Les deux darses étaient protégées par un rempart et des plates-formes garnies de nombreux canons ; la petite rade par la Grosse-Tour à l'est, et les tours de l'Eguillète et de Balaguier à l'ouest ; la grande rade, que les ennemis devaient traverser pour paraître devant Toulon, par le fort Saint-Louis, et, plus loin, par le fort Sainte-Marguerite. On sait qu'à la suite d'un conseil de guerre, les batteries de la hauteur et de la croupe de la Malgue, ainsi que celles de la Grande-Sauve et du cros Saint-Georges, sur la côte de la presqu'île Saint-Mandrier, avaient été détruites.

Les appréhensions que le maréchal de Tessé communiquait au roi, touchant l'état des défenses de Toulon, se doublaient de l'infériorité numérique des défenseurs de la place pour résister à une armée que des bruits publics justifiés portaient à quarante mille hommes au moins, appuyée par une escadre formidable. C'est ici le lieu de dire quelles étaient les forces que les assiégés pouvaient opposer aux assiégeants.

L'état-major de la place se composait du marquis de Saint-Paters, lieutenant-général, ayant sous ses ordres M. de Cadrieux, brigadier ; de M. de Chalmazel, brigadier, commandant de la ville ; de MM. Flamenq, maire-consul ; Ferrand et Marin, deuxième et troisième consuls; des sieurs Guilloire, major de la place, et de Brissac, aide-major. La garnison comprenait dix compagnies, sur lesquelles deux tenaient garnison à la Grosse-Tour. Le 2 juillet arrivèrent deux bataillons du régiment de Flandre qui, ayant évacué Nice, entrèrent dans Toulon. En tout environ deux mille quatre cents hommes.

L'état-major de la marine se composait de M. de Langeron, commandant en chef, et des officiers généraux comte de Villars, comte de Sepville, marquis d'Aligre et commandeur d'Ailly, chefs d'escadre. Tous les vaisseaux avaient été désarmés, à l'exception du *Saint-Philippe*, commandé par M. de Béthune de Selles et monté par cinq cent quarante hommes, et du *Tonnant*, sous les ordres du chevalier de Montgon, avec deux cents hommes seulement d'équipage. Les combattants de l'armée de mer dépassaient en nombre ceux de l'armée de terre. Sans compter deux cent quarante-trois officiers de différents grades, depuis celui de capitaine de vaisseau jusqu'à celui d'enseigne, une compagnie de cent cinquante gardes de la marine, commandée par M. de Beaujeu, capitaine de vaisseau, et une autre compagnie de cinquante bombardiers, la marine comportait un effectif de trois mille sept cent quatre-vingts hommes, canonniers, matelots, charpentiers, forgerons et autres ouvriers embrigadés dans l'arsenal. Ces hommes, d'aptitudes et de métiers différents, immatriculés dans de justes proportions dans toutes les compagnies, travaillèrent sans relâche aux batteries et les armèrent des gros canons des vaisseaux, « qu'ils ont servis, » dit le *Journal du siège*, d'une manière à s'attirer l'admi- » ration des deux armées, animés par la présence des » capitaines de vaisseau et officiers qui les commandoient ».

L'effectif des troupes de marine fut sectionné en douze brigades. Les six premières étaient commandées : la première, forte de trois cents hommes, par M. Desfranc ; la deuxième, de trois cents hommes, par M. de Champigny ; la troisième, de trois cent quatre-vingts hommes, par M. Duquesne-Mosnier ; la quatrième, de trois cents hommes, par M. de la Boissière ; la cinquième, de trois cents hommes, par M. de Motheux; la sixième, de trois cents hommes, par M. de Chaulieu. En tout mille huit cent quatre-vingts hommes, commandés par six capitaines de vaisseau. Les septième et huitième brigades étaient sous les ordres généraux de M. de Combes, commissaire général de l'artillerie, et commandées par M. de Gratien et le comte de Bruyères, capitaines de vaisseau ; elles ne comptaient que trois cent quatre-vingts canonniers, tous chefs de pièce, et étaient chargées de la défense des bastions. Les officiers en sous-ordre de ces deux brigades étaient MM. Isnardon, capitaine de frégate; de Feuillans, lieutenant de vaisseau, et de la Balme, lieutenant de galiote (1). La neuvième brigade était commandée par M. de Ponteau, capitaine de vaisseau, et ne comptait pas moins de six cents hommes. Enfin, les dixième, onzième et douzième, formées chacune de trois cents hommes, sous les ordres de MM. de Grancey, de Boulainvillier et de Vateau, capitaines de vaisseau, furent incorporées à la garnison comme bataillons de marche. En réalité, la marine disposait de quatre mille hommes environ, parmi lesquels cinq cents canonniers au moins pour le service de l'artillerie de la place.

Mais si la ville ne comptait en tout, pour une ligne très étendue de défense, que six mille hommes, les ressources en artillerie étaient formidables. Du fait du désarmement des vaisseaux et des approvisionnements en bouches à feu et en projectiles qui existaient dans l'arsenal, on disposait pour le service des remparts de deux cent quarante-deux canons, de treize mortiers, de vingt-deux mille quatre cents boulets et de deux mille neuf cents bombes. Il y

---

(1) Ces deux brigades souffrirent beaucoup du feu de l'ennemi. M. de Gratien mourut pendant le siège des suites de ses blessures.

avait, en outre, en batterie sur les plates-formes des deux darses et au camp de Sainte-Anne, cent soixante-dix canons et sept mortiers. Enfin, la Grosse-Tour, les forts de Balaguier, l'Eguillète, Saint-Louis et Sainte-Marguerite, étaient armés en tout de cinquante-deux canons et de trois mortiers.

Le maréchal, en quittant Toulon, le 11 juillet, pour aller rejoindre ses troupes dans les Hautes-Alpes, avait laissé les ordres les plus formels pour poursuivre les travaux commencés et en entreprendre de nouveaux. Il avait, entr'autres, prescrit l'achèvement d'un camp retranché au nord de la ville, que M. de Langeron avait, le premier, proposé et qui semble avoir été abandonné après avoir reçu un commencement d'exécution (1). Il s'étendait sur les terrains dits de Sainte-Anne, par une ligne de retranchements commençant en avant de la demi-lune de la porte Royale, montant jusqu'aux premières rampes de Faron, pour venir aboutir au bastion de Sainte-Ursule. C'est ce camp de Sainte-Anne, destiné à couvrir la ville et à recevoir les troupes qui étaient en marche sur Toulon, que nous avons vu encore jusqu'en 1855, où il a été englobé dans la nouvelle enceinte fortifiée de la ville agrandie. Il occupait ce vaste espace de terrain délimité aujourd'hui par le boulevard de Strasbourg au sud ; la ligne des fortifications, de la porte Sainte-Anne à la porte de France, au nord ; l'avenue Lazare Carnot, à l'ouest, et la rue d'Antrechaus, à l'est, et

---

(1) Au roi. Aix, 12 juillet 1707 :
« J'ay fait travailler au camp retranché que M. de Langeron a com-
» mencé et que j'ay ordonné de continuer. »
Au ministre. Aix, 12 juillet 1707 :
« J'ay fait reprendre le camp retranché que M. de Langeron avoit
» projeté. » *Correspondance du maréchal de Tessé.*

renferme la plus grande partie des quartiers neufs de la ville, la place de la Liberté, la gare du chemin de fer, la direction d'artillerie, l'hospice civil et le jardin public.

Le maréchal partit d'Aix dans la nuit du 12 juillet pour se rendre à Sisteron, à la rencontre de vingt-neuf bataillons qui arrivaient par la vallée de Barcelonnette et Tallard. Ces troupes étaient sous les ordres de M. de Goësbrian et formaient deux corps, commandés, le premier, par M. de Raffetot, et le deuxième, par M. Destouches. Le comte de Dillon les suivait avec les bataillons qui occupaient antérieurement le Queiras et les rejoignit peu de temps après (1). M. de Tessé écrivait le 14 juillet au roi, de Sisteron : « Tout » ce qu'il y a présentement à souhaiter, c'est que je puisse » faire arriver à Toulon les troupes que j'y destine avant » que les ennemys, par des marches précipitées, ne m'ayent » devancé, et si rien de fâcheux n'arrive avant le 25, j'ay » l'espérance que nous sauverons Toulon. » Le maréchal ignorait encore que l'armée des alliés avait passé le Var le 11, et, qu'en arrivant le 25 seulement, il aurait trouvé la ville investie déjà et peut-être même au pouvoir du duc de Savoie, quatorze jours étant plus que suffisants à celui-ci pour franchir la faible distance de trente lieues environ de route royale, en plaine, qui séparaient la frontière de Toulon.

Au cours de ces événements, le duc de Savoie et le prince Eugène étaient entrés sur le territoire du comté de Nice. Ils avaient une armée forte de quarante mille hommes,

---

(1) Le maréchal de Tessé avait laissé le comte de Médavy en Savoie avec vingt bataillons, trois régiments de dragons et quatre de cavalerie. Avant la fin du mois de juillet il lui écrivit de venir le rejoindre en Provence avec tout ce qu'il pourrait emmener de troupes.

dont huit mille de cavalerie (1). Les contingents austro-allemands étaient sous les ordres des princes de Wurtemberg, de Darmstadt, de Saxe-Gotha, de Hesse-Cassel, d'Analt, etc. M. de Paratte, qui commandait les troupes d'occupation du comté de Nice, composées de quatre bataillons seulement, se retira prudemment sur Toulon, ainsi qu'il en avait reçu l'ordre (2). L'avant-garde de l'armée des alliés arriva le 9 juillet sur les bords du Var, où le gros des forces parut le lendemain. En même temps, la flotte anglaise, composée de cent voiles, dont cinquante-six vaisseaux ou frégates, mouillait à l'embouchure du fleuve. Les troupes se reposèrent pendant la journée du 10, pour laisser aux ingénieurs le temps d'étudier les gués et préparer les ponts pour le passage de l'artillerie. La rive droite était occupée par M. de Sailly, avec sept bataillons d'infanterie, deux régiments de cavalerie et un de dragons. Quelques compagnies des milices des environs, ayant à leur tête des gentilshommes de la contrée, étaient venues

(1) « Les ennemys ont 70 bataillons, parmy lesquels 15 seulement de
» M. de Savoye ; les autres de l'empereur et 8,000 prussiens. Leur cava-
» lerie et dragons est de 7 à 8,000 chevaux. » *Le maréchal de Tessé au
ministre de la guerre.* Aix, 31 juillet 1707.

Le marquis de Quincy, dans son *Histoire de Louis le Grand*, publiée en 1718, dit que l'armée d'invasion comprenait soixante-seize bataillons et trente-huit escadrons, ce qui, en mettant les bataillons à quatre cent cinquante hommes et les escadrons à cent vingt, aurait donné un effectif d'environ trente-neuf mille hommes. D'après cet auteur, il y avait vingt-deux bataillons et huit escadrons de troupes de l'empereur ; douze bataillons et six escadrons de Savoie ; dix-huit bataillons et douze escadrons de Hesse ; douze bataillons et six escadrons du Palatinat ; douze bataillons et huit escadrons de Brandebourg.

(2) « J'ay mandé à M. de Paratte qu'il falloit préférer la conservation
» de la Provence à celle du comté de Nice et qu'il se prit bien garde
» de laisser enfermer ses bataillons entre Nice et le Var. » *Lettre du
maréchal au ministre de la guerre.*

les rejoindre ; mais ce n'était pas avec ces faibles moyens que le jeune capitaine pouvait défendre, comme il paraît l'avoir espéré, la frontière du Var contre une armée nombreuse (1). Le lendemain, 11, M. de Sailly, pris entre les canons de deux frégates qui s'étaient embossées près de terre et un corps ennemi qui avait passé le Var en amont, opéra sa retraite. Il renvoya les milices dans leurs communes, jeta deux bataillons dans Antibes et prit la route de Toulon, où il arriva le 20 juillet.

En entrant dans la place, M. de Sailly se rendit auprès de M. de Chalmazel : « Vous aurés ici dans trois jours, lui
» dit-il, vingt-cinq bataillons et le même jour le prince
» Eugène paroitra devant Toulon. Il y aura des affaires
» pour tout le monde, mon cher gouverneur, et je vous
» amène cinq bataillons, deux régiments de chevaux et un
» de dragons, de fort bonnes troupes (2) ». M. de Saint-Paters, sur le même avis que lui donna M. de Sailly, fit appeler auprès de lui les officiers qui commandaient les cinq tours ou forts de la rade et de la côte, lesquels étaient : le sieur Joly, major, commandant la Grosse-Tour ; le sieur Roquebrune, capitaine, commandant la tour de Balaguier ; le sieur Cotron, capitaine, commandant le fort de l'Eguillète ; le sieur Daillon, capitaine au régiment Vexin, commandant le fort Saint-Louis, et enfin le sieur de Grenonville, capitaine de frégate, commandant le château

---

(1) « ..... Aspirer à garder le Var, comme M. de Sailly semble le
» projeter, c'est une vision, et il faudroit y être avec quarante bataillons
» et y avoir travaillé un moys, encoré n'y tiendroit-on pas contre une
» véritable tête d'armée. Je luy ai mandé de se replier sur Toulon à
» mesure qu'il sera obligé de perdre du terrain et de prendre bien garde
» de se laisser couper. » *Le maréchal de Tessé au roi*. Aix, 12 juillet.

(2) *Journal du siège.*

Sainte-Marguerite (1). Il leur recommanda de tenir jusqu'à la dernière extrémité et de n'abandonner leur poste que lorsque il y aurait une brèche considérable, « ce qu'ils ne » devoient faire qu'après avoir encloué leurs canons et » leurs mortiers, les avoir jetés à la mer et fait sauter les » poudres. » La marine, de son côté, fit ses derniers préparatifs de défense. M. de Langeron fit armer les deux vaisseaux le *Tonnant* et le *Saint-Philippe*. Le premier fut remorqué vis-à-vis les cales actuelles du Mourillon, d'où il battait la plaine, depuis la chapelle Sainte-Catherine jusqu'à la hauteur de la Malgue ; le second fut mouillé devant le rivage de Missiessy, d'où il balayait de ses boulets la plaine de Saint-Roch. En même temps, on achevait dans la ville la démolition jusqu'au premier étage des couvents des Bernardines, sur la place de la porte Saint-Lazare, et des Minimes, adossé au bastion Saint-Jean, et, en dehors de l'enceinte fortifiée, la destruction totale du couvent des Pères de la Merci et des *bastides* en grand nombre qui couvraient le territoire. Par exception, M. de Saint-Paters ordonna de respecter la maison dite du Jardin du Roi, hors les murs, dans laquelle il avait pris son logement et établi son quartier général, ainsi que l'asile des vieillards dénommé la Charité, qui fut transformé peu de jours après en hôpital des blessés. Ces deux immeubles se trouvaient, du reste, renfermés dans les lignes de fortifications du camp de Sainte-Anne.

(1) Ces cinq « gouverneurs des tours et forts » avaient sous leurs ordres, pour le service de l'artillerie, des matelots canonniers commandés par des officiers de marine : A la Grosse-Tour, MM. Martiny et Monnier, lieutenants de frégate ; à Balaguier, M. d'Héricourt, enseigne de vaisseau ; à l'Eguillète, M. ***, enseigne de vaisseau ; au fort Saint-Louis, M. Cauvières, lieutenant de frégate. Le château Sainte-Marguerite étant du ressort de la marine, avait une garnison composée exclusivement de marins, matelots, gardes-côtes et canonniers.

Le 11 juillet, l'armée des coalisés avait passé le Var : le comte de Breiner, avec cinq mille grenadiers, près de son embouchure, la cavalerie légère et les dragons à une heure en amont ; le prince Eugène, avec une colonne de huit mille hommes, à la hauteur de Broc ; l'artillerie, les équipages d'approvisionnements et le reste des troupes sur deux ponts volants jetés, l'un en face de Saint-Laurent, l'autre entre Gattières et Carros. Le duc de Savoie coucha à Saint-Laurent et en repartit le 15 seulement, en passant par Cagnes et Biot, où il arriva le soir et campa. Il expédia de ce point, comme il le fit constamment au cours de sa marche du Var à Toulon, des détachements de cavaliers dans les villes et communautés des environs ou situées sur sa route, porteurs d'ordres signés Fontana, intendant général de l'armée, par lesquels il était enjoint aux consuls, sous peine d'exécution militaire, d'envoyer des délégués à sa rencontre pour recevoir ses commandements et connaître la nature et la quotité des contributions qu'ils auraient à fournir. Du reste, ces ordres portaient que S. A. R. n'était pas venue en Provence pour causer « du dommage » aux habitants, que ce n'était pas à eux qu'il en voulait, et qu'au contraire il voulait les « soulager » de la capitation et abolir les impôts dont ils étaient surchargés. L'avant-garde arriva le 16 à Cannes, et comme la route royale suivait le bord de la mer, elle eut à essuyer le feu du château de l'île Sainte-Marguerite, commandé par le capitaine de Lamothe-Guérin. Le duc, instruit de cet événement, donna l'ordre à ses têtes de colonnes de rebrousser chemin, et l'armée gagna Vallauris, pour déboucher au delà de Cannes par le col de Saint-Antoine. Le passage de la forêt de l'Estérel fut pénible, par l'extrême chaleur et le manque d'eau. L'armée arriva le 18 et le 19 à Fréjus, où elle campa, et n'en repartit que le 21. Il y avait là bien du temps perdu, moins peut-être par la faute du duc que par la nécessité où on se trouvait de combiner les mouvements de l'armée avec ceux de la flotte. Le même jour, 21 juillet, les troupes françaises avaient quitté Tavernes et sauvaient Toulon par la rapidité d'une marche audacieuse accomplie à travers les montagnes.

Pendant que le duc de Savoie s'avançait lentement vers Toulon, qu'il croyait surprendre désarmé et qu'il savait n'avoir que des fortifications ruinées (1), on travaillait dans la place avec une ardeur nouvelle à l'achèvement du camp retranché de Sainte-Anne et à garnir les bastions de canons. M. de Grignan avait quitté Toulon le 18 juillet, se rendant à Marseille avec le chevalier Bernard, lieutenant-colonel de cavalerie et Provençal d'origine, arrivé la veille d'une mission dont il l'avait chargé, et qui consistait, comme il nous le dit lui-même dans ses *Notes*, « à reconnoître les » routes, chemins et passages qui menoient de Riez à » Toulon (2) ». En arrivant à Aubagne, le gouverneur rencontra le marquis de Broglie, envoyé vers lui pour lui faire connaître la marche des troupes de Sisteron à Toulon. La route arrêtée par le maréchal était celle de Sisteron à Valensole, en descendant la rive gauche de la Durance, de Valensole à Riez, d'où on prendrait ensuite par Barjols, Brignoles, Cuers, Solliès et Toulon. Le comte de Grignan, tout en reconnaissant que c'était là réellement la route militaire la

(1) « M. le duc de Savoye en étoit très instruit par un de ses principaux » ingénieurs, qui s'étoit glissé dans la ville sept ou huit moys avant » qu'elle fut attaquée et qui en avait remarqué tous les défauts. » *Journal du siège de Toulon.*

(2) *Notes sur le siège de Toulon, en 1707.* Manuscrit du chevalier BERNARD.

mieux indiquée, objecta qu'elle présentait l'inconvénient grave d'exposer l'armée à une rencontre avec l'ennemi dans le voisinage de Brignoles et de Cuers. M. de Broglie en convint et dit qu'on avait bien eu quelques soupçons de cet inconvénient et que, pour l'éviter, on avait étudié une marche de Riez sur Saint-Maximin, Saint-Zacharie, Roquevaire, le Beausset et Ollioules. M. de Grignan répondit qu'il était vrai qu'avec cet itinéraire on évitait incontestablement la rencontre des forces alliées, mais que, vu la longueur de la route, on courait grand risque de n'arriver sous Toulon qu'après les ennemis, l'armée ne pouvant être rendue que le 25 ou le 26, en faisant toutefois grande diligence. Alors, comme M. de Broglie faisait remarquer qu'il fallait cependant bien se décider à suivre l'une ou l'autre de ces deux routes, le comte de Grignan répliqua qu'il y en avait une troisième, plus difficile certainement, mais plus courte et exempte de tout danger de rencontre avec les ennemis. Il mit alors sous les yeux du marquis de Broglie le tracé topographique d'une marche à effectuer en tirant droit de Riez à Tavernes et de là sur la Roquebrussane, Méounes et la chartreuse de Montrieux. Parvenu à Montrieux, on devait franchir le massif montagneux qui sépare la chartreuse de Toulon, en suivant les sentiers, où les gens du pays guideraient les troupes, coupant, le plus souvent, à travers les hauts plateaux pour ne pas dévier de la ligne droite, et venir déboucher par les bois d'Orvès et du Revest dans la vallée de Dardennes. M. de Broglie convint que cette marche était faisable pour l'infanterie, ce qui était l'essentiel ; alors M. de Grignan lui remettant la carte lui dit : « Dites bien » au maréchal de ma part que je le conjure, au nom de la » conservation de la province, de ratifier la marche que » je lui ai tracée, et nonobstant les difficultés du chemin

» il faut qu'il fasse si bien que les bataillons arrivent à
» Toulon le 22. » Le même jour, M. de Grignan envoya
des exprès à cheval porter l'ordre à toutes les communautés
et hameaux qui se trouvaient sur le passage de l'armée, de
lui fournir tout ce qui lui serait nécessaire en vivres, rafraîchissements, guides, bêtes de somme, etc.; ce qui fut
exécuté.

Le marquis de Broglie et le chevalier Bernard quittèrent
Aubagne; le premier allait à la rencontre du maréchal de
Tessé, le second devait s'arrêter à Riez pour y attendre
les sept bataillons formant l'avant-garde sous les ordres
de M. de Goësbrian. Le marquis de Broglie trouva le
maréchal à Valensole, M. de Goësbrian étant déjà en avant
sur la route de Riez. Le maréchal le rappela en toute hâte
pendant que sa brigade camperait sur la grande route en
attendant son retour. On tint un conseil de guerre sur la
place de l'église de Valensole, à l'ombre d'un ormeau. A
l'unanimité, le conseil adopta la marche indiquée par M. de
Grignan. M. de Goësbrian, étant reparti pour rejoindre ses
troupes, rencontra le chevalier Bernard revenant de Riez,
auquel il fit part de la décision prise. Celui-ci prit les
devants de toute la vitesse de son cheval et se dirigea sur
Tavernes pour y faire préparer des vivres pour la soirée du
20 juillet.

Il est nécessaire de se rendre un compte exact de l'importance extrême de la marche que le comte de Grignan
venait de tracer à l'armée de secours et qui devait lui faire
gagner trois jours sur celle adoptée par le maréchal. Toulon, malgré sa puissante artillerie, était fatalement destiné
à succomber si les ennemis paraissaient les premiers devant
ses portes et en fermaient les avenues. Le sort du principal
port de guerre sur la Méditerranée était devenu l'enjeu

d'une marche militaire entre le maréchal de Tessé et le duc de Savoie; il ne s'agissait plus de jours mais d'heures presque pour savoir à qui appartiendrait notre grand chantier maritime. L'avantage de la France dans cette lutte de vitesse vers un objectif commun était qu'elle en calculait toutes les chances, tandis que les coalisés, persuadés que les troupes de secours descendaient encore les pentes des Alpes, semblaient ignorer le prix du temps. Le 20 juillet, l'armée française, ayant déjà fourni une route longue et difficile, entrait à Tavernes à neuf heures du soir; elle avait encore à faire avant d'arriver à Toulon, quatorze lieues de pays à vol d'oiseau, à travers des régions accidentées, coupées de montagnes et de ravins, tandis que l'armée des coalisés, entièrement reposée, ayant mis sept jours pour franchir la faible distance qui sépare le Var de Fréjus, avait moins de vingt lieues à parcourir, sur une route royale tracée dans une plaine riante et fertile.

Le 20 juillet, à la nuit close, le lieutenant général de Goësbrian entrait à Tavernes. Il y trouva le chevalier Bernard qui l'attendait pour guider sa marche. Les troupes se reposèrent pendant quelques heures et partirent par une nuit toute scintillante d'étoiles. De Tavernes à la Roquebrussane, les sept bataillons d'avant-garde fournirent des marches accablantes par les difficultés des chemins et la chaleur, qui était excessive. Les paysans des contrées qu'ils traversèrent se faisaient un point d'honneur de fournir aux officiers et soldats des vivres et des bêtes de somme pour porter certains bagages. A la Roquebrussane, les consuls et les habitants les accueillirent avec le plus vif enthousiasme et leur distribuèrent d'abondants approvisionnements en pain, en vin et en viandes rôties. Ils arrivèrent à Méounes le 22. De Méounes à la chartreuse de Montrieux et de celle-ci au Revest, la marche fut très pénible. Les soldats, suivant l'exemple que leur donnaient leurs chefs, souffrant de la soif, succombant sous un soleil de plomb, montrèrent une constance remarquable et qui ne se démentit pas un seul instant. La journée leur suffit pour franchir ce désert montagneux, coupé de ravins et hérissé de sommets abruptes, à travers lequel ils furent guidés par quelques charbonniers, seuls habitants de ces solitudes. Le soleil déclinait et allait disparaître à l'horizon, quand les premiers bataillons contournèrent le pic de Caoumi et apparurent sur les hauteurs du Revest. Dès qu'on apprit à Toulon que l'avant-garde des troupes de secours descendait dans la vallée de Dardennes, il y eut parmi les habitants, les soldats et les marins une explosion de joie patriotique, et la confiance revint au cœur des plus timorés. M. de Saint-Paters et M. de Chalmazel montèrent à cheval et, suivis d'une grande foule de peuple, se portèrent à la rencontre de M. de Goësbrian et de ses troupes, qui campèrent dans les prairies de Saint-Antoine, à quelques kilomètres de la ville. Le lendemain, 23 juillet, neuf bataillons arrivèrent à leur tour et s'établirent dans le camp retranché de Sainte-Anne. Enfin deux jours après, le 25, les treize derniers bataillons attendus apparurent au Revest. En tout vingt-neuf bataillons qui, avec les deux bataillons arrivés de Nice, les cinq amenés par M. de Sailly, les dix compagnies de la garnison et le contingent de marins incorporé dans les troupes de marche, formaient un effectif de quarante bataillons (1), soit, à 450 hommes par bataillon, 18,000

(1) « Il y avoit en ce moment à Toulon quarante bataillons, dont les » derniers arrivés le 25. » *Réflexions sur le projet des ennemys au sujet de l'entreprise de Toulon*, par M. La Blottière. Manuscrit à la date du 23 août 1707, aux *Archives de la direction du génie de Toulon*.

hommes. Si, à ce chiffre de 18,000 hommes, on ajoute les équipages des deux vaisseaux armés et les chefs de pièces et servants de la marine attachés à l'artillerie des bastions et batteries, on verra que le chiffre des défenseurs de la place ne dépassait pas 21,000 hommes.

Pendant que les troupes françaises exécutaient leur marche hardie à travers les montagnes, le duc de Savoie quittait Fréjus le 21 juillet et venait coucher le 22 au Luc. La route suivie était bordée de nombreux bourgs et communes rurales que les coalisés pillèrent et rançonnèrent sans pitié. Non-seulement le duc ne prit aucune mesure pour empêcher ces excès, mais il sembla même les autoriser par ses ordres généraux. « M. de Savoye, » écrivait le 26 juillet le maréchal de Tessé, donne ses » ordres, se fait prêter serment par les populations et se » fait pourvoir de vivres. Tout fuit et se soumet ; ce n'est » point qu'ils soient infidèles dans le cœur ; mais ils se » soumettent et donnent leurs greniers pour ne point » donner leur argent. » Le 23, le duc arriva à Pignans, où il apprit l'entrée des premiers bataillons de secours dans Toulon, il refusa d'abord d'ajouter foi à cette nouvelle. Il croyait avoir au moins cinq jours d'avance sur M. de Goësbrian : « Une marche si extraordinaire, dit une *Relation* » italienne du temps, ne lui semblait pas possible ; il ne » concevait pas comment la brigade de Goësbrian pouvait » être à Toulon, et comprenait moins encore par où elle » avait passé, puisque la cavalerie palatine et les hussards » de Brandebourg avaient constamment éclairé la route (1). »

M. La Blottière, que j'aurai l'occasion de citer souvent, était directeur du génie de la place pendant le siège.

(1) *Relation de la campagne du duc de Savoie en Provence.* Turin, 1707.

Lorsqu'il sut que c'était M. de Grignan qui avait indiqué au maréchal la marche qui avait été si rapidement accomplie, il ne put s'empêcher de dire au prince Eugène : « Ce vieux Grignan ! c'est encore lui ! il m'a primé de la main ! (1) »

Les secours entrés à Toulon changeaient l'état des affaires. Le duc résolut de passer la journée du 24 juillet à Pignans et d'y réunir un conseil de guerre. Seize princes des Etats d'Allemagne, de la Prusse, du Palatinat et de la Savoie, quatre ministres des puissances coalisées, qui suivaient l'armée, plusieurs généraux et l'amiral Showel, qu'on avait fait venir de la rade des îles d'Hyères, où il était arrivé la veille, y assistèrent (2). On y débattit longuement le parti qu'il y avait à prendre. Si on en croit les *Relations* italiennes, le prince Eugène, appuyé par le prince de Hesse et le duc de Wurtemberg, aurait dit qu'il ne

---

(1) « M. le duc de Savoye avoit la persuasion d'arriver à Toulon avant
» les troupes du roy. Lorsqu'on lui dit, le 23 juillet, à Pignans, qu'il
» avoit été primé, il ne pouvoit croire que cela fut exact, car il sçavoit
» l'époque précise à laquelle l'armée du Dauphiné s'étoit mise en marche,
» et d'après ses calculs elle ne pouvoit être encore arrivée. Il est vrai
» que Monseigneur calculoit sur les routes ordinaires, mais quand il
» apprit qu'on en avoit suivi une autre jusqu'alors inconnue et que c'étoit
» M. le comte de Grignan qui l'avoit ordonnée, il dit au prince Eugène :
« Ce vieux Grignan ! c'est encore lui ; il m'a gagné de la main. » On a
» aussi des témoignages de sa surprise dans une espèce de journal de la
» campagne, qui se trouva dans les papiers d'un prisonnier fait à Saint-
» Tropez. » *Relation du siège de Toulon, par* FERRAND, *deuxième consul*. Manuscrit aux *Archives communales*.

(2) La flotte, après avoir fait quelques démonstrations sur la côte, du côté de Bormes et au cap Benat, avait mouillé le 23, à l'entrée de la nuit, sur rade des îles d'Hyères. La ville fit sa soumission, et, le 26 juillet, les Anglais occupèrent Porquerolles et Port-Cros. Ces îles avaient trois forts armés de canons, mais il ne s'y trouvait pas un seul soldat pour les défendre. L'amiral Showel nomma un de ses officiers gouverneur de Porquerolles et y fit élever des baraquements pour ses malades.

s'agissait plus en ce moment de surprendre Toulon dégarni de troupes, mais de combattre une armée retranchée dans ses dehors et sur les hauteurs et soutenue d'un nombre infini de canons ; et il aurait proposé « de se retirer hono-
» rablement sans rien risquer ». Cet avis n'aurait pas été partagé par le duc de Saxe-Gotha et l'amiral Showel, et la discussion aurait été close par le duc de Savoie sur cette déclaration : « L'entreprise sera continuée et nous prenons
» sur notre compte tout ce qui pourra arriver. Nous connais-
» sons seuls des choses que nous ne pouvons dire à
» personne. Au reste, nous sommes pleinement informé de
» tout ce qui se passe. Nous ne sommes pas venu ici pour
» ne rien faire. Nous savons la guerre, notre savoir et la
» fortune nous serviront de guides. » Ces derniers mots tranchèrent la question et la séance fut levée. Le soir, trois fusées tirées sur la crête de la haute montagne des Anges donnèrent le signal convenu à la flotte, qui se rapprocha de l'embouchure du Gapeau et commença cette même nuit à débarquer le matériel de siège.

Le 24, cinq cents hussards hongrois envoyés en avant, comme éclaireurs, entrèrent à Cuers et vinrent coucher à Solliès. Pendant toute cette journée ils se répandirent en troupes disséminées au loin dans la campagne, où il n'y eut pas une maison qui fût à l'abri de leur brigandage. Les paysans de Pierrefeu et des lieux circonvoisins croyant les bois des Maures inaccessibles, y avaient conduit tous leurs bestiaux pour les mettre en sûreté ; mais ils furent trompés dans leur attente et des détachements de cavaliers ayant fouillé la forêt, tous leurs bœufs, mulets, chèvres et moutons leur furent enlevés. Le lendemain 25, les hussards parurent à La Valette, commune située à cinq kilomètres seulement de Toulon, suivis de près par l'avant-garde de l'armée. Le plus grand nombre des habitants s'étaient enfuis sur les hauteurs de Touris et jusqu'au sommet de Coudon ; les envahisseurs mirent le bourg à sac, et, ayant trouvé d'abondantes provisions de vin, commirent dans les égarements d'une grossière ivresse les plus déplorables excès. Le seigneur du lieu, François de Thomas de la Valette, vieillard octogénaire, qui avait ses fils et petits-fils parmi les défenseurs de Toulon, fut insulté dans son château et peu s'en fallut qu'un officier ivre ne le tuât de son épée. Le lendemain, 26, le duc de Savoie arriva avec ses équipages. Il avait mis quinze jours pour se rendre du Var à Toulon, sans avoir été inquiété dans sa marche, sans avoir eu une place à prendre ou un combat à livrer. Il établit son quartier général à La Valette même et prit son logement au château seigneurial, qui y était attenant. Le prince Eugène prit le sien à la maison de campagne d'un sieur Baudouvin, grande et belle habitation située au fond de la riante vallée qui s'étend du bourg aux premiers contreforts de Coudon, et qui existe encore dans ses dimensions primitives. Les princes et autres grands personnages de l'armée se logèrent au couvent des Minimes, qui leur offrait de vastes locaux et de nombreuses dépendances pour leurs suites.

Les 27 et 28 juillet, l'armée entière rejoignit le quartier général. Les contingents austro-allemands campèrent en avant de La Valette, sur une ligne courant nord et sud, depuis la route de communication avec Toulon jusqu'à la mer, à une colline dite à cette époque de Pomezan, qui ferme, dans l'est, le port Méjan, passant par le pont de Suve et traversant les quartiers ruraux actuels du Tombadou, de Brunet et autres. Ils élevèrent sur le front de leur campement des retranchements, sans doute d'une médiocre valeur défensive, qui sont indiqués sous le titre de *retranchement der allirten*, retranchement des alliés, dans un plan du siège de Toulon publié à Francfort à la fin de l'année 1707 (1). Les troupes du duc de Savoie dressèrent leurs tentes entre le bourg et la haute colline du Touar, qui sépare le territoire de La Valette de celui de La Garde. Les ennemis occupaient une plaine fertile, complantée de vignes et d'arbres fruitiers, et couverte de maisons de campagne dans lesquelles s'établirent les officiers de l'armée.

Le 25 juillet, pendant que le duc de Savoie arrivait à Solliès, le maréchal de Tessé entrait à Toulon, d'où il repartait le soir même pour Aix, dans le but d'arrêter, d'accord avec M. de Grignan et les autorités provinciales, les derniers ordres à donner relativement à la défense du pays (2). Pendant son court séjour à Toulon, il présida un conseil de guerre, qui décida qu'il serait fait des redans devant les lignes de fortifications du camp retranché de Sainte-Anne, et visita les travaux achevés ou en cours d'exécution. Il écrivait le lendemain d'Aix au roi : « J'arrivay ce matin icy

(1) *Toulon mit der attaque, in A^{nno} 1707.*
On a utilisé ce plan dans celui qui est joint à ce travail pour déterminer les lignes et positions occupées par les assiégeants.

(2) Dans l'ignorance où on était des projets ultérieurs du duc de Savoie, quel que fût le résultat de sa tentative sur Toulon, le maréchal inclinait à former un camp au confluent de la Durance et du Rhône, « à quoy les » idées de la cour avoient assez de conformité ». Il voulait, en attendant, y envoyer les troupes parties les dernières du Dauphiné, sous les ordres de M. de Médavy, et qui étaient encore en route pour se rendre à Aix. M. de Grignan insista pour qu'elles marchassent sur Toulon. Il finit par l'emporter et il fut décidé qu'à leur arrivée, l'infanterie et quelques dragons seraient dirigés sur Toulon, tandis que M. de Médavy, avec un régiment d'infanterie et presque toute la cavalerie, se porterait du côté de Brignoles et de Saint-Maximin, pour serrer les flancs de l'ennemi et l'empêcher de se répandre.

» de Toulon, où Votre Majesté peut être certaine qu'il y a
» quarante bataillons, plus de quinze cents officiers, de la
» poudre, des balles et du canon plus que suffisamment.
» Vos troupes ont fait une diligence incroyable, et si quelque
» chose peut sauver Toulon et votre marine, c'est d'avoyr
» prévenu l'arrivée de vos ennemys, dont la tête paraissoit
» hier matin à Cuers, quand j'achevois de visiter le camp
» retranché..... »

Dès leur arrivée sous Toulon, les ennemis avaient ouvert les hostilités. Le 26, quatre cents grenadiers allemands, appuyés d'une compagnie piémontaise, gagnèrent le sommet le plus élevé de la montagne de Faron, dit la Croix de Faron, par son revers est, qui descend en pentes adoucies jusqu'au bourg de la Valette, et s'y établirent. M. de Goësbrian ordonna au brigadier de Guerchois d'aller chasser l'ennemi de ses positions. On ne sait pas bien ce qui se passa dans cette affaire. Les *Relations* du temps en font à peine mention et semblent ne lui accorder qu'une importance fort médiocre. Le *Journal du siège* se contente de dire : « M. de Guerchois,
» brigadier et colonel du régiment de la Vieille Marine,
» s'étant avancé sur la montagne avec six compagnies de
» grenadiers, il lui fut impossible de rien entreprendre,
» parce que les ennemys avoient déjà gagné le sommet. »
Il y a là comme une vague indication d'un insuccès qu'on n'ose avouer. La vérité est que M. de Guerchois envoyé, on ne sait pas pourquoi, pour débusquer les ennemis d'un poste que nous n'avions jamais occupé et qu'on ne voulut jamais occuper plus tard, lorsqu'on s'en fut rendu maître, échoua complètement et paraît avoir été ramené assez vivement jusque dans le vallon de Donnamorte, qui aboutit au revers est de la hauteur d'Artigues, où il rencontra la tête des retranchements de Sainte-Catherine. A la suite

d'une affaire plus importante et plus grave, dans laquelle M. de Guerchois se trouva de nouveau malheureusement engagé et que je dirai tout à l'heure, le maréchal de Tessé rappelant l'échec de Faron, écrivait au roi : « Son premier » malheur de la Croix de Faron vint de la volonté qu'il eut » (M. de Guerchois) de se porter dans les bas où on tiroit » et, pendant qu'il cherchoit les coups de mousquet, les » hauteurs plièrent et le pauvre garçon ne les put regagner. » On pourrait inférer de cette phrase assez obscure que les alliés, voyant leur détachement de Faron attaqué, auraient envoyé des renforts à son secours, et que M. de Guerchois étant allé à leur rencontre au bas de la montagne, les compagnies qu'il avait laissées aux prises avec l'ennemi auraient lâché pied, ce qui le força à battre en retraite.

Le lendemain de cette affaire, 27 juillet, dans la matinée, on aperçut de la ville un groupe assez nombreux d'officiers qui parcouraient les contreforts de la Croix de Faron. Avant midi ils descendirent à la Valette et on apprit le soir, par des déserteurs, que c'étaient le duc de Savoie, le prince Eugène et plusieurs autres grands personnages, accompagnés des ingénieurs de l'armée, qui étaient venus relever les travaux récents exécutés autour de la place.

Ce même jour, à Toulon, M. de Saint-Paters fit faire une publication cruelle en certains articles pour les habitants. Il ordonnait à tous les vieillards pauvres ou infirmes de sortir de la ville comme bouches inutiles (1) ; aux habitants, de se pourvoir de trois mois de vivres ; aux consuls, de

(1) « Mgr de Chalucet trouva cet ordre si inhumain, qu'il se transporta » chez M. de Saint-Paters et luy dit : que les pauvres n'étoient pas des » bouches inutiles, qu'il les nourriroit et qu'ainsy on pouvoit les laisser » dans la ville puisqu'ils n'y seroient pas à charge. » Lettre de M. l'abbé Viany, dans l'*Histoire du siège de Toulon*, par DEVIZE, page 294.

mettre à la disposition des troupes tous les approvisionnements qu'ils avaient en blé, farine et bestiaux. Cette ordonnance répandit la désolation dans la population et fut cause que beaucoup de familles, qui ne vivaient qu'au jour le jour de leur industrie, sortirent de Toulon et allèrent traîner leur misère dans les villages voisins. M. de Saint-Paters eut même un moment l'idée de faire jeter à la mer toutes les huiles que possédaient les marchands comme denrée et les particuliers comme provisions, pour éviter les incendies ; mais le deuxième consul Ferrand fut assez heureux pour le détourner de donner cet ordre. Néanmoins, il maintint celui qui prescrivait aux consuls de faire dépaver les rues, d'entretenir des tonneaux pleins d'eau sur les places et voies publiques, d'avoir toujours sur pied des escouades de maçons et de charpentiers pour éteindre les incendies, d'avoir jour et nuit des corvées d'hommes pour porter de l'eau, du vin, de l'eau-de-vie et des vivres aux soldats de service aux ouvrages avancés, de réunir une compagnie de cent infirmiers pour le transport des blessés, enfin de réquisitionner chez les habitants tous les draps de lit et matelas nécessaires pour les hôpitaux (1).

Le 28, on fit traîner de nouveaux canons au camp de Sainte-Anne, auquel on travaillait encore avec une grande activité : trois mille hommes de la campagne ou de la ville y étaient employés, ainsi que quatre cents femmes, qui charriaient de la terre dans des paniers.

Depuis que l'armée des coalisés était campée à La Valette, de nombreux déserteurs s'étaient présentés aux avant-postes ; le même jour, 28 juillet, il en arriva environ soixante. Ils furent unanimes à déclarer que l'armée manquait de

(1) *Relation du siège de Toulon,* par le consul FERRAND.

vivres et de canons, à cause des lenteurs du débarquement à Hyères, et que leurs chefs, qui avaient toujours cru entrer dans Toulon, comme dans une ville ouverte, étaient très désillusionnés et hésitants. « Après que ces déserteurs » avoient été présentés à M. de Chalmazel, dit l'auteur du » *Journal du siège*, je les passois en revue le soir pour leur » faire distribuer le pain, et le matin on leur donnoit à » chacun un écu. On payoit les armes à ceux qui en avoient » apporté : sçavoir, une pièce de trente sous pour le fusil » et de quinze sous pour l'épée, après quoy on leur remet- » toit une route et on les fesoit partir pour Marseille, où ils » trouvoient de nouveaux ordres. »

Le 29, à la pointe du jour, les alliés, au nombre de deux mille, parurent à Faron et descendirent les pentes rapides de la montagne, pour attaquer la tête des retranchements de Sainte-Catherine, à la hauteur d'Artigues. Ils étaient commandés par le prince de Saxe-Gotha et le général Zunjunden. Un autre corps de troupes, fort de trois mille hommes, sous les ordres du baron Rebeinber et du comte de Coningsek, se porta par les rampes basses de Faron, à travers le haut du quartier rural des Darboussèdes, sur la chapelle Sainte-Catherine. Vers huit heures du matin le feu commença sur les deux points à la fois. Le marquis de Broglie, qui commandait à Artigues, soutint l'attaque avec intrépidité. Les brigadiers de Villars, de Guerchois et de Tessé, ce dernier fils du maréchal, ne montrèrent pas moins de valeur à la chapelle Sainte-Catherine. A Artigues, les ennemis n'étaient séparés de nos postes que par une ravine et tentèrent de les emporter d'assaut ; ils furent repoussés et obligés de se mettre à l'abri dans les replis des terrains qui s'étendent à l'est. Pendant ce temps, ils n'étaient pas plus heureux dans leur attaque sur la chapelle, où les canons du bastion Saint-Bernard les foudroyaient. On combattit de si près, autour des retranchements de la chapelle, que plusieurs boulets de la place donnèrent dans nos rangs et tuèrent deux grenadiers. L'affaire était engagée depuis plus de deux heures, lorsque les marins traînèrent deux canons de six livres de balles à la chapelle Sainte-Catherine et quatre à Artigues. Leur feu détermina la retraite des ennemis. La journée ne nous avait coûté que deux capitaines et cinq soldats tués et une trentaine de blessés. On ne connut jamais les pertes des alliés, si ce n'est par les déserteurs, qui assurèrent qu'elles avaient été grandes. M. de Goësbrian avait passé tout le temps que dura l'action à cheval et au milieu des combattants, allant incessamment du plateau de la chapelle à la hauteur d'Artigues.

On avait cru, le 29, avoir une affaire générale et on avait pris des dispositions pour faire marcher les troupes campées à Sainte-Anne. La retraite des ennemis trompa l'attente de tout le monde et on pensa qu'ils renonçaient à s'emparer des retranchements de Sainte-Catherine. Il n'en fut point ainsi. Dès le lendemain, 30 juillet, ils renouvelèrent leurs attaques sur les mêmes points avec des forces supérieures et qui dépassaient six mille hommes. Le duc de Wurtemberg commandait la colonne dirigée sur Artigues, ayant avec elle quatre canons, qui furent mis en batterie derrière une *bastide* d'une dame Fournier la Garde, qui dominait le plateau, où M. de Polastron, brigadier, était de service ce jour-là avec six cents hommes. Le feu s'ouvrit à quatre heures du matin. On ne trouve nulle part des indications sur ce qui se passa, si ce n'est que M. de Polastron « sans coup tiré, » fit sauter ses poudres et battit en retraite sur la ville. Les ennemis se montrèrent alors sur la croupe d'Artigues, où ils s'emparèrent des quatre petites pièces qui y avaient été transportées la veille et se mirent à poursuivre nos grenadiers ; mais dès qu'ils furent à portée du canon de la place, ils furent arrêtés et obligés de rebrousser chemin. Les bastions de Sainte-Ursule et de Saint-Bernard, armés de grosses pièces de marine, envoyèrent même des boulets sur le plateau, ce qui obligea les ennemis à l'évacuer et à se mettre à l'abri dans le ravin qu'il surplombe à l'est. Une de ces pièces, en fer, éclata pendant le tir au bastion Sainte-Ursule, creva un œil à M. de Gratien, capitaine de vaisseau, blessa grièvement à l'épaule M. de Feuillans, lieutenant de vaisseau, et blessa ou tua douze canonniers (1).

En même temps que les ennemis s'emparaient de la hauteur d'Artigues, ils attaquaient le plateau de la chapelle Sainte-Catherine. Ils parvinrent à chasser devant eux les postes avancés et parurent même un moment à découvert autour de la chapelle ; mais à peine s'y furent-ils montrés que le canon de la place les força à se retirer derrière le rideau formé par l'exhaussement du terrain. Nos troupes profitèrent de ce mouvement de recul pour reprendre leurs positions, qu'elles conservèrent. Le feu cessa de part et d'autre vers midi. Artigues était, il est vrai, au pouvoir de l'ennemi, mais, en fait, n'était pas occupé par lui, et le retranchement qui le reliait à la chapelle, ainsi que ce plateau, étaient de nouveau en notre possession.

Dans l'après-midi, les ennemis n'ayant plus paru sur le plateau de la chapelle, on fit marcher une grand'garde qui

---

(1) « Ce canon n'a pas été le seul qui ait crevé ; il y en eut plusieurs
» autres. C'est ce qui obligea le marquis de Langeron de faire remplacer
» les canons en fer par ceux en fonte, que le vent contraire avait empê-
» ché de transporter à Arles. » *Journal du siège.*

l'occupa. Ce plateau, aujourd'hui presque entièrement dénudé, était à cette époque couvert d'un bois fort épais d'oliviers qui en dérobait la vue à nos bastions et au camp de Sainte-Anne. M. de Saint-Paters en ordonna la destruction. « Il fit voiturer sur les lieux deux chaloupées de » barils de goudron », et après qu'on en eut enduit suffisamment les troncs et branches principales, il y fit mettre le feu sur un grand nombre de points à la fois. En un temps très court l'embrasement fut général. « Les ennemys, » dit le *Journal du Siège*, surpris d'un tel spectacle, firent » semblant de s'avancer pour voir ce que c'étoit; mais » ayant aperçu nos grenadiers prêts à les recevoir, ils n'osè- » rent approcher. Le feu dura toute la nuit et tout le » lendemain. Ces oliviers étant très vieux, le tronc en étoit » énorme; le plus petit avoit au moins deux pieds de » diamètre. »

Ces deux tentatives pour s'emparer de la hauteur d'Artigues et du plateau de Sainte-Catherine auraient dû indiquer aux chefs militaires de la place l'importance que l'ennemi mettait à en rester maître. On ne s'explique pas que le maréchal et M. de Saint-Paters n'aient pas fortifié, avec de l'artillerie, ces deux points, ainsi que la ligne de travaux qui les raccordait de manière à en faire des positions avancées imprenables sans un grand effort. Peut-être croyait-on que balayés comme ils l'étaient par le canon des bastions, surtout le plateau de la chapelle, les assiégeants ne pourraient jamais s'y établir à demeure de façon à incommoder la défense ? Ce ne fut que quelques jours après qu'on comprit enfin la raison de la persistance des ennemis à nous éloigner de ces postes. Le 1er août, en effet, le duc de Savoie dirigea trois colonnes pour attaquer les travaux de retranchements et le plateau de la chapelle

Sainte-Catherine. La première, descendant le vallon de Donamorte, à l'abri de la hauteur d'Artigues, était commandée par le prince de Hesse-Cassel ; la deuxième, qui avait pris à travers les vignes du haut quartier des Darboussettes, était sous les ordres du comte de la Roque, lieutenant-général piémontais, et la troisième, qui s'avança par le quartier de la Croix de Vidal, était conduite par le jeune marquis de Salles. Le feu s'ouvrit à cinq heures du matin. Nous ignorons absolument ce qui se passa dans cette affaire, si ce n'est que « M. de Guerchois et M. de
» Villars, qui y commandaient (à la chapelle), furent obligés
» de céder et se retirèrent en bon ordre. » C'est là tout ce que nous apprennent les *Relations* de l'époque. Le *Journal du Siège*, écrit par un militaire, est plus bref encore ; il passe l'action sous silence et se contente de dire que le 2 août : « Les ennemys s'étant aperçus que nos gens s'étoient
» retirés de la chapelle, résolurent de s'y établir et desti-
» nèrent la crête du plateau, qui est de roche vive, à une
» batterie qui ne pouvoit être faite qu'avec des gabions, ce
» à quoy ils s'occupèrent pendant toute la nuit. »

En réalité, l'affaire du 1er août fut très malheureuse pour nous. Il semble qu'il y ait eu dans la défense beaucoup de confusion, des *malentendus* entre les chefs, et même une *terreur panique* parmi les soldats. Les lettres du maréchal ne racontent pas les détails de l'action elle-même, mais elles suffisent pour nous montrer toute l'étendue de notre revers, que les écrivains du temps nous ont tous caché avec un soin jaloux. Il écrivait d'Aubagne, le 8 août, au roi : « J'arrive de Toulon, d'où je partis hier. Les ennemys
» continuent leurs travaux depuis le poste de Sainte-Cathe-
» rine, malheureusement perdu, sans que l'on sache encore
» comment ni par quelle fatalité, excepté par l'effet d'une

» terreur panique, jusqu'à la hauteur de la Malgue. » Il fut question, à la cour, de rappeler M. de Guerchois, qui commandait en chef, et il ne fut sauvé d'une disgrâce que par l'intervention du maréchal de Tessé, qui plaida avec beaucoup de cœur la cause de l'infortuné général auprès du ministre de la guerre et auprès du roi. « Au nom de » Dieu, écrivait-il au ministre, faites que le roy ne prenne » aucune prévention contre M. de Guerchois; c'est un » brave et galant homme qui n'a été que malheureux. Je » suis son serviteur et amy et il a plutôt besoin de conso- » lation que d'accusation. Sans doute la Croix de Faron » perdue sous ses ordres et le plateau de Sainte-Catherine » abandonné sont deux choses tristes; mais le voila aux » arrêts au veu et au sceu d'une grosse garnison. Je suis » pénétré d'une douleur indicible..... » Et le 13 août, sans doute sur l'avis que le roi voulait le révoquer, il lui écrivait cette lettre généreuse, qui eut, du reste, son plein effet : « Sire, le malheur de M. de Guerchois n'est arrivé » de sa part par aucun manque de courage ou de fermeté, » dont il a donné souvent des témoignages éclatants. Son » premier malheur de la Croix de Faron vint de la volonté » qu'il eut de se porter dans les bas où on tiroit, et pendant » qu'il cherchoit des coups de mousquet, les hauteurs » plièrent et le pauvre garçon ne les put regagner. A » l'égard de la perte du poste de Sainte-Catherine, ce fut » un malentendu, et certainement, Sire, de Guerchois a » plus besoin de consolation que d'autre chose. Il se met à » tout, il travaille et, dans l'esprit de Votre Majesté, il peut » et doit passer pour un homme rempli de fermeté et » de courage, qu'un événement malheureux ne doit pas » perdre pour votre service, ni rien diminuer de l'opinion » que Votre Majesté avoit de luy. »

La possession du plateau de la chapelle Sainte-Catherine, ou tout au moins sa non occupation par les assiégés, importait beaucoup aux alliés. Leur but était de s'en servir comme d'un abri contre le feu de la place, pour ouvrir au pied de son revers oriental une tranchée qui devait aboutir à la hauteur de la Malgue, en passant par le pont de l'Eygoutier, en avant de l'abattoir actuel. Dès la nuit du 2 août ils commencèrent leurs travaux et les continuèrent les jours suivants avec une grande activité, malgré le feu des bastions Saint-Bernard et des Minimes, et celui du vaisseau le *Tonnant*. En même temps qu'ils établissaient leurs parallèles, ils tentèrent une attaque sur le camp de Sainte-Anne en le prenant à revers par son front ouest. Pour cela ils firent filer des troupes par le vallon des Favières, derrière Faron, qui devaient gagner Dardennes et descendre ensuite la vallée pour déboucher sur le quartier de Saint-Roch. L'expédition fut confiée au prince Eugène et échoua complètement. Le prince détacha en avant le colonel Pfefferkom avec 500 hommes pour reconnaître les passages et éclairer le terrain, le suivant de près avec quatre bataillons et un régiment de cavalerie. L'avant-garde, parvenue au château de Dardennes sans avoir tiré un coup de fusil, descendait vers Toulon en suivant la vallée, quand, arrivée au château Saint-Antoine, là où le passage se resserre et ne forme plus qu'une gorge étroite, elle se trouva en présence de 3,000 hommes, commandés par M. de Barville, qui lui barrèrent la route. On fit le coup de feu pendant quelques instants de part et d'autre en tirailleurs, sans engager d'affaire, et le colonel Pfefferkom battit en retraite sur le château de Dardennes, où il rencontra le prince Eugène qui arrivait. Les troupes campèrent dans les prairies qui entourent l'ancienne demeure seigneuriale. Ce fut le seul mouvement tournant que tentèrent les ennemis pour investir Toulon et couper ses communications avec l'intérieur du pays.

La prise des retranchements de Sainte-Catherine, les travaux de siège que faisaient les ennemis, avaient dû désillusionner ceux qui se berçaient encore de l'espérance que les coalisés renonceraient à leurs projets sur Toulon. On mit la dernière main aux fortifications du camp de Sainte-Anne (1), et la marine, en prévision d'un bombardement prochain, acheva de placer ses vaisseaux désarmés à l'abri du feu. Les galères, renvoyées si malheureusement à Marseille, ainsi que je l'ai déjà dit, étaient parties le 1er août; on s'occupa activement de couler les vaisseaux dans les deux darses en leur faisant des ouvertures au fond de cale. « Ceux de 1er rang, dit le *Journal du siège*, fesoient
» voir encore sur l'eau la batterie d'en haut, dans le temps
» que ceux de 2e et 3e rang étoient entièrement submergés.
» On coula quelques-uns de ces derniers et même de plus
» petits pour servir d'estacade aux deux vaisseaux le
» *Tonnant* et le *Saint-Philippe*, et c'étoit pour empêcher
» les brûlots de les aborder. On peut dire que ce qui fait
» la beauté de Toulon étoit alors ce qu'il y avoit de plus
» difforme à voir; les vaisseaux étoient sans mâts, les uns
» couchés sur bâbord, les autres sur tribord, les uns enfon-
» cés de l'avant, les autres de l'arrière. »

Tous les travaux militaires ou maritimes accomplis depuis un mois à Toulon avaient malheureusement amené de pénibles tiraillements entre les chefs des services du port,

---

(1) « On y travailloit avec beaucoup de diligence et l'on portoit les dra-
» peaux sur l'ouvrage afin que tous les officiers et soldats s'y trouvassent,
» et Messieurs les officiers généraux s'y trouvoient aussi très assidus. »
Manuscrit de M. La Blottière.

de la place et du camp retranché de Sainte-Anne. L'entente, toujours si complète quand il s'agissait d'abnégation et de sacrifices personnels devant l'ennemi, n'existait pas toujours dans les relations intérieures entre M. de Langeron et M. de Saint-Paters, entre ce dernier et M. de Goësbrian et M. de Chalmazel, entre celui-ci et la municipalité. C'est là un des côtés de l'histoire du siège qu'aucun écrivain n'a indiqué et qui nous est révélé par le maréchal de Tessé lui-même dans sa correspondance avec le ministre. Le 8 août, il écrivait à M. de Chamillard la lettre suivante, au fond de laquelle on trouve un ton de bonne humeur qui nous montre bien que le maréchal acceptait ces misères humaines, sachant que la défense n'aurait jamais à en souffrir. « Je vous assure, écrivait-il, qu'avec la meilleure
» volonté du monde, des officiers et même des troupes,
» Toulon, devenu république, se peut perdre. Quand je dis
» devenu république, c'est par la singularité des esprits
» et des opinions qui, tous uniformes pour bien servir le
» Roy, voudroient pourtant tous bien servir à leur fan-
» taisie. Il n'y a pas un officier de marine qui ne croye que
» tout ce qui se fait et qui n'est pas relatif à la conservation
» des vaisseaux et des arsenaux ne soit totalement inutile.
» M. de Saint-Paters, brave et galant homme, est en céré-
» monie avec M. de Chalmazel, et M. de Chalmazel l'est
» avec luy et avec la ville, qui ne fait que se lamenter et
» craindre les bombes ; joignez à cet article vingt-cinq mille
» femmes que l'on ne fait pas taire facilement. M. de Saint-
» Paters croit que tout ce qui ne se fait pas pour la conser-
» vation de ses remparts est inutile et que ses bastions
» pulvérisés et ses batteries renversées, l'ennemi peut
» l'emporter sans attaquer le camp. Il voudroit que ce
» camp, qui a travaillé à l'impossible, ne songeât qu'à

» épaissir ses remparts. Ajoutez à cela les matelots qui,
» braves gens sur mer, sont sur terre comme si je mar-
» chois sur une corde. De tout cela donc, qui a ses opinions,
» ses vues, ses jalousies, ses incertitudes et ses passions
» particulières, il s'en fait un produit qui n'a de concert
» que celui de dire : il faut mourir pour le service du Roy.
» A cela je leur dis que c'est tout le contraire et qu'il faut
» vivre pour le bien servir.

» Je suis venu passer vingt-quatre heures à Toulon ;
» vingt-quatre heures de tournoiement de tête qui n'a point
» d'exemple, et n'ai été bien content de la docilité d'aucun
» que de celle de M. de Goësbrian et de M. de Dillon, qui
» agissent avec une intelligence parfaite. MM. de Langeron
» et de Vauvré concourent au bien, mais toujours avec la
» condition que la marine est le point unique. Je prends
» donc mon parti, et, puisque les ennemys nous ont laissé
» la communication libre et que j'espère qu'elle le sera
» encore demain et après-demain, je marche moi-même à
» Toulon avec ce qui me reste d'infanterie..... »

Jusqu'à ce moment il n'est presque jamais fait mention de la flotte des alliés dans les *Relations* que nous avons du siège de Toulon. Tout ce que nous en savons, c'est qu'elle avait éprouvé de grandes difficultés à débarquer, à l'embouchure du Gapeau, les canons, les munitions et les vivres qu'elle transportait. A peine envoyait-elle quelques vaisseaux ou frégates faire tous les jours des apparitions rapides devant Toulon, et qui regagnaient tous les soirs leur mouillage des îles d'Hyères. Le 1er août, cependant, l'amiral Showel détacha neuf navires de son escadre, qui parurent devant Saint-Nazaire, où ils prirent une tartane chargée de blé et donnèrent la chasse à un autre bâtiment de même tonnage, qui vint s'échouer sur la plage et fut incendié par le patron lui-même. Les Anglais canonnèrent Saint-Nazaire, firent ensuite une descente à Bandol, pillèrent le château et mirent le feu à l'habitation des fermiers. En même temps, des partis ennemis ravageaient la campagne autour des campements. Ils incendièrent entièrement le bourg de la Garde, dont les archives les plus anciennes ne datent que de la fin de l'année 1707, pendant que les troupes qui occupaient Dardennes brûlaient le Revest.

Pendant la nuit du 3 au 4 août les assiégeants firent travailler activement à leur parallèle et à leurs batteries de La Malgue. On sut par leurs déserteurs qu'outre ces deux batteries ils en établissaient quatre autres, dont trois tournées contre la ville et une, de six pièces, destinée à battre le fort Sainte-Marguerite. En même temps, ils placèrent deux canons sur la hauteur d'Artigues et deux sur le plateau de Sainte-Catherine, derrière la bastide de l'avocat Florent, « proche la chapelle (1) ». C'étaient de petites pièces montées sur affûts roulants, qu'on découvrait pour faire feu et qu'on ramenait ensuite à l'abri pour les recharger. Le 4, un boulet parti de Sainte-Catherine tua un jeune garçon et une femme qui travaillaient aux terrassements de la redoute de Saint-Lazare, ce qui causa une grande émotion parmi les ouvriers. Le 5, les ennemis recommencèrent le feu. Ils pointèrent leurs pièces contre les dragons et les travailleurs qui faisaient un chemin couvert au-devant des bastions de Saint-Bernard et des Minimes ; mais les canons de la place criblèrent bientôt de boulets la chapelle et la bastide Florent et forcèrent les artilleurs à se retirer. Le soir, et par une

---

(1) Cette bastide existe encore presque à l'état de ruine et sert de bergerie. Elle est au nord-est du fort Sainte-Catherine, à moins de cinquante mètres de la voie du chemin de fer.

nuit noire, le commandant du fort Sainte-Marguerite envoya un canot au port pour annoncer qu'il n'avait plus que pour deux jours d'eau. Le lendemain matin on expédia un brigantin pour renouveler son approvisionnement. Il était remorqué ou convoyé par une trentaine de chaloupes armées qui, à la hauteur du cap Brun, rencontrèrent les chaloupes anglaises en surveillance sur la côte et firent le coup de feu avec elles. Le combat s'engagea à la portée de la rame. Nos marins finirent par s'ouvrir un passage, et une frégate anglaise étant survenue pendant le débarquement des barriques d'eau, le canon du fort fut assez heureux pour la démâter de son grand mât, ce qui la mit dans l'obligation de se faire remorquer à Hyères par les embarcations qui venaient de combattre.

Le 6, le maréchal de Tessé arriva à Toulon, il parcourut et examina attentivement tous les travaux extérieurs, qui étaient achevés ou sur le point de l'être. Une redoute qu'on avait élevée en avant de la porte Saint-Lazare était à la hauteur du parapet, et on avait commencé à la fraiser, le chemin couvert de la place était palissadé, les retranchements du camp de Sainte-Anne étaient entièrement terminés et on mettait les palissades aux fossés. Le même jour on finit la démolition des couvents des Minimes et des religieuses de Saint-Bernard, qui furent abattus jusqu'à la hauteur du rempart, auquel ils étaient adossés.

Les ennemis n'avaient pas encore fait jouer leur grosse artillerie. Le 7 août, dans l'après-midi, quatorze canons de deux batteries, l'une au pont de l'Eygoutier, l'autre à la Malgue, ouvrirent le feu sur la redoute élevée en avant de la porte Saint-Lazare et sur le vaisseau le *Tonnant*. Dans la nuit du 7 au 8, ils renforcèrent leurs batteries de quatre canons et commencèrent à tirer dès quatre heures du matin. Le *Tonnant* reçut un grand nombre de boulets ; néanmoins, M. de Montgon fit dire le soir qu'il pouvait réparer avec ses seuls moyens les dommages éprouvés par la coque de son vaisseau. On décida qu'on remorquerait le *Saint-Philippe* auprès du *Tonnant*, pour ruiner les batteries de la Malgue, et cette opération fut exécutée le lendemain matin avec un plein succès, malgré un feu très vif. Les mortiers et les canons du bastion des Minimes et une batterie qu'on venait d'établir à la Ponche Rimade, à l'extrémité est de la vieille darse, tirèrent toute la journée sur les batteries ennemies. Vers cinq heures du soir, celle du pont de l'Eygoutier cessa entièrement son feu. On apprit, le lendemain, par les déserteurs, qu'elle avait été presque complètement démontée et qu'une bombe avait fait sauter sa poudrière. Dans cette journée, quelques boulets perdus tombèrent sur le quartier Saint-Jean, dont l'un tua une femme et son enfant. La panique se mit parmi les habitants du quartier, appartenant en général aux classes pauvres, et plusieurs familles émigrèrent vers l'autre extrémité de la ville.

Le 9, le *Saint-Philippe* et le *Tonnant* ouvrirent le feu sur les batteries de la Malgue. Les ennemis avaient réparé pendant la nuit les dégats reçus la veille et démasquèrent une nouvelle batterie placée entre celle du pont de l'Eygoutier et les pentes nord-est de la Malgue. Leur feu fut dirigé pendant toute la journée sur les deux vaisseaux, sur le fort Saint-Louis, qui souffrit beaucoup, et sur la Ponche Rimade. Une femme fut tuée sur le port et un artilleur eut la jambe emportée. Du côté des assiégeants, le duc de Savoie courut un grand danger : pendant qu'il donnait un ordre au marquis de Salles, dans la batterie du pont de l'Eygoutier, un boulet coupa en deux M. de Salles et couvrit le duc de sang. Tous les efforts des ennemis n'empêchaient pas la continuation des travaux. Pendant le jour, on terrassait la courtine de la droite du bastion des Minimes et, pendant la nuit, on travaillait à perfectionner le glacis et la redoute. Pour donner le talus et l'étendue nécessaires au glacis, il fallut démolir une partie du cimetière Saint-Lazare, où M. de Saint-Paters ordonna même de faire sauter par la mine les monuments élevés à la mémoire de Mgr de Pingré et de M. de Courcelles, ancien commandant militaire de la ville (1).

Dans la nuit du 9 au 10, on tira quelques coups de canon de part et d'autre ; mais à la pointe du jour le feu recommença avec grand fracas. Le maréchal de Tessé, accompagné du comte de Grignan et de quelques gentilshommes de la province, entra à Toulon, à 9 heures du matin, avec dix-huit bataillons d'infanterie qui campèrent à Missiessy, ayant laissé trois régiments de dragons au Beausset. Ce contingent avait été distrait du corps d'armée commandé par M. de Médavy, qui était arrivé depuis quelques jours seulement à Aix et avait été envoyé avec six bataillons d'infanterie et quarante-deux escadrons de cavalerie pour tenir la campagne du côté de Brignoles et Saint-Maximin.

---

(1) « M. de Saint-Paters, craignant que le canon ennemy venant à donner
» dans les pierres de taille, les soldats de la garde du glacis ne fussent
» tués ou blessés, ordonna aux mineurs de les faire sauter avec des bombes.
» J'étois auprès de luy quand il donna cet ordre ; je pris la liberté de luy
» représenter que le peuple de Toulon ayant en vénération la mémoire
» de Mgr de Pingré, ce seroit pour luy un sujet de tristesse de savoir que
» les restes de ce prélat fussent profanés de cette manière et que, s'il le
» jugeoit à propos, je luy amènerois un nombre suffisant de tailleurs de
» pierre pour démolir ces mausolées et que j'en avertirois Mgr l'évêque,
» afin qu'il ordonnât qu'on transférât ces ossements dans la cathédrale
» pour être mis dans le tombeau destiné pour les évêques. » Cela fut ainsi fait et les restes de Mgr de Pingré furent transportés à la cathédrale.

Le maréchal n'était revenu à Toulon que pour tenter une action décisive. Il en fixa l'exécution au 15 août, pour laisser aux troupes qu'il avait amenées le temps de se reposer. Dès le premier jour, il ordonna que sur les cinquante hommes par bataillon qui, toutes les nuits, étaient de service de grand'garde en avant du camp de Sainte-Anne, on en détacherait dix pour aller donner l'alarme aux assiégeants. « C'étoit, dit le *Journal du siège*, pour les accoutumer à ces » fausses attaques et leur dérober la connoissance du jour » où on leur en feroit une véritable. » Quoique le maréchal ne se fût ouvert de son projet qu'à M. de Goësbrian, nul ne se trompa sur le but de la mesure prise et chacun se prit à espérer qu'une sortie générale était prochaine.

Le 11, l'état des forts de Sainte-Marguerite et de Saint-Louis était désespéré. Ce dernier, commandé par le capitaine Daillon, ayant sous ses ordres le lieutenant de frégate de Cauvières, s'écroulait de toutes parts, sous le feu d'une batterie qui le criblait nuit et jour de boulets. Le fort Sainte-Marguerite, sous le commandement de M. de Grenonville, capitaine de frégate, était dans une situation plus lamentable encore. Outre, en effet, qu'il était battu en brèche par une batterie de neuf canons, ses citernes étaient presque à sec, et ses défenseurs, soumis au dur régime d'une étroite ration d'eau, étaient menacés de succomber prochainement dans les angoisses de la soif. On tenta ce même jour de faire parvenir par mer à M. de Grenonville quelques barriques d'eau, mais les embarcations qui les portaient se heurtèrent à de nombreuses chaloupes armées sorties de toutes les criques de la côte, et furent forcées de rentrer à Toulon. On regretta amèrement en cette circonstance l'absence des galères, qui auraient pu rendre les plus grands services.

Les assiégeants avaient perfectionné leur parallèle. Ils avaient placé une grande quantité de tonneaux et de gabions, en forme de croissant, depuis l'ouverture de la tranchée, à la chapelle Sainte-Catherine, jusqu'à la *bastide* d'un sieur Cauvière, attenante au mur de clôture de l'abattoir communal. Dans la nuit du 11 au 12 août, ils démasquèrent trois batteries de mortiers : une de huit, à deux cents toises au-delà du pont de l'Eygoutier, sur la hauteur qui domine le château Aguillon ; une de quatre, entre celle-ci et La Malgue, et une de sept au bas de Sainte-Catherine. Ils avaient, en outre, en ce moment, quatre batteries de canons à La Malgue, dont une de vingt pièces, qui tirait sur le vaisseau le *Tonnant ;* une de quatre pièces qui tirait sur le fort Saint-Louis, une de six pièces qui tirait sur la batterie de la Ponche Rimade, et une de quatre pièces dite du vallat de La Malgue ; (1) à Sainte-Catherine, au-delà de la chapelle, une batterie de douze pièces qui tirait sur le bastion Saint-Bernard ; à la *bastide* de Cauvière, une de trois pièces, qui ne paraît pas avoir été utilisée ; au pont de l'Eygoutier, une batterie dite la Royale, d'abord de sept pièces et ensuite de dix, qui tirait sur la redoute de la porte Saint-Lazare, et enfin, « à une portée de pistolet du fossé, » deux batteries de sept pièces, qui tiraient sur le bastion des Minimes et le *Saint-Philippe*. En tout neuf batteries de canons comportant soixante-treize pièces, et trois batteries

(1) Il est fort peu parlé dans les *Relations* de cette batterie. Voici ce qu'en dit le *Journal du siège :* « Ce même jour, 11 août, les ennemys » démasquèrent une nouvelle batterie de quatre pièces, entre la batterie » royale et celles de La Malgue, près d'un ruisseau d'écoulement des » eaux de pluie, dit *vallat de La Malgue*. Cette batterie tira toute la » journée du 12 contre la ville, sans lui faire grand mal, les boulets ne » faisant que blanchir contre les remparts ; mais ceux qui passoient par-» dessus incommodoient les maisons. ».

de mortiers, armées de dix-neuf bouches à feu. Le 12, dès le matin, les ennemis ouvrirent le feu. Nos bastions de Sainte-Ursule, de Saint-Bernard, des Minimes, la batterie de la Ponche Rimade et les deux vaisseaux y répondirent avec vigueur. Le maréchal de Tessé ne cessa pendant toute la journée de visiter les batteries. Le soir, à son dîner, où se trouvaient M. de Grignan et plusieurs généraux, il lut une lettre de M. de Médavy, dans laquelle il lui disait qu'il était très content des Provençaux et qu'il était certain, en voyant la bonne volonté et le courage des populations, que non-seulement le duc de Savoie échouerait dans son entreprise, mais encore qu'il souffrirait beaucoup dans sa retraite. La présence de M. de Médavy dans les quartiers de Brignoles avait, en effet, redonné du cœur aux habitants de la contrée qui, se sentant commandés et soutenus, firent une guerre cruelle aux partis ennemis qui s'aventuraient de leur côté. Le maréchal écrivait quelques jours après au roi : « Je commence à sentir l'utilité de ce que » j'avois ordonné à M. de Médavy. Toutes les communautés » à sa portée ont repris les armes, se sont jointes à luy et » font la guerre. »

Une pluie abondante qui survint le 13 fit cesser presque complètement le feu des deux côtés. Elle eut, en outre, pour résultat de transformer en marais les rues de la ville, dépavées par ordre de M. de Saint-Paters, « de telle » manière que les habitans et les troupes en avoient jusqu'à » demie-jambe. » La pluie continua dans la nuit du 13 au 14 et empêcha nos canonniers de tenir les ennemis en éveil. On avait, à ce moment, tiré de nos batteries sept mille boulets et cinq cents bombes ; d'après l'estimation de M. La Blottière, les assiégeants avaient lancé sur la ville et ses défenses environ sept mille deux cents boulets. Les deux quartiers Saint-Jean et du Chapeau-Rouge, situés derrière les bastions des Minimes et de Saint-Bernard, avaient été évacués par leurs habitants, qui s'étaient retirés, partie dans le quartier neuf, partie dans la campagne, à La Seyne, à Ollioules et autres localités voisines. Le 14, la pluie ayant cessé, le feu recommença. La ville souffrit beaucoup. Un habitant fut tué, dans la rue des Marchands, en sortant d'un magasin où il venait d'acheter de la glace.

Pendant cette journée du 14 août, le maréchal prit ses dernières dispositions pour l'attaque générale qui devait avoir lieu le lendemain 15. Ici se présente une question qu'aucun historien du siège de Toulon n'a soulevée et que nous voudrions poser et essayer de résoudre : le maréchal est-il l'auteur du projet de sortie qui fut mis à exécution le 15 août? Nous ne le pensons pas. Il existe aux *Archives de la direction du génie* de notre ville un rapport, resté ignoré jusqu'à ce jour, de M. La Blottière, directeur des fortifications de Toulon, attaché à l'état-major de M. Niquet, directeur général des fortifications de Provence, qui fait la lumière sur cette question. Dans ce rapport, demandé à M. La Blottière par le maréchal (1), cet officier supérieur développait le plan d'une attaque générale des positions ennemies, depuis la Croix de Faron jusqu'à la hauteur de la Malgue, et réglait tous les détails de nombre d'hommes, d'armement et de marche des six colonnes, indépendantes les unes des autres, qui devaient accomplir cette expédition. Or, le plan de M. La Blottière ayant été exécuté tel qu'il l'avait proposé, à l'exception d'un point d'attaque

---

(1) « Voila, Monseigneur, le petit détail que j'ay pris la liberté de faire, » comme vous l'avés demandé. » *Rapport de M. La Blottière au maréchal.*

modifié par le maréchal et dont je parlerai tout à l'heure, nous nous croyons autorisé à attribuer l'honneur de la conception militaire qui détermina la levée du siège, au modeste officier dont le nom n'est cité dans aucune des nombreuses *Relations* publiées jusqu'à ce jour. Voici ce document, que je donne, malgré sa longueur, dans ses termes exacts, parce qu'il me paraît important pour l'*Histoire du siège de Toulon* et qu'il est absolument inédit.

« DISPOSITIONS D'ATTAQUE

» Mon sentiment est qu'il faudroit s'emparer de la montagne de la Croix de Faron, de la hauteur de Sainte-Catherine et de la montagne de la Malgue.

» *Premièrement*. — Pour s'emparer de la montagne de la Croix de Faron, j'estime qu'il faudroit huit bataillons et six compagnies de grenadiers d'augmentation. Toutes ces troupes doivent marcher à une heure de nuit, afin d'arriver sur la montagne un peu avant le jour. Tous les grenadiers marcheront à l'avant-garde et, dès qu'ils seront arrivés au col de Favières, ils feront halte pour attendre la queue des huit bataillons, après quoi on les fera marcher en bataille, suivant les grenadiers et autant que le terrain pourra le permettre. Chaque grenadier aura deux grenades pour s'en servir en cas de besoin.

» Il faudra faire dire à l'ordre que les soldats aient la précaution de porter de l'eau dans leurs gourdes, n'y en ayant point sur la montagne.

» Il faut aussi avoir vingt-quatre mulets, qui suivront la queue des bataillons, qui porteront sçavoir : cinq petites pièces de canon avec leurs affuts, de la poudre, boulets et bourres pour tirer au moins trente coups par chaque pièce; cent fascines de chacune six pieds de longueur, neuf pouces de diamètre, et attachées avec cinq liens ou harts; deux cents pots d'eau de vie, quatre cents pots de vin et six cents pots d'eau, le tout mesure de Toulon, qui est presque le double du pot de camp; une douzaine de brancards et des chirurgiens pour panser les blessés. Il y aura deux cents hommes de piquet qui suivront les mulets et, dès qu'ils seront arrivés au col de Favières, les deux cents hommes y resteront pour garder ce passage afin que les ennemis ne puissent point nous tourner la montagne. Il ne faudra pas aussi oublier de faire porter huit ou dix fusées volantes pour donner des signaux dont on conviendra avec les troupes destinées pour l'attaque de la montagne Sainte-Catherine et celle de la Malgue.

» Pour la conduite des troupes, il me paraît nécessaire qu'il y ait un lieutenant général ou maréchal de camp et deux brigadiers; quant aux deux brigadiers, je crois qu'on ne peut se dispenser de prendre M. Le Guerchois, qui connaît parfaitement bien le poste de la Croix de Faron, qui se mettra à la tête des grenadiers.

» *Deuxièmement*. — Pour l'attaque de la montagne de Sainte-Catherine, il faudroit dix-huit bataillons et seize compagnies de grenadiers d'augmentation. Ces troupes marcheront sur trois colonnes, dont la première doit être composée de quatre bataillons et deux compagnies de grenadiers d'augmentation. Cette colonne sera conduite par un brigadier qui la mènera le long de la montagne pour aller de niveau sur le plateau qui est au dessus de la maison brûlée (1). Si même on peut faire marcher ces

---

(1) La maison brûlée appartenait au sieur Artigues et était située au sommet de la hauteur qui a gardé ce nom. Elle avait été incendiée quelques jours auparavant.

troupes pour qu'elles puissent aller au dessus du plateau, pour après cela y descendre, ce sera mieux que d'y aller de niveau. Cette colonne sera nommée la gauche.

» *Troisièmement.* — La seconde colonne, qui sera celle du centre droit, doit être composée de huit bataillons et de dix compagnies de grenadiers d'augmentation, qui marcheront droit à la maison brûlée.

» *Quatrièmement.* — La troisième colonne, qui sera la droite, sera composée de six bataillons et de quatre compagnies de grenadiers d'augmentation, qui marcheront à la chapelle Sainte-Catherine, où je crois qu'il y aura le plus de résistance des ennemis, à cause de la ligne de communication qu'ils ont faite, qui prend depuis la dite chapelle et qui va jusqu'aux batteries de canon qu'ils ont à la montagne de la Malgue. C'est pourquoi il faut que la colonne du centre, qui est la plus forte, marche plus près de cette colonne que de celle de la gauche, afin d'être à portée de lui donner un prompt secours en cas de besoin. Pour la conduite de ces troupes, il me paroit qu'il faut un lieutenant général, deux maréchaux de camp et trois brigadiers.

» *Cinquièmement.* — Pour l'attaque de la montagne de la Malgue, où les ennemis ont actuellement trente pièces de canon en batterie, je crois qu'il faudroit y aller avec neuf bataillons et huit compagnies de grenadiers d'augmentation, lesquelles compagnies s'embarqueront pour aller descendre auprès de la Grosse Tour et s'empareront de la crête de la montagne au delà de l'Egoutier, près du fort Saint-Louis, et seront portées dans cet endroit au moins une demi heure avant le jour. Les neuf bataillons ne passeront point le Navil (1), qui est dans la prairie au bas de l'Egoutier,

---

(1) Navil ou Naville, de l'italien *Navillo,* expression dont se servent

que les troupes destinées pour l'attaque de la chapelle Sainte-Catherine ne s'en soient emparées, parce que de ce point on voit de revers toute la communication des ennemis dont j'ai parlé, qui va à leurs batteries de canon de la Malgue; et pour lors ils ne pourront plus se maintenir dans ladite communication, et dans ce temps là les neuf bataillons qui auront comblé le Navil pendant la nuit avec des fascines se déploieront et longeront sur leur gauche du côté de la communication, pour aller droit en bataille à l'Egoutier pour empêcher que les ennemis ne voulussent nous en disputer le passage. Les huit compagnies de grenadiers que j'ai portées sur la crête de la montagne, près le fort de Saint-Louis, nous le favoriseront.

» Il faut avec ses neuf bataillons un lieutenant général, un maréchal de camp et deux brigadiers. Il faudra aussi un brigadier à la tête des huit compagnies de grenadiers. Il ne faudra pas oublier de porter des clous et des marteaux pour enclouer le canon au cas qu'on ne put pas s'établir sur la montagne, pour laquelle il faudra deux cent cinquante travailleurs, qui suivront les troupes avec des mulets, pour porter des pelles, des pioches, des fascines et des gabions (1).

» Il faudra pareil nombre de travailleurs pour l'expédition de la montagne Sainte-Catherine, et il faut que les ingénieurs

---

les habitants de la Lombardie pour désigner les fossés ou canaux qui sillonnent leurs plaines, soit qu'ils servent à la culture du riz, soit qu'ils puissent donner passage à des barques pour le transport des récoltes.

(1) En marge se trouve cette note écrite par M. La Blottière, probablement le 23 août, après la levée du siège : « Il n'y a eu qu'une fausse » attaque à la montagne de la Malgue, qui fut de six compagnies de » grenadiers et de deux cents hommes de piquet; mais il est certain » que si on avoit suivi le détail ci-joint qu'on auroit réussi. »

qui seront commandés aient grande attention de conduire les travailleurs aux endroits où il faudra se retrancher et pour combler et détruire les travaux des ennemis.

» *Sixièmement.* — Il seroit aussi nécessaire que les troupes qui sont au poste de Saint-Antoine attaquassent quelques gardes de cavalerie que les ennemis ont de ce côté là, que j'aperçus hier du col de Favières toutes sellées. Il me parut qu'il pouvoit y avoir environ quatre cents chevaux et pas une tente d'étendue, ce qui me persuada qu'ils ne restent là que pour s'en aller à la première démonstration qu'on fera de les y attaquer.

» On observera qu'il faut que, dès qu'on aura donné le signal de plusieurs fusées volantes de dessus la montagne de la Croix de Faron, comme j'ai déjà dit, que toutes les troupes marchent où elles seront destinées et qu'elles soient prêtes de donner une demi heure avant le soleil levant en attaquant toutes ensemble ; les ennemis se trouveront embarrassés de quel côté ils porteront leurs forces.

» Les troupes de l'armée qui ne seront point commandées pour ces expéditions se mettront en bataille un peu avant le jour, les dragons sur la droite et au delà de la branche droite de notre camp retranché pour nous soutenir en cas d'une affaire générale, et si on peut avoir cinq ou six pièces de canon de huit livres de balles pour mener du côté de la chapelle Sainte-Catherine, je crois qu'elles nous seront d'un grand usage, particulièrement quand on se sera emparé de ladite chapelle, pour tirer dans la communication des ennemis et pour empêcher qu'ils ne puissent se former en bataille dans la plaine de la Valette. Le canon des vaisseaux et de la ville tirera aussi continuellement dans ladite plaine, pour empêcher que les ennemis viennent au secours de Sainte-Catherine et de la Malgue.

» Ce dernier poste est d'une très grande conséquence ; c'est pourquoi il faut y faire beaucoup d'attention, car il est certain qu'on ne pourra point se soutenir à la Croix de Faron et à Sainte-Catherine que nous n'ayons la montagne de la Malgue. Quand même on ne pourroit point s'établir dans aucun de ces postes, pourvu que nous puissions seulement enclouer le canon des ennemis et détruire leurs travaux, il est certain que nous empêcherons le bombardement, comme nous avons déjà empêché le siège par notre petit camp retranché de Sainte-Anne.

» Voilà, Monseigneur, le petit détail que j'ai pris la liberté de faire, comme vous l'avés demandé.

» Fait au camp sous Toulon.

» Le 14 août 1707.   « LA BLOTTIÈRE (1). »

Tel est le plan de sortie proposé par M. La Blottière et qui fut mis à exécution dans la journée du 15 août. On remarquera l'insistance que le chef du génie de la place mettait à bien déterminer les conditions dans lesquelles devait se faire l'attaque de la hauteur de la Malgue. Incontestablement, là était pour lui le nœud de la situation, et il y revient dans le dernier paragraphe de son rapport, comme pour mieux marquer l'importance qu'il accordait à cette action. Ce fut, malheureusement, la seule partie du plan que le maréchal crut devoir modifier, en transformant l'attaque principale et décisive en une inutile diversion à

---

(1) Le rapport de M. La Blottière porte, comme on le voit, la date du 14 août. Il est difficile d'admettre qu'il l'ait remis au maréchal la veille seulement du jour où se fit la sortie dont il trace les nombreux détails d'exécution. Il faut supposer que nous ne possédons ici qu'une copie, écrite le 14 août, du rapport officiel, et restée aux *Archives de la Direction du génie* avec les autres documents appartenant au directeur des fortifications.

l'extrémité sud des retranchements ennemis, accomplie par quelques centaines d'hommes à peine. Nous avons vu M. La Blottière, dans une note écrite postérieurement en marge de la copie de son rapport, regretter qu'on n'eût pas suivi, sur ce point, ses indications ; dans un *Mémoire* de lui, à la date du 23 août, et intitulé : *Réflexions sur le projet des ennemys au sujet de l'entreprise de Toulon*, il exprime le même regret : « Si on avoit en même temps, » dit-il, attaqué la montagne de La Malgue, ils auroient » (les ennemis) décampé le même jour. » Peut-être M. La Blottière avait-il trop insisté dans son projet sur les résultats immédiats de cette attaque ! On peut supposer qu'il n'entrait pas dans les idées de M. de Tessé d'infliger un désastre au duc de Savoie. Lorsque nous essaierons tout à l'heure d'étudier les accusations qui atteignirent le maréchal après la levée du siège et qui pèsent encore sur sa mémoire, nous aurons à revenir sur ce changement apporté aux dispositions proposées.

Le maréchal de Tessé agit dans l'exécution du plan arrêté avec beaucoup d'ordre et de prudence. Il ne fit pas de proclamation à l'armée, mais ayant réuni, dans l'après-midi du 14, au jardin du roy, où il avait établi son quartier général, les généraux, les chefs d'escadre et les consuls de la ville, il les chargea de faire connaître aux officiers, soldats et marins, ainsi qu'aux habitants, chacun en ce qui le concernait, la décision prise d'attaquer les ennemis dès la première heure du jour du lendemain, leur faisant bien comprendre que le salut de la ville, du port, et même de la Provence, dépendait de leur courage, de leur solidité et de leur abnégation. « Je ne sçaurois » exprimer, dit l'auteur du *Journal du siège*, la joie » qu'on voyoit répandue sur le visage des officiers, sol-

» dats et habitans à cette nouvelle. Ces derniers crurent
» fermement qu'on avoit choisi ce jour, qui étoit celui de la
» patrone de leur ville et seroit aussi celui de leur déli-
» vrance. Ils allumèrent des feux dans les rues à l'entrée
» de la nuit, qui attirèrent plusieurs volées de canon, ce qui
» auroit continué si M. le gouverneur ne m'avoit donné
» l'ordre d'aller les faire éteindre. »

Dès la sortie du conseil, où les divers généraux qui avaient été désignés pour commander les six colonnes reçurent leurs derniers ordres, les mouvements commencèrent. La première colonne était commandée par le comte de Dillon, que les soldats, émerveillés de son intrépidité et de son audace, avaient surnommé le comte de *Frappe-fort*. Il avait sous ses ordres MM. de Guerchois et de Raffetot, brigadiers, et M. de Sansay, chef d'escadre. Sa colonne comprenait les deux brigades du Limousin et de la Savoie, faisant en tout huit bataillons, plus quatre compagnies de grenadiers, huit compagnies de marins et cent dragons à pied du Vieux-Languedoc. M. de Dillon devait se mettre en route le soir, à la nuit close, prendre, sur la gauche du camp de Sainte-Anne, par le vallon de Claret, et gagner les hauts plateaux de Faron. Arrivé au sommet de la montagne, il devait donner le signal de l'attaque générale en brûlant trois fusées, et s'emparer d'une batterie que les ennemis avaient élevée sur la croupe où est assis aujourd'hui le fort Faron, et qui tenait la hauteur d'Artigues sous ses canons.

La deuxième colonne, dite de gauche, était commandée par le comte de Tessé, fils du maréchal. Elle était formée de quatre bataillons, précédés de leurs grenadiers, et de quatre compagnies d'augmentation. Elle devait, vers minuit, gagner la montagne à mi-côte, couper à travers les vignes, déboucher à la tête du vallon de Donamorte et tenir le milieu entre le corps de M. de Dillon et la colonne du centre.

La troisième colonne ou du centre, sous les ordres de MM. de Montsoreau et de Broglie, brigadiers, comptait les deux brigades de Bourgogne et de Mirabeau, faisant huit bataillons, avec huit compagnies de grenadiers et cinq autres d'augmentation. Elle avait avec elle quatre canons et devait s'emparer de la hauteur d'Artigues.

La quatrième colonne, dite de droite, devait se porter directement devant elle et enlever les retranchements du plateau de la chapelle Sainte-Catherine. Elle était formée de six bataillons de marins et de dix compagnies de soldats, dont six de grenadiers. M. de Caraccioli, maréchal de camp, la commandait, ayant sous ses ordres M. Destouches, brigadier.

La cinquième colonne qui devait se porter sur la hauteur de la Malgue, était sous les ordres de M. de Cadrieux, capitaine de vaisseau. Elle se composait de six compagnies de grenadiers et de deux cents hommes, soldats ou marins. Ce faible détachement, embarqué dans la nuit du 14 au 15, devait être mis à terre à la Grosse Tour, gravir la croupe de la Malgue et n'attaquer les batteries ennemies qu'au signal donné du haut de Faron par M. de Dillon. En réalité, M. de Cadrieux ne devait faire qu'une diversion à l'extrémité sud des lignes des assiégeants.

Enfin, la sixième colonne, destinée à opérer dans le nord, était commandée par M. de Barville, brigadier, qui, avec sa brigade du Berry et quelques dragons à cheval, devait marcher par la gorge de Saint-Antoine. Le but était de s'emparer du château de Dardennes, occupé par quelques centaines de grenadiers piémontais et environ deux cents cavaliers allemands.

La nuit venue, M. de Cadrieux embarqua ses troupes dans l'arsenal. M. de Dillon, conduit par un marchand drapier de la ville, nommé Léraut, qui connaissait bien tous les sentiers de la montagne, commença à gravir les pentes de Faron, « par des sentiers dont ne voudroient pas » les chèvres », écrivait quelques jours après le maréchal au ministre, et M. de Barville s'avança dans la vallée de Dardennes. En même temps, les trois colonnes du centre prenaient leurs positions hors du camp de Sainte-Anne, où elles étaient remplacées par des bataillons venus de Missiessy, destinés à les soutenir en cas de besoin. Elles formèrent leurs faisceaux sur les terrains, à cette époque couverts d'oliviers, qui s'étendaient de l'emplacement occupé actuellement par le cimetière jusqu'au bastion Saint-Vincent, ayant leur droite appuyée aux glacis de la ville, avec un régiment de dragons à cheval en potence, et leur gauche tirant vers la montagne. Ces mouvements s'accomplirent avec le plus grand ordre et au milieu d'un silence complet. Le maréchal de Tessé et M. de Goësbrian parcouraient les lignes en donnant leurs derniers ordres. Le comte de Grignan, à cheval, passa la nuit au milieu des troupes : « Le comte de Grignan m'a joint, écrivait le » maréchal au roi. J'admire le courage de ce vieux seigneur » qui, à son âge et avec les infirmités qu'il a, remplit si » bien les fonctions si difficiles de lieutenant de roy en » Provence. »

Ainsi que cela arrive toujours en Provence après un orage d'été, le mistral avait soufflé avec violence dans la journée du 14 et continua avec rage le lendemain. Le 15, l'aube commençait à peine à poindre à l'horizon, lorsque M. de Dillon donna du sommet de Faron le signal convenu en brûlant trois fusées, et en même temps on aperçut de

la plaine les éclairs rapides de la fusillade sur la montagne et sur la hauteur de la Malgue. L'artillerie ennemie surprise et ne sachant ce qui se passait, tira sur la ville quelques volées de canon, auxquelles nos batteries répondirent. quoiqu'on eût bien recommandé de ne pas tirer avant d'en avoir reçu l'ordre. « Le marquis de Chalmazel, dit l'auteur
» du *Journal du Siège*, m'envoya les faire cesser. Pendant
» que je parcourais les remparts, je découvris la marche de
» nos troupes qui s'avançoient vers Sainte-Catherine. Le
» vent fesoit battre les drapeaux d'une telle force que c'étoit
» le seul bruit qu'on entendoit, tant le silence des soldats
» était grand. »

La colonne de M. de Dillon, après une marche très pénible, qui n'avait pas duré moins de six heures, avait atteint la crête de la montagne et attaqué à revers la redoute que les ennemis avaient élevée au-dessous de ce point. L'affaire fut très vive, mais nos troupes finirent par l'emporter à la baïonnette et les alliés descendirent rapidement les pentes est de Faron, qui aboutissent à La Valette. Les grenadiers les poursuivirent à travers les rochers jusqu'à une portée de mousquet presque du bourg, où les officiers eurent de la peine à les arrêter et les empêcher de s'engager plus avant (1). En même temps, le marquis de Goësbrian lançait ses colonnes à l'assaut des positions. Le comte de Tessé, qui avait une plus longue route à parcourir, était parti à minuit, coupant en écharpe le quartier

---

(1) « Les ennemys étoient fort embarrassés et ils craignoient que nous
» ne tombassions dans leur camp, par la hauteur de la croix de Faron,
» et si le comte de Dillon, qui s'étoit emparé de ce poste avec huit
» bataillons, en avoit eu six de plus, il auroit entrepris de descendre à
» La Valette, qui étoit leur quartier général. » *Manuscrit de* M. La Blottière.

rural de La Loubière pour gagner la tête du vallon de Donamorte. Il tomba sur un camp de trois bataillons allemands : de Hesse, d'Offen-Palatin et de Konigretz impérial, et d'un bataillon savoyard de Saluces, qu'il surprit dans un replis de la montagne, entre Faron et Artigues. « Ces quatre » bataillons, dit le maréchal de Tessé dans son rapport au » roi, furent troussés et leur camp emporté, leurs bagages » et leurs tentes prises ; un colonel et un capitaine furent » faits prisonniers. Tout ce que les ennemys purent faire » fut de sauver leurs drapeaux et de se sauver eux-mêmes » comme ils purent, la plupart en chemise (1). »

Les colonnes du centre et de droite trouvèrent plus de résistance. Celle du centre, après un combat qui ne dura qu'une demi-heure, chassa les ennemis qui occupaient la hauteur d'Artigues et les rejeta en arrière, sur les premiers escarpements de la montagne : « Nos grenadiers, écrivait » le maréchal, menèrent tambour battant les ennemys » jusqu'au delà de la hauteur. » Celle de droite livra une véritable bataille, dans laquelle intervinrent à un certain moment une partie des brigades de gauche et du centre. Les marins et les grenadiers de la colonne de droite prirent le plateau de la chapelle de Sainte-Catherine comme à l'abordage au milieu d'une grêle de balles et, après un combat vivement disputé, finirent par en rester maîtres, ainsi que des deux canons en batterie à la *bastide* Florent. Les assiégeants se retirèrent en désordre, partie dans leur parallèle et partie sur les terrains couverts de vignes

(1) Une *Relation* écrite par un habitant, dit : « Nos grenadiers en ont » rapporté toutes les tentes, quantité de robes de chambre, d'habits dorés » et de vaisselle d'argent. » Le *Journal du siège*, dit de son côté : « Cette » affaire valut à la brigade plus de trente mille livres. »

des quartiers des Darboussètes et de la Croix de Vidal. Ces derniers furent pris en flanc par M. de Broglie qui, avec quelques compagnies de sa brigade, descendait le revers d'Artigues pour se rapprocher de Sainte-Catherine. Il se jeta au milieu d'eux et les poursuivit dans la plaine, jusqu'au moment où ils se retirèrent « sur un fort plateau » à droite (1) ». En même temps, les assaillants du plateau de la chapelle, maîtres de la position, descendirent la pente orientale de la colline et franchirent l'entrée de la parallèle. Ce fut sur ce point assez étroit qui, du revers est de Sainte-Catherine se prolonge vers le pont de l'Eygoutier, près de l'abattoir communal actuel, que se livra le combat, assez confus du reste, dit du 15 août ou de Sainte-Catherine.

Il y avait là des abris en terre élevés par l'ennemi, des boyaux communiquant avec la parallèle, et surtout deux grandes *bastides* qu'on n'avait démolies qu'à moitié et dans lesquelles s'étaient réfugiés un grand nombre de soldats après l'abandon du plateau. Les alliés résistèrent pendant plus de deux heures, ayant à leur tête le prince de Saxe-Gotha, qui commandait les troupes de service aux retranchements dans cette journée. La lutte se soutenait de part et d'autre avec la plus grande vigueur, lorsque M. de Langeron fit traîner à bras sur le plateau de Sainte-Catherine, par des canonniers de la flotte, sous les ordres de MM. de Court, capitaine de vaisseau, et de Galiffet, capitaine de galère, quatre canons montés sur affûts de marine. Ces quatre canons et les deux pièces abandonnées par l'ennemi à la *bastide* Florent balayèrent le fond de la parallèle et criblèrent de boulets les divers abris fortifiés. Le prince

(1) L'arête rocheuse qui borde la rive gauche de l'Eygoutier et dite *la Barre*.

de Saxe-Gotha demanda des secours au duc de Savoie, qui lui envoya quatre bataillons ; mais ils n'étaient pas arrivés encore lorsque M. de Broglie, qui avait abandonné la poursuite des Allemands réfugiés sur la Barre, revint sur ses pas et culbuta tout ce qu'il rencontra sur son passage. Le prince se vit perdu. Il se défendit avec une rare intrépidité : « Mes amis, dit-il aux officiers et soldats qui » combattaient encore à ses côtés, mourons en gens d'hon- » neur ! Ne souffrez pas qu'on dise que le prince de Saxe- » Gotha a été chassé de son poste de combat ! » Disant ces mots il tomba mort, atteint de deux balles, dont l'une le frappa au-dessous de l'œil gauche et l'autre en pleine poitrine ! C'était un noble prince et un vaillant soldat. Jeune encore, il joignait à beaucoup d'esprit naturel des connaissances peu communes qu'il avait puisées dans l'étude et les voyages. Son corps fut retrouvé enseveli sous les cadavres de ses soldats, qui l'aimaient beaucoup, ce qui fit supposer qu'ils avaient tenté de l'enlever du champ de bataille et qu'ils avaient succombé dans cette tâche généreuse. En même temps que mourait le prince de Saxe-Gotha, le duc de Wurtemberg, qui cherchait à rallier ses troupes prises de panique, fut blessé grièvement et transporté sur un brancard à la Valette, où il expira le lendemain.

Les alliés faiblissaient visiblement et avaient rempli la parallèle de leurs morts. Les quatre bataillons que le duc de Savoie envoyait à leur secours doublèrent le pas, entrèrent en ligne et engagèrent de nouveau l'action. Le feu reprit avec vivacité, mais la batterie de six canons de la Chapelle mit bientôt le désordre dans leurs rangs et la lutte continua avec un avantage marqué pour nous. L'ardeur était si grande, même chez les habitants, « que je » vis, dit l'auteur du *Journal du Siège*, l'affaire n'étant pas

» finie, des femmes donner des secours aux soldats blessés
» et porter aux combattants de l'eau-de-vie que les consuls
» avoient fait préparer pour eux. »

Il était environ neuf heures du matin et le combat, commencé vers quatre heures, durait encore, lorsque M. de Goësbrian, sur l'ordre du maréchal, fit battre la retraite : « La vivacité de nos troupes, écrivait M. de Tessé au roi, le
» 16 août, fut si grande à suivre les ennemys, que je fus
» moi-même emporté jusque dans les bas au dessous de
» Sainte-Catherine, où j'eus beaucoup de peine à arrêter
» les drapeaux, bien que j'eusse ordonné qu'on ne songeât
» qu'à se rendre maître des plateaux, à s'y établir et à en
» raser toutes les fortifications. » Pendant que nos troupes se logeaient sur le plateau de la Chapelle, une colonne commandée par le prince Eugène se montra dans les vignes, entre Sainte-Catherine et la Malgue, ayant à sa tête un gros de cavalerie. Les remparts et les deux vaisseaux, qui n'avaient pas tiré un seul coup de canon depuis le point du jour, ouvrirent le feu sur elle : « Il me seroit impossible,
» dit le *Journal du Siège*, de décrire le désordre que ce feu
» mit parmy les gens de cheval, et quoiqu'ils fussent en
» partie à couvert de leur parallèle, je les vis rompre et
» culbuter les uns sur les autres sans sçavoir quel chemin
» ils prendroient. » Et le maréchal, dans son rapport au roi, disait la même chose en d'autres termes : « Nous
» voyions avec plaisir les officiers généraux aller et venir
» et de grosses colonnes d'infanterie marcher de différents
» côtés et trouver partout les incommodités du canon,
» tant de nos vaisseaux qui les voyoient en flanc, que de
» nos pièces de campagne placées sur les hauteurs, qui les
» labouroient à souhait. » Après un moment de désordre, le prince Eugène rallia ses troupes « et se jeta avec l'infan-

» terie dans le chemin creux de la Malgue ». Pendant sa retraite, les batteries du pont de l'Eygoutier tirèrent quelques volées de canon sur le plateau de Sainte-Catherine qui ne nous firent pas grand mal.

Il est probable que si M. de Cadrieux, qui commandait l'attaque de la Malgue, au lieu de n'avoir avec lui que six compagnies de grenadiers et deux cents marins, avait eu les neuf bataillons et les huit compagnies de grenadiers demandés par M. La Blottière, il aurait pu facilement s'emparer des batteries établies sur cette hauteur, dégager le fort Saint-Louis et intervenir en ce moment dans le combat qui se livrait dans la plaine. Les ennemis, pris aux deux extrémités de la parallèle entre les feux croisés des deux corps, auraient été obligés de se retirer en désordre sur la Valette, et on peut se demander quel aurait pu être, dans ce cas, le résultat de la journée pour les assiégeants. Mais M. de Cadrieux n'avait pas été mis en mesure de réussir dans son attaque et échoua complètement. Les positions étaient défendues par une puissante artillerie servie et gardée par de nombreux soldats et, malgré ses efforts et la valeur de ses grenadiers et marins, il ne put qu'opérer une diversion sans influence notable sur l'action générale. « M. de Cadrieux, écrivait le maréchal au ministre, » brave et excellent officier, y trouva si nombreuse compa- » gnie des ennemys, que tout ce qu'il put faire fut de réussir » à une grande diversion (1). » Il aurait pu ajouter que son entreprise, condamnée d'avance, n'avait pas d'autre but.

(1) Le *Journal du Siège* se contente de dire : « A la pointe du jour,
» M. de Cadrieux avoit fait son attaque avec beaucoup de bravoure, et
» si son détachement avoit été plus considérable, dans l'embarras où se
» trouvoient les ennemys, il n'y a pas de doute qu'on ne se fut rendu
» maitre de toutes leurs batteries. »

Pendant que nos soldats reprenaient possession de la Croix de Faron, de la hauteur d'Artigues et du plateau de Sainte-Catherine, M. de Barville chassait les ennemis du château de Dardennes. Il avait séparé en deux sa brigade et lui avait fait prendre, à minuit, deux différents chemins, à droite et à gauche du château. Son dessein était d'envelopper les ennemis et de les faire prisonniers; mais les bataillons s'étant rencontrés avant le jour sans se reconnaître firent une décharge les uns contre les autres qui coûta la vie à dix de nos soldats. Ils s'aperçurent bientôt de leur erreur et se rejoignirent pour venir aux ennemis qui, ayant entendu le bruit de la fusillade, avaient commencé à plier bagages et à se retirer sur la Valette en prenant le chemin des Favières. M. de Barville les poursuivit vivement, leur tua cinq hommes, parmi lesquels le colonel de cuirassiers Pfatterkon « celui qui tua Vaubecourt (?) », écrivait le maréchal au roi, fit vingt prisonniers et trouva vingt-cinq chevaux abandonnés par les fuyards dans les écuries du château. Le résultat le plus heureux de cette expédition fut qu'on reprit possession du canal des eaux des moulins, que les ennemis avaient rompu et qu'on rétablit, ce qui permit à la ville de s'approvisionner de farine, dont elle était sur le point de manquer.

Le maréchal fit raser les retranchements, détruire les batteries, brûler les fascines, et, avant midi, les troupes rentraient au camp de Sainte-Anne. M. de Tessé, dans son rapport au roi, et l'auteur du *Journal du Siège* s'accordent sur le chiffre de douze cents ennemis tués ou blessés (1). Les prisonniers étaient au nombre de deux cents, parmi

---

(1) M. La Blottière porte le nombre des morts à près de mille : « Dans » cette expédition, dit-il, les ennemys perdirent près de mille hommes. »

lesquels deux colonels et six officiers. Les rapports n'accusent de notre côté que cent quatre-vingts tués, ce qui semble au-dessous de la vérité (1). Parmi les officiers tués se trouvaient MM. du Veuil, enseigne de vaisseau, et Isnardon, de Toulon, capitaine de frégate. Les officiers blessés furent MM. de Montsoreau, maréchal de camp, du Cheylas, capitaine de grenadiers, et de Galiffet, capitaine de galère. M. de la Balme, capitaine de galiote, eut un bras emporté par un boulet. Transporté chez lui et amputé, il mourut tragiquement quelques jours après dans son lit des éclats d'une bombe qui mit le feu à la maison qu'il habitait. Avant d'évacuer le plateau de Sainte-Catherine, ordre fut donné de ramasser les blessés; ce fut l'auteur du *Journal du Siège* qui fut chargé d'organiser ce service. « M. de » Saint-Paters, dit-il, m'ordonna de songer aux blessés. » Les portefaix de la ville, que j'assemblois pour cela, ne » furent pas les seuls qui furent employés à cette occasion; » il s'y mêla grand nombre de bourgeois qui s'aidèrent à » porter les blessés à la place d'armes du chemin couvert » de la porte Saint-Lazare, où on leur mettoit le premier » appareil, et de là on les transportait à l'hôpital de la » Charité. »

Le maréchal de Tessé, quoique âgé de 70 ans, et M. de Goësbrian déployèrent le plus grand sang froid pendant tout le temps que dura l'action. On les vit constamment à

---

(1) Plusieurs habitants furent tués en portant à boire aux combattants et aux blessés, entr'autres un sieur Valette, maître savonnier, qui eut la tête emportée par un boulet à la chapelle Sainte-Catherine, et un sieur Decormis, maître menuisier, trouvé mort à l'ouverture de la tranchée, de deux coups de feu, dans le bas ventre et à la cuisse gauche, « lequel fut enseveli dans le jardin, au devant de la bastide Florent ». *Acte aux archives du notaire Ferran. Etude de maître Couret.*

cheval, au premier rang parmi les soldats, partout où le danger était le plus imminent. Les ennemis rendirent pleine justice à leur courage. Le prince de Hesse passant à Fréjus, quand les alliés se retiraient sur le Var, dit au père Charonnier, supérieur des Jésuites : « Si vous voyez M. le » maréchal et M. de Goësbrian, faites-leur mes compli- » ments. Je les reconnaîtrois entre mille sans les avoir » jamais vus, excepté qu'à l'affaire du 15 ils étoient tous » deux habillés d'un camelot gris blanc, et l'un avoit une » perruque fort blanche et l'autre fort noire. »

Dans l'après-midi du 15 août, le maréchal convoqua un conseil de guerre pour décider s'il fallait se maintenir dans les positions reconquises. Il semble qu'à l'unanimité il fut résolu qu'elles devaient être abandonnées comme n'étant pas tenables. Nous avons à ce sujet l'opinion du comte de Dillon, que nous trouvons dans le *Journal du Siège*. « Je lui » demandois aussi (à M. de Dillon), dit l'auteur, la raison » qui avoit fait abandonner à nos troupes les hauteurs de » Sainte-Catherine quelques heures après qu'elles eussent » été emportées ; il me dit qu'on avoit tenu conseil à ce » sujet et que son opinion avoit été suivie, parce que pour » garder ces retranchements il falloit y avoir jour et nuit » 6,000 hommes, auxquels il falloit porter de l'eau, et que » les alliés ne seroient pas si mal avisés de s'y établir, ayant » éprouvé à leurs dépends la facilité avec laquelle ils avoient » été chassés. » De son côté, le maréchal, dans son rapport au roi, exprimait en ces termes les motifs qui avaient conduit à abandonner ces positions, et on verra qu'il ne se dissimulait pas les critiques que devaient soulever les déterminations prises :

« ..... J'avais pour objet de voir si en chassant les enne- » mys de la Croix-de-Faron et des plateaux l'on pourroit

» s'y maintenir. La hauteur de Sainte-Catherine (d'Artigues)
» n'est soutenable qu'en tenant la Croix-de-Faron, et cette
» Croix-de-Faron, dont on a tant parlé, n'est soutenable que
» quand on est maître de la Valette, parce que dudit la
» Valette on y est quasi de plain-pied et que de Sainte-
» Catherine il y a pour plus d'une heure et demie à marcher
» par un chemin de chèvres. En un mot, Sire, pour soutenir
» l'un et l'autre il eut fallu porter la moitié de l'armée à la
» Croix-de-Faron, où il n'y a point d'eau du tout, et les
» hauteurs de la Malgue étant supérieures à celles de la
» Chapelle, il est certain que desdites hauteurs le camp
» qu'il auroit fallu faire à Sainte-Catherine eût été exposé
» au canon. »

« Je ne rends compte de cela à Votre Majesté que pour
» répondre à l'objection que pourroient faire ceux qui, ne
» connaissant ni les moyens, ni la privation totale d'eau,
» diront : puisqu'on a repris la Croix-de-Faron et le plateau
» de Sainte-Catherine, pourqu'oy ne s'y tient-on pas? Et
» moy je réponds sans approfondir davantage la matière
» que cela est impossible. »

« Je n'oublierai rien, Sire, pour entretenir le concert entre
» la marine et la terre, et j'espère que nous sortirons tous
» de tout cecy assez contents les uns des autres. »

Les troupes et les habitants étaient dans la joie la plus grande, et comme le fort Saint-Louis tenait encore et qu'on croyait qu'il en était de même de celui de Sainte-Marguerite, on espérait que la ville n'aurait pas à souffrir d'un bombardement. Il n'en fut pas ainsi. Le même jour, 15, vers 5 heures du soir, les ennemis commencèrent à jeter des bombes dans la place, de la batterie qu'ils avaient dressée au-delà du pont de l'Eygoutier. La deuxième bombe tomba sur une petite maison de la rue de la Visitation et y mit le

feu ; la quatrième défonça la toiture et ruina une maison voisine appartenant à un commissaire de la marine. L'alarme se mit dans la ville. On retira pendant la nuit les poudres des magasins et on les mit sur des tartanes qu'on remorqua au fond de la rade, dans le golfe de la Seyne. Le maréchal qui, quelques jours auparavant, avait fait publier un ban par lequel il était ordonné aux femmes de sortir de la place ne fut obéi que lorsque les bombes commencèrent à tomber un peu partout. « Elles s'étouffaient à la porte Neuve, dit le
» *Journal du Siège*, pour gagner les champs ; il y en eut
» plusieurs qui se retirèrent dans l'arsenal et d'autres aux
» extrémités du quartier neuf. Les bastides, qui avoient été
» abandonnées et presque toutes ruinées, commencèrent
» d'être habitées ; plusieurs bourgeois dressèrent des tentes
» avec des draps de lit, s'y retirèrent avec leur famille et
» formèrent un troisième camp entre celui de Missiessy et
» celui de Sainte-Anne. Les bataillons qui formoient la
» garnison reçurent l'ordre de quitter la ville et de camper
» dans les fossés. » Le bombardement continua une partie de la nuit.

Le 16, à la pointe du jour, six nouveaux mortiers, que les ennemis avaient mis en batterie, et tous leurs canons, du pont de l'Eygoutier à la Malgue, ouvrirent le feu en même temps. Notre artillerie y répondit avec vigueur. Vers six heures, une bombe tomba sur l'évêché, éclata dans une salle attenante à la chambre à coucher de l'évêque, brisa la cloison et une des colonnes du lit dans lequel le prélat reposait et blessa son valet de chambre. Le marquis de Chalmazel accourut sur le champ, mais on avait déjà transporté Mgr de Chalucet dans la sacristie de la cathédrale, où s'étant habillé, il s'avança vers l'autel et rendit grâces à Dieu. Le même jour, on apprit par un parlemen-

taire ennemi que le fort Sainte-Marguerite s'était rendu. « Dans la journée, dit l'auteur du *Journal du Siège*, j'étois
» assis sur le garde-fou du pont-levis de la porte Saint-
» Lazare, lorsqu'une sentinelle de l'avancée présenta un
» tambour des ennemis à M. le gouverneur, qui me dit
» d'en voir le passeport, qui étoit écrit de la main du prince
» Eugène, en ces termes : Le tambour qui va aux
» ennemys est pour savoir d'eux s'ils veulent faire l'échange
» de leurs prisonniers faits au fort Sainte-Marguerite, qui
» s'est rendu, la garnison étant prisonnière de guerre, avec
» ceux qu'ils ont faits à Sainte-Catherine. On demande
» encore si on veut accorder au colonel de Viademont la
» permission d'aller au camp sur parole, pour y régler
» quelques affaires de son régiment. Voilà ce que conte-
» noit le passeport qui nous apprit la reddition de Sainte-
» Marguerite, qu'on ne savoit pas encore. M. de Chalmazel
» m'ayant ordonné de faire conduire ce tambour à M. le
» maréchal et de lui présenter son passeport, je pris le
» chemin de la porte Royale pour me rendre à Missiessy,
» où étoit le maréchal. Ayant lu le passeport du tambour, il
» écrivit lui-même sur le revers : On consent à l'échange
» des prisonniers. Il est permis au colonel de Viademont
» de s'en retourner au camp des ennemys quand il lui
» plaira, et lorsque on connoît l'écriture du prince Eugène,
» il faudroit que la chose fut bien difficile si on ne l'accor-
» doit pas. »

M. de Grenonville épuisé par le feu de l'ennemi et n'ayant plus, depuis vingt-quatre heures, une seule goutte d'eau dans la citerne du fort, avait, en effet, capitulé. « J'ay
» appris aujourd'huy, écrivait le maréchal de Tessé au
» ministre, le 16 août, qu'on a pris Sainte-Marguerite, faute
» d'eau. M. de Grenonville, capitaine de frégate et cousin

» de M. de Vauvré, y commandoit, ayant avec luy M. du
» Chastelier, lieutenant de vaisseau, cinquante sergents ou
» soldats, soixante hommes de milices, un maître canon-
» nier, huit canonniers et trente-deux matelots. J'ay assez
» de prisonniers pour les échanger, car puisque nous tra-
» vaillons pour la marine, je ne feroy nulle difficulté
» d'écouter aux propositions d'échange qu'on pourra me
» faire. » Et il ajoutait : « Notre petit fort Saint-Louis tient
» encore et l'on ne sauroit trop louer la fermeté du sieur
» Daillon, capitaine dans Vexin, qui y commande. Il est
» rudement attaqué par mer et par terre. Il m'a mandé
» qu'il tiendroit encore aujourd'huy et peut-être demain.
» Aujourd'huy, 16 août, les ennemys ont jeté une centaine
» de bombes dans la ville. Elles ont écrasé quelques may-
» sons et mis le feu à quelques autres. »

Le 17 août, la ville était presque déserte. Au dire de l'auteur du *Journal du Siège*, il ne s'y trouvait plus que les trois consuls, les quatre capitaines de quartier, quelques officiers de la bourgeoisie et quelques marchands. Plusieurs bombes tombèrent dans le quartier Saint-Jean. A l'entrée de la nuit, le feu prit aux environs du couvent des Minimes et trois maisons furent incendiées. Cet embrasement attira sur ce point toute l'artillerie de l'ennemi et le quartier en souffrit beaucoup. Le lendemain, 18, le capitaine Daillon fut battu toute la journée par les canons de la Malgue et ceux de sept vaisseaux qui, depuis la capitulation du fort Sainte-Marguerite, pouvaient s'approcher du fort Saint-Louis en suivant la côte. Une énorme brèche avait été ouverte et la plate-forme n'étant plus soutenue s'était en partie effondrée. Le vaillant capitaine et M. de Cauvières, son lieutenant (1),

---

(1) « M. de Cauvières Saint-Philippe ne cessoit de faire feu, quoiqu

résolurent d'évacuer la place. Ils firent enclouer leurs canons, tant ceux qui étaient encore montés sur affûts que ceux qui gisaient par terre, allumèrent une mèche qui communiquait avec la poudrière et, à minuit, se retirèrent sur la Grosse Tour avec ce qui leur restait de garnison. Ce jour-là le feu des ennemis contre la ville fut incessant. Les quelques commerçants qui avaient jusqu'à ce moment tenu leurs magasins ouverts les fermèrent, à l'exception des bouchers, des boulangers et des marchands de vin. On ne voyait dans les rues que de rares habitants qui se hâtaient de faire leurs provisions indispensables, des escouades de canonniers allant aux bastions ou en revenant, et des cavaliers d'ordonnance portant des ordres au galop de leurs chevaux. Les consuls furent forcés de quitter l'hôtel de ville, dont les avenues étaient enfilées par les boulets ennemis ; ils se logèrent au collège de l'Oratoire, où le lendemain une bombe tomba sur la toiture, sans causer d'autres dommages que des dégâts matériels.

Les alliés n'avaient repris possession ni de la Croix-de-Faron, ni d'Artigues, ni de la chapelle Sainte-Catherine : il devenait certain que la pensée de faire le siège de la ville était abandonnée et qu'ils ne procédaient plus qu'à un bombardement destiné à couvrir leur retraite prochaine. Le maréchal, qui craignait qu'ils ne fissent une apparition en forces du côté de Brignoles, envoya à M. de Midavy

» sa batterie fut à demi ruynée. Ce jeune homme, blessé grièvement le 6
» août, refusa de se faire transporter à la Grosse Tour, malgré les ins-
» tances de M. Daillon. Les canonniers étoient obligés de le soutenir à
» bras quand il vouloit parcourir la batterie. Le 9 août, un officier
» piémontois étant venu sommer le fort, M. de Cauvières dit à
» M. Daillon : « Commandant, il n'y a qu'une réponse à faire, c'est que
» nous avons encore de la poudre. » *Notes du chevalier* BERNARD.

deux brigades de renfort et un régiment de dragons qui était campé au Beausset.

Le 19, le vent du nord-ouest, qui avait régné presque constamment pendant le mois d'août et souvent contrarié, utilement pour les assiégés, les opérations de la flotte, souffla de nouveau avec une violence extrême. Les galiotes à bombes essayèrent de doubler le Cap-Brun pour venir s'embosser sous la Malgue et bombarder le port et la ville ; elles ne purent y réussir et, finalement, regagnèrent le mouillage des îles d'Hyères. Ce fut à ce moment surtout qu'on eut à se repentir d'avoir renvoyé les galères à Marseille. On écrivit à M. des Roye pour hâter son retour ; mais le mauvais état de la mer, peut-être aussi la présence d'un certain nombre de vaisseaux mouillés dans le golfe de La Ciotat, retardèrent leur départ et elles n'arrivèrent que le jour de la levée du siège. On remarqua le 19 que le feu des ennemis fut moins vif que la veille ; on l'attribua à la violence du mistral, mais le soir on apprit par des déserteurs que la raison en était qu'ils avaient commencé à retirer des pièces de leurs batteries pour les embarquer à la plage de la Garonne.

Le 20, on se rendit mieux compte de ce qui se passait dans les retranchements des alliés. Il n'y eut plus que quatre canons qui continuèrent le feu et on vit distinctement, du haut du clocher de la cathédrale, la foule de soldats qui s'agitaient dans les replis de la hauteur de La Malgue pour retirer les canons des batteries. La Ponche-Rimade, le bastion des Minimes, les deux vaisseaux embossés dirigèrent leur tir de ce côté, avec assez de succès pour interrompre plusieurs fois les travaux et forcer les travailleurs à se mettre à l'abri sur le revers sud de la hauteur. Le feu cessa presque complètement pendant la nuit. Le lendemain de bonne heure, le vent soufflant moins fort, six galiotes vinrent mouiller dans l'anse du fort Saint-Louis et, vers midi, commencèrent à jeter des bombes sur la ville. La première tomba à deux cents toises environ au delà de la porte Royale ; mais les ennemis ayant rectifié leur tir, les autres ne dépassèrent pas l'arsenal et le quartier neuf, qui souffrit beaucoup. Vers le soir, le bombardement sembla redoubler d'activité et le feu prit, dans la darse neuve, à deux petits vaisseaux qu'on avait eu l'imprudence de ne pas couler : *Le Sage* et *Le Fortuné*. On travailla toute la nuit à les éloigner des vaisseaux voisins qui, quoique submergés, avaient cependant leur batterie haute hors de l'eau. On ne put préserver entièrement *Le Diamant* de l'incendie, qui s'éteignit de lui-même après que son pont eut été complètement consumé.

Dans cette nuit du 21 au 22 août, de nombreuses escouades de soldats et de marins débarqués à la Grosse Tour dressèrent une batterie sur le mamelon qui la domine et commande l'anse du fort Saint-Louis. Le 22, dès la pointe du jour, elle commença à tirer sur les galiotes qui, vers midi, se retirèrent et gagnèrent le mouillage des îles d'Hyères. Le siège était virtuellement levé et le bombardement par mer semble n'avoir eu d'autre but que de favoriser, par une diversion, l'évacuation des batteries. Des détonations non suivies d'effet s'étaient fait entendre dans la matinée au pont de l'Eygoutier, entre celui-ci et la hauteur de la Malgue et derrière la chapelle Sainte-Catherine. C'étaient les bombes que les ennemis n'avaient pas voulu réembarquer et qu'ils faisaient éclater pour ne pas les laisser entre les mains des assiégés. Vers midi toutes les positions étaient abandonnées et l'armée alliée se concentrait sur la grande route, entre La Valette et Solliès.

pendant que les équipages des vaisseaux embarquaient les derniers canons et mortiers dans le golfe de la Garonne. Quelques heures après, M. de Chalmazel et son aide-de-camp, l'auteur du *Journal du Siège*, visitèrent à cheval les lignes ennemies, depuis le plateau de la chapelle Sainte-Catherine jusqu'à la hauteur de la Malgue, en passant par le pont de l'Eygoutier. Ils trouvèrent quinze pièces de canon en fer, oubliées ou négligées dans la précipitation de la retraite, un grand nombre de boulets et d'outils de terrassiers. Ils se rendirent ensuite auprès du maréchal pour le féliciter, et de là sur le côteau de Claret, au-dessus du camp retranché de Sainte-Anne, à la maison de campagne d'un sieur Catelin, commissaire de marine, qu'habitait le comte de Grignan. « Je fus témoin, dit l'auteur
» du *Journal*, de la joie que le comte fit paroitre en voyant
» les projets des ennemys si honteusement terminés.
» On découvroit de cette bastide leur flotte qui s'étendoit
» de Sainte-Marguerite au cap Sépet. Une partie des vais-
» seaux étoit à la voile, mais le calme ne leur permettoit
» pas de faire route. Le comte de Grignan monta à cheval
» pour venir à la ville. Il témoigna en chemin être très
» touché du triste état où les habitants étoient réduits, y en
» ayant très peu qui n'aient perdu tous leurs biens, et il se
» rendit à l'église des Jésuites pour y rendre grâce à Dieu
» de la conservation de la place. »

Les alliés avaient perdu pendant le siège plus de huit mille hommes (1). Ils reprirent la route du Var, non sans

(1) « Lorsqu'ils sont arrivés à Toulon, leur armée étoit composée de
» plus de 40,000 hommes, et quand ils s'en sont allés, ils n'étoient plus
» guère de 32,000, et de leur propre aveu ils ont perdu plus de 8.000
» hommes, tant tués que blessés. » *Réflexions....*, etc., par M. LA BLOTTIÈRE.

un certain désordre inséparable d'une retraite précipitée. Le maréchal ne fit rien pour les inquiéter et laissa à l'initiative des populations rurales le devoir, qu'elles accomplirent du reste impitoyablement, de faire une guerre sans merci à tous les isolés ou retardataires. Il sembla que, dès le premier jour, il prévoyait que sa décision, de laisser rentrer le duc de Savoie dans ses Etats sans tenter de le poursuivre et de livrer bataille à son armée découragée et en désarroi, allait soulever des commentaires et faire naître des soupçons, et il s'efforçait d'y répondre d'avance dans une lettre qu'il écrivait le 22 août à M. de Chamillard :

« ..... Je n'ay, lui disait-il, que les dragons de Caylus et
» du Dauphiné pour les suivre. Les équipages de toute
» notre infanterie ne sçauroient être icy de quatre jours,
» car ils sont à Arles, seul lieu où il y ait de la subsistance.
» Malgré toutes les précautions de M. Dangevillier et de
» M. Lebret, qui ont fait distribuer plus de quatre mille
» paires de souliers, il y a un tiers des troupes qui en
» manquent, et proposer à un officier, de quelque bonne
» volonté qu'il soit, d'en acheter, il vous fait voir qu'il n'en
» a pas pour luy. Je ne puis m'empêcher de vous dire
» qu'après avoir vendu jusqu'à leur cuiller et leur four-
» chette, ils vont à pied comme leurs soldats et dans une
» misère qu'il faut voir pour la croire. »

Il y avait là des exagérations évidentes. Le ministre ne fut pas convaincu de l'impossibilité où se trouvait le maréchal de poursuivre les ennemis et de leur infliger une suprême défaite. Il lui écrivait quelques jours après ces mots durs quoique déguisés sous une formule de cour :
« Votre ami le duc de Savoye, car le peuple de Paris veut
» absolument que vous soyés d'intelligence avec luy, cet
» ami de distinction doit avoir grand sujet de se plaindre de

» la vivacité avec laquelle vous vous êtes opposé à l'exécu-
» tion de ses projets. Je voudrois que dans ses bonnes
» grâces il eût encore plus de sujet de se plaindre de vous
» dans sa retraite (1) ». L'opinion publique fut cruelle pour
le maréchal et, comme toujours en pareil cas, mit souvent
plus de passion que de justice dans ses accusations. On
l'accusa d'avoir eu, pendant le siège, de fréquentes entre-
vues, la nuit, avec le duc de Savoie, dans une *bastide* aux
avant-postes, ce qui était absolument faux et matériellement
impossible; d'avoir envoyé tous les jours de la glace au
quartier général ennemi, ce que démentent ses rares et cour-
tes apparitions à Toulon; enfin d'avoir fait passer au prince
Eugène un surtout de table commandé depuis longtemps à
Paris, et que le fournisseur n'avait pu encore lui faire parvenir, ayant trouvé toutes les frontières fermées devant lui.
Ainsi présenté, ce fait n'est pas même exact. La vérité est
que le maréchal reçut le 12 août, par un parlementaire, une
lettre du prince Eugène le remerciant de l'achat à Paris
d'un surtout de table et le priant de le lui faire tenir à Turin.
Voici ce que dit l'auteur du *Journal du Siège* de cet épisode
si fort commenté et exagéré par certains écrivains : « Le 12
» août, un tambour des ennemys apporta une lettre du prince
» Eugène pour le maréchal de Tessé. Elle me fut remise
» et la portois au maréchal, qui faisoit la visite du dehors.
» Dèsque j'eus pris le chemin pour le joindre, j'aperçus que
» les ennemys tiroient le canon à Sainte-Catherine et je
» jugeois que cette fête se faisoit pour M. le maréchal. Je ne
» me trompois pas, puisqu'un des boulets avoit donné dans
» sa troupe, sans toucher personne. J'eus l'honneur de lui

---

(1) DE RAMBUTEAU. *Correspondance du maréchal de Tessé avec la duchesse de Bourgogne.*

» rendre la lettre, qui contenoit une réponse que lui faisoit
» le prince Eugène, le remerciant d'une commission dont
» il l'avoit prié : c'étoit au sujet d'un surtout de table. Il lui
» marquoit de le lui faire tenir à Turin, d'autant qu'il ne
» savoit pas où il seroit dans un moys, ajoutant que les
» hommes faisoient souvent des projets et que la Providence
» décidoit des évènements. Cette lettre étoit très civile et
» finissoit par ces termes : Je suis avec soumission votre
» très obéissant serviteur. » L'achat du maréchal, remontant
certainement déjà à une époque assez éloignée, d'un surtout
de table pour le prince Eugène, et l'acte de le lui faire parvenir à Turin ne laisseraient pas que d'être taxés aujourd'hui de trahison dans le langage des foules; mais ils ne
comportaient pas dans les idées militaires de l'époque une
interprétation pareille. Il n'était pas rare aux XVIIe et XVIIIe
siècles, de voir les généraux et les officiers de deux armées
ennemies en présence, échanger, entre le combat de la veille
et celui du lendemain, des formules de politesse et de
courtoisie dont nous n'avons plus qu'un lointain souvenir.

Il n'y avait là que des accusations fausses et ridicules. Ce
qu'on a le droit de reprocher au maréchal de Tessé, et ce
qui le condamne, c'est, dans la sortie du 15 août, de n'avoir
pas voulu attaquer la hauteur de la Malgue avec des forces
suffisantes pour s'en emparer, et, cette faute grave commise,
d'avoir laissé, quelques jours après, s'accomplir librement
la retraite du duc de Savoie sur le Var.

Pour ce qui concerne l'attaque de la hauteur de la
Malgue, c'était, semble-t-il, le sentiment général autour de
lui que si cette position avait été enlevée, on prenait à
revers les lignes de retranchements ennemis et on dégageait le fort Saint-Louis qui, seul, pouvait empêcher les
galiotes anglaises à bombes de se rapprocher de l'entrée de

la rade. De ce fait, les alliés devaient être écrasés entre nos troupes et le canon de la place, et la ville échappait au bombardement. Nous avons déjà vu M. La Blottière consigner les regrets qu'il éprouvait qu'on n'eut pas suivi ses indications dans cette circonstance, et écrire, le 23 août, dans ses *Réflexions* : « Si on avoit en même temps attaqué » la montagne de la Malgue, les ennemys auroient » décampé le même jour ; » et en marge de la copie du plan de sortie remis au maréchal : « Il n'y a eu qu'une fausse » attaque à la montagne de la Malgue, mais il est certain » que si on avoit suivi le détail ci-joint qu'on auroit réussi. » D'autre part, on lit dans le *Journal du Siège* : « ..... La » plupart des généraux assemblés en conseil de guerre » avoient opiné de faire les principaux efforts contre les » batteries de la Malgue, mais l'avis contraire de l'un » d'eux (?) prévalut. Il soutint vivement que les approches » en étoient fort difficiles, et qu'à moins de vouloir exposer » et l'armée et la place à un danger évident, on ne pou- » voit entreprendre de chasser les ennemys de cet endroit, » ce qui fit qu'on s'en tint à une fausse attaque. Les » Brandebourgeois, au nombre de six cens, étoient campés » à cette hauteur ; le prince Eugène surveilloit leurs mou- » vements pour prendre son parti, et il est certain que ce » jour là même l'armée des alliés auroit abandonné son » camp avec précipitation, si ce poste avoit été emporté..... » Ayant été envoyé en service, le 15, auprès de M. de » Dillon, je pris la liberté de lui faire quelques questions » sur le combat qui venoit d'être donné et de luy dire que » j'aurois cru qu'il y auroit eu une affaire générale. Il me » répondit qu'ayant vu avec quelle valeur nos grenadiers » avoient culbuté les ennemys, il n'auroit pas douté de leur » entière défaite, si toutes nos troupes avoient donné ; mais

» que M. de Cadrieux n'avoit pas assez de monde avec luy.
» Je présumois par là que l'attaque de la Malgue auroit dû
» être faite avec un gros détachement, au lieu de la fausse
» que M. de Cadrieux avoit ordre de faire. »

En réalité, le rejet par le maréchal de la proposition de M. La Blottière, consistant en une attaque décisive de la hauteur de la Malgue, proposition approuvée en conseil par tous les généraux, à l'exception d'un seul, dont on nous tait le nom, mais assez autorisé pour que son opinion prévalût, semble avoir été considéré comme une faute grave par les officiers chargés de la défense, dont l'opinion est arrivée jusqu'à nous. S'il n'y eut, en effet, dans cette circonstance, qu'une erreur d'appréciation et de tactique militaire de la part du maréchal, sa réputation d'homme de guerre doit seule en souffrir ; mais s'il y eut chez lui une détermination réfléchie, prise dans le but de sauvegarder l'orgueil du duc de Savoie, en lui facilitant une retraite devenue nécessaire, au lieu de lui infliger une défaite irrémédiable, son honneur doit en supporter l'entière responsabilité, car elle a eu pour conséquence le bombardement de la ville, qu'il avait le devoir non seulement de sauver, mais encore de protéger.

Quant à ce qui se rapporte à l'inertie que le maréchal montra dans la poursuite du duc de Savoie au moment de la levée du siège et pendant sa retraite sur la route du Var, elle apparaît comme une conséquence naturelle de son opposition à la prise de la hauteur de la Malgue. Cet abandon de soi-même au lendemain d'une victoire, ce parti pris de laisser les ennemis se retirer sans être inquiétés, quand il avait sous la main une armée encore toute frémissante du succès qu'elle venait de remporter, ont toujours contenu pour les historiens un inconnu qu'ils ne sont jamais parvenus à dégager. Le ministre de la guerre, seul, avait pénétré les pensées secrètes du maréchal, et nous l'avons vu, en effet, opposer, dès le premier jour, aux faibles raisons qu'il donnait pour masquer son inaction, les liens d'amitié qui l'unissaient au duc de Savoie et l'influence qu'ils exerçaient sur ses décisions. Depuis la publication récente par M. de Rambuteau, de la *correspondance du maréchal de Tessé avec la duchesse de Bourgogne*, il ne saurait plus y avoir de doute sur le mobile qui le faisait agir. Le maréchal, qui fut toujours bien plus un homme de cour qu'un homme de guerre, avait joué un rôle apparent dans les négociations du mariage du duc de Bourgogne avec la fille du duc de Savoie, et, depuis ce moment, il était resté le plus intime courtisan et le plus *fidèle domestique*, comme il aimait à le lui écrire, de la jeune duchesse de Bourgogne, auprès de laquelle il remplissait les fonctions de premier et grand écuyer (1). Pendant tout le temps qu'il fut à la tête d'un corps d'armée, en Espagne comme dans les Alpes, il ne cessa d'entretenir avec elle une correspondance active, moitié politique, moitié mondaine, dans laquelle il se montrait aussi galant et original écrivain que serviteur habile à s'entretenir dans les bonnes grâces de sa royale protectrice. Il serait difficile d'admettre que le maréchal, dans les conditions où il se

---

(1) Dans ses ordres généraux, qui sont en assez grand nombre aux *Archives communales de Toulon*, M. de Tessé s'intitulait : René, sire de Froullay, comte de Tessé, vicomte de Beaumont, marquis de Lavardin, etc., maréchal de France, Grand d'Espagne, chevalier des trois ordres du Roy, son lieutenant-général dans les provinces du Maine et du Perche, gouverneur d'Ypre, premier et grand écuyer de Madame la duchesse de Bourgogne, généralissime des armées du Roy sur les frontières d'Italie.

trouvait vis-à-vis la duchesse de Bourgogne, ait pu jamais se montrer un ennemi inexorable du duc de Savoie, son père ; et ainsi peut-on expliquer que si, comme général en chef, il accomplit tous ses devoirs militaires dans la défense de Toulon, il calcula tous ses actes pour ne retirer de ses succès que le résultat immédiat de la levée du siège et épargner au duc de Savoie une défaite éclatante, suivie peut-être d'un effroyable désastre.

La correspondance du maréchal avec le ministre nous permet de le suivre jour par jour depuis la levée du siège jusqu'au 3 septembre. Il quitta Toulon le 23 août, avec deux régiments de dragons et quelques compagnies de grenadiers, alors que l'armée des coalisés avait déjà dépassé Pignans, ayant tout brûlé sur son passage. Il arriva le soir à Cuers et abandonna la grande route royale pour se jeter sur la gauche et se porter à la rencontre de M. de Médavy. Le 25, il était entre Besse et Flassans ; le 26, à Lorgues et le 27, à Draguignan. Ce même jour, les alliés passaient le Var. Le 1er septembre, il arrivait à Cagnes et le 3, à Antibes. Il revint, sans avoir vu une seule fois les ennemis, d'Antibes à Toulon, pour faire marcher le gros de ses troupes sur les Alpes, par les routes montagneuses de Riez, Sisteron et Barcelonnette, alors que, huit jours avant, elles manquaient, disait-il, de souliers et d'équipages pour poursuivre l'armée en retraite dans la plaine. Quant il parut dans les Alpes, les coalisés occupaient déjà les principaux points stratégiques et les passages les plus importants de ces hautes régions. M. de Chamillard, très irrité des lenteurs et des fausses manœuvres du maréchal, lui écrivait à ce propos : « Vous ne pouviés avoir d'autre » objet, après avoir délivré Toulon et la Provence, que de » conserver Suze et Fenestrelles. Les ennemys avoient au

» moins autant de chemin que vous pour y arriver (1). » Le roi et le ministre, malgré l'influence qu'exerçait la jeune duchesse de Bourgogne sur l'esprit du vieux monarque, résolurent de frapper le maréchal. Il fut rappelé à Paris et mourut quelques années après, loin de la cour et en pleine disgrâce.

La ville et son territoire avaient cruellement souffert. Les consuls firent procéder au dénombrement des maisons de la ville et de la campagne ruinées par le feu de l'ennemi ou abattues dans l'intérêt de la défense. Le résultat fut quatre cents habitations rurales démolies, soit par ordre de M. de Saint-Pater, soit par les assiégeants, et deux cents maisons incendiées ou plus ou moins endommagées par les bombes et les boulets (2). Toutes les terres qui s'étendaient de Toulon à la Valette, à la Garde et à Sainte-Marguerite ne présentaient plus qu'un vaste champ de désolation : les *bastides* n'étaient plus qu'un amas de décombres, les oliviers avaient été coupés, les vignes arrachées, et, de ce fait, les récoltes d'huile et de vin taries pour un grand nombre d'années. « L'aspect de la ville étoit navrant, dit l'auteur
» du *Journal du Siège*. Quand les habitans revinrent, non
» seulement ils ne trouvèrent plus leurs maysons, mais ils
» ne reconnurent plus même l'emplacement où elles avoient
» été. Ce qui fut épargné par les bombes fut pillé et boule-
» versé par les soldats, malgré la vigilance du gouverneur.
» Non seulement les habitans de la ville rentrèrent, mais
» aussy les habitans des villages incendiés par l'ennemy.
» Mgr l'évêque fit de grandes aumônes et sauva bien des
» gens de la faim. »

(1) DE RAMBUTEAU. *Ouv. cit.*

(2) M. La Blottière porte le nombre des maisons rendues inhabitables par l'incendie ou les écroulements à cent cinquante environ.

Les consuls adressèrent une supplique à M. de Chamillard pour obtenir des secours. Celui-ci leur répondit de Fontainebleau, le 14 septembre, que le roi connaissait toute l'étendue des pertes éprouvées par les habitants et qu'il l'avait chargé d'écrire à M. Lebret, intendant de Provence, pour qu'il décidât avec eux de ce qu'il y avait de plus à propos de faire pour leur soulagement, « en fesant, néammoins, » attention que Sa Majesté étant déja chargée des dépenses » de la guerre, qui sont immenses, il luy seroit impossible » de prendre sur Elle les secours dont vous avès besoin. » En réalité, l'Etat se désintéressait de toute indemnité et laissait à la province le soin d'y pourvoir si elle le pouvait. Mais la province était ruinée et accablée de charges et ne put émettre que des vœux stériles et impuissants. En désespoir de cause, les consuls demandèrent le rétablissement d'une foire accordée par Henri IV en 1596 et supprimée ensuite. Leur demande fut favorablement accueillie et la foire rétablie par lettres patentes du 23 décembre 1708.

Le maire-consul Flamenq obtint, à la suite du siège, des lettres de noblesse, le roi ayant voulu récompenser en lui le dévouement et les actes civiques de la population. M. de Brissac, aide-major de la place, blessé d'un éclat de bombe, fut nommé major, en remplacement de M. de Guilloire, mort sur ces entrefaites. M. de Grenonville, capitaine de frégate, qui s'était fort distingué dans la défense de Sainte-Marguerite, fut nommé capitaine de vaisseau, et M. de Cauvières Saint-Philippe, qui, au fort Saint-Louis, avait montré un courage qui touchait à l'héroïsme, capitaine de brûlot. Le sieur Daillon reçut la croix de Saint-Louis et une pension de mille livres. Le conseil de ville, voulant honorer la fermeté déployée par Mgr de Chalucet pendant le siège et rappeler à la postérité ses actes nombreux de bienfaisance et de charité, décida qu'une plaque de marbre noir, portant une inscription commémorative, que M. Ferrand, deuxième consul, fut chargé de rédiger, serait placée dans une des salles de l'hôtel de ville, où elle existe encore. Le 23 juin 1708, ce modeste monument fut inauguré. L'inscription, en lettres d'or, portait :

ARMANDO-LUDOVICO-BONNIN DE CHALUCET

EPISCOPO TOLONENSI

Quod urbe, terra mari que, a Germanis, Anglis, Batavis et Sabaudis obsessa; inter missiles hostium ignes et disjectæ domus ruinas, intrepidus, optimates consilio et exemplo firmavit; plebem frumento et pecunia juvit. Consules et civitas Tolonensis, post depulsos hostes, grati animi monumentum.

P. P.

Anno MDCCVII. (1)

En France, dit-on, tout finit par des chansons; peut-être cela est-il encore plus vrai de la Provence. Après la retraite du duc de Savoie, la verve méridionale s'exerça malignement contre lui et ses alliés, et enfanta une grande quantité de chansons, en langage populaire surtout. Devize, dans son *Histoire du siège de Toulon*, en a donné plusieurs, sans doute les meilleures, qui ne font pas regretter les

---

(1) Alors que la ville était assiégée par terre et par mer par les Allemands, les Anglais, les Hollandais et les Savoyards; intrépide parmi les bombes des ennemis et les ruines de son palais, il soutint les chefs de la ville de ses conseils et de son exemple, et aida le peuple par ses distributions de blé et d'argent. Les consuls et la ville de Toulon, après la levée du siège, lui ont consacré ce monument de leur reconnaissance.

L'AN 1707

autres. Le P. Augier, de l'Oratoire de Toulon, professeur de rhétorique et excellent latiniste, nous a laissé sur ce sujet un distique remarquable par sa concision, son élégance et sa fine ironie :

> Victor abit victus, late vastavit olivas;
> Intactas lauros linquere cura fuit.

Victor fuyant vaincu, dévasta les oliviers autour de lui; il eut soin de laisser les lauriers intacts.

L'invasion de 1707 aurait pu avoir cependant des résultats plus heureux pour les coalisés si elle avait été conduite avec plus de célérité, de décision, d'ensemble et d'unité dans les plans. Comme on l'a remarqué, la flotte formidable qui, dans le siège d'une ville maritime, aurait dû jouer un si grand rôle, n'apparut en rien dans les opérations, et à peine si nous la voyons, la veille de la levée du siège, mettre quelques galiotes en ligne pour bombarder la ville. On doit se demander ce qui serait advenu si, dès les premiers jours, les vaisseaux anglais avaient écrasé sous le feu de leurs batteries les forts de Sainte-Marguerite, Saint-Louis et forcé la rade de Toulon en réduisant au silence la Grosse-Tour. En réalité, sa coopération se borna à débarquer à Hyères, à Carqueiranne et à la Garonne, des canons, des vivres et des munitions, et ses faits de guerre à quelques descentes rapides sur les côtes de Saint-Nazaire et de Bandol. Il semble que l'amiral Showel fut un homme d'un caractère ingouvernable et toujours en hostilité avec les chefs de l'armée : « Il a toujours donné de grands chagrins » aux généraux alliés, dit Devize, refusant presque tous les » jours de faire ce qu'ils souhaitoient de luy. » Sa mort doit rendre miséricordieux pour ses fautes militaires : il fit naufrage quelque temps après et périt avec tout l'équipage de son vaisseau.

Mais les principales causes de l'insuccès des alliés doivent être attribuées aux fausses opérations du duc de Savoie, dont le prince Eugène supporta injustement une partie des responsabilités. Il s'en montra souvent irrité et, dans un conseil qui fut tenu à Fréjus pour arrêter les termes d'un rapport aux Etats Généraux des alliés, il s'exprima librement et avec une grande vivacité de langage. Il blâma les lenteurs de la marche de l'armée, du Var à Toulon, qui avaient permis aux bataillons de secours d'arriver avant elle sous la place ; il déclara que selon son avis, souvent exprimé, la flotte aurait dû pénétrer de force dans la petite rade, même avant la prise des forts qui en défendaient l'entrée et quelque dommage qu'elle pût en éprouver; qu'une fois embossée dans la petite rade, elle aurait tenu l'arsenal sous la bouche de ses canons et l'aurait facilement incendié, pendant qu'elle aurait débarqué à la Seyne dix à douze mille hommes, destinés à couper les communications avec Marseille et à opérer contre le camp de Sainte-Anne par l'ouest. Finalement, si on avait reconnu l'impossibilité de débusquer le maréchal de Tessé de Sainte-Anne, il fallait marcher droit à Aix, et il ajouta « que si on avoit » exécuté toutes ces choses, on auroit fait infailliblement » des progrès en Provence, où les alliés auroient pu se » maintenir tout l'hyver ».

Le duc de Savoie ne se dissimulait pas l'humiliation de l'échec qu'il venait d'éprouver. Un de ses ancêtres, Charles Emmanuel, rentrant à Nice en 1592, après avoir laissé en Provence son armée, un million d'écus et ses espérances d'annexion de territoire, disait à la reine venue à sa rencontre à Nice : « Ma mie ! J'arrive de l'école. Vous » connoîtrez à l'avenir que je n'ai pas mal employé mon » temps. » En 1707, Victor Amédée passant par Fréjus,

après la levée du siège, et s'entretenant avec le P. Charonnier, supérieur de la maison des Jésuites, lui dit : « Mon
» Père ! J'ai fait une *cacade*. C'étoit un dessein de l'Angle-
» terre projeté depuis longtemps, et si on m'avoit crû, au
» lieu de venir faire en Provence les sottises que je suis
» venu faire, j'aurois plus aisément porté la guerre aux
» portes de Lyon par la Savoie. » Il y avait peut-être dans
ces paroles un aveu des tiraillements qui existaient dans
les conseils suprêmes des puissances coalisées, et l'explication des raisons qui firent si longtemps douter la Cour
de France que la concentration des troupes ennemies dans
les Alpes fut une menace pour la Provence. Plus tard, le
duc de Savoie, prince peu respectueux par nature de la
vérité, quand ses intérêts ou son orgueil pouvaient en
souffrir, paraît avoir voulu tromper l'opinion publique sur
les véritables motifs de sa retraite précipitée, en les attribuant aux exigences impérieuses de la diplomatie. En
1714, une députation composée du premier consul, du
lieutenant de l'amirauté et du procureur du roi de Fréjus,
se rendit, sur les instances de Mgr de Fleury, évêque de
la ville, à Nice, où le duc venait d'arriver, pour le remercier d'avoir sauvé Fréjus du pillage en 1707. Les trois
députés furent reçus « avec les marques d'une sensibilité
» inexprimable ». Au cours d'une entrevue, qui fut très
longue, le duc dit tout-à-coup aux députés : « Qu'avés-
» vous pensé du siège de Toulon ? — Nous avons pensé,
» répondit le consul, ce que nous avions pensé du siège de
» Turin (1). — Il faut, dit le duc, que je vous *destille* (sic)
» les yeux là dessus. Vous en avés l'obligation au roy de

---

(1) En 1706, les Français, battus sous les murs de Turin, avaient été obligés de lever le siège de cette ville.

» Suède. Ce roy menaçoit d'entrer dans la Bohême et
» la Silésie. L'empereur en eut peur, et ce ne fut qu'à la
» condition qu'on ne prendroit pas Toulon qu'il n'entra pas
» dans ces provinces, et vous pouvés juger de ce que je
» vous dis par la différence de la marche que je fis en
» allant d'avec celle que je tins en revenant (1). »

Il n'y avait dans cette assertion du duc de Savoie qu'une audacieuse supercherie destinée à sauver son amour propre devant des Provençaux ; mais, par le fait de circonstances inattendues, elle prit un moment dans l'histoire une importance qu'elle ne méritait pas. De retour à Fréjus, les trois députés de la ville avaient rédigé, pour être remis au conseil, un rapport circonstancié sur leur entrevue avec le prince, et en avaient envoyé une copie à l'évêque, en ce moment absent de son diocèse. Plusieurs années après, Mgr de Fleury, devenu cardinal, communiqua ce document à la Baumelle, à titre de renseignement, pour la rédaction de ses *Mémoires pour servir à l'histoire de Madame de Maintenon*. On ne sait comment ni pourquoi la Baumelle se laissa entraîner à altérer le texte documentaire de façon à affirmer que la levée du siège de Toulon avait été imposée à Victor Amédée par une menace d'intervention armée de Charles XII, qui aurait dit au duc de Marlborough : Si Toulon est pris, j'irai le reprendre ! Cette exagération, que rien ne justifiait, produisit une vive émotion dans le monde politique. Voltaire, qui n'aimait pas la Baumelle, lequel le méprisait à son tour, lui reprocha durement, dans son *Siècle de Louis XIV*, d'avoir inventé un mensonge pour fausser l'histoire. En réalité, la Baumelle n'était

---

(1) F. MIREUR. *Les causes de la levée du siège de Toulon* en 1707. D'après les *Archives communales de Fréjus*. Série BB. 24.

coupable que d'avoir, avec plus ou moins de mauvaise foi, confondu une prétendue menace d'envahissement de la Bohême et de la Silésie avec une intervention de Charles XII sous les murs de Toulon, ce que ni le duc de Savoie, ni les députés de Fréjus n'avaient jamais dit, et ce qui était profondément ridicule.

Les invasions de la Provence par le Var n'ont jamais été heureuses. Le connétable de Bourbon en 1524 et l'empereur Charles-Quint en 1536 en avaient déjà fait la cruelle expérience. Quoique dissimulée sous les apparences d'une intervention désintéressée en faveur de la Ligue, celle de Charles-Emmanuel en 1590 n'avait été marquée que par des défaites successives et, finalement, par la retraite précipitée du duc de Savoie. Cent dix-sept ans après, un autre duc de Savoie, avec le concours d'un des plus illustres capitaines de l'époque et l'appui d'une flotte anglaise formidable, venait de voir ses armes succomber sous les murs de Toulon, et moins de quarante ans plus tard, en 1746, une armée austro-sarde ayant de nouveau envahi le pays devait reprendre bientôt le chemin de la frontière sans avoir pu même franchir le cours de l'Argens. Il y a des enseignements à tirer de ces leçons du passé.

Au moment où j'écris ces lignes (juillet 1889), il se fait comme un grand bruit d'armes autour de la France, politiquement isolée en Europe comme elle l'était aux temps des guerres de la succession d'Espagne. La Prusse, l'Italie, d'autres nations peut-être encore, semblent avoir formé contre elle une coalition dont le but final serait de pousser le corps germanique sur la vieille Gaule par ses frontières de l'Est, pendant que l'Italie lui donnerait l'assaut par ses frontières des Alpes et du Var. Dans cet effroyable démembrement de la patrie française projeté dans les conseils des rois et des peuples, la tâche dévolue à la maison de Savoie est difficile et périlleuse. En descendant des hauts sommets du Piémont sur le sol sacré de Rome, elle n'a pas acquis des aïeuls. Les Quintus Opimius et les Caius Sextius Calvinus qui, l'an 154 avant J.-C., passèrent le Var sur l'ordre du sénat, sont étrangers à sa race, et les légions victorieuses qui soumirent au joug de la République les tribus saliennes de la *Provincia romana* n'ont pas laissé d'héritiers dans les régiments Piémontais, Lombards, Napolitains, Toscans ou Siciliens qui campent aujourd'hui au pied du Capitole. Si, avant d'étonner le monde par l'immensité de son ingratitude, le roi Humbert interrogeait les traditions de ses ancêtres pour y chercher des exemples et des encouragements, il n'y trouverait que les souvenirs amers de Charles-Emmanuel et de Victor-Amédée. Ils sont insuffisants pour justifier ses rêves ambitieux d'annexion de territoire provençal.

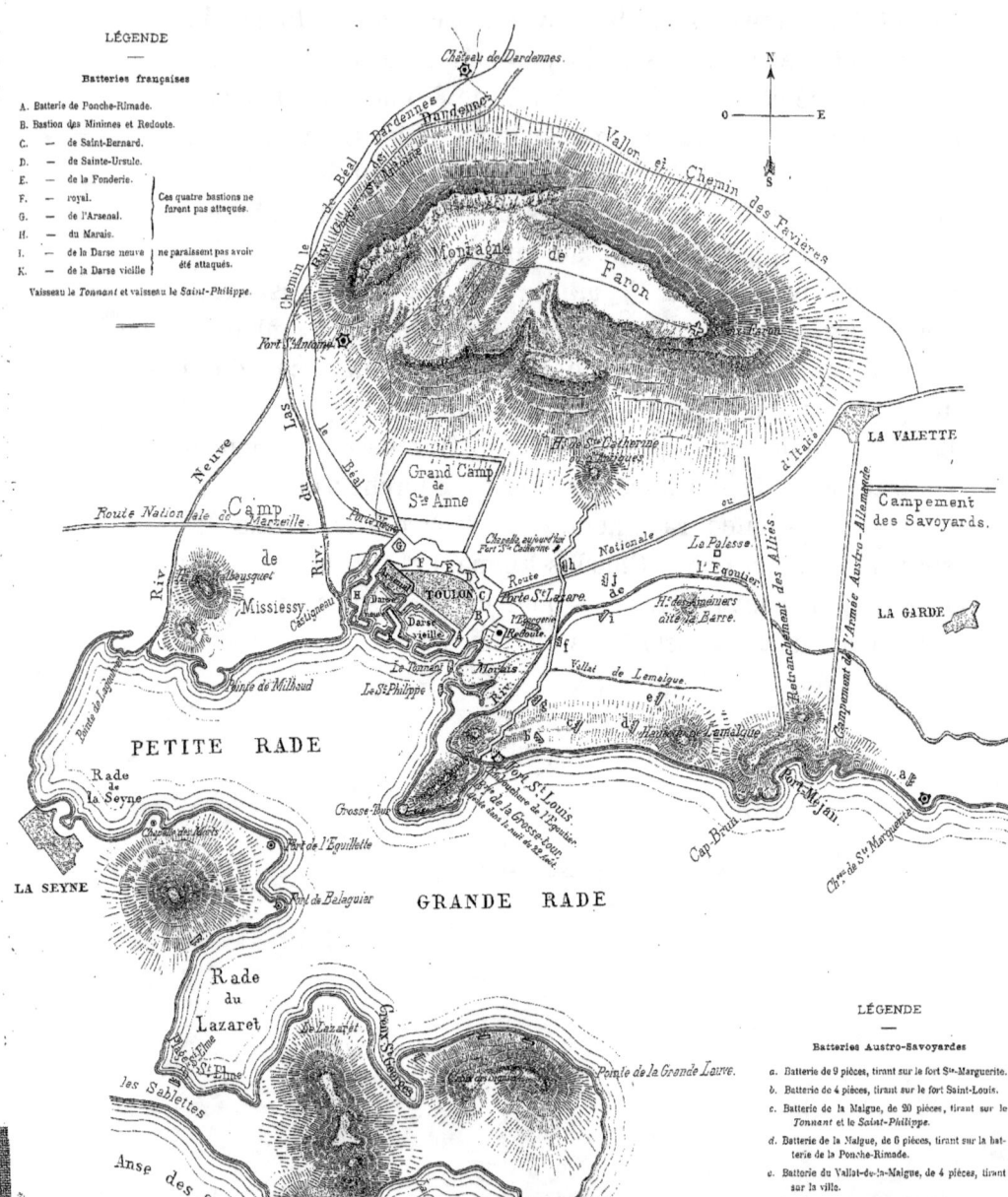

CHAPITRE XX

TOULON PENDANT LA PESTE DE 1721

1707-1721

Etat misérable de la ville et de ses habitants après le siège. — Création d'une nouvelle paroisse, sous le vocable de Saint-Louis. — Louis de Montauban, évêque. — Querelles de la bulle *Unigenitus*. — La peste se déclare à Marseille. — Premières mesures prises à Toulon pour se garantir de la contagion. — Création d'un hôpital à Saint-Roch. — Apparition des premiers cas de peste. — M. d'Antrechaus, maire-consul. — La peste envahit la ville. — Les mendiants sont transférés sur un vaisseau mouillé en rade. — Evacuation des infirmes, malades et blessés de l'hôpital du Saint-Esprit dans le couvent des FF. Prêcheurs. — Organisation d'une quarantaine générale. — Généreuse conduite de la population de Lorgues pendant toute la durée de la peste. — Toulon pendant la quarantaine. — La peste se déclare dans l'infirmerie du couvent des FF. Prêcheurs et à bord du vaisseau des mendiants. — Désarroi de tous les services par la mort des administrateurs et des agents. — Création de l'hôpital du Camp-Gérin. — Effroyable mortalité. — Fin de la quarantaine. — Prolongation des pouvoirs consulaires de M. d'Antrechaus. — Cessation de la peste. — Statistique des morts en ville, dans les hôpitaux et sur le territoire de la commune.

Les premières années qui suivirent le siège furent cruelles. La misère pesa sur la population entière, depuis le plus riche propriétaire foncier jusqu'au plus pauvre habitant vivant au jour le jour du travail de ses mains. Dans la ville, un grand nombre de maisons étaient en ruine et partant sans rendement. Au dehors, les fermes avaient été incendiées ou démolies, la terre foulée, bouleversée et stérilisée, les récoltes de vin et d'huile perdues pour longtemps par le dégât des vignes et des oliviers. A cet écroulement de la richesse territoriale, qui atteignait dans ses intérêts les plus immédiats le commerce et la population rurale, vint bientôt s'ajouter une calamité nouvelle qui frappait plus particulièrement les classes laborieuses urbaines. Déjà, en effet, à cette époque, la marine militaire entrait dans cette période de décadence qui devait la conduire, dans un temps prochain, à un anéantissement presque complet. Par suite des revers de nos armes et de la détresse financière de l'Etat, des ordres arrivèrent de Paris, en 1708, de ralentir les armements et d'interrompre les travaux des constructions navales. De ce fait, la plus grande partie des marins et des ouvriers, qui trouvaient leurs salaires quotidiens à bord des vaisseaux et dans les ateliers du port, furent congédiés et jetés, en proie à toutes les nécessités de la vie, au milieu d'une population épuisée qui venait de voir se tarir toutes les sources de la fortune publique. Ensuite, comme si ce n'était pas assez de tant de malheurs accumulés, l'hiver de 1709 fut d'une rigueur extrême. La neige tomba à diverses reprises en grande abondance et, sous l'action d'une âpre bise de mistral, couvrit la terre d'une épaisse couche de glace. Le froid était devenu si intense que les semailles furent perdues et que les approvisionnements ne se firent plus que très difficilement, par le mauvais état des routes et surtout parce que les communautés voisines gardaient étroitement leurs produits agricoles en vue de l'insuffisance des récoltes prochaines. La misère était profonde et la famine imminente. La ville emprunta de toutes mains pour distribuer du pain et des vêtements au peuple,

Les consuls et Mgr de Chalucet suffirent à tout dans la mesure des ressources humaines.

L'année suivante, 1710, Mgr de Chalucet reprit une œuvre religieuse, chère à son cœur, et que le siège de Toulon en 1707 et les désastres de l'hiver de 1709 l'avaient forcé à interrompre. Je veux parler de l'édification de la paroisse Saint-Louis. Après avoir fondé l'hôpital de la Charité et concouru à l'établissement d'une école gratuite pour les jeunes filles pauvres, le pieux évêque s'était occupé, dès les premières années du XVIIIe siècle, de diviser sa ville épiscopale en deux paroisses, division rendue nécessaire par le chiffre de sa population (1). Sans doute les habitants trouvaient autour d'eux, pour l'accomplissement de leurs devoirs journaliers de dévotion, de nombreuses chapelles desservies par divers ordres religieux ; mais le personnel sacerdotal de la cathédrale ne pouvait que difficilement suffire aux obligations que le clergé régulier ne pouvait remplir, telles que les baptêmes, les premières communions, les mariages, les funérailles, etc.

En 1705, l'évêque avait fait faire un pas décisif à la question. Il avait obtenu du roi la concession gratuite d'un terrain mesurant trente-sept toises sur seize, à prendre sur la superficie de la place d'Armes, qui se trouvait ainsi

(1) Il est difficile de connaître le chiffre exact de la population à cette époque, où le recensement avait pour base le nombre des communiants, augmenté d'un coëfficient fixe de tant pour cent représentant les enfants non admis encore à la communion. Il résulte de lettres patentes données au mois de décembre 1700 que la population aurait été en ce moment de 40,000 âmes. Il y a là certainement une exagération évidente. Il est, en effet, démontré par un recensement administratif fait vingt ans après, sur les déclarations de tous les chefs de famille, que la commune de Toulon ne comptait en 1720 que 26,200 habitants de tout âge et de tout sexe.

diminuée presque de moitié. Mais il ne suffisait pas d'avoir acquis le terrain, il fallait encore se procurer de l'argent pour mener les constructions à bonne fin. D'après les usages et les lois qui réglaient la matière, la commune devait supporter les deux tiers de la dépense et le Chapitre le troisième tiers. Tout d'abord l'évêque se heurta à deux difficultés. Le Chapitre, qui entrevoyait une diminution notable dans ses revenus paroissiaux, ne consentit pas à intervenir de son argent, et le conseil municipal, dans une séance orageuse tenue le 8 juin 1705, refusa, de son côté, de s'engager à fournir les fonds nécessaires. Mais l'évêque ne perdit pas courage. Il prit à sa charge, sa vie durant, les sommes à fournir par le Chapitre et attendit patiemment qu'il se formât au conseil une majorité favorable à ses projets. C'est ce qui arriva. Les élections communales de l'année 1706 se firent sur cette question. Le 29 mars 1707, le conseil décida qu'il serait créé une deuxième paroisse et que la ville contribuerait pour les deux tiers à la dépense. La nouvelle église fut placée sous le vocable de saint Louis, roi de France.

A la suite de ce vote, Mgr de Chalucet traita avec les Pénitents bleus, confrérie fondée à Toulon depuis l'année 1573, pour l'achat, à titre de paroisse provisoire, de leur chapelle de Saint-Sébastien, située à l'angle de la rue de ce nom, aujourd'hui du Canon, et de la rue des Savonnières. Cette chapelle était grande et, à ce qu'il semble, décorée de plusieurs tableaux de maîtres provençaux (1).

(1) Cette installation, qui, était essentiellement provisoire, subsista cependant, par suite de retards interminables dans l'édification de la nouvelle église, jusqu'en 1787. Dans la nuit de la Toussaint de cette année, le feu prit à la chapelle et la consuma, à l'exception de l'autel de Saint-Louis. L'emplacement qu'elle occupait fut vendu comme terrain

L'évêque y nomma un curé, trois vicaires et un clerc et la consacra le 17 avril 1707. Il lui attribua, comme circonscription paroissiale, toute la partie de la ville qui s'étendait à l'ouest d'une ligne qui, partant de la place des Aires, aujourd'hui place Puget, aboutissait au quai, en passant par la rue du Pradel et la rue de la Glacière. Le vénérable prélat s'occupait activement de l'inauguration des travaux de la nouvelle église à construire sur la place d'Armes, lorsque le duc de Savoie vint mettre, au mois de juillet, le siège devant Toulon. L'entreprise fut renvoyée d'année en année pendant trois ans et ce ne fut qu'en 1710 que l'évêque bénit la première pierre du monument. Les travaux, par suite de manque de fonds, semblent ne pas avoir été poussés avec une grande activité, car deux ans après l'église sortait à peine de terre lorsque Mgr de Chalucet mourut, le 10 juillet 1712.

Mgr de Chalucet avait été un prélat savant, vertueux et charitable. Il fut regretté des grands et du peuple, qui le considérait comme un bienfaiteur et un père. Par acte testamentaire, il laissait toute sa fortune aux deux hôpitaux de Toulon, l'hôpital du Saint-Esprit et celui de la Charité, et sa bibliothèque, qui était fort riche, aux Pères de l'Oratoire. Son corps fut inhumé dans le chœur de la cathédrale, derrière le maître autel (1).

à bâtir et l'exercice du culte transféré à l'église Saint-Louis actuelle, où il ne restait plus que quelques travaux de menuiserie et de peinture à exécuter.

(1) « L'an 1712 et le 10 juillet, Mgr l'illustrissime et revérendissime
» père en Dieu, messire Armand-Louis Bonnin de Chalucet, de la ville
» de Nantes, évêque de Toulon, conseiller du Roy en ses conseils,
» comte et vicomte de Morvault, baron de Boyars, âgé de soixante-douze
» ans ou environ, dont la science reconnue par toute la France l'a

La mort de Mgr de Chalucet amena un temps d'arrêt dans les travaux de l'église Saint-Louis, le Chapitre se refusant à payer sa part contributive des dépenses, soldées jusqu'à ce jour par l'évêque. Il s'ensuivit un procès entre la communauté et les chanoines. On finit par s'entendre et on s'était remis à l'œuvre, lorsque survint la peste de 1721. A ce moment, les constructions s'élevaient à peine à deux toises, soit quatre mètres environ, au-dessus du sol. Elles occupaient le terrain compris entre la rue est de la place d'Armes et une ligne qui, partant de la rue de l'Ordonnance, aboutirait à la rue sud, dite de la Corderie. Nous retrouverons plus tard, en 1751, cette église dans le même état et dirons comment, parvenue ensuite jusqu'à la toiture, elle fut démolie en 1780 et remplacée par la paroisse actuelle de Saint-Louis, édifiée sur le jardin du couvent des Pères Capucins.

Sur ces entrefaites, Louis de la Tour du Pin de Montauban, abbé de Saint-Guillem du Désert, diocèse de Lodève, avait été nommé évêque de Toulon. Il arriva à Aix, auprès de son métropolitain, vers la fin du mois de décembre 1712. Le 30 décembre, le Conseil municipal, prévenu de sa présence à Aix, désigna, suivant l'usage, un consul,

» toujours fait regarder comme un des premiers esprits du royaume,
» après avoir gouverné ce diocèse pendant 28 ans avec un zèle et une
» charité admirables, après avoir distribué la plus grande partie de ses
» biens aux pauvres pendant sa vie et à sa mort, après avoir laissé des
» monuments publics de sa piété, comblé de mérites et de vertus, est
» décédé vers les neuf heures et demie du matin, muni des Sacremens,
» qu'il a lui-même demandés et reçus avec une vive foi et une humilité
» profonde, et a été enseveli dans sa cathédrale, dans la tombe de nos
» seigneurs les évêques, derrière le maître autel, accompagné de tous
» les corps de la ville et d'un nombre presque infini de peuple, le
» quinzième de juillet de la même année. » *Archives communales.*
Série GG : *Cultes.* Art. 105 : *Etat civil, Paroisse de Sainte-Marie.*

M. Tournier, et un conseiller, M. Grasset (1), pour aller le complimenter dans cette ville. Pour des motifs qu'on ignore, Mgr de Montauban se mit en route sans attendre les délégués du conseil. Ceux-ci, qui étaient partis le 2 janvier 1713, le rencontrèrent à Ollioules, d'où ils rentrèrent avec lui à Toulon. L'évêque s'arrêta au séminaire des Jésuites et y passa la nuit. Ce ne fut que le lendemain, après avoir reçu la visite de MM. de la ville, du clergé, de la marine et de l'armée, qu'il s'achemina modestement, à pied, vers son église et son palais épiscopal, ayant refusé les honneurs qui lui étaient dus à sa prise de possession du siège.

Mgr de Montauban était grand ami des Jésuites, chez lesquels il avait été élevé, à la suite d'événements qu'on trouve racontés dans un manuscrit qui existe aux *Archives départementales de l'Hérault*, sous le titre de *Annales de Gellone*. Au dire de l'auteur du manuscrit, Dom Joseph Sort, prieur de l'abbaye de Saint-Guillem du Désert, pendant que Mgr de Montauban en était abbé, il était issu d'une ancienne famille noble du Dauphiné, appartenant à la réforme de Calvin. Sa mère, dont le nom n'est pas donné par Dom Joseph Sort, aurait été, d'après M. l'abbé Léon Vinas (2), une Lucrèce du Puy de Montbrun, de la famille du fameux religionnaire calviniste du Puy de Montbrun, le maître de

---

(1) La famille de Grasset, qui a encore des représentants établis à Marseille, était une des plus anciennes et des plus honorables de Toulon. On trouve des Grasset conseillers de ville en 1432, en 1491, et plus tard, jusqu'en 1753, où un Grasset était maire-consul. Plusieurs membres de cette famille furent chargés, notamment en 1491, en 1621, etc., de missions importantes et souvent délicates.

(2) L. Vinas. *Visite rétrospective à Saint-Guillem du Désert. Monographie de Gellone*. Paris. 1875.

Lesdiguières, l'ami de Paulon de Mauvans, le compagnon du farouche baron des Adrets, qui joua un rôle mémorable dans les guerres de religion en Dauphiné et en Provence. Lucrèce, qui semble avoir été veuve en 1685, ou du moins dont on ne voit apparaître le mari nulle part, quitta le Dauphiné après la révocation de l'édit de Nantes et se dirigea avec ses enfants vers Genève. Elle était sur le point de passer la frontière, lorsqu'elle fut rejointe dans un village par un émissaire de Louvois « qui arracha ses enfants de » son sein » et les conduisit à Paris. Le motif de cet acte révoltant nous échappe, mais il ne saurait être cherché que dans des dissensions inexorables de famille, nées d'hostilités religieuses. Louis, qui ne pouvait avoir moins de 12 à 15 ans, à cette époque, car il fut nommé abbé de Saint-Guillem treize ans après, fut mis par les ordres de Louvois au collège des Jésuites, « où il reçut une éducation » libérale et fut élevé dans les saines doctrines (1). » Il devint docteur en théologie, fut nommé chanoine et, en 1698, abbé de Saint-Guillem du Désert, fonction qu'il ne quitta que pour monter sur le siège de Toulon. Ses frères, car ils étaient au moins deux, embrassèrent la carrière des armes et entrèrent dans les gardes du roi. Le manuscrit ne nous apprend pas ce que devint sa mère.

J'ai dit que Mgr de Montauban avait été élevé chez les Jésuites et qu'il était resté fort affectionné à cet ordre ; il le montra bien au cours des querelles soulevées dans le clergé par la bulle *Unigenitus*, qui condamnait certaines propositions émises par le P. Quesnel, de l'Oratoire, dans son livre intitulé : *Réflexions morales sur le nouveau*

---

(1) « Liberaliter institutum et bonis artibus imbutum. » *Annales de Gellone.*

testament. On sait qu'à la suite de la publication de cet ouvrage, un profond déchirement s'était produit dans l'Eglise de France, auquel la grande autorité du pape n'avait pu mettre fin. Quelques évêques, les Jansénistes, depuis longtemps déjà réduits au silence, les Oratoriens surtout parmi les ordres religieux, un grand nombre de prêtres dans le bas clergé n'avaient pas accepté les conclusions de la bulle *Unigenitus*. Les consciences furent profondément troublées. Le clergé provençal se fit remarquer par la violence de ses polémiques ; les Jésuites d'un côté, les Oratoriens de l'autre se firent une guerre scandaleuse et s'accablèrent tour à tour d'un déluge de *mémoires* et de *factums* qui ne faisaient honneur ni à leur modération, ni à leur charité.

Les parlements avaient enregistré la bulle *Unigenitus*, en faisant, toutefois, quelques réserves en faveur des libertés de l'Eglise gallicane ; mais ils furent bientôt obligés de sévir contre les excès de zèle de certains prélats qui, dans leur ardeur pour la constitution papale, attisaient le feu des dissensions religieuses non seulement dans leur clergé, mais encore parmi les fidèles. Le procureur général au Parlement d'Aix dut faire appel comme d'abus contre les évêques de Toulon, d'Apt et de Grasse, pour les violences ultramontaines qu'ils déployaient dans leurs arrêtés ou mandements. L'évêque de Toulon fût le premier déféré à la cour, qui le déclara comme d'abus pour la publication d'un mandement, à la date du mois de septembre 1716, portant qu'à l'avenir il n'admettrait dans les ordres sacrés aucun de ceux qui auraient étudié dans un collège où la bulle *Unigenitus* n'était pas acceptée. C'était mettre en interdit, au profit des Jésuites, le collège de l'Oratoire et l'enseignement public et privé des Oratoriens dans le diocèse, où ils avaient de nombreuses maisons d'instruction.

Mais en même temps que le mandement de Mgr de Montauban était déféré à la cour d'Aix, il soulevait à Toulon un scandale qui couvrait l'Eglise de confusion. L'évêque avait prescrit la lecture de la bulle *Unigenitus* et de son mandement dans ses deux paroisses, tous les dimanches au prône. Le curé de la paroisse Saint-Louis se conforma une première fois à l'ordre reçu, mais le dimanche suivant il monta en chaire et déclara « que s'il avoit publié la » constitution et le mandement de Mgr l'évesque, il n'avoit » été qu'un organe forcé et involontaire et qu'il demandoit » pardon à Dieu et à ses frères de ce qu'il avoit fait, en les » conjurant de lui pardonner cette faute et le scandale qu'il » avoit donné au peuple. » Il y avait là un acte d'insubordination grave et comme une révolte, qui indique à quel degré d'irritation et de violence étaient arrivés les esprits. Le curé fut décrété d'ajournement devant l'official et, par sentence du 11 décembre 1716, condamné « à déclarer au premier » jour de dimanche, étant en chaire et avant que de com- » mencer son prône, que témérairement et indiscrètement » il avoit fait cette rétractation et usé de pareils discours ; » qu'il s'en repentoit et en demandoit pardon à Dieu et aux » fidèles, qu'il avoit mal édifiés ; que jusqu'à cette rétracta- » tion il se retireroit dans un séminaire qui lui seroit indiqué » par Mgr l'évesque de Toulon, où il demeureroit pendant » trois moys pour y apprendre les devoirs de son état ». Il était, en outre, condamné « à aumôner » trente livres aux pauvres de la paroisse et, faute par lui de faire la rétractation, il devait être procédé contre lui ainsi qu'il « appartien- » dra ». Le curé ne se soumit pas. Il en appela comme d'abus par devant le Parlement. Le 10 mai 1717, la cour rendit un arrêt déclarant qu'il n'y avait pas abus en la procédure et condamnant l'appelant à 75 livres d'amende et aux dépens.

Les troubles nés dans notre ville de la bulle *Unigenitus* ne finirent pas là ; j'aurai l'occasion de les signaler de nouveau au cours de mon récit et de démontrer qu'ils ne furent certainement pas étrangers à l'effroyable affaire dite de la Belle Cadière, que j'aurai le douloureux devoir de raconter plus tard.

Deux ans après, le 2 septembre 1715, le roi Louis XIV mourut à Versailles, laissant la couronne à un enfant de cinq ans et la régence du royaume au duc d'Orléans. Le 10 octobre, M. de Chalmazel, commandant militaire de Toulon, se rendit à l'hôtel de ville, où le viguier, tenant en main le bâton de justice, les consuls, en chaperon, et les quatre capitaines de quartier, prêtèrent successivement entre ses mains le serment d'obéissance et de fidélité au roi Louis XV. De grandes réjouissances eurent lieu à cette occasion dans la ville, auxquelles prirent part la population, l'armée et la marine.

Toulon n'allait pas tarder à traverser une de ces catastrophes qui laissent après elles des traces terribles dans l'histoire des cités. La peste, qui déjà, en 1720, avait sévi à Marseille avec une intensité dont le souvenir épouvantait encore toutes les imaginations, se déclara, en 1721, dans notre ville, et frappa des coups non moins cruels. Toutes les mesures prises pour prévenir ou combattre la contagion ne supportent certainement pas l'examen de la critique médicale moderne ; mais il nous faut être indulgents pour nos pères, quand nous voyons, de nos jours encore, la science chercher sa voie dans les traitements du choléra, et nos magistrats municipaux imposer à leurs administrés des mesures préventives ou de conservation que le plus vulgaire bon sens condamne, pour la plupart, comme inutiles, quand elles ne sont pas vexatoires.

Les consuls de Toulon tentèrent la plus complète expérience qui ait été faite de l'isolement, comme moyen de garantie contre la contagion. Après avoir pris les précautions usitées à cette époque, telles que : établissement de barrières, usage des parfums, des billets de santé, obligation des séquestrations individuelles au moindre soupçon de peste, etc., ils en arrivèrent à mettre en quarantaine, dans la ville même, tous les habitants, comme on l'avait déjà fait en 1664, sous le nom de serrade, mais avec plus de sévérité et de rigueur encore. Ils firent une loi à chaque famille de s'enfermer dans sa maison, dans ses appartements, interdisant toute communication entre voisins et avec la rue, se chargeant eux-mêmes de pourvoir à la subsistance et aux besoins de tous. Tâche ruineuse et impossible, à laquelle ils sacrifièrent leur vie, celle des plus dévoués citoyens et les finances de la ville, sans en retirer aucun avantage. Le premier consul de la ville de Toulon s'appelait Jean d'Antrechaus. Il était âgé de 28 ans, étant né le 13 avril 1693. C'était un homme d'une intelligence cultivée, d'une rare énergie et d'un grand dévouement. Il vit tomber autour de lui sa famille, ses amis, ses collègues les deuxième et troisième consuls, la plus grande partie des conseillers et des intendants de la santé, la moitié de la population de Toulon, et il demeura toujours calme et fort. Il fut et il restera une de nos plus grandes figures consulaires.

La peste s'était déclarée à Marseille, le 27 mai 1720, à bord d'un bâtiment de commerce, récemment arrivé de Syrie, et commandé par le capitaine Chataud. L'équipage et les ouvriers occupés au déchargement en furent les premières victimes. De la rade, la contagion gagna la ville, et, pendant qu'on discutait encore les moyens à employer pour s'en préserver, elle s'étendait partout, frappant des coups redoublés, aussi bien dans les quartiers pauvres et populeux, que dans les quartiers habités par les riches et les heureux. A Toulon, quoique on n'eût aucun soupçon de peste, les appréhensions étaient très vives. Pendant les mois de juin et de juillet on vit arriver successivement, par terre et par mer, une foule de fugitifs de Marseille, manquant de tout et demandant du pain, avec plus d'instance qu'une retraite, car les belles nuits d'été permettaient de camper en pleine campagne à tous ceux qui n'avaient pu s'assurer un asile. Les consuls les logèrent partie dans des cabanes élevées à la hâte dans le quartier rural de Saint-Roch, et partie au Lazaret, en leur imposant une quarantaine, pendant laquelle ils durent leur fournir tout ce qui était nécessaire à leur subsistance.

L'émigration marseillaise avait pris, en peu de temps, de si vastes proportions, que les pouvoirs publics, obéissant aux idées de l'époque, durent intervenir pour s'opposer à sa diffusion et empêcher qu'elle ne portât la contagion dans toute la province. Le 30 juillet, le Parlement rendit un arrêt « qui interdisoit à tous les habitants de la ville de » Marseille le commerce avec les villes voisines, avec » défense de sortir des limites de leur terroir ; aux habi- » tants de toutes les villes et lieux de Provence de » communiquer avec eux, de les y recevoir, et aux mule- » tiers, voituriers, et tous autres, d'y venir pour quelque » cause ou prétexte que ce fut, *à peine de la vie* ». Cette interdiction, en fermant aux fugitifs toutes les routes, leur laissait la liberté de la mer. Beaucoup s'empressèrent de sortir du port de Marseille sur divers petits navires ou barques, et vinrent demander à faire quarantaine au Lazaret de Toulon. Les consuls, émus à la vue de tant d'infortunes, cédèrent entièrement aux réfugiés cet établissement séparé de la ville par la rade ; mais le bruit s'en étant répandu bientôt à Marseille, l'affluence devint si considérable, relativement à l'espace dont on pouvait disposer, qu'il fallut repousser les nombreuses familles qui se présentèrent plus tard, et les laisser errer, malheureuses et désespérées dans leurs barques, jusqu'au jour où mourant de faim et de soif, elles furent obligées de rentrer à Marseille, que la terreur leur avait fait abandonner.

En présence de l'état alarmant et officiellement constaté de la ville de Marseille, M. d'Antrechaus, premier consul, réunit le Conseil de ville dans la matinée du 31 juillet. A ce conseil assistaient MM. Gavoty, deuxième consul ; Henri Marin, troisième consul, et les conseillers Jacques Durand, Hyacinthe Tournier, Honnoré Raisson, Joseph Gairouard, Louis Aurran, Pierre Allemand et J.-B. Macadré. M. d'Antrechaus donna communication à ses collègues des lettres qu'il venait de recevoir de MM. les intendants de la santé de Marseille, dans lesquelles ils annonçaient qu'il n'y avait plus à douter que la peste n'eût envahi la ville entière, et racontaient en termes émus les ravages qu'elle y faisait déjà. Il proposa, en conséquence, de convoquer dans l'après-midi un Conseil général avec adjoints, pour aviser aux précautions à prendre, « et comme la chose
» intéresse, dit-il, le service du roi dans une ville de guerre,
» siège d'un commandement maritime, et qu'elle ne regarde
» pas moins l'Etat que le salut et la vie des habitants, je
» propose que les puissants de cette ville soient avertis de
» ce qui se passe et de l'assemblée qui est convoquée à ce
» sujet, qu'ils soient même invités à s'y trouver, pour ce
» qui concerne le service du roi en cette affaire, et pour
» soutenir par leur crédit, par leur autorité et leurs secours,

» ce que les consuls seront obligés ou trouveront à propos
» de faire en cette rencontre (1) ».

L'assemblée ayant accepté à l'unanimité cette proposition, le même jour, à trois heures de l'après-midi, le Conseil général de la communauté s'assembla dans la salle consulaire de l'hôtel de ville, sous la présidence de M. de Cujes, seigneur d'Evenos, viguier, tenant le bâton de justice en main. Outre les consuls et les conseillers, siégeaient à ce conseil : M. Dupont, brigadier des armées du roi, commandant la place ; M. d'Ailly, chef d'escadre, commandant la marine ; M. Hocquart, commissaire du roi et intendant de la marine au port et département de Toulon, et les notables adjoints : noble Jean de Garnier, seigneur de Jullian et de Fonsblanche ; noble Joseph-François de Marin-Carranrey ; noble Joseph de Flamenq ; noble Antoine-Geoffroy d'Antrechaus ; François Cordeil, chevalier de Saint-Louis ; Jean Bonnanaud, médecin ; Balthazar Pavès, bourgeois ; César Raisson, bourgeois ; Félix Marin, négociant ; Melchior Cavasse, négociant ; Jacques Marin, bijoutier ; Joseph Arène, marchand ; Pierre Lazard, épicier ; Cyprien Bourguignon, épicier ; Joseph Reboul, droguiste.

M. d'Antrechaus prenant la parole exposa que tant qu'on avait pu conserver quelques doutes sur la réalité de la peste à Marseille, les consuls avaient pu assumer la responsabilité des décisions à prendre ; « mais aujourd'huy,
» dit-il, que l'existence de la contagion dans cette ville
» n'est que trop fatalement démontrée, nous croyons devoir
» nous entourer de toutes les lumières et prendre tous les
» avis ; nous requérons en conséquence l'assemblée de

---

(1) *Archives communales*. Délibération du Conseil de ville du 31 juillet 1720.

» proposer tout ce qu'elle trouvera à propos de faire dans
» cette malheureuse conjoncture, qui regarde le salut
» public, la vie de tous les habitans, et où l'Etat et le
» service de Sa Majesté se trouvent fort intéressés ».

M. Dupont lut alors un projet des précautions à prendre, lesquelles consistaient :

A établir hors de la ville un lieu où on renfermerait et parfumerait toutes les personnes soupçonnées atteintes de peste ;

A ordonner au sieur Chaumont, ingénieur particulier de la ville, d'établir des barrières en dehors des deux portes, pour que personne ne pût entrer dans Toulon sans avoir été soumis à une visite sanitaire, et que des visites pareilles se fissent à l'entrée des deux darses et à la boulangerie du roi ;

A inviter le fontainier de la ville à faire couler le plus d'eau possible dans les rues et à confier la propreté de celles-ci à quarante mendiants, auxquels on donnerait deux sols par jour ;

Enfin, à la suppression de tous les chiens et de tous les pigeons dans la ville, « attendu, disait le projet, que ces
» animaux allant d'une mayson à l'autre y peuvent porter
» le mauvais air, outre que personne n'ignore que la fiente
» des pigeons contribue puissamment à corrompre l'atmos-
». phère ».

Le chef d'escadre d'Ailly et l'intendant Hocquart offrirent tout leur concours ; les consuls et l'assemblée remercièrent ces deux fonctionnaires et approuvèrent le projet du commandant Dupont, après quoi on décida séance tenante :

Qu'il serait formé un bureau composé de personnes choisies par le conseil municipal, lesquelles, conjointement avec les consuls, aviseraient à tout ce qu'il y aurait à faire pour prévenir et combattre la contagion ;

Qu'un corps de garde de miliciens, commandé par deux notables habitants, un gentilhomme et un bourgeois, serait établi à la porte Royale, la porte Saint-Lazare restant fermée jusqu'à nouvel ordre, pour empêcher toute communication entre la ville et l'extérieur ;

Que le nombre des capitaines de quartier serait augmenté de quatre et pareillement le nombre des sergents, pour subvenir aux rondes de nuit ;

Que le nombre des intendants de la santé serait augmenté de six ;

Qu'il serait établi une infirmerie provisoire *extra-muros* pour y soigner les suspects; enfin que M. Lebret, premier président du parlement et intendant de justice et de commerce, serait supplié, vu les dépenses considérables et inévitables que pourraient entraîner les circonstances, de permettre à la communauté de faire en cette rencontre toutes les dépenses nécessaires (1).

Le lendemain, 1er août, dans un nouveau conseil, on nomma les membres du bureau permanent devant agir conjointement avec les consuls, qui furent MM. Jean de Garnier de Fonsblanche, de Thomas, de Chatéauneuf, de Barthélemy Sainte-Croix, de Marin-Carranrey, Joseph de Flamenq, César Raisson et Charles Lubonis. On procéda ensuite à la nomination des nouveaux intendants de la santé. L'administration en exercice se composait de MM. Elzéar Pavés, J.-B. Cabasson, Caire, de Martinenq, Galle, Navarre, Mouton et Boissière, auxquels on adjoignit : MM. Isnard, Brun, Ligier, Beaussier, Sicard et Rey.

Les choses étaient en cet état et on espérait échapper à toute atteinte de contagion, quand quelques familles

(1) *Archives communales. Ut supra.*

notables d'Aix, qui avaient été surprises à Marseille par la publication de l'arrêt du parlement, obtinrent des arrêts sur requête enjoignant de les recevoir à faire quarantaine au Lazaret de Toulon. Profitant de cette porte ouverte à la fuite, de nombreuses familles marseillaises prirent de nouveau le chemin libre de la mer, et en peu de temps la rade se trouva couverte de barques encombrées de malheureux affolés qui demandaient comme une grâce à être enfermés dans l'enclos du Lazaret. La municipalité, en présence de cette invasion, qu'elle considérait comme portant la peste avec elle, appela à ses délibérations M. Dupont et le chef d'escadre d'Ailly, lesquels s'appuyant sur une ordonnance récente du conseil d'Etat qui enlevait aux parlements la connaissance de la police, en temps de contagion, pour l'attribuer aux commandants militaires des villes contaminées (1), proposèrent de faire veiller eux-mêmes à la sûreté de la côte et d'empêcher qu'aucun bâtiment parti de Marseille ne vînt mouiller sur rade. En quelques jours, en effet, un service rigoureux fut établi, qui garda étroitement la ville et son territoire du côté de la mer. Le vieux vaisseau l'*Entreprenant* fut mouillé entre les deux chaînes pour empêcher tout bateau étranger au port d'entrer dans les darses ; de nombreux petits bâtiments armés interdirent l'accès de la rade, en même temps que des felouques, commandées par des officiers de marine, étendaient la croisière assez loin sur la côte. M. de Cogolin, capitaine de vaisseau, eut sous sa surveillance le

---

(1) Cette ordonnance blessa profondément le parlement de Provence, qui porta ses doléances jusqu'au roi. Voyez : *Remontrances du parlement de Provence sur les désordres arrivés dans cette province pendant la durée de la contagion.*

golfe de Saint-Tropez ; M. de Raousset-Tournon, capitaine de frégate, croisa devant Bormes ; le lieutenant d'artillerie Leclerc du Canal eut l'ordre de surveiller du haut du château de Sainte-Marguerite les débarquements qui pourraient s'effectuer au pied des falaises du Cap-Brun ou sur les plages de la Garonne ; le marquis de Pontevès, garde du pavillon, mouilla près de Gien et campa avec quinze hommes sur la presqu'île ; le comte de Sabran, lieutenant de vaisseau, eut sous sa surveillance les atterrissages des Ambiez, et son cousin de Sabran-Bagnols, croisa avec M. de Saulx devant la Ciotat (1).

Pendant le mois d'août, la peste avait acquis à Marseille, une grande intensité. Cette riche nourrice de la Provence, habituée à voir accourir de tous les points de son horizon maritime les navires de toutes les nations, qui versaient sur ses quais les productions du monde entier, luttait contre la famine. Son commerce s'était tari, son port était devenu désert et silencieux, et ses échevins voyaient avec une douloureuse angoisse le moment prochain où ils n'auraient même plus de pain à distribuer à la population. Ils écrivirent aux consuls de Toulon pour leur demander des blés, et bientôt, grâce à la diligence de ces derniers, des convois de céréales furent organisés, qui portèrent aux barrières de cette malheureuse cité une abondance que ses habitants n'espéraient plus : « Il étoit juste, dit M. d'Antrechaus, de » faire part, à nos voisins, d'une richesse dont nous n'étions » redevables qu'à leur malheur (2). »

---

(1) *Archives du bureau des travaux*. Revue trimestrielle des officiers, gardes de la marine, etc., présents au port.

(2) *Relation de la peste dont la ville de Toulon fut affligée en 1721*. Par M. d'ANTRECHAUS, chevalier de l'ordre de Saint-Michel. Paris 1756.

Mais le Lazaret, où s'opérait le déchargement des blés qui arrivaient de l'étranger, et où se trouvaient internés de nombreux fugitifs de Marseille, ne tarda pas à présenter des cas confirmés de peste suivis de mort. Il fallut éloigner les équipages de ce lieu contaminé. On eut recours à la marine, qui possédait à peu de distance de là, sur la presqu'île de Saint-Mandrier, un hôpital, libre en ce moment, que M. d'Ailly mit à la disposition de la ville pour les besoins du commerce. En même temps deux décès attribués à la peste se produisirent dans les baraquements de l'enclos de Saint-Roch. L'effroi se mit dans la ville. La peur, mauvaise conseillère, fit regretter le mouvement de commisération qui avait fait accueillir les réfugiés; on frémit en pensant que la ville, privée d'hôpital hors les murs, ne pouvait tarder à être envahie par la contagion. Dans ces tristes circonstances on eut recours de nouveau à la marine. On tira des chantiers du port tous les bois nécessaires pour dresser un hôpital provisoire, non loin des baraquements des quarantainaires et, en quelques jours, on éleva de grands hangars contenant de nombreuses petites loges séparées pour y recevoir les malades atteints de peste.

Le Lazaret et l'hôpital de Saint-Roch devinrent libres dans le courant du mois de septembre, par la mort de ceux qui y étaient entrés avec des symptômes de peste et la sortie de ceux qui y avaient subi une longue quarantaine d'observation. On se hâta de désinfecter ces deux asiles et les habitants, rassurés bientôt sur des dangers qui n'avaient eu aucune suite pour eux, se reprirent à l'espérance d'être pour toujours à l'abri de la contagion. Le consul d'Antrechaus profita de ce calme passager pour faire procéder à un recensement administratif de la population. Chaque famille fut inscrite avec les nom, prénoms, âge et sexe de tous ses membres. On compta ainsi 26,276 habitants, non compris les soldats de la garnison et les marins de la flotte, en petit nombre, du reste. Le mois de septembre s'écoula dans cette trompeuse sécurité ; mais il n'en fut pas de même du mois d'octobre, qui vit apparaître les premiers cas de peste observés dans la ville.

Nous avons dit déjà que la peste s'était déclarée à Marseille le 27 mai, à bord d'un navire de commerce venant des côtes de Syrie. Son chargement, qui consistait en balles de coton et de soie, fut déposé, par ordre de la cour, sur une des îles de Marseille, celle de Jarre, et brûlé plus tard. Les personnes employées à la garde de ces marchandises étant mortes, elles restèrent exposées à la convoitise des pêcheurs du voisinage. Dans la nuit du 4 octobre, quatre habitants de Bandol partirent de ce port et, ayant abordé à l'île de Jarre, enlevèrent une balle de soie qu'ils se partagèrent à leur retour dans leur village. Le lendemain la peste se déclara à Bandol avec une telle intensité qu'en un mois vingt-six habitants moururent, sur trois cents environ qui composaient la population (1). Le 6 octobre, on apprit à Toulon, que la peste était dans cette petite commune. M. Dupont en fit bloquer toutes les avenues par des soldats, si bien que les malheureux habitants ne purent plus sortir des limites de leur territoire et que Toulon dut pourvoir à tous leurs besoins, les assister et les secourir de toutes les façons.

(1) Le 6 octobre, trois hommes; le 7, deux femmes; le 8, une jeune fille; le 9, deux hommes et deux femmes; le 11, deux hommes et une femme; le 12, une femme; le 14, trois hommes; le 17, un enfant; le 19, deux hommes; le 23, une femme; le 24, un homme; le 30, un enfant; le 1er, le 3 et le 9 novembre moururent trois sœurs du nom de Gantelme. *Archives communales de Bandol*. Registres de la paroisse.

Le jour du partage du butin, le nommé Cancelin, patron pêcheur de Toulon, se trouvait à Bandol. On ne sait s'il avait participé au vol commis la veille ou si, l'ignorant, il avait eu seulement des relations avec les voleurs ; tant il y a, qu'il se rendit par mer à Saint-Nazaire, et ayant laissé sa barque dans ce port, il se fit délivrer un billet de santé par la municipalité de cette commune et rentra à pied à Toulon, où il arriva le 5 octobre à la nuit close. Le 7, Cancelin tomba malade et mourut le 11 ; il fut enseveli sans qu'on eut aucun soupçon qu'il avait succombé à un accès de peste. Le 17 octobre, sa fille succomba à son tour. Un de ses voisins, frappé de cette coïncidence, vint représenter aux consuls qu'il était important de rechercher la cause de ces deux décès, Cancelin étant arrivé le 5 à Toulon, venant de Saint-Nazaire, et ayant dû probablement communiquer avec Bandol. Des médecins et des chirurgiens furent désignés pour examiner le cadavre de la jeune fille ; ils conclurent à certains soupçons de peste, sans rien affirmer cependant. Malgré le vague et l'ambiguïté du rapport médical, M. d'Antrechaus fit placer une sentinelle, à 7 heures du soir, à la porte de la maison où était morte la fille Cancelin, située rue des Minimes, avec ordre de n'en laisser sortir personne. Cette consigne eut pour résultat d'interner trente-cinq parents ou voisins que la mort de la jeune fille avait rassemblés. A minuit, M. d'Antrechaus se rendit auprès de la veuve Cancelin, rassura ceux qui se trouvaient là sur les précautions qui avaient été prises et les décida à sortir sans bruit de la ville et à ensevelir eux-mêmes le cadavre. Cette triste cérémonie accomplie, il les conduisit à l'hôpital de Saint-Roch, où ils furent mis en observation.

Quelques précautions qui eussent été prises, la population se préoccupa ardemment, le lendemain, de cette inhumation faite pendant la nuit et de l'internement d'un si grand nombre de personnes. Ensuite, comme vingt jours s'étaient écoulés sans qu'on eût constaté de nouveaux cas de peste, soit en ville, soit à l'hôpital de Saint-Roch, on accusa les médecins d'avoir voulu faire de la terreur et les magistrats municipaux d'avoir pris des déterminations exagérées et inhumaines. Mais le vingt-cinquième jour, deux fils de Cancelin moururent avec des symptômes bien caractérisés de peste et, quelques jours après, cinq autres parents ou amis qui avaient soigné et assisté Cancelin et sa fille, en tout sept décès sur trente-cinq internés.

Telle fut la première apparition bien constatée de la peste à Toulon. Elle ne frappa, au dire des *Relations* du temps, que ceux qui avaient été en contact avec Cancelin et parut se dissiper ensuite. La confiance en l'avenir revint au cœur des habitants ; mais les consuls ne semblent pas l'avoir partagée. M. d'Antrechaus réunit un conseil. Il fit décider que la ville serait divisée en quatre quartiers et qu'il serait nommé quatre commissaires, à chacun desquels on adjoindrait trois syndics. Les quatre commissaires désignés furent : MM. Jean de Garnier, de Thomas, de Chateauneuf et de Flamenq. Les syndics avaient pour mission de s'enquérir de tous les malades et de faire plusieurs fois par jour un rapport au commissaire de leur quartier, qui nommait d'office un médecin et pourvoyait aux premiers besoins.

M. d'Antrechaus, quoique affichant publiquement une grande sérénité d'esprit, envisageait cependant l'avenir sous les couleurs les plus sombres; il se préoccupait surtout d'assurer à la ville un autre établissement hospitalier que celui de Saint-Roch, lequel, élevé hâtivement avec des planches tirées de l'arsenal, avait pu rendre quelques services pendant la saison d'été, mais n'allait pas tarder à devenir inhabitable lorsque arriveraient les pluies de l'automne et les froids de l'hiver. Le danger pressait et comme il ne pouvait être question de construire un hôpital, le premier consul cherchait autour de lui un immeuble susceptible d'être promptement approprié à cette destination. Il réunit ses collègues, son conseil et les notables pour avoir leur avis sur le choix d'un établissement ; on ne parvint pas à s'entendre et on ne fut d'accord que sur un point : c'est que l'hôpital ne devait pas être dans la ville. Or, extérieurement aux remparts, et les touchant presque, on n'avait à utiliser que la maison de la Charité, dont l'évêque avait l'administration, et qu'il ne voulait céder que lorsque la ville aurait hospitalisé près de trois cents vieillards, pauvres et infirmes, pour la plupart, qu'il renfermait. Du reste, les recherches devinrent bientôt inutiles par l'impossibilité où on se trouva de rien entreprendre faute de fonds. La communauté était, en effet, à bout de ressources. Au mois d'août, elle avait député M. Joseph de Flamenq à Aix, pour convertir, avec perte, contre de l'argent, une modique somme qu'elle possédait en billets de la Banque Royale, et cet argent avait été absorbé par les installations et les fournitures du Lazaret et de l'hôpital Saint-Roch. Depuis ce moment, elle n'avait de revenus que ceux qu'elle percevait sur les consommations journalières des habitants. On parvint, avec beaucoup de peine, à faire un fonds de 30.000 livres qui furent destinées à l'achat d'un troupeau de bœufs en Auvergne et en Dauphiné, car plusieurs fermes venaient d'être abandonnées, et notamment celle de la boucherie, et la ville dut les régir elle-même.

Tel était l'état de la ville à la fin du mois de novembre, quand une deuxième atteinte de peste se manifesta.

Le 3 décembre, une veuve, pauvre et infirme, nommée Tassy, mourut. Sa modique succession, se composant de quelques hardes, fut partagée dès le lendemain entre ses trois héritiers. L'un d'eux, du nom de Bonnet, mourut presque subitement dans la nuit du 6 décembre. Une mort rapide, au milieu d'une population qui se sent menacée de peste, produit toujours une vive émotion. On s'assura de sa famille et des locataires de la maison qu'il habitait, jusqu'à ce que les médecins eussent déclaré que Bonnet était mort d'apoplexie. Mais trois jours après, le 9 décembre, le sieur Michel, deuxième héritier, tomba malade. Soit terreur, soit conscience de son état, il s'avoua pendant son agonie frappé de peste. On l'enleva pendant la nuit, avec sa femme et son fils, et on les transféra à l'hôpital de Saint-Roch, où ils moururent successivement dans les dix jours qui suivirent. Ces morts consécutives alarmèrent sur la cause qui avait déterminé celle de Bonnet, dont la famille, après la déclaration des médecins, avait librement continué ses relations avec ses parents et ses amis. On transporta la veuve et ses enfants, ainsi que la dame Remédi, troisième héritière de la femme Tassy, dans une maison de campagne, avec des gardes pour les surveiller et pourvoir à leur subsistance. Quelques jours après trois des internés étaient morts, parmi lesquels la femme Remédi.

On ne put connaître l'origine de cette deuxième manifestation de la peste. Les consuls firent inutilement de longues recherches pour trouver des traces de relations entre la veuve Tassy et Cancelin. La population fut profondément émue et chacun pensa qu'un grand danger menaçait la ville. M. d'Antrechaus écrivit à Mgr de la Tour du

Pin Montauban, pour le prier de supprimer les offices des fêtes de Noël. Alors le peuple se crut absolument perdu. La peste avait envahi une grande partie de la Provence, et les malheurs effroyables de Marseille, racontés et colorés par l'imagination méridionale, portaient partout la terreur et l'effroi. Les fêtes de la Nativité du Christ, toujours si solennellement et si religieusement célébrées à Toulon, empruntèrent à l'état général des esprits et à la misère qui pesait sur les classes laborieuses, un caractère de lugubre tristesse (1). Il n'y eut ni messe de minuit, ni réjouissances de famille et les rues restèrent désertes et silencieuses. Bientôt l'activité industrielle s'arrêta ; la misère commença à peser sur les classes laborieuses, et l'égoïsme, qui naît des dangers invisibles, sembla briser tous les sentiments d'amitié et de famille : on ne se rencontrait plus qu'avec crainte et on se fuyait presque, comme si l'ami ou le parent devait vous communiquer la peste dans les effusions de sa tendresse. Dès ce jour, Toulon commença des funérailles qui durèrent sept mois.

Dans les premiers jours du mois de janvier 1721, un colporteur du nom de Gras, voyant la ville dépourvue de draps grossiers avec lesquels les habitants de basse condition confectionnaient leurs vêtements d'hiver, sortit de Toulon pour aller, disait-il, en faire un chargement à Signes, bourg situé à quelques lieues dans le nord de

---

(1). M. Hocquart écrivait à ce propos au ministre : « Les ouvriers » du port, qui depuis un temps immémorial ont coutume d'avoir » quelque chose d'extraordinaire à manger aux fêtes de Noël, ont le » malheur de passer celles-ci sans un morceau de pain, alors qu'il leur » est dû quatre quinzaines ; en sorte que si le Conseil ne prend le parti » de faire des remises en or, par la poste, non seulement les ouvriers » périront de misère, mais encore les autres entretenus. » *Archives* » *de la Préfecture Maritime.*

Toulon, où se trouvaient plusieurs fabriques de cette étoffe. Arrivé là, il mit un muletier de ses amis dans la confidence de ses projets, et se dirigea avec lui, par des chemins détournés, sur Aix, où il se procura les mêmes marchandises à très bas prix, la peste sévissant dans la ville et les marchands tenant à se débarrasser de leurs approvisionnements. Après avoir chargé sur deux mulets quatre balles de drap, il reprit la route de Signes et arriva pendant la nuit dans une grange appartenant à son associé et peu distante du bourg. Le lendemain, il se fit délivrer par la municipalité un billet de santé pour lui et le muletier, dans lequel on constatait qu'ils partaient de Signes, où n'existait aucun soupçon de contagion, avec deux mulets chargés de balles de drap de la fabrique du lieu. Gras arriva à Toulon le 10 janvier, et en deux jours vendit toute sa marchandise. Le 14, sa fille tomba malade et mourut le 17. Les médecins constatèrent cette fois tous les symptômes de la peste. En présence du cadavre de son enfant, Gras manifesta la plus profonde douleur et fut pris d'un désespoir tel qu'il excita la commisération de tous les assistants. Les consuls le firent immédiatement conduire et garder à sa maison de campagne, où il mourut cinq jours après, avouant et confessant son voyage à Aix et s'accusant d'être l'auteur de la mort de sa fille. M. Dupont, dont le caractère dur et inflexible était exaspéré par les événements qui se passaient autour de lui, fit incendier la maison de campagne dans laquelle Gras avait été interné, et la crainte seule de brûler la ville entière l'empêcha de livrer aux flammes sa maison d'habitation à Toulon (1).

(1) « ..... Nous nous transportâmes pour voir vuider par des
» *corbeaux*, la boutique et la maison du dit Gras, remplie des marchan-

M. d'Antrechaus est le seul écrivain qui nous ait laissé une relation de la peste de Toulon. Son travail n'est, à bien dire, qu'un traité de la peste au point de vue des précautions à prendre pour en garantir une ville. Les questions des lazarets, des parfums, des désinfections, de la boucherie, des moulins, etc., y sont longuement traitées. Ce qui est éminemment regrettable, c'est qu'il ait passé sous silence le récit des faits survenus à Toulon et n'aît pas cité un seul nom des nombreux citoyens qui mirent tant d'abnégation et de dévouement au service de la cité dont il était le premier magistrat. Partant de ce principe que la peste est contagieuse et transmissible, soit directement, soit indirectement, il a fait peser sur le malheureux Gras la terrible responsabilité de son introduction à Toulon. Quelque coupable que fût Gras, c'était là une erreur, car la peste existait à Toulon avant son voyage à Aix.

Nous n'avons pas de documents qui nous prouvent que des cas de peste avaient été observés à Toulon avant la mort de Cancelin ; mais il est certain qu'entre le décès de ce patron de barque, survenu le 18 octobre 1720, et celui de la fille Gras, qui n'eut lieu que le 17 janvier 1721, il y eut dans la ville, à l'hôpital et à bord des vaisseaux désarmés dans l'arsenal, de nombreuses atteintes de la contagion suivies de mort. Ces faits, dont les *Relations* du temps ne font pas mention, ce qui ne s'explique pas, car ils auraient dû frapper vivement l'attention publique, atténuent sans contredit la responsabilité qu'on a fait peser

---

» dises, hardes et meubles, qui furent brûlés sur les deux places de la
» cour du Palais et de Saint-Pierre. La maison auroit eu le même sort,
» attendu l'exemple nécessaire, si elle avoit été dans un lieu écarté, hors
» de danger de mettre le feu à la ville. » *Archives de la Direction de*
» *la Santé Publique*. Lettre de M. Dupont aux intendants de la Santé.

sur le colporteur Gras. Sans tenir compte de la mort de la veuve Tassy, que M. d'Antrechaus n'hésite pas à attribuer à la peste, quoique on ne pût jamais établir le moindre indice de relation entre cette femme et la famille Cancelin, le 25 novembre, dix jours, par conséquent, avant ce fait bien avéré, la servante d'un sieur Charron de Vilsablon, lieutenant de vaisseau, avait été frappée de peste et envoyée en quarantaine au Lazaret, où elle mourut quelques jours après. Le 29 du même mois de novembre, le fils d'un médecin nommé Féraud, élève à l'hôpital du Saint-Esprit, mourut rapidement avec des symptômes assez caractérisés de peste pour qu'on se crût autorisé à interner son père et sa mère. Le lendemain, 30, cinq personnes employées dans cet hôpital, parmi lesquelles un infirmier et une infirmière, furent atteintes du mal contagieux et conduites au Lazaret, où elles ne tardèrent pas à succomber. Enfin, le 11 décembre, plus d'un mois avant la mort de la fille Gras, un capucin, aumônier de l'hôpital, mourut aussi (1). En même temps que la peste frappait en ville la servante de M. de Vilsablon et faisait des victimes à l'hôpital, elle se montrait sur les vaisseaux. Le 21 décembre, un caporal de marine mourait à bord du bâtiment sur lequel il était embarqué, et quatre jours après, un matelot, l'un et l'autre avec des symptômes de peste, au dire de M. Hocquart, dans sa correspondance avec le ministre. Le 26, un frère du matelot mort la veille et une dame Boëvy, leur tante, expiraient avec des abcès charbonneux aux aisselles. On savait si bien, du reste, que la peste existait à Toulon avant le 21 janvier, quoique les médecins déclarassent ne trouver dans

(1) *Archives de la préfecture maritime.* Lettre de M. Hocquart au conseil de la marine.

les autopsies qu'ils pratiquaient que des signes ou des lésions se rapportant à des apoplexies cérébrales ou des congestions pulmonaires, que le 2 décembre un conseil avait été convoqué par M. Dupont : M. d'Ailly, les trois consuls, l'intendant de la marine, ainsi que le médecin et le chirurgien de la marine, les sieurs Boyer et Ferrand, y assistèrent. Il fut décidé dans cette réunion que l'hôpital du Saint-Esprit serait évacué pendant quarante jours, lavé, lessivé et désinfecté par des parfums répétés, et que M. Dupont demanderait une partie du séminaire des Jésuites pour y caserner la garnison, logée chez les habitants, ce qui lui fut refusé par le conseil de la marine (1). Enfin, une délibération des intendants de la santé, à la date du 30 décembre, c'est-à-dire, trois jours avant le départ de Gras pour Aix, constate en ces termes l'existence de la peste à Toulon depuis un certain temps : « Le trentième
» de décembre 1720, les intendants de la santé, assemblés
» au bureau de la Consigne, il leur a été représenté par
» M. Pavés, l'un d'eux, qu'attendu le grand danger où se
» trouve cette ville, attaquée du mal contagieux, duquel il
» est déjà mort bien des personnes, il seroit à propos
» d'intercéder par vœu la protection divine par l'interven-
» tion de la Très-Sainte-Vierge et de celle du glorieux
» Saint-Roch ; le bureau a délibéré de faire ériger, aussitôt
» après que la ville sera délivrée entièrement de ce cruel

---

(1) « ... M. Dupont et les consuls n'ont plus fait de mouvement à ce » sujet (la cession d'une partie du séminaire) et il y a lieu de croire » qu'ils tourneront à l'avenir leurs projets ailleurs, par les ordres que » le conseil de la marine a donnés à cet égard. » *(Archives de la préfecture maritime.)* En suite de ce refus, M. Dupont signifia aux religieuses de Saint-Bernard d'avoir à évacuer leur couvent pour pouvoir y caserner la garnison.

» mal, une chapelle dans l'église cathédrale en l'honneur
» de Jésus-Christ, pour servir de mémoire à la postérité
» de la miraculeuse délivrance du fléau de la peste. »

La peste était donc à Toulon, non pas parce que des hommes, certainement coupables, l'avaient introduite d'Aix, mais bien parce qu'elle sévissait depuis de longs mois déjà à Marseille et dans un grand nombre de communes de Provence, et que Toulon, dans les déplorables conditions de salubrité où il se trouvait, ne pouvait échapper à cette calamité. On profita dans les premiers temps de l'obscurité des nuits d'hiver pour cacher à la population le transport des malades et des morts. Les consuls, toujours vigilants et infatigables, supportaient le poids immense de l'administration : le jour, à l'hôtel de ville, ils faisaient face à des besoins imprévus et qui allaient toujours se multipliant ; la nuit, ils présidaient à l'ensevelissement des morts. M. d'Antrechaus, sur lequel pesaient toutes les responsabilités, mesurait d'un esprit ferme les difficultés de la tâche qu'il avait à accomplir, sans ressources, sans argent, au milieu d'une population pauvre et glacée d'effroi.

Déjà, en ces temps, presque tous les habitants ayant une certaine aisance possédaient des maisons de campagne, dites vulgairement *bastides*, dans lesquelles ils aimaient à passer la saison d'été. Quand on ne douta plus que la peste n'eût envahi Toulon, chaque propriétaire, persuadé que l'air des champs était moins infecté de contagion, pensa à s'éloigner, oubliant dans sa fuite la population que sa pauvreté condamnait à demeurer au centre du foyer d'infection. Les consuls donnèrent l'ordre de ne plus laisser sortir personne de la ville sans une autorisation émanant d'eux. Le lendemain, les notables se présentèrent à la mairie pour protester. M. d'Antrechaus les reçut ; « Mes-

» sieurs, leur dit-il d'une voix sévère, c'est sur votre amour
» pour la patrie que la cité, que les habitants ont fondé
» toutes leurs espérances ; chacun de vous doit être prêt
» à remplacer les consuls s'ils ont le malheur de succomber.
» La communauté n'a, vous le savez, ni trésorier, ni caisse,
» ni ressources ; toutes les fermes sont interdites ; où puiser
» si l'on ne peut compter dans une conjoncture aussi
» extrême sur la bourse et sur l'humanité des concitoyens ?
» que si cet espoir devait être déçu, il n'en est plus d'autre
» que de périr tous ensemble et de vous sauver par la mort
» de la honte d'avoir déserté une ville malheureuse (1). » Ces
paroles émurent les assistants et, dans la journée, on versa
à l'hôtel de ville quarante mille livres, somme modique
assurément en face de tant de besoins, mais énorme si l'on
considère l'état précaire de la fortune publique à Toulon
à cette époque.

Le premier soin de M. d'Antrechaus fut d'assurer, le
mieux qu'il lui fut possible, des approvisionnements et
d'organiser les services publics pour leur distribution. Il
mit l'abattoir en quarantaine, le pourvut de nombreux
agents et parqua dans les prairies du voisinage tous les
bœufs et moutons achetés à grands frais dans les Basses-
Alpes. Une seule rue, celle dite des Boucheries, était affectée à la vente de la viande ; pour éviter l'affluence et
l'encombrement, il dispersa les bouchers dans tous les
quartiers de la ville. Il fit placer devant chaque magasin
une barrière, à travers laquelle on faisait passer la viande
à l'acheteur, précaution puérile à laquelle on attachait

---

(1) *Relation de la peste de Toulon en 1721*, par J. D'ANTRECHAUS.
Chap. XXVI : *Nécessité de s'aider de la désolation publique pour parvenir à des emprunts.*

une grande importance et qu'on appliquait partout et toujours en temps de peste. Après la viande, il s'occupa du pain. On fit un grand amas de farine et, pour engager les boulangers à en faire autant, on les exonéra de tous les droits municipaux de mouture, mesure excellente qui fit tomber le prix du pain à un taux très bas. En administrateur prévoyant, M. d'Antrechaus exigea que les boulangers épuisassent toutes leurs farines avant de leur fournir celles de la communauté, ce que l'on fit plus tard, au jour le jour, pour éviter les abus et les dilapidations.

Dans les derniers quinze jours du mois de janvier 1721, la peste fit de nombreuses victimes. Après avoir supprimé les offices religieux, on supprima les processions, l'administration des sacrements avec concours de monde, les enterrements avec pompe; plus tard, on ferma même les églises. Tout mort pour lequel on n'avait appelé ni médecin, ni chirurgien était réputé suspect et sa famille conduite en observation à l'hôpital de Saint-Roch. Sur le rapport des commissaires de quartier, M. d'Antrechaus publia un arrêté qui enjoignait aux pharmaciens de délivrer les remèdes aux dépens de la communauté.

Accablés d'un immense fardeau, en proie à mille soucis, sans argent et se heurtant à chaque instant à des nécessités cruelles, les consuls convoquèrent le 28 janvier une assemblée générale. M. d'Antrechaus fit un tableau émouvant de l'état de la ville et des besoins d'une population que la cessation de tous les travaux et l'abandon de toute industrie réduisaient à la misère. On se repose volontiers dans une situation aussi malheureuse sur des magistrats dont l'activité et le dévoûment sont connus ; on décida : « qu'il étoit
» donné plein pouvoir aux consuls d'agir et de disposer des
» biens de la communauté comme ils verroient bon être,

» sans être tenus de rapporter la justification des dépenses,
» desquelles ils seroient crus à leur assertion, lors du
» compte qui en seroit rendu, sans qu'ils fussent obligés
» d'assembler d'autres conseils pour quelque cause que ce
» pût être, promettant l'assemblée de ratifier tout ce qu'ils
» auroient fait pendant la peste (1) ». Cette décision, semblable à celle qui avait été prise déjà pendant la peste de 1664, avait été votée à l'unanimité. Les consuls qui acceptaient cette lourde responsabilité, et dont deux n'allaient pas tarder à succomber, ne pensaient pas, sans doute, en ce moment, qu'on dût un jour opposer cette délibération à l'ingratitude et aux passions de quelques Toulonnais. M. d'Antrechaus, qui survécut seul, vit son administration sévèrement contrôlée, et un de ses successeurs osa proposer de nommer une commission d'enquête ; mais le conseil de ville ne ratifia pas cet acte odieux et rejeta la proposition dans sa séance du 22 avril 1723 (2).

Les consuls licencièrent le 1er février les compagnies de quartier, et le régiment de Brie, composé de quelques centaines d'hommes seulement, resta seul chargé de la garde des portes et de tous les services intérieurs. Les soldats, logés isolément chez les habitants, furent casernés au couvent des Bernardines, contre la porte Saint-Lazare, et au Jeu-de-Paume, touchant à la porte Royale. Les gardes de la Marine s'établirent dans le Séminaire des Jésuites. La ville avait pris un aspect morne et désolé. La cessation de tout travail était complète. Chacun vivait dans sa famille

(1) *Archives communales.* Série BB : *Délibération du conseil de ville.*
(2) Dans les registres de la commune, un commencement d'enquête portant sur la fourniture des farines est biffé de deux traits de plume et déclaré nul par une note mise en marge et signée Resson.

et les portes des maisons ne s'ouvraient à peu près plus
que pour laisser sortir les chefs de famille allant à la
recherche des approvisionnements et les morts qu'on portait
au cimetière. Les mendiants, qui ne vivaient que de la
charité publique, élevèrent leur voix dolente vers la municipalité. On leur fit d'abord distribuer deux fois par jour
de la soupe et du pain dans les couvents ; mais bientôt leur
nombre augmentant sans cesse, on fut obligé de recourir à
d'autres moyens. Les consuls s'adressèrent au commandant
de la Marine. M. Duquesne-Mosnier, successeur de M. d'Ailly,
mort le 27 décembre 1720, d'une fluxion de poitrine, qui mit
à leur disposition un vaisseau, qu'on mouilla près du Mourillon et sur lequel on embarqua un médecin, un aumonier,
deux commis, des vivres pour deux mois et tous les
mendiants de la ville. Ce fut un grand débarras et un grand
soulagement pour l'administration, en même temps qu'une
œuvre humanitaire, car ces malheureux, sans ressourses
et couchant, pour le plus grand nombre, dans des lieux
ouverts à tous les vents, étaient fréquemment trouvés morts
de la peste sur leur grabat.

Il est dans la nature des hommes de se plaindre d'autant
plus qu'ils ont moins à se préoccuper de leurs besoins de
chaque jour. Jamais on ne cria plus à la famine que lorsque
les consuls, au prix des plus grands sacrifices et d'un labeur
écrasant, pourvurent gratuitement à la subsistance de
chacun. Il en fut de même des médecins qui, pendant cette
terrible épidémie, se prodiguèrent jusqu'au sacrifice de leur
vie. Quand le calme fut revenu dans la ville, un seul
survivait, M. Navare ; tous les autres avaient payé de leur
existence l'honneur d'avoir été les plus dévoués au milieu
des calamités qui exigèrent tant de dévouements. Sur trente
chirurgiens et trente apprentis chirurgiens, dix maîtres

seulement survécurent, et un seul apprenti, du nom de Berlier, pour lequel M. d'Antrechaus demanda et obtint la maîtrise. Mais où serait l'honneur du sacrifice s'il était toujours accompagné de la reconnaissance de tous.

Les notables, assemblés à l'hôtel de ville, le 23 janvier, en remettant toute l'autorité entre les mains des consuls, avaient en même temps émis l'avis qu'on établît une quarantaine générale de tous les habitants. C'était là un souvenir de la *Serrade* déjà expérimentée si malheureusement pendant la peste de 1664. Cette idée jetée dans la population avait été accueillie avec une faveur que rien ne justifiait dans les enseignements du passé. Les imaginations malades et en désespoir commentaient le bénéfice de cette mesure, et la voix publique vint bientôt faire aux consuls une loi de se conformer à ce que tout le monde considérait comme le salut.

M. d'Antrechaus, quoique grand partisan de l'isolement, considérait avec anxiété le résultat d'une pareille détermination, dans une ville où la population était agglomérée, dépourvue d'hôpitaux, et quand la peste sévissait déjà cruellement. Il entrevoyait les dures exigences d'un service public destiné à pourvoir, au milieu des plus grands dangers, à la subsistance de plus de 26,000 habitants. « Une
» quarantaine, disait-il, n'est vraiment salutaire qu'à ceux
» qui savent se l'imposer eux-mêmes. Comment une ville
» entière peut-elle en observer les règles, lorsqu'une
» multitude de personnes communiquent forcément entre
» elles et ne peuvent allier une retraite exacte avec les
» devoirs de leurs charges et les besoins des habitants.
» Quel bénéfice retirer d'une quarantaine quand les auto-
» rités civiles, militaires et maritimes seront libres de
» communiquer avec chacun, quand les médecins, les

» chirurgiens, les recteurs des hôpitaux, les confesseurs,
» les commissaires de quartier, les syndics, les boulangers,
» les bouchers, les pourvoyeurs en grand nombre, seront
» en relation de tous les instants avec les quarantainaires. »
« Une quarantaine générale, a-t-il écrit plus tard, est un
» arrêt de mort que l'on prononce. » Mais il ne put se
soustraire aux représentations renouvelées de ses deux
collègues au consulat, de son conseil de ville, de M. Dupont
et de la population entière : il prononça l'arrêt de mort !
L'ouverture de la quarantaine fut fixée au 10 mars.

La ville ne disposait que de deux hôpitaux, celui du
Saint-Esprit et celui de Saint-Roch, ce dernier composé de
baraquements élevés à la hâte. M. d'Antrechaus, avant de
publier le règlement de quarantaine générale, voulut
s'assurer la possession entière de l'hôpital du Saint-Esprit
pour les pestiférés seuls. Il est d'observation en médecine
que les grandes épidémies ont une tendance à diminuer le
nombre des maladies aiguës et à suspendre la marche des
affections chroniques ; jamais, en effet, l'hôpital n'avait eu
moins de malades de ces catégories. Le premier consul
trouva dans les Frères Prêcheurs des auxiliaires qui vinrent
à son secours dans ces circonstances critiques. Ceux-ci
consentirent à hospitaliser dans leur couvent les infirmes,
les blessés, les enfants trouvés, tous les malades en un mot
qui étaient à demeure ou en traitement à l'hôpital, et, en
peu de jours, les salles furent mises en état pour recevoir
exclusivement ceux qui étaient atteints du mal contagieux.

Le 18 février, le règlement de la quarantaine générale
fut imprimé et affiché. Il contenait trente articles et était
exécutoire à partir du 10 mars.

Les habitants étaient divisés en quatre classes ou catégories ;

Ceux qui déclaraient vouloir quitter la ville pour se retirer dans les champs ;

Ceux qui, demeurant dans la ville, s'engageaient à pourvoir à leur subsistance par des approvisionnements faits à leurs frais, à l'exception du pain et de la viande que la commune leur fournirait sur bons payables à la cessation de la peste ;

Ceux qui, sans être dans l'indigence, avaient cependant besoin des secours de la commune ;

Ceux enfin qu'il fallait assister et nourrir gratuitement.

Ces deux dernières catégories, distinctes en droit, se confondirent en fait en une seule, dont la subsistance resta entièrement à la charge de la ville.

Toulon fut partagé en huit quartiers. On nomma huit commissaires de quartier, ayant chacun sous ses ordres six syndics, un médecin, un chirurgien et un grand nombre de pourvoyeurs chargés de la distribution à domicile des vivres journaliers. Le nombre de ces derniers agents, fixé d'abord à cinq cent quarante, fut porté ensuite à six cents. En moins de quarante jours, cinq commissaires succombèrent ; il fallut renouveler quatorze fois les syndics, et tous les pourvoyeurs étant morts, la difficulté de les remplacer jeta la perturbation dans le service des distributions.

Huit mille personnes, n'ayant pour subsister que le salaire de leurs travaux de tous les jours, furent portées sur la liste des indigents que la communauté dut complètement et gratuitement nourrir. L'alimentation de ces huit mille personnes fut fixée à une livre et demie de pain par jour, trois onces de riz ou cinq onces de fèves, une certaine quantité d'huile, de sel, et une chopine de vin. On leur distribuait, en outre, deux fois par semaine, une ration de viande. Mais, avec l'alimentation complète des pauvres et des indigents, il fallut assurer le pain et la viande à tous les habitants, quelle que fût leur condition de fortune. Les demandes durent se faire sur bons signés par le commissaire du quartier et dont l'acquittement par le demandeur était renvoyé à des temps plus heureux. Cette mesure eut des résultats déplorables pour les finances municipales. Les bons, qui devaient servir de pièces comptables, n'arrivèrent entre les mains des commissaires et des pourvoyeurs qu'après avoir été trempés dans du vinaigre pour la purification du papier; d'autre part, les bouchers et les boulangers, parmi lesquels la mortalité fut très grande, n'en eurent aucun soin et les égarèrent. Le désordre se mit dans la comptabilité, si bien que plus tard, au lieu d'avoir à nourrir huit mille personnes, la ville eut à supporter à peu près la subsistance en pain et viande de toute la population.

M. Hocquart, dont on peut dire qu'il montra du courage et une grande abnégation en refusant, au début de la peste, d'aller continuer ses services au Havre pour rester au milieu de la population maritime qu'il administrait, prit des mesures pour que la quarantaine s'étendît à tout le personnel de la marine. Les marins des équipages, matelots, canonniers et autres, formant en tout trente escouades de quarante-cinq hommes, les ouvriers du port, au nombre de sept à huit cents, ainsi que tous les commissaires et employés de bas grades, furent séquestrés dans l'arsenal; mais beaucoup de ces derniers, ne voulant pas se séparer de leurs familles, refusèrent de quitter leur maison. Le ministre donna plein pouvoir au directeur des vivres d'acheter des approvisionnements; pouvoir illusoire, car la caisse de la marine était vide et à toutes les demandes de subsides on répondit par des renvois à plus tard, faute de fonds. M. Hocquart s'en plaignait vivement, mais toujours

inutilement : « Nous ne pouvons donner, écrivait-il, que du
» bœuf salé ayant déjà fait campagne, gâté et puant; nous
» n'avons pas de lard, pas de légumes, toujours des pois
» et des fèves, jamais de haricots, dont la nourriture est
» meilleure. Si nous sommes obligés de succomber faute
» d'avoir été secourus, je supplie le conseil de la marine de
» ne m'en point imputer la faute, car je l'ai prévenu dans
» toutes mes lettres de la triste position du port (1). »

Le 6 mars, M. d'Antrechaus assura le service médical pendant la quarantaine. Il convoqua à l'hôtel de ville tous les médecins et maîtres chirurgiens et régla avec eux leur service public au cours de la contagion. Il demandait à ce que deux médecins et deux chirurgiens fussent nuit et jour à la disposition des malades pauvres et s'engageait à faire payer mensuellement par la ville cinq cents livres aux médecins et trois cents livres aux chirurgiens. Le doyen, prenant la parole, représenta que les corps médical et chirurgical de la ville estimaient qu'il était nécessaire qu'au lieu de deux médecins et de deux chirurgiens, qui ne pourraient incontestablement suffire, il fut nommé trois médecins et trois chirurgiens, qui se remplaceraient tous les mois et visiteraient, sur les ordres des consuls et des commissaires de quartier, tous les malades, sans distinction, qui réclameraient leurs soins. Il demanda seulement à ce qu'ils fussent traités, au point de vue des émoluments, comme leurs confrères de Marseille, lesquels percevaient : les médecins, sept cents livres par mois et les chirurgiens, cinq cents livres. Le premier consul ayant accepté ces conditions, le service médical fut installé et fonctionna jusqu'au jour où la contagion ayant dévoré médecins et

1) *Archives de la Préfecture Maritime.* Correspondance.

chirurgiens, on fut forcé d'avoir recours à ceux des localités voisines, et d'en appeler même de Marseille et de Montpellier.

Le 7 mars, M. d'Antrechaus vint établir sa demeure à l'hôtel de ville, où il fut suivi de ses deux collègues Marin et Gavoty. Cette détermination des trois consuls stimula le zèle de plusieurs conseillers, qui se persuadèrent que le devoir les appelait à ce poste et qui, après avoir envoyé leurs familles à la campagne, vinrent volontairement se joindre à M. d'Antrechaus, ainsi que les fourriers, l'archiviste, les sergents de ville et autres employés. Plus de trente personnes se trouvèrent ainsi réunies, nombre qui, le jour de l'ouverture de la quarantaine, par l'adjonction d'un médecin, d'un confesseur, d'un cuisinier, des domestiques, etc., se trouva porté à cinquante habitants environ, desquels il ne restait à la fin du mois de mai que le premier consul d'Antrechaus et le sieur Galle, capitaine de navire marchand (1).

Le lendemain, 8 mars, les consuls et M. Dupont firent publier une ordonnance qui défendait aux habitants qui n'étaient pas employés au service de la ville de sortir de leurs maisons à partir du 10 mars, sous peine de pendaison, et prescrivait aux distributeurs et autres agents de la municipalité de porter une médaille qui devait servir à les faire reconnaître, l'usurpation du port de la médaille entraînant la peine de mort. On ne tarda pas à être obligé

---

(1) M. Dupont écrivait, après la cessation de la peste, au comte de Toulouse, grand amiral de France : « Je ne puis passer sous silence le » sieur Galle dont le zèle depuis huit mois ne s'est jamais ralenti, qui a » servi et sert actuellement très utilement dans les commissions les plus » délicates, les plus fatigantes et les plus périlleuses. Il fait tout sans » intérêt.....» Galle fut nommé capitaine de brulôt, en récompense de sa généreuse conduite.

d'appliquer cet article de la terrible ordonnance. Le 17 du mois de mars, un sieur J.-B. Mouriez, meunier à huile, attiré dans la rue par l'espoir d'un lucre clandestin, fut arrêté porteur d'une médaille fausse et condamné à être pendu ; « mais attendu, dit le jugement, que nous manquons » d'hommes pour donner la sépulture aux morts, la peine » est commuée, et le sieur Mouriez est condamné à servir » de fossoyeur jusqu'à la cessation de la peste (1) ».

Le 9 mars, les consuls, pour faire face au manque ou à l'insuffisance de la lingerie de lit dans lequel se trouvaient les deux hôpitaux, firent par la ville une quête générale de ces objets de première nécessité. Suivis de nombreux chariots, ils parcoururent les rues, frappant à toutes les portes et excitant par leurs paroles la commisération publique. La quête produisit des résultats inespérés et les hôpitaux se trouvèrent approvisionnés pour longtemps.

Le 10 mars, la quarantaine commença. Les rues devinrent tout-à-coup désertes et silencieuses : toutes les maisons étaient closes, les églises ou chapelles fermées, les chantiers de constructions navales abandonnés. A peine si dans les divers quartiers et pendant les premières heures du jour, les magasins municipaux d'approvisionnements montraient-ils une certaine agitation par la foule des pourvoyeurs qui s'y pressaient ; mais ce bruit ne tardait pas à s'éteindre, et le pas solitaire des médecins, des confesseurs et des notaires se hâtant vers les malades et les agonisants rompait seul la monotonie du sourd roulement sur le pavé des chariots funèbres emportant les morts au cime-

---

(1) *Archives de la Direction de la santé publique.*

tière (1). Les cadavres déposés dans des tombereaux, sans bière et souvent sans linceul, étaient jetés dans des fosses

(1) Nous n'avons pas à expliquer l'intervention des médecins ou chirurgiens et des confesseurs auprès des quarantenaires; celle des notaires s'exerçait en pleine rue et rend plus saisissante la sombre horreur qui régnait en ces temps sinistres. Leurs registres ne contiennent, du mois de mars au mois de septembre, à quelques rares exceptions près, et à partir du mois de juillet, que des actes testamentaires. Soit qu'ils n'y fussent pas autorisés, soit qu'ils se gardassent volontairement de toute communication avec les quarantenaires, ils instrumentaient sur la voie publique, assistés de témoins généralement pris dans le clergé ou parmi les syndics et pourvoyeurs. Le testateur se tenait, selon son état de santé, sur le seuil de la porte de sa maison, à sa fenêtre, couché dans son lit descendu dans un salon bas ou, à défaut, dans la boutique, ouverte pour cette circonstance, et dictait à haute voix ses dernières volontés.

1er avril 1721. « Par devant nous, notaire, et témoins requis soussi-
» gnés, a été présent en personne Paul Delaye, maître boulanger, lequel
» de son gré, sain de tous ses sens, bonne et ferme parole, souvenu de
» la mort, mais incertain de l'heure de son avènement, a fait et ordonné
» son présent testament. Et premièrement....., etc. Fait et publié dans
» la rue Traverse des Capucins, ledit Delaye étant sur le seuil de la
» porte de sa maison, en présence de..... »

11 avril 1721. « Par devant nous, notaire....., etc., a été présent Joseph
» Cassaladieu, cordonnier, lequel étant contumace dans sa maison, où
» plusieurs personnes et même sa femme sont mortes de la maladie
» contagieuse, nous auroit fait entendre de sa fenêtre ses dernières
» volontés, que nous aurions transcrites telles que s'en suit..... Fait et
» publié dans le cul de sac de la petite rue de Saint-Andrieu, au derrière
» du logis de la Treille, nous, notaire et témoins soussignés, estant dans
» la petite rue, faute de communication..... »

26 avril 1721. « Par devant nous, notaire....., etc., a été présent Jean
» Julien, marchand, atteint de la contagion, laquelle est dans cette ville
» dans sa plus grande fureur..... Fait et publié dans la rue de la Croix
» des Capucins, vis à vis le bas appartement où le testateur est malade.....»

19 mai 1721. « Par devant nous, notaire....., etc., a été présent
» J. B. Bastide, pilote, attaqué de la maladie contagieuse..... Fait et
» publié dans la rue des Marchands, au devant de la maison dudit beau-
» père du testateur, qui est dans la boutique, en présence....., etc. »

Actes de Me Pomet, notaire royal et apostolique. Etude de Me Gence.

communes par de sordides fossoyeurs. Ceux-ci, dans les premiers temps de la quarantaine, avaient suffi à l'enlèvement et à la sépulture des morts ; mais bientôt la peste fit chômer ce service si important. L'effroi qui, à l'aspect du cadavre d'un pestiféré, glaçait les plus courageux, rendit impossible l'emploi de l'autorité pour contraindre les habitants à accomplir ces travaux aussi dangereux que répugnants. On allait se trouver aux prises avec les plus grandes difficultés, lorsqu'un ordre de M. Le Blanc, ministre de la guerre, mit à la disposition des consuls un bataillon de déserteurs italiens formé à Toulon. C'était un ramassis de soudards, gens de sac et de corde, que rien n'effrayait et qui périrent tous dans l'accomplissement de leurs pénibles obligations.

Jusqu'au 20 mars, la distribution du pain se fit régulièrement et avec assez d'ordre, mais bientôt la mort d'un grand nombre de pourvoyeurs amena mille embarras, sans cesse renaissants. En un mois, cent treize boulangers, sur cent trente-cinq, moururent. La ville se trouva dans une affreuse extrémité : en avril, on fut obligé pendant trois jours de distribuer un supplément de riz pour remplacer le pain qui manquait. M. d'Antrechaus vint supplier M. Hocquart de mettre trente-cinq fours de la boulangerie maritime, située hors la ville, à la disposition de la commune. C'étaient les seuls dont M. Hocquart pouvait disposer ; il accéda volontiers à cette demande et consentit à faire un appel aux ouvriers boulangers appartenant aux troupes de la marine internées dans l'arsenal. De leur côté, les consuls attirèrent, non sans de grands sacrifices d'argent, quelques maîtres boulangers des villages voisins comme directeurs des fours royaux, et pendant quelque temps encore on eut du pain assuré.

Au moment où la ville, abandonnée par l'Etat et la province, luttait avec ses seules ressources contre la misère et la mort, elle reçut de la commune de Lorgues les secours qu'elle était en droit d'attendre de ses généreux habitants. L'amitié qui unissait Lorgues et Toulon était comme une tradition séculaire, et on a vu les preuves de la fidélité au malheur que la première de ces deux villes avait données à Toulon pendant la peste de 1664. La peste de 1721 montra que les fils étaient dignes de leurs pères, et ce n'est pas sans émotion que l'on apprend, par la correspondance échangée à cette époque entre les consuls de ces deux communes, toute l'étendue du dévoûment que la population de Lorgues montra dans ces circonstances douloureuses.

Déjà, l'année précédente, les consuls de Lorgues « ayant » eu soupçon que la ville de Toulon était attaquée du mal » contagieux », avaient député l'un d'eux, le deuxième consul Jacques Lejean, pour venir à Toulon s'assurer de l'état des choses et offrir à la communauté « tout ce dont » elle peut avoir besoin ». Après avoir accompli sa mission, M. Lejean rentra à Lorgues, porteur d'une lettre de M. d'Antrechaus, dans laquelle ce magistrat consulaire constatait en termes émus les services rendus de tout temps par la ville de Lorgues à la ville de Toulon : « Quoique » nous soyons informés presque en naissant, disait-il, de » l'ancienne alliance qu'il y a entre votre ville et la nôtre, » notre surprise n'en a pas moins été agréable à l'arrivée » de M. Lejean, votre collègue, député vers nous par déli- » bération de votre conseil général. Nous ne saurions vous » exprimer, Messieurs, combien nous sommes sensibles » à l'honneur que vous nous avés fait et aux offres obli- » geantes que vous y avés ajoutées ; nous les accepterions » avec autant de plaisir et de confiance que nos prédéces-

» seurs les acceptèrent des vôtres en l'année 1664, à l'occa-
» sion de la peste, si le Seigneur vouloit encore nous affliger
» du même fléau....., etc. »

Le 13 février 1721, le conseil de ville de Lorgues, sur le rapport des consuls, « que Toulon se trouve attaqué de la
» contagion, que la viande y est d'une cherté extraordinaire,
» n'en pouvant même pas avoir avec de l'argent, et que
» c'est une occasion favorable pour témoigner à ses habi-
» tants notre reconnaissance, en considération des services
» et des honnêtetés que nous avons reçus de tout temps de
» la part de cette communauté..... », décida à l'unanimité
« qu'il sera cherché de deux à trois cents moutons et quel-
» ques bœufs pour faire conduire aux barrières de Toulon,
» et pour cet effet il sera pris environ 650 livres sur l'impo-
» sition des quarante sols par coupe d'huile (1) ». Tous les bestiaux de boucherie qu'on put se procurer furent conduits à la barrière du pont de Réganas, entre la Valette et la Farlède, et de là amenés à Toulon. M. d'Antrechaus écrivit à ce propos une lettre aux consuls de Lorgues, dans laquelle il leur disait : « Dans les temps tranquilles comme dans les
» plus malheureux, nous avons reçu les mêmes marques
» de votre souvenir et de votre amitié. Nos prédécesseurs
» nous en ont fourni des mémoires ; nous avons la conso-
» lation de les lire et d'y ajouter tous les jours de nouveaux
» bienfaits de votre part, monuments assez authentiques
» pour que la postérité ne les oublie jamais..... En vérité,
» Messieurs, c'est les yeux pleins de larmes que nous vous
» en témoignons toute notre reconnaissance. Personne,
» dans notre malheur, ne nous a donné signe de vie que

---

(1) *Archives communales de Lorgues. Délibération du conseil de ville.* Séance du 13 février 1721.

» MM. les consuls de Lorgues, et nous vous protestons
» qu'il semble que la cour et la province se reposent sur
» votre bon cœur. »

Les barrières, les parfums, la séquestration devaient être et furent impuissants contre la peste. La quarantaine commençait à peine que la mort venait frapper à la porte de l'hôtel de ville. Un des serviteurs de la maison fut atteint de la contagion et succomba rapidement. Ce jour-là, M. Dupont écrivit à M. Lebret, intendant de la province : « Je vous prie à songer d'avance à remplir, en cas de mal-
» heur aujourd'huy inévitable, la place des magistrats qui
» vont mourir par ceux qui l'année précédente ont exercé. »
Funestes prévisions qui ne tardèrent pas à se réaliser.

Au milieu des terribles difficultés qui allaient croissant tous les jours, la peste pénétra dans le couvent des FF. Prêcheurs, transformé en infirmerie, et sur le vaisseau des mendiants, mouillé au Mourillon. Ce furent deux hôpitaux ajoutés aux deux qu'on avait déjà. On fit sortir du vaisseau les pestiférés et on les logea dans un magasin de la marine situé dans l'enclos du Mourillon. Le 12 avril, cet hôpital comptait cinquante malades. Ce même jour, M. d'Antrechaus fit une visite dans tous les hôpitaux pour faire dresser en sa présence le relevé exact des malades qu'ils contenaient, l'envoya au gouverneur de la province et sollicita des secours. Le résultat fut qu'il existait 117 malades au couvent des FF. Prêcheurs, 503 à l'hôpital du Saint-Esprit, 207 à l'infirmerie de Saint-Roch et 50 au Mourillon, en tout 877. Dans ce mois d'avril, la moyenne des morts dépassa 200 par jour et, le 20, jour où devait finir la quarantaine, le chiffre s'éleva à 240. Les services publics se trouvèrent en détresse. La propreté des rues ne se fit plus, par la mort de ceux qui en étaient chargés et l'impossibilité où on se trouva de les remplacer. Les immondices s'augmentant de toutes les hardes et objets de literie ayant servi aux pestiférés morts ou transportés à l'hôpital, et dont on se débarrassait avec empressement, les rues devinrent bientôt impraticables et exhalèrent des miasmes infects. En même temps et par surcroît de calamités, il fallut subvenir à la subsistance des habitants qui, au moment de l'ouverture de la quarantaine, s'étaient éloignés de la ville pour se retirer dans les maisons de campagne, où ils avaient formé des centres d'agglomération devenus des foyers pestilentiels.

Dès le début de la quarantaine, on avait interdit toutes relations entre la ville et les réfugiés sur le territoire, et M. Dupont, partisan fougueux de toutes les mesures violentes, faisait brutalement veiller par ses soldats à l'exécution de cette consigne. Nous apprenons par les actes notariés de l'époque que ces malheureux s'étaient mis d'eux-mêmes et sans y être contraints en quarantaine dans leurs bastides et ne communiquaient entr'eux qu'à une certaine distance et pour les besoins les plus urgents de la vie. Le notaire Ferran, qui avait déserté la ville et s'était établi avec sa famille, dès le 9 mars, dans une bastide située au quartier des Darboussètes, en compagnie des familles Valence et Guiramand, nous a laissé de nombreux actes testamentaires dressés par lui un peu partout dans les divers quartiers ruraux des Darboussètes, des Routes, de Malbousquet, etc., et même de la commune de la Garde, « où il n'y a, dit-il, » aucun notaire qui y fasse sa résidence, pour cause de la » contagion qui y règne ». Nous y voyons que lorsqu'il était appelé à instrumenter, il se gardait toujours de toute communication avec les testateurs ainsi qu'avec leurs témoins, soit qu'ils fussent « soupçonnés ou atteints de contagion », soit qu'ils fussent, « grace au Seigneur, en parfaite santé (1) ».

Les fugitifs, repoussés de la ville qu'ils avaient désertée, n'avaient pas tardé à se trouver en proie aux angoisses de la famine par la consommation des approvisionnements qu'ils avaient péniblement transportés dans leurs bastides. Sans secours et au désespoir, ils se présentèrent bientôt aux barrières de la porte Royale, demandant du pain et implorant la pitié des consuls. M. d'Antrechaus ne put rester insensible à tant de misères. Il fit dans la campagne quelques établissements de bouchers et de boulangers ; mais en ces temps la mort défaisait le lendemain ce qui avait été édifié la veille, et il fallut organiser sur le territoire des distributions journalières comme dans la ville.

Déjà, le 16 mars, les consuls, M. Dupont, les intendants de la santé s'étaient adressés au maréchal de Villars et aux Etats de Provence pour obtenir des subsides. Le maréchal échoua, malgré ses vives instances, auprès du ministre ; mais les Etats, quoique sollicités par un grand nombre de

---

(1) 11 mai 1721. Testament de Marie Françoise Ripelle. « ..... de pré-
» sent dans la bastide de son mari, située au quartier des Routes, où ils
» résident à cause de la contagion, laquelle de son gré, ayant l'usage
» entièrement libre de tous ses sens : vue, ouie, mémoire et entende-
» ment, estant, grâce au Seigneur, en parfaite santé, a résolu de faire
» son testament. Et premièrement..... Fait et publié au devant de ladite
» bastide, d'où ladite Ripelle a paru sur la porte, à quelques pas éloignée
» de nous, ayant de cet endroit expliqué ses intentions à haute voix, en
» présence de François et Jacques Galle, Auguste et Gabriel Gautier,
» Joseph Vidal, maître boulanger, Joseph Valence, marchand, et Joseph
» Guiramand, témoins requis. La testatrice et lesdits Gautier, Galle et
» Vidal n'ayant pu se signer au bas du présent à cause de la contagion
» et du défaut de communication, lesdits Valence et Guiramand se sont
» soussignés pour estre en communication avec nous, notaire, pour estre
» tous ensemble dans une même bastide au quartier des Darboussètes. »
Actes du notaire Ferran. Etude de M° Couret.

villes et communes contaminées, votèrent une somme de quinze mille livres. Au mois d'avril, la viande de boucherie fut sur le point de manquer; il fallait renouveler le marché et la caisse municipale était vide. M. d'Antrechaus s'adressa pour la deuxième fois aux Etats, qui accordèrent une nouvelle somme de quinze mille livres pour achat de bestiaux, en émettant le vœu que la quarantaine, qui était sur le point d'expirer, fût prolongée (1). Mais la ville de Lorgues n'avait pas attendu une demande, que Toulon n'avait pas osé lui faire, pour venir à son secours. Ses consuls, récemment élus, avaient cru ne pouvoir mieux répondre aux vœux de la population qu'ils administraient qu'en envoyant deux cents moutons et douze bœufs aux barrières de Toulon. M. d'Antrechaus et ses deux collègues leur écrivaient, à ce propos, le 15 avril : « Nous voyons, par la lettre que vous
» nous avés fait l'honneur de nous écrire, que le change-
» ment du consulat n'en a point apporté aux sentiments de
» générosité et d'amitié dont Messieurs les magistrats et
» les habitans de la ville de Lorgues ont de tout temps
» honoré ceux de Toulon..... Nous avons reçu avec plaisir
» les deux cents moutons que vous avés eu la bonté d'envoyer
» à la barrière de Réganas, et nous souhaitons l'occasion
» de vous en témoigner autant de reconnoissance que

---

(1) « Les besoins de la ville de Toulon, que la maladie ravage avec la
» dernière fureur, nonobstant la quarantaine qu'on y observe, devenant
» tous les jours plus pressants par la mortalité qui y augmente, les
» consuls ne sauroient éviter de proroger cette quarantaine pour ne pas
» rendre inutile une dépense de cinquante mille écus que leur coûte
» cette entreprise. Mais leurs ressources étant épuisées, l'assemblée
» délibère d'accorder quinze mille livres à la ville de Toulon pour achat
» de bestiaux. » *Procès-verbaux de l'assemblée des Etats de Provence pendant la durée de la peste.*

» nous en conserverons éternellement dans le cœur....., » etc. »

Le 20 avril, la quarantaine devait finir. Pendant ces quarante jours de funeste expérience, la population aurait dû perdre toutes ses illusions sur les résultats de l'isolement pratiqué dans de pareilles conditions. Il n'en fut pas ainsi. M. Dupont, armé de l'arrêt royal qui mettait la police, au point de vue de la contagion, entre ses mains, demanda et obtint une prolongation de quarantaine de trente jours, en quoi il fut aidé par quelques familles influentes qui avaient été assez heureuses pour être respectées par le fléau. M. d'Antrechaus promulgua, au désespoir de la plus grande partie de la population et le cœur plein de sinistres pressentiments, cette prolongation : « Chacun, dit-il, souffrait
» dans sa retraite, les besoins étaient extrêmes ; cette
» malheureuse situation n'était que trop connue et, quoi-
» que le salut public dût l'emporter sur celui de quelques
» particuliers, ceux qui pendant le cours de la quarantaine
» s'étaient conservés, insistèrent tellement pour la faire
» continuer que, quoique elle eût réduit les artisans et le
» petit peuple aux abois, il fallut céder à leur suffrage et
» à celui du commandant de la place, et prolonger de trente
» jours la plus cruelle quarantaine qui fut jamais. »

Dix jours après, le 30 avril, on constata 270 décès. On manqua de chariots pour le transport des morts et de fosses pour les inhumations. M. d'Antrechaus s'étant rendu au cimetière vit avec une profonde émotion des cadavres qui n'étaient qu'imparfaitement recouverts de terre. Il fallut dans la journée même se procurer plusieurs tombereaux de chaux, ce qui ne se fit qu'avec beaucoup de peine, pour cacher sous ce linceul dévorant des restes humains qui commençaient à entrer en putréfaction. Chaque jour voyait tomber un médecin ou chirurgien. Les consuls en firent demander partout avec les plus vives instances, mais la Provence, envahie par la peste, gardait avec soin ceux que la mort avait épargnés. En attendant que Marseille, Montpellier et même Paris en eussent envoyé quelques-uns, combien de malheureux périrent sans assistance et dans les angoisses de l'abandon.

Bientôt il fallut se préoccuper d'établir un cinquième hôpital, ceux qu'on avait déjà manquant de lits pour y recevoir les malades. Les consuls louèrent un enclos situé sous les remparts, à la sortie de la porte Saint-Lazare, appartenant à un sieur Gérin, sacristain de la Major, à Marseille, et, avec des voiles de navire tirées de l'arsenal, firent dresser des tentes pour y abriter les pestiférés. Cet hôpital, si tant est qu'on puisse ainsi appeler une construction semblable, reçut le nom de Camp Gérin, qui est resté à l'enclos, qui existe encore, attenant au champ de manœuvres dit Champ-de-Mars. On transporta sous ces tentes tout ce qu'il y avait de malades dans la ville. En peu de jours, le Camp Gérin compta douze cents hommes, femmes ou enfants atteints de peste. La mortalité de cet hôpital fut considérable. Les tentes, élevées à la hâte par des ouvriers inhabiles, ne résistèrent que faiblement aux orages de la saison : les pluies d'avril vinrent inonder les malades, et la violence du vent abattit plusieurs fois ces abris élevés précipitamment et sans solidité. La ville ne se lassait pas cependant de remplir les lits que la mort faisait vides. Les médecins et les aumôniers osaient seuls pénétrer sous les tentes et, par suite, étaient appelés à dresser les actes testamentaires des mourants (1).

(1) « L'an dix-sept cent vingt-un et le quatrième jour du mois de mai,

Le mois de mai arriva au milieu de ces calamités sans nombre. L'effroi régnait dans la ville, où l'herbe croissait dans les rues sur une couche épaisse de fumier. La porte de l'arsenal s'ouvrait à chaque instant pour laisser sortir les cadavres de nobles et brillants officiers qui allaient trouver dans la mort l'égalité de la fosse commune. Le capitaine de vaisseau de Motheux, les lieutenants de vaisseau de Saint-Julien, de Monderville, Le Fanu, de La Faudré, de Forbin Sainte-Croix, de Chabert-Taillard, de Grandmaison, de Gineste, de Beaussier, etc., les gardes du pavillon de Baillibaud, d'Orvès, le chevalier de Sainte-Marie et tant d'autres, moururent en moins d'un mois, ainsi que cinq maîtres d'équipage, trois pilotes, six maîtres canonniers, un maître calfat, deux maîtres charpentiers et un maître voilier (1).

Du 1er au 15 mai, le nombre des décès s'éleva à plus de trois cents par jour. L'impossibilité d'enlever tant de cadavres, dont la chaleur hâtait la décomposition, menaçait chacun d'une mort prochaine. On avait sacrifié aux pénibles fonctions de *corbeaux* tout ce qu'il y avait dans la ville de

» après midy, à défaut de notaire, par devant nous, prêtre, pro-vicaire
» de la paroisse Saint-Louis, aumônier des pestiférés, a été présent en
» personne Hyacinthe Augias, lequel, de son gré, estant sain de tous ses
» sens, quoique atteint de la maladie contagieuse et couché dans une
» des tentes de l'hospital du camp Gérin, a résolu de faire son testament
» contenant ses dernières volontés. Et premièrement..... Fait dans la
» tente où gît ledit testateur dans son lit, nous estant servi de papier
» commun, attendu que nous n'avons pu en avoir de timbré, en présence
» de..... » Ce testament fut enregistré le 26 août par le notaire Pomet,
par suite d'une transaction entre les deux héritiers du sieur Augias,
mort de la peste, et inégalement avantagés par le testateur. *Etude de
Mc Gence.*

(1) *Archives du bureau des Travaux du port.* Revue trimestrielle des officiers, gardes du pavillon, etc.

gens propres à ce travail rebutant. Le dernier soldat du bataillon des déserteurs italiens venait de succomber et il ne restait plus assez de vivants pour ensevelir tant de morts. Les familles, gardiennes terrifiées de ces tristes dépouilles, poussaient des gémissements et imploraient du fond de leurs maisons l'assistance des médecins et des confesseurs, témoins impuissants de ces scènes d'épouvante et d'horreur. Le consul d'Antrechaus frémissait au souvenir de ce qui s'était passé à Marseille, où des pères, des maris, des fils, fous de terreur et fermant leur cœur à toute pitié, avaient eux-mêmes traîné les cadavres de ceux qu'ils avaient tant aimés hors de leurs demeures, les abandonnant à la faim dévorante des chiens errants, quand un matin, à l'aube, paraissant sur le balcon de l'hôtel de ville, il vit entrer dans le port une tartane portant cent galériens qu'un ordre de la cour envoyait de Marseille à Toulon.

Dans de telles circonstances l'arrivée de cent *corbeaux* tirés du bagne était presque une délivrance. M. d'Antrechaus monta à bord, leur fit distribuer du pain, du vin et de la viande, leur promit dix sols par jour et les divisa en deux escouades. Cinquante galériens furent dirigés sur le cimetière pour creuser les fosses et cinquante répandus dans la ville pour enlever les morts. A midi, tous se réunirent sur la tartane pour prendre leur repas en commun : ceux qui arrivaient du cimetière étaient couverts des haillons du bagne, tandis que ceux qui avaient été chargés de débarrasser les maisons des morts se présentèrent revêtus d'habits donnés ou volés au cours de leur triste besogne. Une rixe fut sur le point d'éclater entr'eux et, tel était le besoin qu'on avait de ces hommes avilis, qu'on leur accorda l'autorisation d'aller à tour de rôle enlever les cadavres, pour que chacun pût profiter des rapines secrètes et des dons volontaires imposés par la terreur.

En même temps, l'hôtel de ville était le théâtre des scènes les plus douloureuses. La peste avait pénétré dans son enceinte et, ainsi que nous l'avons dit, frappé un des serviteurs au lendemain presque de l'établissement de la quarantaine. Deux conseillers, les sieurs Richard et Marin de Jacques, ne tardèrent pas à succomber. A partir de ce moment, le lugubre chariot vint tous les jours demander son contingent de cadavres à la maison commune. Le deuxième consul Gavoty mourut, puis le trésorier de la ville, F. Daniel; l'aumônier; le médecin, du nom de Martin; un autre conseiller, A. Serre; trois intendants de la santé : l'avocat Cabasson, Caire et Martinenq ; quatre capitaines de quartier, ainsi que tous les domestiques et agents de la communauté.

Le 1er mai, on avait demandé un nouveau secours à la province, qui envoya quinze mille livres; le 9, les Etats accordèrent encore quinze mille livres. Du 1er au 10 mai, la misère et le désespoir furent à leur comble. La viande pourrissait à l'étal et la faim se faisait cruellement sentir dans toutes les familles. On n'avait plus de pourvoyeurs. Les syndics étaient morts, ainsi que les commissaires de quartiers, et, renouvelés plusieurs fois, on en était arrivé à cette lamentable extrémité de ne plus trouver d'habitants capables de remplir ces fonctions. Alors il s'éleva dans le silence de la cité désolée comme un gémissement universel pour demander l'abrogation de la fatale quarantaine. M. Dupont, le Parlement, les Etats semblèrent reconnaître tout ce qu'elle avait entraîné avec elle de malheurs, et le 10 mai, dix jours avant que le terme de sa prolongation ne fut expiré, M. d'Antrechaus eut la consolation de proclamer la fin de la séquestration. Jamais criminels ne sortirent de leurs cachots plus hâves et plus exténués. On vit descendre dans la rue tout ce qui restait d'habitants, et leur marche chancelante, leur maigreur, l'hébétude de leur physionomie révélaient tout ce qu'ils avaient supporté d'angoisses et de privations.

Le premier soin de M. d'Antrechaus fut d'approvisionner la ville. Les moulins ne pouvant plus travailler faute d'ouvriers, on fut sur le point de manquer de farine. Il fit part de sa cruelle position aux consuls de Lorgues, qui requirent les moulins de la commune d'en fabriquer incessamment. Sur ces entrefaites, les Etats votèrent dix mille livres pour achats de bœufs et deux mille quintaux de galettes, qu'un fournisseur de Tarascon s'engagea à faire arriver à Toulon. Le 20 mai, le premier consul convoqua un conseil, auquel n'assistèrent que M. Dupont, le troisième consul Marin et deux conseillers. Il demanda la nomination de quatre commissaires généraux, qui partageraient avec lui le fardeau de l'administration. Ces quatre officiers municipaux, furent MM. Jean de Garnier de Fonsblanche et Pierre de Creyssel, bourgeois, et MM. de Beauvais Thomas et Martiny d'Orvès, lieutenants de vaisseau, « ces deux derniers, dit le procès-
» verbal, pour rendre témoignage du zèle qu'ont fait
» paroitre et des services qu'ont rendus à cette ville
» pendant la quarantaine générale MM. les officiers de la
» marine, trouvant toujours en eux la même bonne volonté
» et le même dévouement pour secourir cette ville infor-
» tunée (1). » Cette séance fut la dernière à laquelle

(1) Dans l'état trimestriel des officiers présents au port dressé en juillet 1721, ces deux officiers sont ainsi annotés : « Ont été choisis pour
» commissaires généraux par une délibération de MM. les consuls, en

assistèrent le consul Marin, qui mourut deux jours après de la peste, et le conseiller Tournier, qui succomba le 26 mai.

A partir du jour où la quarantaine générale fut supprimée, il régna dans les services un ordre relatif et on put espérer que, grâce au concours de tous, on verrait enfin le terme de tant de calamités. La cessation de tous les travaux jetant dans l'inaction un assez grand nombre d'hommes, beaucoup offrirent leurs services comme infirmiers. A cette époque, arrivèrent de Marseille et de Montpellier huit médecins pour remplacer ceux qui étaient morts, et de Paris les sieurs Vallet et la Brunière, envoyés par le bureau de santé institué par les soins du régent, sous la présidence de Dodart. En même temps, un ordre de la cour mit définitivement à la disposition de la municipalité l'hôpital de la Charité, qui était sous la dépendance et l'administration de l'évêque. Mgr de Montauban obéit et, d'accord avec M. d'Antrechaus, évacua les vieillards pauvres et infirmes, ainsi que les orphelins qu'il contenait, au château de Missiessy, généreusement cédé par le propriétaire, M. de Burgues de Missiessy.

L'hôpital de la Charité ne tarda pas à présenter des conditions de salubrité exceptionnelles. Dès la fin du mois de mai on y reçut tous les malades qui pouvaient se fournir d'un lit, de matelas, de draps et de couvertures. Cet établissement eut bientôt un tel renom, que des personnes de grande considération demandèrent à s'y faire porter (1).

» date du 20 mai dernier, le tout pour servir conjoinctement avec eux,
» par permission de M. Duquesne-Mosnier, chef d'escadre. » *Archives du Bureau des travaux du port.*

(1) Parmi les nombreux testaments reçus dans cet hôpital on trouve ceux d'un de Thomas, des seigneurs de la Garde, d'une dame Marie de Ratoin, épouse de Jean de Mondeuille, lieutenant de vaisseau, de Cathe-

Ce fut une grande joie pour les magistrats municipaux de voir que, quoi qu'il y eût plus de trois mille pestiférés dans les hôpitaux, un plus grand nombre de malades fournissaient un moins grand nombre de morts.

M. d'Antrechaus était l'âme de toutes les mesures de prévoyance et d'administration que prenaient les quatre commissaires généraux. Par leurs soins réunis les rues furent débarrassées des amas d'immondices qui les obstruaient ; une ordonnance força les habitants atteints des premiers symptômes de peste à se présenter au camp Gérin pour s'y soumettre à la visite des médecins, et les convalescents ayant encore des bubons en suppuration de déclarer leur état, sous peine de la vie, pour être envoyés au Lazaret jusqu'à guérison complète. En même temps, M. Dupont veillait avec rigueur à l'exécution de ses arrêtés de police. Les époques de grandes calamités ont le fatal privilège de réveiller et d'exciter les passions les plus basses et les plus viles. Il ordonna à tous ceux qui avaient été en contact avec les malades de rendre dans les vingt-quatre heures, à peine de pendaison, tout ce qui avait été volé ou remis en dépôt, et il fit dresser deux potences, l'une sur la place Saint-Jean, l'autre sur la place d'Armes. (1). Beaucoup, qui connaissaient l'inflexibilité de M. Dupont,

---

rine Flamenq, épouse de Louis de Bernard, seigneur de Laissac, etc. Les testateurs et testatrices sont tous désignés comme sains de leurs sens, mais atteints de peste et gisant dans leurs lits « à l'hospital général » de la Charité, hors les murs dudit Toulon et à une chambre du pavillon » du Nord. »

(1) Ingrassias, célèbre médecin sicilien, a écrit qu'on ne combattait la peste qu'avec trois choses : *Oro, foco* et *furca*. Avec l'or on fournissait à la subsistance du peuple, avec le feu on purifiait, avec la potence on maintenait le bon ordre.

furent effrayés et n'hésitèrent pas à restituer des sommes élevées qu'ils assurèrent leur avoir été confiées de plein gré ; d'autres les firent parvenir par la voie des prêtres et sous le sceau de la confession. Pour frapper les esprits et rappeler mieux chacun aux sentiments de l'honneur, le lendemain de la promulgation de l'ordre, M. d'Antrechaus ayant fait arrêter dans la rue deux femmes « de mauvaise vie » portant sous leurs robes des draps de lit volés, il les livra à M. Dupont, qui les fit pendre sans jugement. Le même jour, un galérien, accusé et convaincu d'avoir étranglé un pestiféré pour hâter sa mort et le voler ensuite, subit le même sort sur la place Saint-Jean. Pour que la menace pesât sans cesse sur ceux qui auraient eu des tendances à obéir à leurs mauvais instincts, les deux potences restèrent en permanence jusqu'au mois de septembre, comme un sinistre avertissement du supplice réservé à tous ceux qui seraient tentés d'abuser de l'état d'abandon dans lequel se trouvaient le plus grand nombre des maisons de la ville.

Sur ces entrefaites, M. Garnier de Fonsblanche mourut de la peste. Ce fut une grande perte pour la municipalité et un grand malheur pour la ville. Il était le seul des huit commissaires nommés le 1er août 1720 qui eût survécu, et il avait, depuis le premier jour, accompli avec une abnégation qui tenait de l'héroïsme les fonctions les plus dangereuses, guidé par le seul sentiment d'être secourable aux pauvres et aux malheureux (1).

---

(1) Ce vertueux citoyen mourut dans les derniers jours du mois de juin. Il avait testé le 24, « sain de ses sens, quoique détenu dans son » lit, attaqué de la maladie contagieuse. » Il laissait pour héritières quatre filles, dont une religieuse Ursuline. Il fit de nombreux legs,

Quoique la peste, à la fin du mois de mai, n'eût pas sensiblement diminué d'intensité, on commençait cependant à ressentir les bienfaits d'une administration ferme et sage délivrée des entraves de la quarantaine. Les hôpitaux étaient, il est vrai, encombrés de malades, mais tous les jours des convalescents en sortaient pour aller achever leur guérison au Lazaret où, la belle saison aidant, on avait pu dresser de nombreuses tentes. Néanmoins, dans les premiers jours du mois de juin, le service de la boucherie fut de nouveau en souffrance ; mais la province y pourvut bientôt en dirigeant des troupeaux de bœufs et de moutons de Tarascon sur Toulon.

Le 24 juin, fête de saint Jean-Baptiste, était le jour consacré aux élections annuelles des consuls et conseillers. Un ordre de la cour prorogea les fonctions des consuls et conseillers encore en exercice, en leur adjoignant, pour remplacer les morts, les survivants de l'administration précédente. Six conseillers anciens sur douze avaient succombé pendant la peste, et des trois consuls, un seul, le sieur André Tournier, subsistait ; on lui adjoignit un bourgeois du nom de Jacques Portalis, et le consulat nouveau se trouva ainsi constitué ayant M. d'Antrechaus à sa tête. L'hotel de ville était devenu inhabitable, plus de cinquante personnes y étant mortes de la contagion, il fut évacué pour être assaini, et l'administration

---

entr'autres une somme d'argent pour habiller douze pauvres de son quartier; cent livres de rentes viagères à son domestique s'il restait au service de ses filles jusqu'à ce que la plus jeune se fût mariée ou eût atteint l'âge de 25 ans, les réduisant à cinquante livres « s'il vouloit se » retirer »; trente livres et un étage meublé de sa maison, sa vie durant, à la fille de chambre de sa défunte épouse, etc. *Actes de M° Pomet, notaire. Etude de M° Gence.*

communale, ayant accepté l'offre de M. Hocquart, vint s'établir dans l'hôtel de l'Intendance.

Le clergé avait été douloureusement éprouvé depuis le commencement de l'année 1721. Mgr de la Tour du Pin Montauban avait vu tomber autour de lui, les uns après les autres, ses prêtres séculiers et réguliers, et il faisait tous les jours des appels, toujours entendus, à de jeunes séminaristes, qui s'empressaient de courir à la mort avec l'enthousiasme des âmes de vingt ans. A la cessation de la quarantaine, il publia un mandement par lequel il vouait et consacrait l'église cathédrale au Cœur-de-Jésus : «... De tant
» de ministres de Jésus-Christ du clergé séculier et régulier,
» disait-il, qui partageoient avec nous nos soins et nos tra-
» vaux et qui ont eu le bonheur de consommer leur sacrifice,
» le Seigneur ne nous a réservé peut-être jusqu'à ce jour
» que pour vous exorter et vous avertir de sa part qu'au
» moins à présent, où toutes les ressources humaines nous
» manquent, nous nous jetions en esprit contrit et humilié
» et avec une entière confiance entre les bras de sa
» miséricorde.

» Dans cette vue, et à l'exemple de ces grands prélats qui,
» les premiers dans cette province, se sont sacrifiés avec
» tant de zèle et de charité pour le salut de leur troupeau,
» et dont la mémoire sera à jamais en bénédiction dans
» l'Eglise, nous avons recours au Sacré-Cœur de Notre
» Seigneur Jésus-Christ comme à un refuge assuré. Nous
» dévouons et consacrons pour toujours cette église et tout
» le diocèse à cet adorable Cœur du Sauveur de tous les
» hommes, le conjurant avec larmes d'épargner les précieux
» restes du troupeau qu'il nous a confié, et de déployer
» sa juste colère sur le pasteur, heureux si, à l'exem-
» ple du souverain pasteur de nos âmes, il pouvoit

» donner sa vie pour sauver celle d'un peuple qui lui est
» si cher... »

Mais la peste n'exerçait pas seulement ses ravages dans la ville de Toulon ; elle s'était étendue dans la campagne, où elle avait frappé d'abord la population rurale et les réfugiés, et ensuite, successivement, les huit communes de la viguerie : la Valette, la Garde, la Seyne, Ollioules, le Revest, Evenos, Saint-Nazaire et Six-Fours. La province vint au secours de ces populations. Les habitants de Bandol, réduits au nombre de cent cinquante, avaient abandonné leurs maisons et s'étaient répandus dans les bois, où ils vivaient misérablement ; les Etats leur accordèrent une somme de 300 livres et la commune de Toulon leur envoya de la viande et du pain. La Seyne obtint 3,000 livres, Ollioules 3,700, la Valette 3,000, la Garde 1,000. La commune du Revest semble avoir été une des plus éprouvées : « La
» contagion qui a commencé au Revest-lès-Toulon,
» disent les procès-verbaux des Etats, a déjà enlevé le tiers
» des habitants. Le premier consul est mort, le second et
» les préposés à la subsistance du pays sont attaqués et la
» misère y est affreuse. Cette communauté va manquer de
» viande et de pain. Il lui est accordé un secours de 600
» livres. » Et le 25 juillet : « Le seigneur du lieu du Revest-
» lès-Toulon mande que ce lieu est tellement tourmenté de
» la contagion, que de cinq cents et quelques habitants la
» mort en a enlevé environ trois cents et il y a encore cent
» cinquante malades. L'assemblée accorde un secours de
» 400 livres. »

On était sorti à Toulon d'un tel abîme de calamités qu'il sembla facile d'organiser des secours sur tout le territoire. On défendit aux familles de rentrer en ville pour éviter un encombrement qui aurait pu déterminer une recrudescence de peste; on réorganisa dans la campagne ces établissements de boulangerie et de boucherie que la mort des pourvoyeurs avait si souvent détruits, et on divisa le territoire de la commune en quatre régions, qui eurent chacune un commissaire, avec pouvoir de s'adjoindre tel nombre de syndics qui seraient nécessaires. Parmi les maisons de campagne inhabitées, on en désigna une dans chaque région pour loger un médecin, un aumônier et un pourvoyeur. Celui-ci tirait de l'hôpital le plus voisin le vin, les médicaments, le linge et tout ce dont on avait besoin. Des chariots disposés à l'avance au centre de chaque région transportaient les malades au camp Gérin. Vers la fin du mois de juin on espéra des jours meilleurs dans un avenir prochain. En ce moment M. d'Antrechaus fut cruellement frappé dans ses plus chères affections.

Après l'évacuation de l'hôtel de ville, M. d'Antrechaus était venu habiter sa maison paternelle, située sur la place de la Poissonnerie, qu'il trouva déserte et abandonnée, sa famille s'étant réfugiée à la campagne et ses serviteurs ayant succombé (1). Ses deux jeunes frères, lieutenants dans le régiment de Ponthieu, qui étaient en semestre à Toulon, obtinrent de M. Dupont l'autorisation de rentrer en ville pour assister le premier consul dans son isolement. Cette détermination généreuse leur fut fatale. L'un d'eux fut atteint de peste le 13 juin et l'autre le 15. M. d'Antrechaus, fidèle observateur des règlements, les fit transporter à l'hôpital de la Charité, où ils moururent tous les deux le 20 juin.

(1) Cette maison existe encore. Elle se distingue par deux lions sculptés en pierre dure qui surmontent la porte d'entrée. Ces lions, d'une exécution remarquable, ont toujours été attribués à Puget, sans cependant qu'on ait jamais prouvé qu'ils étaient de lui.

La mort des deux frères du premier consul fut un des derniers coups rapides de la peste. Le fléau semblait enfin se lasser de frapper cette population malheureuse et exténuée. Pendant le mois de juillet, la mortalité diminua beaucoup et les cas nouveaux furent assez rares ; en août, la diminution fut plus manifeste encore : on évacua le camp Gérin et on put recevoir tous les malades qu'il contenait à Saint-Roch et à la Charité. Vers la fin de ce mois, et avant de rappeler les habitants qui avaient fui, l'ordre arriva du conseil de salubrité établi à Paris de procéder à une désinfection générale de toutes les maisons. Je n'ai pas le courage de décrire les opérations ridicules ou odieuses que des hommes sérieux et intelligents, obéissant aux idées médicales de l'époque, firent accomplir sous leurs yeux. Les murs lessivés, les armoires vidées et lavées à la chaux, tout le linge des familles entre les mains de mercenaires, aéré, parfumé ou brûlé impitoyablement, de grands feux dégageant au milieu des appartements une fumée épaisse, les bois des lits, les matelas, les draps jetés à la rue, portés au loin et incendiés ! Je m'arrête ; je craindrais trop d'être obligé de comparer ce qui se fit à Toulon en 1721, à ce qui s'est fait à Toulon en 1884 et 1885, pendant nos deux dernières épidémies de choléra. Quoique les temps soient, dit-on, bien changés, il nous a été donné cependant de voir ce qu'avaient vu nos pères : nos maisons envahies et, chose que nos fils auront de la peine à croire, des hommes, aux ordres d'une administration affolée, enlevant sous nos yeux les cadavres encore chauds de ceux que nous avions tant aimés !

Aussi bien les choses ne changent pas dans l'humanité autant qu'on se plaît à le croire. Dans un ouvrage de la nature de celui que je poursuis, je ne saurais, sans excéder les limites qu'il comporte, décrire et juger les idées médicales qui régnaient jadis sur la nature de la peste, ni même les moyens curatifs employés à cette époque. Il semble cependant que ce n'est pas entièrement sortir de l'histoire que de dire ici un mot des systèmes prophylactiques ou de préservation le plus généralement mis en usage. Je me crois d'autant plus autorisé à le faire que j'emprunte ce que je vais dire à un livre écrit par un toulonnais, qui avait subi les deux pestes de 1664 et 1721 et passé sa vie, par abnégation chrétienne, au milieu des pestiférés, accourant partout, en France, en Italie et en Espagne, où se déclarait une épidémie (1).

J'ai été appelé à parler, en racontant la peste de 1664 et celle de 1721, des parfums, qui jouaient un grand rôle comme désinfectants des maisons, des hardes, des meubles ayant appartenu à des pestiférés, ainsi que de tous les objets transmissibles dans les actes journaliers de la vie, comme les lettres et même l'argent. Il y avait trois ordres ou catégories de parfums, selon les applications à en faire, qu'on appelait : le parfum violent, le parfum médiocre et le parfum doux. Le premier, qui nous servira de type comme formule, se composait, pour un poids de cent livres, de :

Soufre, 6 livres.	Litharge, 4 livres.
Poix résine, 6 livres.	Assa fœtida, 3 livres.
Antimoine, 4 livres.	Cumin, 4 livres.
Orpiment, 4 livres.	Euphorbe, 4 livres.
Arsenic, 1 livre.	Poivre, 4 livres.
Cinabre, 3 livres.	Gingembre, 4 livres.
Sel ammoniac, 3 livres.	Son, 50 livres.

(1) *Le capucin charitable, enseignant la méthode pour remédier aux grandes misères que la peste a coutume de causer parmi les*

Le deuxième ou médiocre se composait de cinq livres seulement de soufre ; la myrrhe y remplaçait l'arsenic, l'encens le cinabre, le cubèbe l'assa fœtida, les grains de genièvre le gingembre, etc.

Le troisième ou doux se composait de quatre livres de soufre, de benjoin, de styrax, de canelle, de muscade, de clous de girofles, de poivre, d'anis, etc.

On remarquera que s'il entrait dans ces formules une foule de substances inertes ou simplement aromatiques, qui n'avaient aucune action déterminée pour le but qu'on se proposait, en revanche nos pères leur avaient donné pour base le soufre, que la chimie considère aujourd'hui comme le désinfectant le plus énergique. Déjà donc à cette époque on avait reconnu la puissance du soufre dans ses applications les plus modernes, ce qui nous permet de dire que les parfums, tels qu'on les employait, étaient loin d'être dénués, comme on l'a dit souvent, de toute influence pratique.

Parmi les moyens préventifs préconisés le plus généralement, outre l'éloignement du lieu contaminé, que les médecins encourageaient avec raison et traduisaient par cet aphorisme : *Cito longe fuge, tarde redeas !* les uns étaient internes et les autres externes. Tous tendaient à une même fin : préserver le cœur contre le venin pestilentiel. De là, les conseils de boire une multitude de drogues en infusion et surtout l'eau sudorifique, composée d'une infusion de racine d'angélique, de sauge, d'absinthe, d'armoise, de chélidoine, de canelle, etc. A l'extérieur, on

peuples, et les remèdes propres à cette maladie. Par le P. MAURICE, de Tolon, prêtre capucin. Cet ouvrage, paru pour la première fois en 1661, fut réimprimé à Lyon en 1722.

prescrivait l'application sur la région du cœur d'emplâtres composés d'eau de rose, d'eau de buglose, de vin, de vinaigre rosat, de poudre d'angélique, de myrrhe, de kermés, de poudre de clous de girofles, de canelle et bien d'autres encore. Préalablement à l'application de cet épithême, il fallait oindre le côté gauche de la poitrine avec de l'huile de scorpions de Matthiolus (1). En outre, on conseillait, avant de sortir dans la rue, de se frotter les tempes, les narines, la paume des mains, le derrière des oreilles avec cette même huile de scorpions. Dans la journée, on devait tenir dans la bouche des clous de girofles, ou de l'écorce de canelle, ou un morceau de camphre renfermé dans un petit tube en roseau ; ce qui prouve que Raspail n'a pas employé le premier les cigarettes camphrées. On conseillait encore les boules de vinaigre impérial : c'étaient des boules d'argent, d'étain ou de bois, grosses comme un œuf de pigeon, percées de petits trous, se dévissant par le milieu et contenant une éponge imbibée de vinaigre blanc dans lequel on avait fait macérer des racines d'angélique, des clous de girofles, etc. On tenait ces boules à la main et on les respirait souvent.

À partir du 15 août, on n'observa plus de nouveaux cas de peste. Les habitants réfugiés sur le territoire de la commune furent autorisés à entrer dans la ville, mais pour la journée seulement et à la condition d'en sortir le soir. Le 23 du même mois, les consuls reprirent possession de l'hôtel de ville. Leur premier soin fut de compter les

---

(1) L'huile de scorpions est restée un remède très usité dans nos campagnes provençales. On la prépare en mettant à infuser à froid des scorpions dans un vase rempli d'huile et on se sert ensuite de ce liniment dans une foule de cas très disparates, tels que les douleurs rhumatismales, les contusions, les piqûres, etc.

victimes. Ce douloureux travail révéla toute l'étendue des malheurs qui avaient frappé la cité. Le nombre des décès officiellement constatés était de 13,283, se répartissant ainsi :

Morts dans la ville et dans leurs domiciles.	6,476
— à l'hôpital du Saint-Esprit.	1,434
— au camp Gérin.	1,821
— à l'hôpital de Saint-Roch.	611
— à l'hôpital de la Charité	712
— à l'hôpital des mendiants.	110
— à l'infirmerie du Lazaret.	371
— sur le territoire de la commune.	1,748
	13,283

C'était, à quelques unités près, la moitié de la population. Ce chiffre effroyable était cependant au dessous de la réalité. Dans le désordre inséparable d'une si grande calamité, beaucoup de cadavres avaient été jetés au chariot funèbre pour être ensevelis sans qu'une déclaration de décès eût été faite au syndic ou commissaires du quartier, et dans la campagne surtout, l'enregistrement des morts était notablement inférieur aux inhumations indiquées par la voix publique. Pour arriver à la vérité, on procéda à un nouveau dénombrement de la population. Celui du mois d'août 1720 avait donné 26,296 habitants, celui du mois d'octobre 1721 n'en donna que 10,493, d'où il ressortait qu'en moins de quatorze mois la commune avait perdu 15,803 habitants, soit environ un peu plus de soixante pour cent !

Cependant la ville de Toulon était sortie de son long anéantissement. L'activité se réveillait dans ses rues, les magasins se rouvraient et les chantiers de constructions navales appelaient à eux tout ce qui restait d'ouvriers. Le 30 octobre, un *Te Deum* fut chanté à la cathédrale au bruit des cloches et du canon. Mgr de Montauban qui, pendant ces terribles épreuves, avait donné à son clergé moissonné par la mort, l'exemple du plus grand dévouement et d'une fermeté d'âme inébranlable, officia pontificalement. Les troupes de terre et de mer rangées sous les armes, le grand concours d'habitants qui y assistèrent, donnèrent à cette cérémonie un éclat inusité.

Il restait un dernier acte à accomplir qui, en renouant les relations commerciales de Toulon avec les provinces et les nations étrangères, devait ramener dans la malheureuse ville un peu de cette prospérité qu'elle ne connaissait plus depuis longtemps. C'était une déclaration officielle constatant la cessation complète de la peste dans Toulon, son territoire et les communes voisines. Le 7 novembre, M. d'Antrechaus réunit à l'hôtel de ville M. Dupont, les officiers municipaux, les intendants de la santé, ceux de la police, les recteurs des hôpitaux, les commissaires de la campagne et autres notables citoyens, ainsi que les consuls des lieux du Revest, d'Ollioules, de La Valette, de La Seyne, de Saint-Nazaire, de La Garde, de Six-Fours. L'assemblée signa une déclaration, de laquelle il résultait que depuis le 18 août il n'y avait eu ni morts ni malades de la peste dans la ville de Toulon, et pareillement depuis le 7 septembre sur son territoire ; qu'à Ollioules, il n'y avait eu ni morts ni malades de la maladie contagieuse depuis le 10 août ; à La Valette, depuis le 2 juillet ; à La Seyne, depuis le 31 août ; à Saint-Nazaire, depuis le 15 août ; à La Garde, depuis le 15 août ; à Six-Fours, depuis le 6 septembre, etc.

L'acte déclaratif de santé fut répandu en grand nombre dans toutes les provinces ou pays, tels que l'Italie,

l'Espagne, la Sardaigne, avec lesquels Toulon avait fréquemment des relations de commerce. On n'oublia pas la ville de Lorgues. M. d'Antrechaus écrivit aux consuls de cette généreuse cité : « Vous nous rendrés cette justice,
» leur disait-il, que c'est pour ne pas vous affliger que
» nous ne vous avons pas fait part de toute l'horreur de
» nos maux ; combien vous auroit fait frémir le détail
» affreux qu'il auroit fallu vous en faire ! La mort nous
» a ravi plus de la moitié de nos habitants..... Ceux que
» le Seigneur a conservés ne peuvent se rappeler les
» malheurs de cette ville sans se rappeler les bontés et les
» marques d'affection dont vous lui avés donné les témoi-
» gnages. C'est le temps, Messieurs, de rompre notre
» silence et de vous en remercier..... »

Au sortir de ces douloureuses épreuves, toutes les administrations étaient en désarroi. Il ne restait plus de médecins, et la peste avait fait de si nombreuses victimes parmi les confesseurs, que l'évêque avait cru devoir conférer le même jour le sous diaconat, le diaconat et la prêtrise à de jeunes séminaristes qu'il envoyait de l'ordination au service des hôpitaux. Deux consuls étaient morts, le conseil était diminué de plus de la moitié de ses membres ; les intendants de la santé, les commissaires, les capitaines de quartier, avaient succombé ; le commerce était nul, plus de la moitié des maisons désertes et les récoltes perdues. M. d'Antrechaus contemplait ce grand désastre avec tristesse. Après avoir remis de l'ordre dans l'administration, pourvu aux services et aux nécessités les plus urgentes, il demanda de nouvelles élections et, le 8 janvier 1722, il sortit de l'hôtel de ville en homme qui a noblement payé sa dette à sa patrie et à l'humanité.

CHAPITRE XXI

TOULON SOUS LE RÈGNE DE LOUIS XV

1721-1740

Toulon après la peste de 1721. — Construction de l'avant-quai. — Affaire de la Cadière et du P. Girard, jésuite. — Les hallucinations maladives de la Cadière et les imprudences du P. Girard. — La Cadière se retire dans un couvent à Ollioules. — Son séjour et sa sortie. — Le P. Girard abandonne la direction spirituelle de la Cadière. — Celle-ci en conçoit un vif ressentiment et prend pour confesseur un religieux carme. — Révélations de la Cadière à son confesseur. — Le P. Girard est accusé de séduction, d'avortement et de sorcellerie. — L'accusation est portée devant le lieutenant de la sénéchaussée. — Le P. Girard en appelle au Parlement. — Vive émotion en Provence. — Arrêt du Parlement qui met hors de cour le P. Girard et la Cadière. — Manifestations séditieuses à Aix et à Toulon en faveur de la Cadière et contre le P. Girard. — L'évêque de Toulon veut retirer la régence du collège aux Oratoriens. — Mgr de Choin, évêque. — Etat des possessions et revenus de l'évêché au milieu du XVIIIe siècle. — Construction du clocher de la cathédrale. — Edification de la porte de l'Arsenal. — Modifications diverses apportées au régime municipal depuis 1609 jusqu'en 1754. — Règlement de 1754. — Désordres dans l'administration. — Nouveau règlement édicté par Louis XVI en 1777.

La ville de Toulon ne se releva que lentement et au prix des plus grands sacrifices de l'état de détresse où l'avaient plongée le siège de 1707, la peste de 1721 et l'abaissement de la puissance navale.

L'histoire de la marine française, toujours si intimement liée à la grandeur nationale et à la prospérité de nos ports, est lamentable pendant cette longue période de temps qui va de la fin de la guerre de succession au règne de Louis XVI. Après la paix d'Utrecht, la France ne trouva plus assez de ressources en elle-même pour reconstituer ses flottes, et nos arsenaux furent bientôt laissés dans l'abandon le plus complet : « L'arsenal de Toulon, dit M. le com- » missaire général Brun, était devenu une promenade publi- » que pour les bourgeois et la jeunesse de la ville (1). » Nul bruit ne s'élevait de ses chantiers déserts et, telle était la pénurie du trésor public, qu'on en vint à cette extrémité douloureuse de mettre les vieux vaisseaux à l'encan pour avoir l'argent nécessaire aux réparations de quelques-uns, qu'on voulait utiliser pour conserver un semblant de cadre des officiers et officiers mariniers (2).

En 1719, lorsque la guerre avec l'Espagne fut déclarée, sur vingt vaisseaux qui figuraient sur les états du port de Toulon on n'en trouva que quatre et deux frégates jugés capables d'être réparés et de prendre la mer. Les équipages n'étaient pas payés, la solde des ouvriers de l'arsenal n'était acquittée que par des acomptes insuffisants : la désertion se mit dans tous les rangs. Les matelots et les

(1) De 1726 à 1740, il ne sortit des chantiers de Toulon que quatre vaisseaux et deux frégates.

(2) Quoique la vente des vaisseaux eût été décidée en conseil, on recula cependant devant les offres d'achat. Le pape en avait demandé quatre, dont il devait donner le commandement aux chevaliers de Malte et qu'il aurait fournis aux Vénitiens, en guerre en ce moment avec les Turcs. L'affaire était conclue et le général des galères du Saint-Père était venu à Toulon pour y prendre livraison des vaisseaux, quand le ministre, par un reste de fierté, rompit le marché sous le prétexte de ne pas fournir des armes contre la Turquie, avec laquelle la France entretenait des relations amicales. Quelques mois après, les Génois firent, pour leur compte, une semblable proposition d'achat, qui n'aboutit pas davantage. « On en eut plus tard du regret », dit M. Brun,

maîtres se rendaient clandestinement à Marseille, à Arles, à Nice et embarquaient sur les navires de commerce ; les ouvriers de métiers du port, charpentiers, voiliers, cordiers, forgerons, s'expatrièrent avec leurs familles et vinrent offrir leurs services à l'Espagne ou à l'Italie pour gagner leur pain de chaque jour.

Malgré l'état précaire des finances de la ville, à la suite des désastres qu'elle avait supportés, et de sa dépopulation, nous trouvons cependant qu'en 1728 les consuls entreprirent l'agrandissement du quai du port devant l'hôtel de ville. Jusqu'à ce moment, en effet, le quai n'avait eu que la largeur que nous lui voyons encore à ses extrémités est et ouest, laquelle ne dépasse pas douze mètres, et depuis longtemps on se préoccupait de la nécessité de l'élargissement de sa partie centrale, à prendre sur les eaux de la darse, pour l'établissement d'une place de déchargement des marchandises venant par mer. Ce projet, toujours ajourné depuis plus de vingt ans, fut enfin mis en adjudication le 19 mai 1728. Ce fut un sieur Aguillon, architecte, qui en eut l'entreprise. On ne sait en vertu de quel compromis la commune lui fit une avance de fonds de 6,000 livres. Malgré cela, la première caisse ne fut immergée qu'au commencement de l'année suivante, ce qui excita de vives récriminations au conseil et dans la ville. Cependant, à partir du mois de mars 1729, les travaux furent poussés avec assez d'activité pour que l'avant-quai pût être livré au commerce au cours de l'année 1730. Cette construction fut une source interminable de soucis et de dépenses pour l'administration municipale. Les travaux primitifs avaient été mal établis et ne présentaient aucune solidité, si bien que, moins de quarante ans après, la place maritime s'était crevassée déjà sur plusieurs points et offrait des affaissements qui en rendaient l'utilisation dangereuse. En 1766, le mal était si grand qu'il fallut procéder à sa réfection presque totale. La direction des travaux à exécuter fut confiée à un ingénieur de la marine, mais celui-ci, au bout de trois ans, avait dépensé de telles sommes « à ce » travail de Pénélope » qu'on lui donna, « par économie » M. Milet de Montville, directeur des fortifications, pour successeur. Cet ingénieur distingué s'acquitta de son œuvre à la satisfaction de tous et, un an après, livrait l'avant-quai au commerce, complètement achevé et tel qu'il existe encore aujourd'hui (1).

J'ai dit un mot dans le chapitre précédent des querelles soulevées à Toulon par la bulle ou constitution *unigenitus*. Ces querelles n'étaient pas éteintes encore en 1730, et Jésuites et Jansénistes, *acceptans* ou *refusans*, animés d'une égale fureur, en étaient arrivés à ne plus craindre de déshonorer la Religion pour la satisfaction de leurs propres passions. En ce temps se passa à Toulon un fait scandaleux qui eut un immense retentissement dans le monde catholique tout entier. Je veux parler du procès du P. jésuite Girard et de la fille Cadière, que les documents de l'époque appellent souvent la *Belle Cadière*, soit qu'elle fut belle en effet, soit qu'elle ait reçu cette qualification des ennemis du P. Girard, pour rendre plus vraisemblable le rôle qu'ils lui attribuaient. Tous ceux qui ont raconté ce pénible épisode de notre histoire, égarés par l'esprit de secte ou des préventions mal justifiées, paraissent avoir méconnu les mobiles vrais qui poussèrent

(1) « Cet ouvrage, lisons-nous dans les *Epoques historiques de* » *Toulon*, recueil de notes et documents écrit vers 1770, a été fait le » plus solidement qu'on peut le souhaiter de l'aveu de toute la ville, et » a été fini le 2 décembre 1769. »

jusque devant le Parlement cet homme imprudent et cette femme malade. En réalité, il ne faut voir dans cette triste affaire que l'explosion au grand jour des hostilités qui, depuis plus de vingt ans, mettaient aux prises les Jésuites de Toulon, soumis à la constitution, avec les Oratoriens et les Carmes, *non acceptans*. C'était, pour me servir d'une expression plus moderne, la guerre des Ultramontains et des Libéraux, ces derniers se donnant ambitieusement à cette époque le titre de défenseurs des libertés gallicanes, quoique Bossuet fût mort depuis plus de vingt-cinq ans.

Je vais essayer de dire ce que je crois être la vérité sur ce procès célèbre qui, jusqu'à ce jour, semble avoir conservé le fatal privilège d'égarer la plume de tous ceux qui ont tenté d'y toucher.

Marie-Catherine Cadière était née à Toulon, le 12 novembre 1709; elle avait donc vingt-deux ans lorsqu'elle comparut, en 1731, devant le Parlement. Son père, qu'elle avait perdu étant encore en bas âge, exerçait la profession de marchand d'huile et avait acquis une modeste aisance dans son commerce ; il possédait une petite maison qui existe encore dans ses dimensions primitives et porte le n° 81, dans la rue Nationale actuelle. Il n'est pas sans intérêt d'ajouter que cette maison n'avait pas de porte donnant sur la rue et qu'on n'accédait à ses divers étages que par un escalier situé au fond du magasin (1). Au moment où commence ce sombre drame, la dame Cadière, ses quatre enfants et une domestique habitaient seuls la mai-

(1) On y a ouvert récemment une porte prise aux dépens du magasin. M. Michelet place la maison de la Cadière dans la rue de l'Hôpital, et a tiré de ce fait des conséquences naturellement fausses touchant l'influence qu'aurait eue sur la santé de la jeune fille son habitat dans une ruelle étroite, privée d'air et de lumière.

son paternelle. Des quatre enfants, l'aîné avait voulu entrer à la chartreuse de Montrieux, mais, sa santé ne lui permettant pas de supporter les austérités du cloître, il était revenu dans sa famille avant d'avoir prononcé ses vœux, s'était marié ensuite et avait succédé à son père dans son commerce; le second avait pris l'habit de dominicain dans le couvent de Toulon; le troisième était prêtre attaché au clergé de la cathédrale ; enfin le quatrième était Catherine, destinée à une si triste renommée.

Catherine était, semble-t-il, d'un extérieur agréable. Le marquis d'Argens, ce jeune débauché qui fut plus tard secrétaire du grand Frédéric et l'ami de Voltaire, a dit dans ses *Mémoires* qu'elle « avoit de beaux yeux, la peau » blanche et la taille assez bien faite (1). » Elle avait grandi au milieu d'une famille profondément chrétienne et l'exemple de ses frères, son tempérament nerveux et maladif, son imagination vive, son âme sensible et impressionnable avaient contribué à la jeter de bonne heure dans les pratiques d'une dévotion exaltée. Dès l'âge de seize ans, lorsqu'on parlait devant elle d'un mariage, elle pleurait comme si le mariage était l'exil de Dieu du cœur de la femme ; elle ne songeait, à ces heures heureuses de la vie, qu'à prier, s'humilier, assister les malades et

---

(1) Voici un autre portrait plus complet de la Cadière: . « La Cadière » est une jeune fille de vingt-deux ans. Je l'ai vue, quoi qu'on en dise » elle a des attraits. Elle n'est point mal faite de sa personne; elle n'a » pas le bas du visage beau, non plus que le nez, qui est gros et marqué » de quelques rousseurs ; ses joues sont aussi gâtées par la petite » vérole, mais elle a les yeux jolis, la gorge belle, la peau douce, la » bouche un peu grande mais vermeille, les pieds longs et plats, et le » reste du corps bien proportionné, *à ce que dit le P. Nicolas !* » *Lettre de M. de XXX. à M. le chevalier de XXX. à Paris.* Dans *Recueil général des pièces contenues au procès du P. J.-B. Girard et de la demoiselle Cadière.* Aix. Jh. David. 1731. 5 vol.

secourir les nécessiteux. Une sœur ursuline lui avait prêté la *Vie de Sainte-Catherine de Sienne,* et un de ses frères, le *Château de l'âme,* de Sainte-Thérèse. Elle but avec ivresse à ces sources fortifiantes pour les âmes robustes, mais mortelles pour un cerveau débile comme le sien. Elle rêva de devenir une sainte et se fatigua le corps et l'esprit à chercher des épreuves pour mériter la sanctification. Sa fervente piété, ses conversations mystiques attirèrent sur elle l'attention de toute la ville, et les Carmes, dont elle était la pénitente, s'attribuèrent bruyamment le mérite d'avoir fait éclore cette fleur de perfection. Catherine en conçut un grand orgueil et se crut sur la voie qui menait au ciel. Son esprit ne tarda pas à se troubler et la malheureuse enfant présenta bientôt tous les signes de cette terrible affection, ignorée ou mal connue des médecins du XVIIIe siècle, et désignée aujourd'hui dans les cadres nosologiques sous le nom de névropathie-hystérique. Elle eut des crises nerveuses prolongées, des extases, des hallucinations au cours desquelles son âme si pure de jeune fille était en proie à des obsessions effroyables par leur impureté. Elle sortait de ces crises anéantie de corps, mais, par une étrange abberration, fortifiée d'esprit et certaine que Dieu la destinait à la sainteté en la soumettant à tous les outrages du démon.

Sur ces entrefaites, un P. jésuite, du nom de J.-B. Girard, arriva à Toulon comme recteur du Séminaire-Royal de la marine. Le P. Girard était né à Dôle, en Franche-Comté. Il avait professé pendant un certain temps la rhétorique et la philosophie dans les collèges de son Ordre et s'était ensuite consacré à la prédication, pour laquelle la nature l'avait fait, l'ayant doué d'une grande facilité d'élocution et d'une certaine éloquence douce et persuasive à laquelle on se laissait facilement entraîner. Ses succès avaient été très grands partout où il avait prêché, notamment à Lyon et à Marseille. Il fut envoyé à Aix en 1718 et y résida pendant dix ans, ayant montré beaucoup de courage et de dévouement pendant la peste de 1720. Sa réputation d'orateur reçut sa consécration dans cette ville et ne tarda pas à se répandre dans toute la province. En 1728, il fut désigné pour venir à Toulon relever le discrédit dans lequel étaient tombés les Jésuites du séminaire de la marine, par l'infériorité de leur talent à soutenir les polémiques sur la bulle *Unigenitus* contre les Carmes et les Oratoriens. Le P. Girard était âgé à cette époque de quarante-sept ans; « il » étoit grand, sec et paraissait exténué; il avoit l'oreille » un peu dure, l'air sale et crachoit partout (1) ». Sa vie, jusqu'à ce moment, avait été sans tache, et ses ennemis, pendant son procès, ne purent produire aucun soupçon sur sa moralité avant son arrivée à Toulon. « A » Aix, dit le marquis d'Argens, il avoit été le directeur » d'une infinité de filles qui avoient fait des vœux » monastiques et sont encore aujourd'huy l'exemple des » couvents où elles vivent. »

Sous des dehors rebutants, le P. Girard cachait toute l'habileté d'un jésuite de son temps et aussi tout l'orgueil d'un homme qui réalise une idée qu'il poursuit avec passion. Il avait consacré sa vie à une œuvre qu'il croyait et dénommait sainte, et qui consistait à arracher les âmes au monde pour les jeter dans les bras de Dieu. Il n'avait pu sauver son intelligence des doctrines du quiétisme, dans lesquelles Fénélon avait failli sombrer, et il semble s'y être attaché avec d'autant plus de conviction qu'il croyait

(1) *Procédure du P. Girard et de la Cadière.* 1 vol. in-f°. Aix, 1755.

avoir trouvé en elles des ressources plus grandes pour fortifier des résolutions chancelantes. On sait que les erreurs de Molinos, condamnées par l'Eglise, réduisaient la plus haute perfection de l'âme à une contemplation passive qui l'absorbait au point qu'elle ne prenait plus aucune part aux sensations physiques. On comprend à quelles conclusions brutales, que n'avaient supposées ni Molinos, ni Fénélon, ni Mme Guyon et tous ceux qui partageaient leurs idées sur le quiétisme, pouvait conduire cette doctrine qui, en abolissant la volonté, considérait l'esprit comme devant conserver sa pureté au milieu des sensualités de la terre parce qu'il n'y prenait aucune part.

Le P. Girard et la Cadière devaient être attirés l'un vers l'autre le jour où ils se rencontreraient.

Le P. Girard arriva à Toulon le 8 avril 1728. Il y avait été précédé par sa réputation d'orateur, et la société dévote de la ville lui fit un grand succès. Le P. Alexis Maurin, carme, qui ne manquait pas de talent et réunissait autour de son confessionnal le plus grand nombre de pénitentes de marque de Toulon, parmi lesquelles la Cadière (1), se vit bientôt abandonné au bénéfice du P. jésuite et en conçut un vif ressentiment contre lui. Catherine était peut-être la cliente du P. carme qui avait le moins entendu

(1) Il y eut au cours du procès devant le Parlement, contestation sur ce point entre le défenseur de la Cadière et celui du P. Girard. Le premier disait que les confesseurs de sa cliente avaient été primitivement messire Giraud, curé de la cathédrale, et, en dernier lieu, messire Dolonne, curé de Saint-Louis ; et il affirmait que le P. Maurin n'avait plus confessé la Cadière depuis l'année 1727, un an avant l'arrivée du P. Girard à Toulon. Le second soutenait qu'en 1728 le confesseur de l'accusée était le P. Maurin, carme, directeur du Tiers-Ordre de Sainte-Thérèse, dont la Cadière faisait partie. *Recueil général des pièces contenues au procès du P. J.-B. Girard et de la demoiselle Catherine Cadière.*

parler du P. jésuite, mais le bruit qui se faisait autour de son nom étant arrivé jusqu'à elle, elle voulut aussi le connaître. Un jour qu'elle était dans la chapelle des Carmes, elle le vit sortir de la sacristie et s'agenouiller devant l'autel avant de se retirer. On ne sait ce qui se passa en elle à l'aspect de cet homme, vieux avant l'âge, sec, négligé et presque sale dans ses vêtements usés. Elle eut une hallucination. Elle lui déclara plus tard qu'à ce moment elle avait entendu une voix qui lui disait : « *Ecce homo !* » Voilà l'homme que j'ai destiné à te conduire au ciel ! » Le lendemain elle se présenta à lui. Le jésuite dut en éprouver une joie secrète : l'âpre plaisir de la soustraire à l'influence des Carmes, la satisfaction de sonder cette âme mystique dont toute la ville s'entretenait, ne lui permirent pas de voir à quels dangers il courait en acceptant la responsabilité de la direction spirituelle de la pauvre enfant. On a écrit qu'il lui dit : « Mademoiselle, je vous » attendais », paroles dont on se servit ensuite comme d'une arme contre lui, qu'il nia toujours et qui, si elles avaient été prononcées, ne seraient, en réalité, qu'un aveu échappé de son âme orgueilleuse.

L'année 1728 s'écoula sans que rien ne trahît au dehors ce qui se passait dans le secret du confessionnal entre le P. Girard et la Cadière. En 1729, au commencement du du mois de décembre, Catherine fit, en compagnie de quelques parents, un voyage à Marseille pour visiter une de ses amies, novice dans un couvent de Carmélites. Soit qu'elle eût souffert de la fatigue de la route, soit que son imagination eût été vivement impressionnée par le spectacle des austérités du cloître, elle rentra à Toulon anéantie, l'esprit troublé. Dans un entretien qu'elle eut avec son directeur elle lui avoua qu'elle avait eu une vision : sur une mer immense et sombre, elle avait vu un vaisseau plein d'âmes, battu de l'orage des pensées impures et menacé de faire naufrage (1); « effrayée du péril que couraient ces âmes, ajouta- » t-elle, j'ai dit au Rédempteur que j'apercevais au ciel : » Seigneur ! Sauvez-les, noyez-moi, je prends sur moi le » naufrage, et le bon Dieu me l'accorda. » Tous les événements qui suivirent se rattachent à cette hallucination, habilement exploitée plus tard par la Cadière et les ennemis du P. Girard, la première pour perdre son ancien confesseur, contre lequel elle avait conçu une haine violente, les deuxièmes pour atteindre l'ordre entier des Jésuites en déshonorant un de ses membres imprudent et coupable. Car le P. Girard fut coupable, non d'avoir eu l'horrible pensée de profiter de l'état d'esprit de la jeune fille pour se faire passer à ses yeux pour le démon chargé de lui faire expier dans des excès de luxure effroyable la promesse faite à Dieu de prendre pour elle seule le naufrage des âmes en péril, mais de n'avoir pas étouffé dès le premier jour ces fantômes nés dans le cerveau malade de sa pénitente. Il est pénible de dire que le P. Girard était mal préparé pour une pareille résolution ; il eut le malheur de croire à la réalité de la vision et de chercher dans ses idées de quiétisme des consolations pour la malheureuse victime de son imagination. Cette faiblesse lui coûta son honneur d'homme et de prêtre devant l'histoire. A partir de ce moment, les crises se renouvelèrent plus souvent chez la Cadière; elle ressentait des étouffements, elle avait

---

(1) Au dire de l'avocat du P. Girard, ce vaisseau qui allait faire naufrage portait aussi trois jésuites et « un homme qui avait l'air d'un » officier ». *Mémoire pour le P. Girard.* Dans : *Recueil général des pièces...* etc., t. I, p. 171.

la *Mérasse* (1), disaient les voisines, et se croyait en proie au démon.

C'est seulement à la suite de cette communication confessionnelle qu'auraient commencé, au dire des Jansénistes, les relations licencieuses du P. Girard avec la Cadière. On remarquera que pendant les dix-huit premiers mois où Catherine était restée sous la direction spirituelle du P. jésuite, ils n'ont pu relever contre lui aucun grief et, à plus forte raison, formuler aucune accusation. Ils ont dit, pour justifier cette explosion tardive d'une passion brutale, que la Cadière lui ayant confessé qu'elle était *obsédée*, le P. Girard, voyant en elle une victime convaincue et facile à exploiter pour l'assouvissement de ses désirs sensuels, lui aurait permis de subir *l'obsession* pendant un an et, se substituant dans l'esprit de la jeune fille au démon, aurait pris un tel empire sur elle « qu'il la jetoit à volonté dans » le sommeil; qu'elle ne songeoit nullement à se défendre, » ayant toute confiance en lui, inquiète seulement et un » peu honteuse de prendre avec un tel homme tant de » liberté.» Ainsi donc, le P. jésuite n'aurait senti s'allumer en lui les feux d'une passion criminelle qu'à la fin de l'année 1729, et il aurait choisi pour satisfaire ses appétits brutaux le moment où Catherine ne sortait plus de sa chambre, quand il lui fallait, pour la voir, traverser le magasin et passer sous les regards de sa famille ! Mais il y a plus, le P. Girard, pour maîtriser des révoltes bruyantes dans cette maison ouverte à tous les yeux et à toutes les oreilles, aurait employé on ne sait quelle sorte de phénomène suggestif ou de sommeil magnétique qui lui livrait sa victime inerte, ne lui laissant à son réveil qu'un

---

(1) La Mérasse, *meretrix*, vapeur de mère ou de matrice, hystérie.

souvenir confus des actes accomplis. Il n'y a là, en réalité, qu'un assemblage monstrueux d'illusions enfantées par l'imagination en délire de la Cadière et dont se servirent cyniquement les ennemis des Jésuites. L'avocat de la Cadière, plaidant devant le Parlement la magie et la sorcellerie du P. Girard, ne mérite pas les critiques qu'on lui adresse depuis plus d'un siècle, car il nous faut encore choisir entre ces deux termes : ou bien l'accusé était innocent, ou bien il était sorcier.

A partir du mois de décembre 1729, la Cadière ne quitta plus sa chambre. Le P. Girard vint la visiter plusieurs fois à sa demande et à celle de sa famille. Catherine avait été dans son jeune âge d'une constitution lymphatique et scrofuleuse ; elle avait eu de nombreux abcès aux pieds, aux mains, et probablement aussi au cou et à la poitrine. Soit que ces abcès, qui laissent toujours des cicatrices apparentes et minces, se fussent rouvertes dans la succession de ses crises, soit que dans ses abberrations mystiques elle eût employé une supercherie pour leur donner l'aspect de plaies récentes, elle se prit à croire que Dieu l'avait stigmatisée pour faire d'elle un miracle vivant, c'està-dire l'avait marquée aux lieux d'élection des blessures faites au Christ par les clous du crucifiement (1).

Elle fit part au P. Girard de sa découverte. Celui-ci ne semble pas avoir fait d'objections à cette grossière invention ; peut-être se mêlait-il un certain calcul à sa crédulité feinte ou réelle ? Saint François et quelques autres saints, que divers Ordres religieux reconnaissaient pour leurs pères

---

(1) Ce fut pendant le carême de 1730 que Catherine eut ces « stigmates ». *Mémoire pour la* CADIÈRE. Dans : *Recueil général...* etc., t. I, p. 12.

fondateurs, avaient obtenu du ciel l'*imitation* et la *conformité* du Crucifié par les stigmates des clous et du fer de la lance, et les Jésuites n'avaient rien de pareil à opposer aux Ordres Jansénistes. Il est certain, dans tous les cas, que le P. Girard conduisit ses collègues, les deux PP. jésuites Sabatier et Grignet voir les stigmates, que ceux-ci furent convaincus et remplirent la ville du bruit de ce miracle, dont ils tiraient un ridicule orgueil, sous le prétexte que l'élue du Seigneur était la pénitente de leur maison.

Mais il n'y aurait eu là qu'une intervention sans grande valeur de la part des Jésuites, si le P. Girard ne s'était abandonné quelques jours après à un acte qui le compromit gravement et dont ses ennemis se firent une arme terrible contre lui dans la suite. La Cadière, heureuse de son succès, lui confessa qu'elle portait aussi sous le sein gauche le stigmate saignant de la blessure faite au Christ par la lance du centurion et lui proposa de le lui montrer. Le P. Girard eut la coupable faiblesse de se prêter à cette étrange vérification. Il fut plus loin, au dire de la servante de la famille Cadière, qui déposa, du reste, au procès, en faveur du P. jésuite, il ferma la porte à clef. La Cadière elle-même, devant le Parlement, exonéra entièrement l'accusé des conséquences que les Jansénistes tiraient de cette porte fermée. Son témoignage a un grand poids, puisqu'à ce moment elle le chargeait des crimes de séduction, de violences et d'avortement provoqué. Elle déclara que son confesseur ayant fermé la porte lui dit de se découvrir le sein, ce qu'elle fit, pendant que lui s'écartait en lui tournant le dos et, qu'ayant ensuite tiré son mouchoir de sa poche, il le mit sur sa gorge nue, regarda la plaie qui était au-dessous de la mamelle et s'éloigna ensuite du lit. La servante dit qu'ayant entendu fermer la porte et la curiosité la poussant, elle avait appliqué son œil à la serrure et avait vu le P. Girard devant la fenêtre, regardant dans la rue, s'approcher ensuite du lit, étendre son mouchoir et s'éloigner immédiatement, pendant que Catherine se recouvrait de ses draps.

On peut avancer sans témérité que l'amour n'était pas la faiblesse du P. Girard ; l'orgueil et l'ambition, qui s'identifiaient chez lui avec l'orgueil et l'ambition de son Ordre, étaient ses passions dominantes, les seules peut-être qu'il pût ressentir. Si, ce qu'on ignore, il s'était d'abord trompé sur la nature des stigmates, il semble certain qu'il ne tarda pas à revenir sur ses impressions premières. Alors seulement il commença à comprendre les périls de la situation dans laquelle il s'était si imprudemment engagé.

L'année 1730 avait trouvé la Cadière plus affaiblie que jamais ; les austérités du carême la conduisirent presque aux portes du tombeau. Pendant les derniers quinze jours, les crises se renouvelèrent plus fréquemment et elle vomit plusieurs fois d'abondantes gorgées de sang. Chose bizarre ! mais qui n'est pas un étonnement pour la science, plus ses forces s'amoindrissaient, plus son exaltation cérébrale augmentait. L'infortunée jeune fille en arriva à ceindre sa tête d'une couronne de fils de fer grossièrement tressés, qu'elle cachait dans ses cheveux, et dont les pointes aiguës lui déchiraient la chair et faisaient couler des gouttes de sang sur son front. Elle en imprégnait alors des morceaux de linge, qu'elle appelait des *Véroniques* et qu'elle distribuait à qui lui en demandait. Le Vendredi-Saint elle eut une extase. Elle vit le Seigneur, qui lui dit : « Je veux te » conduire au désert, t'associer aux excès d'amour de la » Sainte-Quarantaine, te faire partager toutes mes

» douleurs ! » Elle avoua plus tard à l'évêque de Toulon qu'elle avait été épouvantée de ces paroles, mais qu'elle les avait acceptées avec résignation, parce que, seule, elle pouvait se donner pour tout un monde de pêcheurs. Au sortir de cette crise, elle dicta à son frère, le P. dominicain, ou celui-ci composa un long *Mémoire* qui devait être remis à l'évêque, sur ses pénitences du carême, ses visions, ses béatitudes, tout rempli d'exagérations et de mensonges. Pour on ne sait quel motif, ce *Mémoire* ne fut ni adressé à l'évêque, ni communiqué au P. Girard, qui ne le reçut des mains de la Cadière que le 21 août, un jour qu'il était allé la visiter au couvent des Clairistes d'Ollioules, où elle venait d'être envoyée (1).

Le P. Girard avait mesuré trop tard pour lui le danger qui le menaçait. La ville se remplissait de bruits malveillants et, au sein des familles comme dans les ateliers et sur la place publique, on s'exprimait sévèrement, parfois même cruellement, sur l'influence qu'il exerçait ou qu'on prétendait qu'il exerçait sur sa pénitente. L'évêque l'ayant fait appeler, il eut avec lui un long entretien, duquel on ne connaît que l'aveu que fit le jésuite « que la dévotion de » Mlle Cadière avoit quelque chose de trop outré ». Le résultat fut que le prélat et le confesseur circonvinrent la Cadière et ses parents et finirent par obtenir de l'une et des autres que Catherine irait reposer son pauvre corps malade et son esprit débile dans le couvent des Clairistes d'Ollioules, où Mgr de Montauban promit de la visiter souvent pour la soutenir et la fortifier (2).

(1) *Mémoire pour le* P. Girard. Dans le *Recueil général des pièces*, etc..., t. I, p. 176 et 199.

(2) D'après l'avocat de la Cadière, ce fut le P. Girard seul qui, pour mettre un terme aux bruits scandaleux qui circulaient, persuada à sa

Catherine arriva à Ollioules le 6 juin. Son éloignement de Toulon, les prodigalités de tendresse de la supérieure et d'une dame de Lescot, directrice des novices, ne purent rien sur l'état moral de la Cadière. Ce fut pendant son séjour dans ce couvent que l'infortunée jeune fille donna les signes les plus manifestes de ses aberrations et le plus grand essor à ses rêves de sainteté. Elle émut et terrifia toute la communauté. « La nuit, disait-elle, je vais partout, » je laisse partout des lettres pour dire qu'on se convertisse. » Cette nuit j'irai vous visiter quand même vous vous » enfermeriez, et nous irons ensemble dans le Sacré-» Cœur. » Elle était parvenue, par ses paroles, sa candeur, ses extases, à fasciner à ce point les religieuses et les novices du couvent, qu'elles déclarèrent plus tard qu'elles avaient cru, en effet, voir la Cadière entrer à minuit dans leurs chambres à travers la porte fermée, les embrasser et les conduire dans le cœur de Jésus. Un jour, le 25 juin, étant dans la salle des novices, elle tomba à la renverse en poussant un grand cri, se tordit dans des convulsions et resta ensuite un temps fort long en extase, les bras étendus comme le Christ en croix. Elle eut une vision ; on ne sait laquelle, car elle ne la raconta jamais, mais il ne faut pas douter que le P. Girard n'y jouât un rôle. Le lendemain, dans son lit, triste, abattue et brisée de douleurs, elle lui écrivit de venir la voir. Il lui répondit en ajournant à plus

pénitente de se rendre à Ollioules « et cela à l'insu de ses parents ». Cette assertion n'est basée que sur la lettre que le P. Girard écrivit, le 22 mai, à l'abbesse du couvent des Clairistes pour la prier de recevoir la Cadière ; mais il est naturel d'admettre que l'évêque ne pouvait pas faire cette démarche lui-même et qu'on ne peut tirer de son abstention la conséquence qu'il ignorait le départ de la Cadière. Voir cette lettre dans le *Mémoire de l'avocat* CHAUDON. Dans le *Recueil général des pièces...*, etc., t. I, p. 17.

tard sa visite, prétextant un voyage à Hyères, où il devait prêcher. M. Michelet, dans un livre indigne de ses talents et qui outrage tous les droits de l'Histoire, est obligé de déclarer que pendant le séjour de Catherine au couvent d'Ollioules, le P. jésuite « ne vint pas la voir, tout au plus au parloir et pour un moment (1) ». La dernière visite avait eu lieu le 21 août, où la Cadière lui avait remis le *Mémoire du Carême*. La lecture de cet écrit lui avait montré ouvertement la Cadière comme une folle et son frère, le P. dominicain, comme un intrigant, et il avait résolu de s'éloigner d'eux entièrement (2).

Alors, et par suite de cette sorte d'abandon dans lequel elle était laissée par son directeur, il se passa chez la Cadière un de ces phénomènes dont l'étude des névropathies confirmées n'offre que de trop fréquents exemples. Girard, qu'elle avait si longtemps associé à elle dans ses rêves maladifs, qu'elle avait fait son intermédiaire obligé entre elle et le Créateur, lui devint odieux et ne lui apparut plus que comme le démon qui avait été chargé d'accomplir sur elle l'œuvre d'*obsession* qu'elle avait acceptée pour sauver les âmes en péril de naufrage (3). Il lui sembla que toutes ses souffrances, toutes ses angoisses, tous ses délires étaient l'œuvre réelle de cet

---

(1) MICHELET, *La Sorcière*, p. 565.

(2) *Mémoire pour le P.* GIRARD. Dans : *Recueil général des pièces...*, etc., p. 181.

(3) L'avocat de la Cadière, Me Chaudon, distingue soigneusement l'état d'*obsession*, qui ne dura que du mois de novembre 1729 au mois de février 1730, de l'état de *charme* que le jésuite aurait jeté « par son souffle », sur sa pénitente, et à la faveur duquel il aurait accompli les actes licencieux qui lui étaient reprochés. *Mémoire pour la demoiselle* CADIÈRE, p. 9.

homme. Sous l'empire de ses pudeurs de jeune fille en révolte, elle conçut à partir de ce jour pour son confesseur une haine qui égalait dans sa violence l'immensité de l'amour spirituel qu'elle lui avait toujours montré. On était au mois de septembre. Le P. Girard, qui connaissait l'état d'esprit nouveau de la Cadière, attendit le retour à Toulon de l'évêque, en ce moment en Languedoc et, dès qu'il fut arrivé, lui en rendit compte. Le séjour au couvent n'avait pas été favorable à Catherine et elle avait exprimé plusieurs fois le désir de le quitter ; l'évêque vint la voir, accompagné de deux de ses frères, le commerçant et le vicaire, et lui annonça son départ pour le lendemain. Le lendemain, en effet, 17 septembre, il envoya son carrosse avec son aumônier, l'abbé Camerle, pour la prendre et la conduire à la maison de campagne du sieur Pauquet, allié à la famille Cadière, sise au quartier des Moulins, dans la vallée de Dardennes.

La liberté des champs, la saison d'automne, si douce en nos contrées, succédant aux embrasements de l'été, amenèrent un calme relatif dans l'esprit de la Cadière. Son frère, le dominicain, dont les agissements dans ce sombre drame restent enveloppés de mystère, soit de lui-même, soit, ce qui est plus probable, de connivence avec sa sœur, s'était rendu, dès l'arrivée de Catherine à la campagne Pauquet, auprès de l'évêque, en ce moment en villégiature à son château de Saint-Antoine, voisin de la *bastide* qu'habitait la Cadière, pour le prier de désigner lui-même un confesseur à la jeune malade. Le directeur qui fut désigné dans cette entrevue eut une influence si fatale dans les destinées de la Cadière et du P. Girard, qu'il est nécessaire d'établir, dès maintenant, à qui incombe la responsabilité d'un pareil choix. On en a accusé l'évêque, non sans raison apparente ; mais, comme s'il fallait, dans cette triste affaire, que tous les intéressés, quand ils n'étaient pas mûs par des passions inconscientes ou effroyables, fissent preuve des imprévoyances et des légèretés les plus coupables, on verra que le prélat ne fit qu'obéir dans cette circonstance à la volonté bien arrêtée de la Cadière et de son frère.

Voici en quels termes l'évêque raconte ce fait dans un *Mémoire* joint au dossier du procès comme pièce à l'appui (1).

« ... Enfin le P. Girard quitta la direction de la Cadière
» le 15 ou le 16 de septembre ; le P. Cadière me pria
» d'écrire à l'abbesse de Sainte-Claire de la laisser sortir du
» monastère à cause de sa santé. Elle sortit le 17 septembre
» et fut remise à la bastide du sieur Pauquet, un de ses
» parents. Le P. Cadière me demanda un confesseur pour
» sa sœur ; je lui nommai le P. Maurin, carme-déchaussé,
» à qui elle s'était autrefois confessée. Il le rejeta en me
» disant que ce Père ne lui convenoit point et que le P.
» Nicolas, prieur des Carmes, étoit plus propre pour sa
» sœur que le P. Maurin. Je lui dis que je ne le connoissois
» point. Il me répondit qu'il y avoit déjà quelques semaines
» qu'il confessoit sa mère, que c'étoit un homme sçavant
» et mystique, qu'il n'en voyoit point de plus convenable
» et qu'il me prioit de lui écrire une lettre pour l'y engager ;
» ce que je fis. Un moment après ma lettre écrite, le P.
» Nicolas arriva à ma maison de campagne du Prieuré de
» Saint-Antoine, où j'étois alors, par le chemin de la
» bastide dudit Pauquet et non par le chemin de Toulon,
» ce qui me surprit et me jetta dans quelque méfiance. Je

(1) *Mémoire des faits qui se sont passés sous les yeux de Mgr l'évêque de Toulon, lors de l'origine de l'affaire du* P. Girard, *jésuite, et de la* Cadière. Dans: *Recueil général des pièces...*, etc. t. IV, p. 1.

» chargeoi ce P. Nicolas du soin de me faire sçavoir tout
» ce qui arriveroit d'extraordinaire et qui pourroit se dire
» sans préjudice du secret de la confession, il me le promit
» en me disant qu'il ne falloit rien cacher de tout ce qui
» pouvoit se dire à un évêque, qui étoit le premier père
» spirituel de son diocèse et, qu'en cela, il ne tiendroit pas
» la conduite des Jésuites... etc. » L'évêque de Toulon,
qui voulut toujours sauver le P. Girard, venait de le perdre.
Son insuffisance et sa légèreté native se révèlent ici dans
tout leur jour. Consulté dans des conjectures aussi graves
sur le choix du directeur à donner à la Cadière, non seulement il abandonne docilement celui qu'il avait cru devoir
proposer, mais encore il accepte, sans explications, sans
observations de sa part, celui qu'on lui impose et qu'il ne
connaît même pas. A peine si, à un certain moment, il a
une vague perception de l'intrigue que la Cadière et son
frère nouent autour de lui, en voyant arriver le P. carme
« de la bastide dudit Pauquet et non par le chemin de
» Toulon, » ce qui aurait dû lui ouvrir les yeux et lui faire
soupçonner des accords prémédités et grossièrement mis à
exécution; mais il n'en est que « surpris », et c'est là
tout. Plus tard, quand il n'était plus temps, il semble que
la lumière se soit faite dans son esprit, et il confesse dans
son *Mémoire* qu'il s'est « peut-être un peu trop laissé
» entraîner par les apparences ».

En l'état des choses, le choix du P. Nicolas, comme
directeur de la Cadière, était déplorable. Le P. carme,
arrivé depuis trois mois seulement de Montauban à Toulon,
ne cachait pas, dans ses conversations, ses opinions jansénistes, et s'était souvent laissé aller à dire « que les
» Jésuites avaient perdu la sainte de Toulon ». On ne
saurait méconnaître qu'il ait existé entre lui, la Cadière et

ses frères, au moins le dominicain, une sorte de convention occulte et odieuse pour compromettre et déshonorer le P. Girard. Le P. Nicolas était âgé de quarante ans environ. On a fort attaqué sa moralité, sans que nous sachions si ces graves imputations étaient fondées, et plusieurs de ceux qui l'avaient connu le tinrent pour un débauché, ne poursuivant auprès de la Cadière que la satisfaction de ses appétits sensuels. Il est vrai de dire que ceux-là appartenaient au parti des Jésuites et qu'en ce temps l'histoire n'était le plus souvent que l'écho des passions humaines. Le marquis d'Argens, qui ne doit être considéré que comme exprimant ici l'opinion de son père, procureur général au Parlement, commissaire enquêteur délégué à Toulon pour instruire l'affaire, et grand ami des Jésuites, nous représente la Cadière et le P. Nicolas comme ourdissant dans le libertinage la perte du P. Girard, celle-ci pour se venger du sacrifice de son renom de sainteté, celui-là pour déshonorer les Jésuites en déshonorant un de leurs principaux membres dans la province. « Le carme à
» qui elle s'était adressée, dit-il avec cynisme, était beau,
» bien fait, l'air mâle et vigoureux. Elle ne put le voir d'un
» œil indifférent. Les sentiments mystiques avoient répandu
» dans son cœur une disposition à la tendresse qui n'attendoit pour se déterminer qu'un sujet qui en fût digne. Il
» voulut bien en faire les frais. Elle lui sut bon gré de
» l'avoir prévenue. La Cadière étoit en possession d'avoir
» tous les matins son directeur au chevet de son lit... (1) »
Dans une lettre insérée à la suite du *Mémoire* pour le P. Girard, le P. Nicolas est plus maltraité encore : « Pour le

---

(1) *Mémoires et lettres du marquis* D'ARGENS. T. I., p. 171. Londres 1787.

» P. Nicolas, lisons-nous, je te le donne pour un moine frais,
» gaillard, jeune, dispos et bien râblé, intriguant s'il en
» fut jamais. Il fut chassé de Rome pour une avanture (*sic*)
» dans le goût de celle-ci avec une fille naturelle de
» l'illustre maison de Lanty. C'est un fait que je sais de
» source. On l'a surpris souvent cajolant nos fillettes et
» buvant le petit coup dans nos bastides : en un mot on ne
» peut pas voir un homme plus grand parleur, plus hardi,
» plus entreprenant, plus ennemi des Jésuites ; aussi
» est-celà le héros de la pièce... (1). » De nos jours, M.
Michelet, dans sa haine féroce contre les Jésuites, a fait de
la Cadière une victime du P. Girard, qu'il nous représente
comme un être immonde se traînant dans toutes les fanges,
et du P. Nicolas une sorte de justicier intervenant pour
venger l'innocence et la religion outragées !

Ces caractères comme ces actes n'appartiennent pas à
l'Histoire. La vérité est que le P. Girard fut un quiétiste
naïf et imprudent, que sa pénitente put tromper, mais non
entraîner dans ses égarements inconscients ; la Cadière fut
un esprit mystique jusqu'à la folie, dont l'âme resta toujours
pure au milieu des impuretés de ses rêves hystériques ; le
P. Nicolas fut un homme implacable qui, de sang-froid et
sachant bien où il voulait aller, n'hésita pas à se servir des
hallucinations d'un cerveau malade pour la satisfaction de
ses ressentiments de sectaire.

Que se passa-t-il entre ce moine, qui se montra si
cruel pour le P. Girard, et la Cadière ? Le calme d'esprit
dont celle-ci avait paru jouir en arrivant à la *bastide*
n'avait eu qu'une courte durée. Les crises nerveuses recommencèrent, fréquentes et très douloureuses. Elle était

(1) Cette lettre de M. de XXX. à M. le chevalier de XXX. à Paris, semble avoir été écrite de Toulon.

poursuivie par la pensée constante que le P. Girard, après l'avoir *obsédée* et *charmée*, l'avait abandonnée pour courir à d'autres victimes. Elle chercha les moyens d'expiation qu'elle pourrait s'imposer pour se faire rouvrir les portes du ciel. Elle confia à son directeur toutes ses angoisses : elle lui dit comment elle avait fait part au P. jésuite de sa vision du vaisseau plein d'âmes en péril de naufrage et comment elle avait pris pour elle seule le naufrage ; comment le P. Girard lui avait permis d'être *obsédée ;* comment il l'avait obsédée lui-même, malgré ses rébellions, et avait fini par la vaincre, lui disant sans cesse : « Je suis votre maître, votre Dieu, vous devez » tout souffrir au nom de l'obéissance ! » Elle lui raconta ses sommeils pleins de luxure, ses réveils dans les bras du jésuite, son épouvantement en se trouvant un jour inondée de sang dans son lit, ses douleurs, ses remords, son indignité devant Dieu !

Le P. Nicolas fut effrayé des révélations qui lui étaient faites. En un instant il vit tout le parti qu'il pouvait en tirer au profit de sa haine contre les Jésuites et il résolut de perdre l'homme qui, par sa notoriété, était considéré dans la province comme l'ennemi le plus redoutable de ses doctrines. Il prit ses précautions. Il engagea la Cadière à répéter devant des témoins ce qu'elle lui avait confié sous le sceau de la confession. L'infortunée consentit à se frapper en frappant son ennemi. Le 8 octobre, le P. Nicolas reçut de Catherine l'autorisation écrite de révéler à qui de droit ses aveux en ce qui concernait ses relations avec le P. Girard. Le P. carme était armé d'un document mortel. La ville retentit bientôt du bruit de cette affaire scandaleuse. L'évêque en fut vivement ému ; il interdit au P. Nicolas de voir sa pénitente et ordonna à l'official Larmodieu et au promoteur épiscopal Esprit Raybaud de faire une information. Ceux-ci se rendirent auprès de la Cadière, qui n'osa soutenir sa confession et nia tout. Les juges enquêteurs rédigèrent alors un rapport qui exonérait le P. Girard de toutes les accusations de la Cadière. Ceci se passait le 18 novembre. Le même jour, Catherine eut une crise violente : elle poussait des cris inarticulés, étouffait, tenait ses dents serrées, et ce ne fut qu'en employant la force que les médecins purent lui faire boire un peu d'eau-de-vie, ce qui la fit revenir à elle.

L'affaire menaçait de se terminer là ; les Jansénistes ne l'entendaient pas ainsi. Le P. Nicolas et ses amis de Toulon travaillèrent la famille de la Cadière et la poussèrent aux résolutions extrêmes. Catherine elle-même, qui avait, sans doute, quelques remords d'avoir nié devant le juge d'église ce qu'elle croyait être la vérité, consentit à faire une déclaration devant le lieutenant de la sénéchaussée, le sieur Martelly-Chautard. Le 27 février de l'année suivante elle rétracta sa déclaration à l'official Larmodieu et fit une nouvelle déposition, dans laquelle elle établissait le fait de séduction, les conseils que lui donnait le P. Girard de se laisser *obséder* par le démon, les abus sur son corps, sa grossesse et son avortement, provoqué par le P. jésuite à son insu et pendant son sommeil. Et comme ces aveux entraînaient son déshonneur en même temps que celui de l'accusé, elle crut séparer sa cause de la sienne en invoquant l'intervention de la sorcellerie. En cela la pauvre jeune fille était de bonne foi, car si elle n'avait pas admis la sorcellerie dans son cas, on se demande quel motif, quel sentiment humain aurait pu la pousser à poursuivre avec tant d'acharnement le P. Girard ? Sans doute une fille séduite aurait pû espérer réparer son honneur en forçant son séducteur à l'épouser ; mais la Cadière savait bien qu'elle ne pouvait atteindre ce but. Serait-ce le désir de la vengeance ? Mais, en réalité, est-il naturel de supposer qu'une femme expose cyniquement sa honte en public pour se venger d'un homme ? Il faut de toute évidence faire retomber l'odieux de ces déclarations sur l'influence que le P. Nicolas exerçait sur l'esprit débile de la Cadière. C'est, en effet, le P. Nicolas qui arrache à la Cadière l'autorisation de révéler sa confession ; c'est à son instigation qu'après l'information de l'official elle entame le procès civil ; en tout et partout enfin on sent sa présence et le souffle de ses conseils dans tous les actes de la Cadière.

Dans cette œuvre ténébreuse, ourdie avec le P. Nicolas, il faut tenir compte du rôle joué par les deux frères de la Cadière, le dominicain et le vicaire. Le mobile qui les poussait ne nous apparaît pas clairement : hostilité contre les Jésuites ou le P. Girard seul, intrigue ou ambition de se faire une situation avec la réputation de sainteté de leur sœur ? Ils comparurent comme accusés devant le Parlement et l'acquittement des coupables entraîna le leur ; mais ils furent jugés sévèrement par leurs contemporains : « ... Je dis donc, monsieur, écrivait un magistrat
» à un de ses amis, que s'il est vrai qu'il n'y a pas eu une
» lettre de Catherine Cadière qui n'ait été fabriquée par
» Cadière le jacobin, et qui n'ait été écrite par Cadière
» l'ecclésiastique ; s'il est vrai que les visions soient sorties
» de la tête du jacobin, qu'elles ayent été inventées et
» rédigées par lui, peut-on trouver un corps de délit plus
» grave et des coupabes mieux connus ?... Je dis donc,
» Monsieur, que tous les faits posés établissent un concours
» de fraude pour fomenter le scandale que l'on a donné au
» public ; que la confession de la Cadière a été préparée

» de concert avec ses deux frères pour tromper le P.
» Girard; que les lettres de Catherine Cadière relatives à
» sa confession séduit (sic) la simplicité du P. Girard ; que
» les visions, les extases, les rêveries n'ont été inventées
» que pour accumuler profanation et sacrilège ; que le P.
» Girard est innocent de toutes les abominations dont le
» public est instruit; que les seuls auteurs de ce désordre
» scandaleux sont les frères Cadière... (1). »

En même temps que les informations du lieutenant de la sénéchaussée se poursuivaient à Toulon, on offrait au P. Girard d'éteindre l'affaire par des moyens dont on pouvait disposer à la cour. Le P. Linières, jésuite et confesseur du roi, très inquiet sur la suite de l'enquête qui se faisait, écrivit au P. Girard « qu'à la Cour et à la ville on » ne s'occupoit que de la Cadière », et lui conseilla de consulter ses amis pour savoir s'il était à propos de laisser le procès s'engager en Provence, ou s'il n'y aurait pas avantage à ce que la Cour nommât des juges d'attribution à Paris, en faisant rendre dans ce but une ordonnance par le grand conseil. Quoique cela ne fût pas dit, il laissait entendre que les juges choisis étoufferaient le procès. Il faut rendre cette justice au P. Girard et aux Jésuites de Provence, qu'ils refusèrent tout tribunal exceptionnel et demandèrent un jugement au grand jour devant le Parlement. Je sais bien que pour rendre suscepte cette détermination qui les gênait, les ennemis des Jésuites ont écrit que ceux-ci étaient certains d'avance que le P. Girard serait acquitté ; mais c'est là une assertion que dément la sentence rendue, plus tard, à égalité de voix, ce qui

(1) *Lettre d'un magistrat désintéressé à un de ses amis, au sujet du procès intenté contre le* P. GIRARD, *jésuite.* Dans: *Recueil général des pièces...* etc. t. IV., p. 429.

prouve bien qu'ils étaient loin d'avoir cette assurance. Quoi qu'il en soit, leur demande fut accueillie par le chancelier d'Aguesseau et, le 16 janvier 1731, le roi décida que la Cour de Provence connaîtrait de l'affaire, sur l'information que deux de ses membres feraient à Toulon.

Pendant que les Jésuites provoquaient la juridiction du Parlement, les Jansénistes « ne s'oublioient pas ». De Paris comme de tous les points de la France ils reçurent de l'argent et des lettres à l'adresse des conseillers de la Cour, leurs amis, dans lesquelles on les excitait à agir vigoureusement en faveur de la Cadière contre le P. Girard. En même temps, le Parlement délégua à Toulon, le 25 janvier, les conseillers Bouchet de Faucon et Cadenet de Charleval pour procéder à une information sur les lieux. Ces deux commissaires, accompagnés du procureur général d'Argens, père du marquis d'Argens, que j'ai eu déjà l'occasion de citer plusieurs fois, arrivèrent à Toulon, où leur premier soin fut d'interner la Cadière dans le couvent des Ursulines et le P. Girard dans le Séminaire-Royal de la marine. Ensuite, l'information achevée, la Cadière et le P. Girard, le P. Nicolas et les deux frères de Catherine qui étaient dans les Ordres, ainsi que de nombreux témoins, furent assignés à comparaître devant le Parlement et transférés à Aix. Catherine fut confiée aux Ursulines de cette ville et le P. Girard retenu au couvent des Jésuites avec défense d'en sortir.

L'avocat Pazeri de Thorame se chargea de la défense du P. Girard ; personne ne voulait accepter celle de la Cadière. Le syndic du barreau d'Aix, l'avocat Chaudon, fut désigné d'office par la Cour. C'était un homme qui, à défaut d'éloquence, avait une grande indépendance de caractère et une énergie peu commune. Avant l'ouverture des débats, de lui-même ou comme mandataire on ne sait de qui, il fit proposer au supérieur des Jésuites d'Aix, par un conseiller de la Cour des Comptes du nom de Monval, d'arrêter l'affaire par des expédients de procédure. Le supérieur et les Pères refusèrent, disant que c'était moins le P. Girard qui était en cause que la Société de Jésus, qu'ils voulaient que la lumière se fît et qu'ils exigeaient un arrêt. Le procès suivit son cours. Chaudon plaida avec chaleur et un grand luxe d'érudition. Il accusa le P. Girard : 1° de quiétisme, 2° d'enchantement et de sortilège, 3° d'inceste spirituel, 4° d'avoir provoqué un avortement, 5° de subornation de témoins. Etant donné l'état d'esprit général à cette époque, on doit reconnaître qu'il montra un certain courage en exposant sans réticences les accusations de libertinage et de corruption dont la voix publique accablait le P. Girard, accusations qu'il s'efforça de justifier en suivant pas à pas le jésuite dans ses relations avec la Cadière.

L'avocat du P. Girard, reprenant les cinq chefs d'accusations soutenus par son adversaire, s'appliqua à en démontrer la fausseté :

Sur l'accusation de quiétisme, il déclara qu'on avait beaucoup reproché au P. Girard ce passage d'une lettre qu'il écrivait à la Cadière, le 22 juillet 1730 : « Oubliez-vous » et laissez faire ; ces deux mots renferment la plus sublime » disposition. » Et il interpréta cette pensée dans un sens très orthodoxe, démontrant que l'esprit général de la lettre était en contradiction avec le sens qu'on prêtait au passage incriminé (1). Sur le sortilège et l'enchantement,

---

(1) Cette partie de la défense est certainement la plus faible. Les preuves de quiétisme abondent dans les lettres du P. Girard à la Cadière ;

il dit que de tout temps la Cadière avait eu des visions, qu'elle avait déjà des plaies et des cicatrices aux pieds, aux mains et au côté gauche du sein avant de connaître le P. Girard, et que celui-ci, par conséquent, ne pouvait en être l'auteur.

Il repoussa l'accusation d'inceste spirituel comme impossible et ridicule, et sortant, du reste, du domaine de la justice séculière. Néanmoins, il consentit à discuter cette question et, reprenant les considérations de son adversaire, il les réfuta les unes après les autres. On avait cherché les preuves de cet inceste dans la fréquentation du P. Girard avec sa pénitente, et il démontra qu'il ne l'avait jamais vue que dans la maison de sa mère, à la demande des parents et en présence de tierces personnes ; dans la précaution qu'il avait prise un jour de s'enfermer avec elle dans la chambre, et il déclara que c'était là « tout au plus » une imprudence », la bonne foi avec laquelle l'accusé avouait le fait prouvant la pureté de ses intentions ; dans les libertés criminelles qu'il aurait prises avec elle, et il les nia, cette accusation ne reposant que sur les dépositions de trois témoins subornés par la Cadière et celle de la Cadière elle-même, qu'on ne pouvait admettre si, comme elle l'affirmait, elle n'avait, après la consommation des actes, aucun souvenir de ce qui s'était passé ; dans les lettres pleines de passion que le P. Girard écrivait à la Cadière, « mais, disait-il, la publication de ces lettres a fait justice » de cette accusation ; d'ailleurs, ajoutait le défenseur, non » sans éloquence, c'étaient les frères de la Cadière qui

---

ainsi quand il lui conseille « de se perdre et s'abimer en Dieu. » — « de laisser agir J.-C. en elle, » (Lettres des 4 et 19 juillet 1730), toutes pensées et expressions que Molinos et Mme Guyon n'auraient pas désavouées.

» lisaient et répondaient à ces lettres, d'où la conséquence
» qu'ils étaient d'intelligence avec elle. Eh quoi ! on ne
» recule pas épouvanté devant les responsabilités qu'on
» peut déduire de cette association ! »

Quant à l'accusation d'avortement, il démontra qu'elle ne reposait que sur le témoignage de la Cadière, qui était sans valeur, et sur celui de la servante Claire Bérarde, dont la déposition était pleine de contradictions.

Enfin, en ce qui concernait la subornation de témoins, il disserta longuement, surtout sur une lettre très compromettante pour le P. Girard, écrite le 28 janvier 1731 par la sœur Cogolin, religieuse ursuline, à la sœur Beaussier, clairiste à Ollioules, lettre sur laquelle reposait l'accusation de subornation de témoins. Il s'efforça de prouver qu'on en dénaturait le sens et démontra, d'ailleurs, qu'elle n'était jamais parvenue à son adresse.

Ce procès avait en Provence le plus grand retentissement. Chacun avait pris parti, pour le P. Girard, ou pour la Cadière. Tous ceux qui, depuis le XVIIIe siècle, ont raconté ces brûlants débats, ont essayé de peindre l'explosion des passions ardentes qu'ils soulevèrent autour d'eux ; nul ne l'a fait certainement avec plus de verve cynique que le marquis d'Argens. Les pages qu'il a écrites, au moment même où ces faits se passaient, semblent détachées d'une *Gazette* mondaine et constituent un tableau pris sur le vif de l'affolement des esprits à Aix autour de cette odieuse affaire.

« Le baron de Trets, dit-il, avocat général, portoit la
» parole pour les gens du Roy. Les deux partis ont parlé
» avec tant de passion de ce magistrat qu'ils ne lui ont
» rendu justice ni l'un ni l'autre. Les Jansénistes ont voulu
» l'égaler à un Talon et à un Lamoignon ; les Molinistes

» ont écrit contre lui des invectives dignes plutôt de
» portefaix que de gens à qui la probité doit être chère...

» Jusqu'ici il n'y avoit encore que les hommes qui
» eussent cabalé ; les dames commencèrent à s'en mêler.
» La baronne D..., la marquise de M... et madame de D...
» se mirent à la tête de l'escadron moliniste. La présidente
» de B... et la marquise de V... se firent chefs du parti
» janséniste. Dès que les dames eurent pris parti, elles
» entraînèrent avec elles leurs amans. La médisance, la
» calomnie, le mensonge, la fourberie furent mis en usage,
» il ne s'agissoit plus ni du P. Girard, ni de la Cadière,
» mais des deux partis qui divisent l'Etat et qui, tôt ou
» tard, y causeront des troubles dangereux. »

« Aix n'étoit pas la seule ville où régnassent les divisions.
» La Provence entière étoit en feu et le reste du royaume
» y prenoit part. Les Molinistes, craignant que leur parti
» ne fut pas assez fort, firent entrer au Parlement un vieux
» conseiller qui depuis vingt ans n'y avoit mis le pied. Les
» Jansénistes ne restèrent pas court ; ils en firent revenir
» un de ses terres où il étoit depuis quinze ans. ».

« Les Jansénistes furent les premiers à débiter des
» libelles diffamatoires. Les Molinistes ne restèrent pas en
» arrière. Ce qu'il y a de surprenant, c'est que ces écrits
» étoient moins faits pour la défense du procès que pour
» porter des coups mortels à la réputation des plus
» honnêtes gens des deux partis. M. Lebret, intendant de
» Provence et premier président au Parlement, fut le moins
» ménagé. On le regardoit comme le chef des Molinistes.
» Avant cette affaire il étoit adoré ; dès qu'on le sut
» moliniste il n'y eut plus d'infamie qu'on ne vomit
» contre lui. »

« Jusqu'alors le parti janséniste n'avoit point eu de

» chef marqué. Le président de Bandol se mit à leur tête.
» Il n'étoit pas au nombre des juges, mais il avoit un grand
» crédit dans le Parlement. Son autorité donna de nouvelles
» forces au parti. »

« Les dames agissoient aussi de leur côté. La marquise
» de R..., qui étoit brouillée avec un mari qu'elle avoit
» épousé en secondes noces et dont elle n'avoit point
» d'enfant, déshérita sa fille du premier lit en faveur de
» son époux, à condition qu'il seroit pour la Cadière. Une
» dame moliniste rendit son amant heureux, à condition
» qu'il seroit pour le P. Girard, et elle lui fit faire adjuration
» du Jansénisme dans ses bras. Le jour où l'arrêt fut
» prononcé, les juges entrèrent au Palais à six heures du
» matin. Quoiqu'on eut fermé l'enceinte du Parlement, la
» présidente de B... et la marquise D... avoient trouvé le
» secret de se placer auprès de la porte de la première
» salle du palais. Lorsque le P. Girard passa, elles ne
» purent s'empêcher de lui dire des injures. Le jésuite
» put assez se contraindre pour leur faire une révérence.
» Quelque temps après, la Cadière arriva et elles
» s'efforcèrent de la raffermir. »

« La division augmentoit de jour en jour. Tout étoit en
» combustion dans les familles. Chacun se déchiroit par les
» médisances les plus atroces. Le bas peuple étoit animé au
» dernier point contre les Jésuites. Une semaine avant la
» décision du procès, les enfans quêtoient par les rues
» avec une clochette des fagots pour brûler le P. Girard.
» Ils ne paraissoient pas impunément dans la ville et la
» populace les maltraitoit. »

Les passions qui se donnaient libre carrière au sein des familles et sur la place publique avaient leur écho au sein même du Parlement. Les conseillers s'accusaient mutuellement d'inspirer en secret leurs réponses au P. Girard ou à la Cadière, et ils s'insultaient à haute voix par des reproches sanglants de partialité. L'un d'eux s'emporta un jour à ce point que, devant la Cour réunie, il menaça son adversaire de le faire bâtonner par ses laquais. Au milieu de cet affolement qui emportait les grands, le peuple et jusqu'aux juges, le P. Girard et la Cadière disparaissaient : ce que l'on poursuivait c'était l'anéantissement ou tout au moins le déshonneur d'un des deux partis, jésuite ou janséniste, car chacun croyait ou voulait avoir la religion de son côté.

Cependant le jour où l'arrêt devait être prononcé approchait. Les conclusions du ministère public avaient été délibérées en assemblée du parquet, composée de cinq membres. Elles furent prises à la majorité de trois voix contre deux et lues à l'audience le 11 septembre 1731. Elles tendaient à ce que le P. Girard fût mis hors de procès ; à ce que la Cadière, convaincue d'accusation fausse et calomnieuse, d'avoir abusé de la religion et profané ses mystères, d'avoir contrefait la sainte et la possédée, fût livrée aux mains de l'exécuteur de la haute justice, pour faire amende honorable devant la porte de l'église de Saint-Sauveur et, de là, menée sous la potence pour y être pendue et étranglée, « et préalablement appliquée à la » question ordinaire et extraordinaire pour tirer plus » ample vérité sur les complices de ses crimes, pour » ensuite faire droit à l'égard de ses deux frères et du » P. Nicolas. »

Ces conclusions féroces ne furent reprises par personne. La délibération commença dans la grand'chambre, sous la présidence du premier président Lebret. Les débats furent longs, animés et souvent tumultueux. Les juges, au nombre de vingt-quatre, motivèrent tous ou presque tous leur vote. De Villeneuve d'Ansouis opina le premier et fut d'avis de mettre le P. Girard hors de cour, purement et simplement. De Revest de Montvert déclara qu'il ne s'arrêtait pas à l'accusation de sortilège et de quiétisme, « mais je vois, ajouta-t-il, que l'inceste et l'avortement sont » bien prouvés, » et il conclut en confessant qu'il croirait ne pas faire usage de sa raison s'il ne condamnait à mort un homme convaincu de crimes aussi odieux. Martini de Saint-Jean fit remarquer que les gens du roi demandaient justement une victime, mais qu'il ne fallait pas prendre le change, et il prouva les crimes du P. Girard et fut d'avis de le condamner au feu. De l'Estang de Parades accusa violemment la Cadière et déclara le P. Girard innocent. Tel fut aussi l'avis de de Montvallon, qui s'étendit longuement sur la candeur et la simplicité du confesseur et sur les fourberies de la pénitente. D'Hesmivy de Moissac s'éleva avec une grande indignation contre le P. jésuite : « Je » me croirais, dit-il, souillé d'une tache éternelle si » j'hésitais un seul instant à condamner à mort un si grand » scélérat. Je ne puis faire moins pour venger la religion » outragée, la morale méconnue, les plus saintes lois » foulées aux pieds. » Et comme de Montvallon s'écriait : « Pourquoi perdre tant de temps; l'arrêt est fait et » personne de nous ne reviendra à d'autres sentiments. » D'Hesmivy de Moissac reprit vivement : « Cela servira au » moins au jugement de Dieu ! » De Laboulie dit: « Jamais » je n'ai cru que le P. Girard fût enchanteur ou sorcier. » C'est un homme comme les autres; mais un homme » incestueux et infanticide. » Les présidents de Coriolis, d'Espinouse et de Piolenc déclarèrent que le P. jésuite avait été la dupe de la Cadière, qui l'avait fait tomber dans un piège, et que cette fille était la seule coupable.

On en vint au vote. Sur vingt-quatre juges, douze opinèrent pour que le P. Girard fût mis hors de cour et douze pour sa condamnation à mort, dont six par la pendaison et six par le feu. Il y avait partage des voix. Restait le vote du premier président Lebret, il jugea pour Girard. Acquitté de toute accusation, il fut renvoyé pour le procès ecclésiastique par devant l'officialité épiscopale de Toulon. Les débats au sujet de la Cadière ne furent pas moins animés. L'arrêt fut rendu à la majorité de quatorze voix contre dix et Catherine renvoyée absoute de toute accusation entraînant une peine afflictive ou infamante, mais condamnée, comme calomniatrice, à voir ses *mémoires* et *défenses* lacérés et brûlés par la main du bourreau. Le P. Nicolas et les deux frères Cadière, qui avaient été englobés dans le procès, furent renvoyés absous.

Le jour où l'arrêt fut rendu, le peuple d'Aix était venu occuper, dès le lever du jour, les abords du palais. Du sein de ces masses tumultueuses sortaient des cris de colère et de menace contre les magistrats qui oseraient non seulement condamner la Cadière, mais même absoudre le P. Girard. Ce qu'on voulait surtout, c'était la mort du P. jésuite. Dès que l'arrêt fut connu, la fureur populaire fut à son comble. Une foule immense poursuivit le carrosse du premier président Lebret à coups de pierres, pendant que plusieurs milliers d'hommes et de femmes de toutes conditions faisaient une ovation au président de Maliverny et l'accompagnaient de leurs acclamations jusqu'à son hôtel. La Cadière s'était retirée chez son procureur, où toutes les grandes dames jansénistes de la ville vinrent la visiter et l'invitèrent à leur table. Pendant trois jours, des attroupements considérables restèrent en permanence devant la maison qu'elle habitait.

On exigeait par des cris incessants qu'elle se montrât à sa fenêtre, ce qu'elle fit très souvent avec une complaisance orgueilleuse, prenant un plaisir extrême aux applaudissements qu'on lui prodiguait. Le lendemain de sa mise en liberté, elle se rendit chez tous les juges qui lui avaient été favorables, c'est-à-dire qui avaient voté son innocence et la mort de Girard, pour les remercier. « Elle étoit suivie » de huit à dix mille personnes, » dit le marquis d'Argens, témoin occulaire de ces scènes. On brûlait tous les soirs, à la nuit close, au milieu des chants, des danses et des éclats de rire, des mannequins revêtus d'un costume de jésuite. Les membres de la Société de Jésus n'auraient pu se montrer dans les rues sans courir les plus grands dangers. Lorsque le P. Girard sortit du palais, caché au fond d'une chaise à porteur dont les rideaux étaient hermétiquement fermés, il fut signalé ou reconnu et poursuivi par une foule qui allait grossissant à chaque pas. On se jeta sur lui en l'appelant : sorcier, scélérat et sacrilège ! Les porteurs ne parvinrent qu'avec beaucoup de peine jusqu'au couvent des Jésuites, où il se réfugia et dont on dut barricader la porte. La paix publique était profondément troublée par ces manifestations factieuses ou ridicules. Le premier président, intendant général de la province, fit entrer à Aix le régiment de Flandre et intima l'ordre à la Cadière de sortir de la ville.

Pendant que la ville d'Aix était soumise à ces agitations, les mêmes désordres se produisaient à Marseille, à Toulon, à Arles et presque dans toutes les communes importantes de Provence. A Toulon, la population vivement surexcitée en arriva à des excès que le commandant de la place dut réprimer par la force. On promena dans les rues, sur un brancard, une chaise ornée de rubans et de fleurs, aux cris de *Vivo la Cadièro* (1). Des groupes nombreux portant une perche au bout de laquelle pendait une soutane surmontée de deux cornes, comme les peintres en prêtaient au diable dans leurs tableaux, parcouraient les rues avec des fifres et des tambours. Ils s'arrêtaient devant toutes les maisons habitées par les amis et pénitentes du P. Girard, auxquelles on avait donné le nom de *Girardines*, et, au milieu de mille lazzis, faisaient subir à la soutane un interrogatoire auquel celui qui la portait répondait en avouant les faits les plus cyniques. La foule, l'interrogatoire fini, condamnait la soutane au feu. Après trois jours de manifestations qui avaient le tort de transporter dans la rue les passions qui agitaient les esprits, on réunit toutes ces soutanes sur un bucher élevé sur la place Saint-Jean et on les brûla au milieu des cris de joie de la populace. On ne s'explique pas que l'autorité publique ne soit pas intervenue de bonne heure pour faire cesser ces scandales, ce qu'elle fut forcée de faire ensuite dans des circonstances plus pénibles. Au sortir de ce ridicule autodafé, le peuple imagina d'aller incendier le Séminaire-Royal de la marine, pour faire périr dans les flammes les Pères jésuites qui l'habitaient. En un instant une grande foule se trouva réunie devant ce monument et attaqua la porte avec des marteaux et des madriers. Ensuite, comme elle résistait à tous les coups, on amassa contre elle des fagots et des sarments et on y mit le feu. La porte flambait déjà lorsque M. Dupont, commandant de la place, arriva avec une compagnie de grenadiers et dispersa les mutins, qui s'enfuirent par toutes les rues.

---

(1) Pour comprendre cette allégorie, il est nécessaire de savoir que chaise, en provençal, se dit cadière.

Telle fut cette triste et sombre affaire de la Cadière, qui eut un si grand retentissement et passionna nos pères jusqu'au délire. Le jugement rendu par le Parlement ne satisfit personne, et les chefs des deux partis, qui s'étaient si gravement compromis par leurs violences avant et pendant les débats, s'en plaignirent amèrement. Le président de Maliverny et Belzunce, évêque de Marseille, se firent les interprètes de leur faction, le premier auprès du chancelier d'Aguesseau et le second auprès du cardinal de Fleury. « Monseigneur, écrivait le prélat, vous avez
» mieux senti que personne l'indignité et le ridicule d'un
» arrêt qui a mis hors de cour et les accusateurs et les
» accusés. Si les juges eussent fait brûler le P. Girard, que
» je regarde comme un véritable saint, ils auroient fait une
» injustice, mais ils ne se seroient pas deshonorés devant
» les hommes comme ils viennent de le faire... Une cabale
» mutinée contre l'Eglise, et qui n'est pas plus soumise au
» roi, a mené toute l'affaire. Le complot étoit fait, et
» plusieurs jours avant l'arrêt il étoit public que dix juges
» condamneroient le P. Girard au feu. Ils l'ont fait effective-
» ment et ont, à la honte de l'humanité, prononcé cette
» condamnation en riant... Rendez justice à tant d'innocens
» calomniés, à une Société qui est chère à l'Eglise ! On
» diffame cette Société d'une manière mille fois plus
» horrible que dans les *Lettres Provinciales*. Enfin, vengez
» les saints dont on a eu l'impiété de noircir la réputation. »

A partir du mois d'octobre 1731, on ne trouve plus nulle part le nom de la Cadière, et sa fin est toujours restée mystérieuse. On ne sait si, succombant aux épreuves qu'elle venait de supporter, Dieu la rappela à lui peu de temps après son retour à Toulon, où si elle s'éteignit lentement dans le silence et l'obscurité d'un couvent. Le

P. Girard, quand l'émotion du procès fut éteinte, quitta Toulon et se rendit à Viviers, où l'évêque l'avait fait appeler. Il mourut à Dôle, sa ville natale, le 4 juillet 1733.

L'évêque de Toulon semble avoir joué dans les événements qui se déroulèrent dans notre ville un rôle peu digne des hautes fonctions sacerdotales dont il était revêtu. Suivant presque au jour le jour l'état moral de la jeune fille, il eut la faiblesse de croire aux impostures inconscientes que son imagination maladive lui suggérait, ce qu'il a confessé, du reste, lui-même dans son *Mémoire* en disant : « qu'il avoit cru un peu trop facilement les prodiges » et les miracles dont cette famille l'a imposé. » Au courant des interprétations dangereuses de l'opinion publique sur l'influence qu'exerçait le P. Girard sur l'esprit de la Cadière, il aurait pu prévenir tout scandale en retirant de bonne heure la direction spirituelle de la malheureuse enfant au P. jésuite, pour la confier à un prêtre que son âge, sa sagesse et son autorité éclairée auraient mis au-dessus de tout soupçon. Il n'en fit rien. Bien plus, lorsqu'il prit la détermination tardive, et encore vint-elle plus du P. Girard que de lui, d'éloigner le confesseur de sa pénitente, il eut la faiblesse et l'imprévoyance de se laisser imposer comme directeur de la Cadière un jeune carme plus passionné que prudent, ennemi avéré des Jésuites, arrivé depuis quelques mois à peine à Toulon et qu'il ne connaissait même pas. Mgr de Montauban, esprit léger et peut-être mal pondéré, doit supporter une grande part de responsabilité dans cette affaire scandaleuse de la Cadière et du P. Girard, où on trouve autant de coupables, à divers degrés, que d'acteurs.

Après les manifestations pénibles qui suivirent à Toulon l'arrêt prononcé par le Parlement, Mgr de Montauban avait

senti redoubler ses ressentiments contre tous ceux qu'il considérait autour de lui comme des ennemis des Jésuites. Il dénonça les Carmes et les Oratoriens au cardinal ministre Fleury, les accusant d'avoir été les promoteurs du scandale qui venait de couvrir son église de confusion. On ne voit pas bien sur quel grief il pouvait fonder son accusation contre les Oratoriens, qui n'apparaissent jamais dans l'affaire du P. Girard ; mais comme cet Ordre s'était jadis fort engagé dans le Jansénisme et qu'il était resté ouvertement hostile aux Jésuites, il l'enveloppa dans ses colères, et cela avec d'autant plus de passion qu'il pouvait atteindre plus facilement à Toulon ses représentants dans leur existence. Il se montra impitoyable pour eux et en arriva jusqu'à vouloir les expulser du collège, dont ils avaient la régence, dans la secrète espérance de les voir remplacer par les Jésuites et pouvoir ainsi réhabiliter cet Ordre dans une ville qui venait d'être le théâtre de leur discrédit. Par suite d'un accord avec le maire consul Portalis, fougueux ami des Jésuites, celui-ci interdit aux Oratoriens de continuer leurs classes et, le lendemain, l'évêque publia une ordonnance qui leur prescrivait de se retirer (1). Mais ces combinaisons n'aboutirent pas et les Oratoriens demeurèrent. Dans un *Mémoire* écrit trente ans après, en 1763, sur les établissements d'instruction publique à Toulon, il est fait une allusion discrète, mais transparente, à ce pénible conflit entre l'évêque et les Oratoriens, le premier consul et les pères de famille : « Ces témoignages, y dit-on, de
» l'estime que la ville de Toulon a pour les PP. de
» l'Oratoire ont bien dissipé le nuage qu'en 1732 le maire

---

(1) *Archives communales.* Série GG : *Instruction publique.* Art. 55 : *Collège de l'Oratoire.*

» de la ville, livré à une cabale ténébreuse, que malheureu-
» sement dirigeoit une autorité respectable par elle-même,
» avoit voulu répandre sur la religion de ces Pères par un
» interdit si irrégulier dans la forme et dans le fond qu'il
» n'eut aucune exécution (1).

Mgr de Montauban mourut à Toulon le 12 septembre 1737. Il fut enseveli au pied du maître-autel de la cathédrale. En 1822, lorsqu'on refit et exhaussa le chœur, les tombes des anciens évêques de Toulon qui y avaient leur sépulture furent ouvertes, et les ossements qu'elles contenaient réunis dans un caveau commun creusé derrière l'autel. Il faut supposer que les inscriptions des pierres tombales avaient subi de telles dégradations pendant la période révolutionnaire qu'elles étaient devenues indéchiffrables, à l'exception de celle de Mgr de Montauban qui, seule, nous a été conservée. Pour en transmettre le souvenir, on la transcrivit sur une plaque de marbre noir, aujourd'hui encastrée dans le mur de la nef de droite de la cathédrale.

Elle est ainsi conçue :

Ici repose, au nombre des évêques de Toulon M. R. Pierre, Louis de la Tour du Pin de Montauban, C. de Lyon en 1698, conseiller du Roy (2), évêque de Toulon le 15 août 1712,

---

(1) *Mémoire sur les établissements faits à Toulon pour l'instruction de la jeunesse.* 1763. *Archives communales.* Série II. Art. 29 : *Documents historiques.*

(2) Il est peut-être nécessaire de faire remarquer ici que ce titre de conseiller du roi, que portèrent plusieurs évêques aux XVIIe et XVIIIe siècles, n'impliquait pas la fonction de membre du conseil politique du roi, mais seulement celle de conseiller des actes de sa conscience en tant que souverain. Ce conseil se composait de quelques prélats éminents auxquels le roi soumettait, sous forme confessionnelle, certai-

mort le 12 septembre 1737, lequel durant la peste de 1721 se montra le digne émule de Belzunce à Marseille.

Hommage à sa mémoire.

Ce rapprochement entre Mgr de Montauban et l'héroïque évêque de Marseille est pleinement justifié par l'Histoire : comme lui, en effet, il se montra dévoué jusqu'au sacrifice pendant la peste qui désola Toulon. La ville reconnaissante avait fait placer une plaque commémorative de marbre noir dans la salle consulaire, sur laquelle étaient rappelés en lettres d'or les services rendus à la population par son évêque au cours de la terrible épidémie. Cette plaque existe encore. Elle porte :

*Petro Ludovico de la Tour du Pin
de Montauban,
ulteri Borromœo
quod domos peste afflictas
interitus invisit ;
peccata confitentes audivit
oblitus sui
notis et latentibus miseris
succurrit,
irœ dei pro grege suo
collum non illœsum submisit ;
consules et civitas Tolonensis
poni curavere,
anno MDCCXXII.*

Le successeur de Mgr de Montauban sur le siège de Toulon fut Louis-Albert Joly de Choin. Il fut nommé évêque dans les premiers jours du mois de janvier [1738 et

nes résolutions dont les résultats troublaient sa conscience. Saint Vincent de Paul fut honoré de cette fonction qui, plus tard, fut prodiguée à un grand nombre d'évêques à titre honorifique.

sacré le 1er juin. Il était né à Bourg, en Bresse, en 1702, d'après plusieurs de ses historiographes, en 1700 d'après une correspondance de Toulon adressée en 1759, après sa mort, au journal de Paris le *Courrier*. Lorsqu'il fut promu évêque il était grand vicaire à Nantes. Il fut, plus tard, élu prévôt de la collégiale de Pignans, en remplacement de l'abbé de Beringhem, élevé au siège du Puy. Il occupait encore cette situation en 1751, et ne s'en démit que quelque temps après, en faveur de Joseph de Jarente. Le nouveau prélat partit de Paris, pour se rendre à Toulon, dans les premiers jours du mois d'août 1738. Le conseil de ville envoya à sa rencontre, à Aix, pour le saluer, MM. Fournier et Garnier, consuls, en même temps que le Chapitre y députait MM. Valavieille, archidiacre, de Clavie, capiscol, et Vial, doyen des chanoines. Le 13 août, Mgr de Choin fit son entrée dans sa ville épiscopale. Il arriva vers 8 heures du matin et s'arrêta à l'hôpital de la Charité, où il se reposa pendant une heure. Vers 9 heures, les consuls, conseillers et une députation des notables de ville vinrent le visiter ; il ne fit son entrée solennelle dans Toulon qu'à 3 heures du soir, avec le cérémonial d'usage et au milieu d'un grand concours de peuple.

Mgr de Choin était un prélat de grande science et de grandes vertus. Il a laissé de nombreux mandements, ayant gouverné son diocèse pendant plus de vingt ans, tous remarquables par l'élévation de la pensée comme par l'élégance du style. Il publia un *Catéchisme* à l'usage du diocèse et des *Instructions sur le Rituel*, qui ont été longtemps une source et un guide pour les ecclésiastiques. Son épiscopat fut fécond en bonnes œuvres. Il ne nous appartient pas de le suivre dans sa vie de pasteur, mais nous devons mentionner un fait de son administration intérieure, qui servira à nous faire connaître quels étaient, au milieu du xviiie siècle, les revenus et possessions de l'évêché de Toulon. Nous trouvons, en effet, qu'en 1752 l'évêque afferma « les dixmeries, terres, près, vignes, » oliviers, bois et châteaux dépendans dudit évêché, » moyennant la rente annuelle de treize mille trois cent » cinquante livres à payer audit seigneur évêque. » Les possessions et droits de l'évêque énumérés dans l'acte consistaient : en la dîme des vins, grains et nadons (1), que les seigneurs évêques de Toulon étaient en droit et coutume de prendre et faire lever dans les terrains d'Hyères, Bormettes, la Maure et l'île (sic) de Gien ; en la maison épiscopale d'Hyères, avec ses droits et dépendances ; dans les terres situées aux terroirs d'Hyères et aux quartiers de Castelnau et Faisse-Rousse ; en deux charges de blé que le prieur du Piol payait annuellement ; dans la dîme des grains, vin et légumes à Pierrefeu, Six-Fours, La Seyne, Ollioules et Saint-Nazaire, au terroir de Sainte-Marguerite et dans le quartier de Carqueiranne ; dans l'affard (2) de terre dite la Tour de Sainte-Anne, appartenant à l'évêché, au terroir d'Hyères ; enfin dans les prés, jardin, château et bâtiments de Saint-Antoine de Bonnefoi (3). Il résulte de cet acte que les revenus de

---

(1) Nadons, agneaux, du verbe *naïsse*, naître, en provençal. On trouve dans un bail emphytéotique passé le 7 octobre 1554, par l'abbé de Saint-Victor avec les habitants de la Cadière, la cession..... 4° de la dîme de tous les nadons et chevreaux qui naitront à l'avenir sur les terres de Saint-Côme, Saint-Damien, Saint-Cyr, etc. *Archives de la Cadière*. Parchemin 140.

(2) L'Affard ou l'Affare était le bien avec toutes ses appartenances.

(3) *Archives communales*. Série GG : *Culte catholique*. Art. 9 : *Propriétés, dîmes et autres revenus de l'Eglise*.

l'évêché de Toulon, au milieu du XVIIIᵉ siècle étaient de 13,350 livres.

Ce fut sous l'épiscopat de Mgr de Choin que fut achevé le clocher de la cathédrale, tel qu'il existe encore aujourd'hui, en remplacement de l'ancien clocher du moyen âge, rasé en 1737 parce qu'il menaçait ruine. La construction en avait été confiée à deux entrepreneurs architectes de Toulon nommés Laurent Sillan et Jean Marillac pour la somme de 25,500 livres, dont 7,000 furent fournies par le Chapitre. Le 14 août 1737, la première pierre fut posée, en présence des consuls en chaperon, des membres du Chapitre et des autorités militaires et maritimes. L'évêque étant alité ne put assister à la cérémonie. On scella dans les fondations une plaque de cuivre portant gravés les noms du pape Clément XII, du roi Louis XV, de l'évêque siégeant Mgr de Montauban, des chanoines composant le Chapitre et des consuls en exercice. Le clocher fut terminé le 28 mars 1740. Il est construit en pierres d'appareil et a une hauteur de trente-six mètres. Sa forme est celle d'une tour carrée avec deux fenêtres cintriques de style roman. Sa base cubique est encadrée par des pilastres d'ordre toscan ; les murs ont trois mètres d'épaisseur et la partie vide cinq mètres. Au-dessus s'élève la tour proprement dite, éclairée par d'étroites ouvertures latérales et couronnée par une plateforme décorée de trois boules sur chaque face. Le clocher est surmonté aujourd'hui de la cage de l'horloge qui, au XVIIIᵉ siècle, était sur l'antique tour de Fos, abattue en 1822, sous l'administration de M. Charrier-Moissard (1).

(1) En 1747, sept ans après l'achèvement du clocher, deux pieux chanoines, nommés Brun et Imbert firent refaire à leurs frais le maître-autel de la cathédrale, qui fut béni le 2 avril, veille des Rameaux, par

En même temps que la Ville et le Chapitre faisaient élever à frais communs le clocher de la cathédrale, la marine changeait l'orientation de l'entrée de l'arsenal. Elle faisait murer l'ancienne porte, située, comme nous avons déjà eu l'occasion de le dire, dans le prolongement Ouest de la rue du Quai, et en ouvrait une nouvelle là où nous la voyons encore.

En 1737, époque où furent commencés les travaux d'édification de la porte monumentale de notre grand chantier maritime, elle ne se trouvait pas disgracieusement placée comme aujourd'hui à l'angle d'une rue formant équerre. La partie de notre rue de l'Arsenal qui descend Nord et Sud de la place d'Armes, au lieu de venir se briser brusquement sur une haute muraille nue pour se continuer de l'Ouest à l'Est jusqu'à la place Saint-Pierre, se prolongeait dans la direction du Sud, en gardant son nom de rue Saint-Louis, jusqu'à la rencontre de la rue du Quai prolongée. Cette rue Saint-Louis délimitait ainsi, à partir de la porte de l'Arsenal, un îlot de maisons bordé sur ses trois autres faces Sud, Est et Nord, par les rues du Quai, du Trabuc et de l'Arsenal, cette dernière dite au XVIIIe siècle de la Fontaine du Roy. Les maisons bâties sur ce terrain étaient, semble-t-il, des plus belles de la ville

---

Mgr l'évêque, lequel y officia pontificalement le lendemain. L'ancien autel était en bois et en plâtre stuqué, le nouveau était en marbre blanc et orné d'un bas relief sculpté par Verdiguier, de Toulon, représentant l'*Ensevelissement de la Vierge*. Ce travail n'était pas sans mérite. Lorsqu'on construisit, il y a environ cinquante ans, le maître-autel monumental que nous voyons aujourd'hui, ce bas relief fut déposé dans la chapelle du *Corpus-Domini*, où il existe encore ; il a été, malheureusement, très altéré par les amas de sel sous lesquels on l'avait enfoui pendant la Révolution, quand, par un décret des directeurs du district, le chœur de la cathédrale fut transformé en magasin de la gabelle.

et toutes pourvues d'un jardin ou tout au moins d'une grande cour. Elles étaient la propriété, pour la plupart, de hauts fonctionnaires de la marine, parmi lesquels François Capelle, ingénieur en chef des constructions navales; Vidal d'Audiffret, contrôleur général, et l'intendant, qui était la première autorité du port (1). Ce ne fut qu'en 1769 que la marine acheta ces immeubles, pour cause d'agrandissement de l'arsenal, les démolit et entoura le terrain qu'ils couvraient de cette haute et aride muraille de clôture, qui isolait l'arsenal agrandi des rues de la Fontaine du Roy et du Trabuc, en même temps qu'elle fermait la rue prolongée du Quai. De ce fait, la nouvelle porte de l'Arsenal se trouva placée à l'angle droit que formait la rue Saint-Louis à sa rencontre avec la rue de la Fontaine du Roy.

La porte de l'arsenal, commencée en 1738, constitue un des monuments les plus remarquables et les plus décoratifs de Toulon. Elle a quatorze mètres de hauteur totale. La baie a trois mètres de largeur sur six de hauteur, du sol au-dessous du voussoir du milieu de l'arcade. « Elle » rappelle, dit M. Ch. Ginoux, la porte Flaminius, » aujourd'hui porte du Peuple, à Rome, mais elle est plus » ornée et de proportions meilleures. » Elle est d'ordre dorique romain et d'une grande richesse artistique, autant par les quatre colonnes en marbre cipolin d'une seule pièce qui supportent son entablement (2), que par

(1) Cette dernière maison semble avoir appartenu à l'Etat. Elle s'ouvrait sur la rue du Quai prolongée, tout contre la porte primitive de l'Arsenal. Cet emplacement avait été déterminé, comme nous l'avons déjà dit, par Vauban, dans ses rapports du 9 mars 1679 et du 21 mars 1681.

(2) Ces quatre colonnes furent apportées de Grèce en 1725 par les soins du marquis de Seignelay et restèrent pendant plus de vingt ans dans un magasin du port.

les deux grandes figures de Minerve et de Mars placées en amortissement sur cet entablement, les ornements des métopes, des panneaux, des entre-colonnements et des attributs qui décorent l'attique. Elle fut exécutée d'après les dessins et sous la direction de Lange, maître sculpteur du port. La statue de Minerve est de Lange et celle de Mars de Verdiguier, son gendre, qui fit aussi les bas-reliefs des quatre panneaux de l'entre-colonnement, composés de trophées de marine et de guerre. Au-dessus de l'attique repose, sur des canons et flanqué de drapeaux, un écusson, jadis couvert de fleurs de lis et surmonté d'une couronne royale ; à la suite de nos révolutions, les fleurs de lis ont été grattées et remplacées par une ancre, en même temps que la couronne était sciée et remplacée par une conque marine. Sur le même plan, deux génies enfants embrassent l'un un faisceau de palmes et l'autre un faisceau de lauriers. A l'extrémité sont groupés les attributs des sciences et des arts relatifs à la navigation. Les génies et les ornements décoratifs qui couronnent l'attique sont dus au ciseau de Hubac l'ancien. Au-dessus de l'entablement et au-dessous de l'attique, entre les deux statues de Mars et de Minerve, est placée une grande table de marbre, sur laquelle était gravée primitivement en lettres dorées l'inscription suivante :

Ludovicus XV. Christ. rex,
ne quid portui Tolonensi,
sub Ludovico magno adserti
splendoris interiret,
principalem hanc navalis
armamentarii portam
pro dignitate loci
restituit
anno MDCCXXXVIII

Cette inscription a été détruite en 1792, après l'abolition de la royauté en France. Depuis cette époque, elle a été successivement et à diverses reprises remplacée par celles de : Arsenal de la marine nationale, impériale ou royale, selon que le flot de nos révolutions portait au pouvoir la souveraineté du peuple, d'un empereur ou d'un roi.

En l'année 1738, le roi introduisit une modification dans l'administration municipale : il créa une charge de quatrième consul. Mais avant de parler de cette innovation, qui n'eut, du reste, qu'une durée de quarante ans, il convient d'indiquer rapidement les changements que, depuis un peu plus d'un siècle, avait subi le régime municipal de Toulon.

Le règlement de 1609 était resté en exercice jusqu'en 1655, où fut faite la première application du cens électoral. Ce fut un conseil général auquel on avait appelé quarante-deux adjoints, sous la présidence du premier consul de Piosin, qui décida cette modification (1). Par lettres patentes du 2 mai, le roi « considérant que l'expérience a
» fait voir depuis longtemps que ceux qui ont possédé les
» charges consulaires et autres politiques n'ont pas eu le
» zèle et le soin qu'ils étoient obligés d'avoir pour les
» affaires publiques, à cause qu'ils n'y ont aucun intérêt,
» pour ne posséder aucun bien dans la ville et son
» terroir.... » prescrivit qu'à l'avenir aucun citoyen ne pourrait être élu consul ou conseiller s'il ne possédait de son chef ou de celui de sa femme, le premier consul au moins 6 livres cadastrales, le deuxième consul 6 livres, le

---

(1) *Archives communales.* Série BB. Art. 61 : *Délibération du conseil de ville du 10 janvier 1653.*

troisième consul 4 livres, et les conseillers 3 livres (1).
Nous saisissons ici l'origine vraie du cens électoral à
Toulon. On remarquera que l'initiative de cette innovation
ne vint pas du roi ou de son ministre, qui ne firent que la
rendre exécutoire, mais bien des habitants eux-mêmes,
représentés par leurs magistrats et leurs conseillers. Elle
ne souleva, du reste, aucune protestation dans la ville, ce
qui s'explique par le taux modéré du cens électoral, qui
laissait ouvertes les avenues des fonctions municipales à
tous ceux qui pouvaient justement les ambitionner, et aussi
parce que, en l'espèce, rien n'était changé aux habitudes
prises depuis un certain temps de ne nommer aux charges
que des citoyens portés sur le livre cadastral et par
conséquent allivrés ou soit payant l'impôt foncier.

De 1653 à 1728, nous ne trouvons pas de modifications
nouvelles apportées au régime municipal. Cette année, un
règlement royal ordonna de procéder à l'avenir aux élections
le 27 décembre et à l'installation des élus dans leurs
charges le 1er janvier. C'était là une mesure générale qui
avait pour but d'introduire une sorte d'unité dans
l'administration municipale de la France. En réalité, ce
changement d'époque répondait à Toulon à des besoins
locaux et fut accueilli avec faveur. La date ancienne des
élections, fixée au 15 juin, coïncidait, en effet, avec une
époque de l'année où une partie de la population quittait
la ville, comme aujourd'hui encore, pour aller passer la
saison d'été à la campagne, et on avait souvent de grands
embarras pour réunir le conseil des Quarante au complet.
D'autre part, le budget des recettes se réglant le 14 juin,

(1) *Archives communales.* Série AA : *Actes constitutifs.* Art. 3 :
Règlements sur l'administration municipale.

veille du jour des élections, à un moment de l'année où le commerce se ralentissait et quand les seules récoltes du territoire : blé, vin et huile, étaient encore pendantes, beaucoup de sommes restaient à recouvrer à cette époque, et les comptes trésoraires légués aux nouveaux administrateurs se soldaient toujours par des déficits d'un recouvrement souvent difficile. Les consuls acceptèrent la modification imposée ; mais représentèrent cependant qu'il n'y avait pas un espace de temps assez long entre le 27 décembre, jour de l'élection, et le 1ᵉʳ janvier, jour de l'installation ; ils demandèrent en conséquence à ce que l'époque des élections fût devancée, le jour de l'entrée en charge restant toujours le même. Le roi fit droit à leur requête, et par ordonnance du 19 novembre 1729, décida que les élections se feraient à l'avenir le 30 novembre, jour de Saint-André, et l'installation le 1ᵉʳ janvier de l'année suivante.

Dix ans après, en 1738, une modification plus profonde fut apportée au régime municipal de Toulon. On créa, comme je le disais tout à l'heure, une charge de quatrième consul. Cette création semble avoir été le résultat d'une intrigue du premier consul en exercice, l'avocat Joseph Montenard, et du deuxième consul Fournier, qui firent présenter au roi et adopter ce projet conçu par eux et qu'ils n'avaient pas soumis au conseil municipal. L'ordonnance royale est à la date du 6 novembre 1738 et était exécutoire pour les élections qui devaient avoir lieu à la fin du mois. L'économie du nouveau règlement était celle-ci : La ville était administrée par quatre consuls au lieu de trois ; le premier et le deuxième consuls devaient « être » tirés de la première classe de la population, » comprenant les nobles, les officiers « retirés » de la marine et de l'armée, les avocats et les notaires, enfin les habitants vivant de leurs revenus ; le troisième et le quatrième devaient être pris dans les rangs de la bourgeoisie : les commerçants, industriels et petits propriétaires. Tous les ans on devait procéder au renouvellement par moitié du consulat, ce qui comportait, en fait, deux ans d'exercice pour chaque consul. L'élection par le conseil des Quarante ne pouvait porter, en effet, que sur les deuxième et quatrième consulats, ceux qui les détenaient passant de droit premier et troisième consuls laissant leurs fonctions vacantes (1). Pour la mise en pratique immédiate du nouveau règlement, le roi confirma le premier consul Joseph Montenard pour un an encore dans sa charge et prolongea pour le même espace de temps le mandat du sieur Fournier, deuxième consul. Mais comme celui-ci ne remplissait pas les conditions sociales pour continuer à occuper cette fonction, étant marchand de drap de son état, il le pourvut du troisième consulat.

Le règlement de 1738 est le premier document officiel qui établisse une distinction entre les diverses classes de la population pour la répartition des charges municipales. On voit, en effet, qu'il y est question de personnages du premier et du deuxième rang, et que ces derniers ne pouvaient prétendre qu'aux troisième et quatrième consulats. En réalité cependant, comme pour le cens électoral, cette innovation n'était qu'une codification de ce qui se faisait déjà. Si aucun règlement n'avait encore fixé l'état des personnes éligibles au consulat, il est certain que depuis la fin du XVIIe siècle, l'usage, ce qu'on appelait excellemment à cette époque : la loi domestique, avait

(1) *Archives communales.* Série AA : *Actes constitutifs.* Art. 3 : *Règlements sur l'administration municipale.*

établi, par une sorte de consentement tacite, que le premier chaperon était toujours donné à la noblesse, à l'armée ou la marine, ou à la haute bourgeoisie. La division en classes ne reposait pas, en effet, sur la fortune, mais seulement sur la naissance ou la situation sociale. C'est ainsi qu'un noble, un officier, un notaire, un avocat, un bourgeois vivant noblement, c'est-à-dire ne travaillant pas, pouvait être élu premier consul, tandis qu'un riche industriel, un médecin, ne pouvait être appelé qu'exceptionnellement à cet honneur et comme un hommage arraché à la reconnaissance publique. « Un seul médecin, lisons-nous
» dans un *Mémoire* écrit en 1770, depuis un siècle y fut
» promu, ce fut le sieur Ferrand, en 1724 (1), que son
» génie, ses talents en tous genres et sa naissance d'une
» famille ancienne, distinguée et citoyenne, lui méritèrent
» cette considération (2). »

Ce règlement, qui ne fut appliqué que jusqu'en 1777, ne touchait, en réalité, au régime municipal en exercice que par la création très inutile, d'un quatrième consul et la prolongation heureuse, au point de vue administratif, des fonctions consulaires pendant deux ans. Le 22 juin 1754, le roi le modifia profondément par un arrêté pris en conseil d'Etat, qui déférait aux consuls et conseillers la présentation de leurs successeurs, lesquels devaient être soumis au scrutin de ballottage d'une commission électorale composée

---

(1) Ferrand était deuxième consul de Toulon en 1707 et fut nommé premier cousul en 1724. C'était un savant latiniste et il nous a laissé une *Relation du siège de Toulon par le duc de Savoie.* Manuscrit aux *Archives communales.*

(2) *Mémoire pour être présenté au conseil municipal et, s'il le juge à propos, au conseil d'élection, pour y être statué,* par JOSEPH GARNIER

des quatre consuls et des douze conseillers, du trésorier, de dix-sept adjoints nommés par eux, et des cinq plus anciens intendants de la Santé. Un article fixait à deux ans la durée des fonctions des conseillers, renouvelables par moitié tous les ans. La constitution du conseil électoral et le mode de procéder aux élections étaient tels : le conseil de la commune, c'est-à-dire les quatre consuls, les douze conseillers et le trésorier, s'assemblait à l'hôtel-de-ville le premier dimanche après les Morts pour la nomination des dix-sept électeurs adjoints. Chacun des membres du conseil proposait un électeur, qui devait être « choisi parmi » les plus notables citoyens, bien qualifié, majeur, hors la » puissance paternelle, catholique, apostolique et romain » natif de Toulon ou admis au citadinage. » Les électeurs, sucessivement proposés, étaient soumis au scrutin de ballottage et admis ou rejetés à la pluralité des suffrages. Les dix-sept adjoints étant nommés, ils étaient convoqués pour le lendemain, avec les cinq plus anciens intendants de la Santé, qui étaient électeurs de droit, ce qui constituait une assemblée élective de trente-neuf membres. Les élections se faisaient le dimanche suivant, après la messe. On procédait d'abord à l'élection des deux consuls nouveaux, c'est-à-dire le deuxième et le quatrième, ceux qui venaient de remplir ces charges prenant le premier et le troisième consulats. Les deux consuls sortant d'exercice présentaient chacun leur remplaçant, lesquels étaient soumis séparément au ballottage des trente-neuf électeurs. Ces deux nominations faites, les six conseillers sortant annuellement, proposaient individuellement leurs rem-

---

et Noël Ligier, négociants. *Archives communales.* Série BB : Art. 29 ; *Mémoires à consulter.*

plaçants, sur la nomination ou le rejet desquels l'assemblée se prononçait par *Oui* ou par *Non*, au scrutin secret. Enfin le trésorier, à son tour, faisait admettre son successeur, après l'épreuve du scrutin (1).

Ce système électoral, basé sur la présentation par chaque consul et conseiller de son remplaçant à la charge qu'il avait remplie, ouvrait une large voie aux intrigues et aux cabales. Malgré les apparences menteuses du scrutin de ballottage, les compromissions les plus audacieuses se donnèrent libre carrière dans les élections. L'hôtel de ville ne tarda pas à devenir une sorte de propriété indivise entre les mains d'une faction qui se transmettait les chaperons pour commander en maître à tour de rôle. En 1774, malgré la bonne volonté et le dévouement de quelques magistrats municipaux, le caprice et l'intérêt personnel régnaient dans l'administration, et le désordre était tel que le roi Louis XVI révoqua deux consuls et dix conseillers de leurs fonctions, les remplaça par des personnes choisies par lui et suspendit les élections qui devaient avoir lieu au mois de novembre. « Au mois de juillet de cette année
» 1774, lisons-nous dans la série de documents intitulée
» *Epoques historiques*, M. Dupoiron, premier consul,
» M. Galle, second consul, et la partie la plus saine des
» conseillers de ville furent obligés d'abandonner la place,
» soit à cause des mauvais procédés qu'ils essuyèrent de
» leurs collègues, soit parce qu'ils reconnurent l'impossi-
» bilité d'empêcher l'exécution des projets iniques qui
» étoient mis au jour par le sieur Isnard de Cancelade,

---

(1) *Archives communales.* Série AA : *Actes constitutifs.* Art. 3 : *Règlements sur l'administration municipale.*

» dont le principal but étoit de s'emparer de l'adminis-
» tration et de placer ses créatures (1).

« Les affaires de la communauté furent totalement
» abandonnées. Le mal fut si grand que le Roy,
» instruit des tracasseries que le sieur Isnard et ses
» adhérens suscitoient, fit suspendre par son ordre
» l'élection des officiers municipaux. Cette suspension ne
» contint pas les furieux. Les intrigues continuèrent
» toujours, tellement que pour les arrêter et rétablir le
» calme dans la communauté, le roi, par une ordonnance,
» destitua les sieurs Isnard de Cancelade, premier consul
» ancien ; Chapelle, second consul moderne ; Albert et
» Paul, conseillers, de leurs places de consuls et conseillers
» et, par le même ordre, les exclut pour l'avenir des
» charges municipales. Tous les autres officiers municipaux
» qui devaient rester en exercice en 1775 furent mis
» dehors, à l'exception de MM. Dupoiron, consul, et
» Grasson, conseiller (2).

Sur l'avis du conseil d'Etat, le roi nomma lui-même de nouveaux officiers municipaux, à la tête desquels il mit

---

(1) On trouve par renvoi, dans la marge du cahier, ces mots écrits d'une autre main que celle du rédacteur des *Epoques*: « pour enlever » des archives ses titres de roture, etc. » Mais c'est là un trait perfide d'un ennemi politique, car les Isnard de Cancelade étaient nobles depuis plus de deux siècles.

(2) *Archives communales*. Série II: *Documents divers*. Art. 6 : *Epoques historiques*.

Le 13 juin 1775, le roi, à l'occasion de son sacre à Reims, révoqua l'ordre d'exclusion des charges municipales en ce qui concernait le sieur Isnard de Cancelade, et ordonna de le rétablir « sur l'état des sujets » éligibles. » Le 16 juillet de la même année, il prit pareille mesure pour le sieur Chapelle. Les deux conseillers Paul et Albert ne furent réintégrés sur les listes électorales que le 13 mars 1777.

M. Dupoiron comme premier consul. Il se réserva en même temps de faire connaître au cours de l'année 1775 les officiers qui devaient sortir de charge et ceux qui les remplaceraient en 1776, et de faire, en outre, au règlement électoral « les changements dont il était susceptible ». Le 1er janvier étant arrivé, le nouveau conseil, la commission municipale, comme nous l'appellerions aujourd'hui, fut installé par M. Laugier, subdélégué de M. de Senac, intendant général de Provence. Vers la fin de l'année, les consuls et conseillers prièrent le ministre de prendre les ordres du roi et de leur obtenir la permission de procéder à l'élection de leurs remplaçants. M. de Malesherbes leur répondit que le roi ne tarderait pas à leur faire connaître ses volontés dans un nouveau règlement municipal, leur ordonnant de suspendre toute élection jusque là. L'année 1775 s'écoula sans que le règlement ne parût et le même conseil resta en fonction, à l'exception de M. Dupoiron qui, à sa demande expresse, sortit de charge et fut remplacé par M. Toussaint Granet, avocat.

L'année 1776 se passa sans qu'on reçût le règlement municipal si impatiemment attendu, quoique l'intendant général de Provence eût écrit aux consuls, le 6 novembre, qu'il allait lui être transmis incessamment. Le mois de décembre étant arrivé, il n'y eut encore pas d'élection et la même administration fut confirmée dans ses pouvoirs. Le 26 janvier 1777 cependant, des lettres patentes portant règlement pour la municipalité de Toulon, en date du 10 novembre 1776, furent enregistrées au Parlement et adressées aux consuls par M. de Castillon, procureur général, pour être mises à exécution. Ce règlement, tel qu'il était primitivement, comportait quatre consuls ; mais, dès le mois de novembre 1777, le roi, revenant aux anciennes formes, réduisit les magistratures consulaires à trois, et rendit de nouveau leurs fonctions annuelles, ainsi que celles des conseillers. Le règlement de 1777, qui subsista sans altération jusqu'à la Révolution, abolissait le droit qu'avaient les consuls et conseillers de présenter leurs successeurs, changeait la forme de l'élection et modifiait la commission électorale, en lui donnant plus d'indépendance et de liberté. C'était, en réalité, une réforme aussi démocratique que pouvaient le comporter les temps et l'état des esprits.

L'assemblée électorale se composait des trois consuls, des douze conseillers et du trésorier, ce dernier n'ayant droit de vote que pour la nomination des conseillers (Art. 45). A ces seize membres étaient joints dix-huit électeurs pris dans les différentes classes de la société, en tout trente-quatre. Ces dix-huit électeurs adjoints devaient se composer de deux nobles, un officier de l'armée de terre ou de mer, *retiré* ou en activité de service, habitant Toulon et y possédant des immeubles, un avocat, un médecin, un notaire, un procureur, un chirurgien, un apothicaire, trois négociants, quatre marchands : toilier, drapier, mercier et passementier ou marchand de soie, un épicier et un orfèvre.

La nomination des dix-huit adjoints se faisait ainsi. Huit jours avant l'élection, les consuls se faisaient remettre par les syndics des corps ou communautés de métiers qui devaient fournir des électeurs, la liste des membres qui les composaient, en même temps que le conseil faisait dresser une liste, d'après le cadastre des électeurs n'appartenant par leurs professions ou leur état à aucune catégorie de communautés. Tous ces noms étaient ensuite transcrits sur autant de *billettes* séparées, qui étaient renfermées dans des boules. On déposait alors ces boules dans dix-huit vases desquels le greffier tirait en séance le nombre de boules afférentes à chaque classe d'électeurs désignés, c'est-à-dire deux du vase des nobles, trois des négociants, une des médecins, etc. Les noms sortis ainsi au sort constituaient la liste des dix-huit électeurs adjoints. Ils devaient être âgés de trente ans au moins et domiciliés à Toulon depuis dix ans. Ils étaient nommés pour un an et ne pouvaient être réélus que trois ans après. Pendant l'année de leur exercice ils constituaient, par leur adjonction aux consuls et conseillers en charge, le conseil général de la communauté, lorsqu'on avait à le réunir pour décider une question de finance.

Le jour de l'élection arrivé, les consuls et conseillers et les dix-huit adjoints, ainsi que le trésorier, se réunissaient à l'hôtel de ville et, après avoir assisté à la messe, procédaient aux opérations électorales. Les consuls, les conseillers et le trésorier se plaçaient d'un côté de la grande salle et les dix-huit adjoints, de l'autre. Au milieu de la salle était un vase dans lequel l'archivaire mettait un nombre de petites boules ou *ballotes* égal au nombre des électeurs présents ; sept de ces ballotes étaient jaunes et toutes les autres bleues. Ces préliminaires achevés, l'archivaire lisait le règlement électoral, que tous les assistants juraient d'observer et, prenant ensuite le vase fermé, le présentait aux trois consuls, qui l'agitaient pour bien mêler les ballotes. Le vase étant replacé alors sur son piédestal, les trente-quatre électeurs venaient prendre successivement une ballote qu'ils remettaient au greffier, lequel proclamait et écrivait en même temps, avec le nom du déposant, la couleur de la balotte qui lui était échue par le sort. Ceux qui avaient eu les ballotes bleues retournaient à leur place et ceux qui avaient les sept jaunes étaient déclarés nominateurs. Ils passaient dans une salle voisine, où l'archivaire leur présentait le *Livre d'or* (1), qui contenait la liste complète des éligibles aux diverses charges municipales ; ils choisissaient sur cette liste, au scrutin secret, par *oui* ou par *non*, trois candidats pour chaque chaperon. Lorsque la liste des neuf noms était arrêtée, les sept nominateurs revenaient dans la grande salle, remettaient les noms au premier consul, qui soumettait au scrutin de ballotage de l'assemblée élective, d'abord les trois noms proposés pour le premier consulat et successivement ceux proposés pour le deuxième et le troisième. Le candidat devait réunir pour être élu la moitié plus un des suffrages ; au cas où cette majorité n'était pas obtenue, les nominateurs procédaient à une nouvelle présentation.

L'élection des trois consuls faite, les sept nominateurs procédaient de la même façon à la présentation des douze conseillers, qui devaient être pris « autant que possible » dans les diverses classes représentées par les électeurs. La liste en était également remise au premier consul et les noms soumis au scrutin de ballotage.

Quand le conseil était constitué, l'assemblée nommait les officiers de la ville.

Les quatre auditeurs des comptes devaient être pris dans les classes des avocats, des notaires, des négociants et des principaux marchands ; ils étaient présentés par les nominateurs et soumis au scrutin.

---

(1) Ce registre, appelé *livre d'or* parce qu'il était relié en maroquin rouge, existe aux *Archives communales*. Série BB. Art. 18 : *élections municipales*.

Le greffier de la communauté était choisi par le premier consul sortant et son nom ballotté.

Les prud'hommes de métiers étaient choisis parmi les procureurs et les anciens praticiens jurés ; ils étaient présentés par les trois consuls sortants et soumis au scrutin.

Les quatre experts et les deux inspecteurs des savonneries étaient également présentés par les trois consuls et admis ou rejetés par mains levées.

A ce règlement électoral on avait joint de nombreux articles transitoires, dont les principaux étaient :

Que si l'élection ne pouvait être terminée en un jour elle serait renvoyée au lendemain pour être continuée.

Que les débiteurs ou comptables de la commune, les fermiers de la ville et leurs cautions, ne pourraient être nommés aux charges municipales ni choisis comme électeurs ; qu'il en était de même de ceux qui étaient en procès avec la ville, des faillis, de ceux qui étaient déclarés de prise de corps ou d'ajournement ;

Que le père et le fils, deux frères, le beau-père et le gendre, l'oncle et le neveu, ne pouvaient siéger simultanément au conseil ;

Que nul consul ou conseiller ancien ne pouvait être réélu, s'il n'était sorti de charge depuis trois ans au moins ;

Que tout citoyen élu consul ou conseiller était tenu d'accepter ses fonctions et de les remplir avec assiduité (1).

La première application du nouveau règlement se fit le 2 mars 1777, par dérogation à l'époque habituelle des élections, sur la demande des consuls et avec l'autorisation de M. de la Tour, intendant de Provence. M. Granet,

(1) *Archives communales.* Série AA. Art. 3 : *Règlements sur l'administration municipale.*

premier consul en exercice, conserva son chaperon jusqu'au 1ᵉʳ janvier 1778 ; MM. de Gravier, officier de marine *retiré*, et M. Lajard, bourgeois, furent élus deuxième et troisième consuls.

La nouvelle forme donnée à l'élection avait été empruntée en grande partie à l'édit du mois de mars 1717, contenant règlement général pour l'administration de la ville de Marseille. Sans doute il ne faut pas juger ce régime électoral avec les idées de suffrage universel qui prévalent aujourd'hui ; mais, étant donnés les temps où il fut édicté, on ne peut nier qu'il n'y eût dans la composition du conseil élu par elle, une certaine pensée démocratique qui donnait satisfaction aux diverses classes de la société toulonnaise.

CHAPITRE XXII

TOULON SOUS LE RÈGNE DE LOUIS XVI

1740-1788

Origines de la guerre de la succession d'Autriche. — La flotte combinée franco-espagnole à Toulon. — Blocus du port par la flotte anglaise. — Combat naval de Toulon. — Invasion de la Provence par les Austro-Sardes. — Toulon pendant l'invasion. — Etat des finances municipales en 1750. — Introduction à Toulon des Frères de la Doctrine Chrétienne. — La guerre de sept ans. — Arrivée à Toulon du maréchal de Richelieu. — Expédition de Mahon. — Retour de l'armée et de l'escadre à Toulon. — Fêtes et réjouissances publiques en l'honneur du maréchal de Richelieu et de l'amiral de La Galissonnière. — Création de l'hôpital de la marine. — Mort de Mgr de Choin. — Mgr de Lascaris-Vintimille, évêque. — Construction des forts d'Artigues, de Sainte-Catherine et de la Malgue. — Mort de Louis XV et avènement du roi Louis XVI. — Cérémonies et réjouissances publiques à Toulon. — Construction de l'église Saint-Louis. — Mort de Mgr de Vintimille. — Mgr Elléon de Castellane, dernier évêque de Toulon.

La France, après quinze ans de paix, allait s'engager dans une guerre désastreuse pour ses armes, et la Provence subir les calamités d'une nouvelle invasion par sa frontière du Var. C'était la quatrième en deux siècles.

Charles VI, empereur d'Autriche, étant mort au mois d'octobre 1740, sa fille aînée, Marie-Thérèse, âgée de 23 ans, était appelée à recueillir sa succession. Mais à peine l'empereur Charles était-il descendu dans la tombe, que plusieurs compétiteurs se levèrent pour revendiquer, en tout ou en partie, l'héritage de l'empire. C'étaient Charles Albert, électeur de Bavière ; Philippe V, roi d'Espagne ; Auguste III, électeur de Saxe et roi de Pologne, et enfin un prince dont on parlait peu encore, mais qui devait bientôt mériter le surnom de Grand par ses rares qualités politiques et militaires, Frédéric II, roi du petit royaume de Prusse, qui ne comptait pas trois millions d'habitants.

La France aurait voulu déplacer l'autorité impériale. L'occasion lui semblait belle de ruiner à jamais la maison d'Autriche-Hapsbourg et de mettre l'Allemagne sous l'influence française en portant au trône des Césars une famille dévouée aux Bourbons. Elle travailla en ce sens par sa diplomatie et son intervention militaire. Elle fit passer le Rhin à une armée qui fit sa jonction avec vingt mille Bavarois. La campagne, commencée sous les plus heureux auspices, se termina d'une façon lamentable. L'armée franco-bavaroise, mal commandée, battue et démoralisée, fut forcée de repasser le Rhin. La France, qui avait espéré dicter ses ordres de Vienne, en fut réduite à défendre ses frontières d'Alsace.

Au cours de ces événements, Charles-Emmanuel, roi de Sardaigne et duc de Savoie, suivant en cela l'exemple de son père Victor-Amédée, avait fait défection à la France et s'était retourné du côté de Marie-Thérèse. Il s'était engagé à défendre la Lombardie et autres possessions impériales en Italie contre l'Espagne, moyennant la cession d'une partie du Milanais. Il ne fut pas heureux. Battu par don Carlos, roi de Naples, et ayant perdu la Savoie, il implora l'assistance de l'Angleterre, qui envoya sur les côtes d'Italie une escadre de quarante vaisseaux ou frégates, sous le commandement de l'amiral Mathews. L'apparition de la flotte anglaise devant Naples changea la face des affaires.

Don Carlos, menacé de voir sa capitale bombardée et réduite en cendres, se condamna à une stricte neutralité. De ce fait, les Espagnols se trouvèrent forcés de tirer toutes leurs ressources de l'Espagne par la voie de mer. La présence d'une flotte anglaise sur les côtes d'Italie faisait courir une mauvaise fortune à leur ravitaillement en hommes et en matériel, lorsque la cour de France, bien qu'en paix avec l'Angleterre, ordonna l'armement au port de Toulon de douze vaisseaux. Cette escadre avait pour mission de protéger, de concert avec l'escadre espagnole, les convois que le roi Philippe V dirigeait incessamment de Carthagène et de Barcelone dans les Etats de Gênes et de Toscane.

Le commandement de l'escadre française fut confié à l'amiral la Bruyère de Court. J'ai eu déjà l'occasion de citer ce nom dans ma relation du siège de Toulon en 1707, où M. de Court, capitaine de vaisseau, joua un rôle actif et très honorable. Nommé chef d'escadre en 1715 et lieutenant général en 1725, M. de Court, qui avait fait sa carrière sous les ordres de Tourville, de Jean-Bart et du comte de Toulouse, qui l'estimaient beaucoup, avait atteint en 1742 l'âge de soixante-dix-neuf ans. Il est naturel d'admettre qu'arrivé à cette période avancée de la vie, s'il avait conservé ses grandes vertus militaires, il ne pouvait fournir cette activité et cette énergie dans le commandement qu'on est en droit d'exiger d'un chef sur lequel pèse une grande responsabilité. Néanmoins, dans les circonstances difficiles où il se trouva engagé, il eut le bonheur de montrer que sous le vieillard il y avait encore quelque chose du marin des temps héroïques. Au mois de février 1742, M. de Court rentra à Toulon avec ses douze vaisseaux, naviguant de conserve avec une escadre espagnole de seize vaisseaux sous les ordres de l'amiral don José de Navarro, homme aussi vaniteux que marin incapable. Les deux flottes revenaient de la Spezzia, où elles avaient convoyé une flottille de bâtiments de commerce portant des soldats et des armes, et devaient réparer dans notre port quelques avaries faites dans cette courte campagne d'hiver. Moins de deux mois après leur arrivée, le 15 avril, au moment où les deux amiraux se disposaient à reprendre la mer pour se rendre à Carthagène, l'amiral Mathews se montra avec vingt-huit vaisseaux à l'entrée de la rade et, ayant établi une croisière étroite devant Toulon, vint prendre son mouillage aux îles d'Hyères. Il se vantait de faire quelque tentative contre les vaisseaux espagnols et disait hautement qu'il ne partirait pas que l'escadre ennemie ne fût prise ou brûlée.

Les années 1742 et 1743 s'écoulèrent dans ces conditions. L'amiral Mathews s'était établi aux îles d'Hyères et y avait construit des hangars pour ses approvisionnements, des abris pour ses malades et même des chantiers de radoub pour abattre ses vaisseaux en carène, pendant que l'amiral Navarro, bloqué sur rade de Toulon, n'osait appareiller pour se rendre en Espagne. Il se passa pendant ces deux années des faits bien extraordinaires, qui ne trouvent leur explication que dans le situation politique mal définie que traversaient en ce moment les deux nations anglaise et française. La guerre, en effet, n'était pas déclarée entre la France et l'Angleterre, et le ministre, tout en prescrivant à M. de Court d'observer la plus stricte neutralité, lui avait donné les ordres les plus précis d'armer les abords de la rade et de se garder contre une attaque possible de la flotte anglaise, soit contre le port lui-même, soit contre l'escadre espagnole qui était au mouillage dans ses eaux.

Par suite de cet état de choses, les rapports des Anglais avec les habitants d'Hyères et les chefs de l'escadre française étaient restés pleins de cordialité dans la forme, mais de méfiance dans le fond. Un des capitaines de l'amiral Mathews étant venu à Toulon, porteur d'une communication pour les autorités du port, y avait été très entouré et même fêté ; de leur côté, les croiseurs anglais semblaient mettre une sorte d'affectation à aider et protéger le commerce maritime de la côte et à rendre aux vaisseaux de guerre, qui entraient dans le port ou en sortaient, les honneurs usités en marine entre deux puissances amies. Néanmoins pendant qu'on échangeait des paroles et des actes de courtoisie, on prenait à Toulon toutes les précautions militaires utiles pour s'opposer par la force à une agression subite des Anglais. L'escadre de M. de Court avait été augmentée de quatre vaisseaux, ce qui en portait le nombre à seize ; les batteries et forts de la rade avaient été armés et approvisionnés, et tous les jours de nombreux marins et soldats s'y exerçaient au tir à la mer ; trois brulots amarrés à l'abri de la Grosse-Tour étaient prêts à se jeter sur les premiers vaisseaux qui tenteraient de forcer l'entrée de la rade, que fermait une estacade composée de radeaux et de pièces de mâture.

Pendant les deux années que l'escadre espagnole passa dans le port de Toulon, ses équipages s'étaient fort affaiblis par les maladies et les désertions. L'amiral Navarro ne cessait de demander à son gouvernement, des hommes qui ne lui arrivaient que difficilement, par terre, en petit nombre, et n'étaient le plus souvent que des matelots inhabiles ou des soldats ignorants de l'exercice du canon et de la mousqueterie. En l'état, il appréhendait d'appareiller avec ses vaisseaux mal armés et mal équipés, craignant, non sans raison, d'être écrasé par les trente-huit vaisseaux anglais, car les forces navales de l'amiral Mathews s'étaient augmentées de dix vaisseaux. Enfin, cependant, la cour de France résolut, au mois de novembre 1743, de faire escorter l'escadre espagnole par une flotte française jusqu'à Barcelone. C'était une détermination nécessaire mais dangereuse, et qui pouvait conduire à la guerre avec l'Angleterre. C'est ce qui arriva. Les instructions connues du lieutenant général de Court lui prescrivaient de protéger contre toute attaque des Anglais la sortie de l'escadre de l'amiral Navarro ; mais on ignore si elles avaient prévu le cas où les Anglais ouvriraient le feu sur elle à sa sortie de la rade, et, dans ces circonstances, s'il devait prendre part à l'action ou laisser écraser ses alliés sous ses yeux ? Quelques historiens ont avancé que ses instructions portaient formellement d'éviter toute action de guerre, et ils se sont appuyés pour cela sur un certain ordre que M. de Court aurait donné d'intercaler chaque vaisseau espagnol entre deux vaisseaux français. En réalité, si cet ordre de marche fut réellement arrêté par lui, il est certain qu'il ne fut pas mis à exécution, ce qui nous permet d'en douter.

Le ministre de la marine avait prescrit de porter de seize à vingt et un le nombre des vaisseaux de l'escadre, laquelle devait être prête à prendre la mer du 15 au 20 janvier de l'année suivante, 1744. Dans la situation précaire où se trouvait le port, comme personnel et comme matériel, c'était exiger l'impossible. On eut recours aux moyens extrêmes ; on racola dans la ville et villages voisins tout ce qu'il y avait d'ouvriers charpentiers, forgerons et autres propres aux constructions navales, et on répara tous les vaisseaux et frégates dont on pouvait disposer, même ceux qui étaient considérés comme incapables de tenir la mer par mauvais temps. Pour assurer l'armement, on appela au service tous les marins inscrits aux quartiers maritimes de Provence et de Languedoc, et, mesure injuste et oppressive qu'on prenait pour la première fois et qu'on renouvela plus tard, on leva de force les équipages des navires de commerce qui étaient en chargement dans le port de Marseille, parmi lesquels se trouvaient, entr'autres, trente bâtiments Malouins. Cependant, vers la fin du mois de janvier 1744, les armements furent terminés tant bien que mal et les escadres réunies se tinrent prêtes à appareiller dès que le vent de mistral, qui soufflait en tempête depuis quelques jours, cesserait. Il se passa à ce moment un fait qui prouve à quel point les Anglais étaient instruits des moindres mouvements de la marine à Toulon. M. de Court, voulant se rendre compte par lui-même des forces dont pouvait disposer l'amiral Mathews, monta sur une barque de pêcheurs, vêtu en bourgeois et enveloppé d'un manteau, et se dirigea vers les îles d'Hyères. Quel ne fut pas son étonnement, en débouchant sur la rade par la passe qui est entre la presqu'île de Gien et l'île de Porquerolles, de voir le vaisseau-amiral le saluer de onze coups de canon, honneur qui lui fut également rendu par deux vaisseaux à la poupe desquels il passa en continuant sa route.

Les escadres alliées appareillèrent le 19 février dans la soirée. Au dernier moment, quelques vaisseaux ou frégates, soit que leur armement fût trop incomplet, soit qu'on jugeât qu'ils ne pouvaient tenir la mer sans danger, avaient été désarmés et leurs équipages reversés sur les seize vaisseaux et les quatre frégates qui composaient définitivement l'escadre de M. de Court. Plusieurs de ces vaisseaux étaient commandés par des Toulonnais appartenant à des familles dont les noms sont revenus bien souvent au cours de mon récit. Le *Duc-d'Orléans*, de 74 canons, était commandé par M. d'Orvès ; le *Saint-Esprit*, également de 74 canons, par M. de Piosin ; le *Solide*, de 64 canons, par le chevalier Thomas de Chateauneuf ; le *Toulouse*, de 64 canons, par M. d'Astour. L'escadre espagnole était composée de douze vaisseaux, dont un, le *Réal-Philippe*, monté par l'amiral Navarro, portait 116 canons (1). Par un fâcheux contretemps, à peine les deux escadres étaient-elles sorties de la rade que la brise tomba et elles furent obligées de mouiller sous le fort Sainte-Marguerite, où le calme les retint jusqu'au 22.

Le 22, dans la matinée, la flotte franco-espagnole appareilla par une petite brise de sud-ouest. M. de Court commandait le corps de bataille, le chef d'escadre Gabaret l'avant-garde, et l'amiral Navarro l'arrière-garde, composée des douze vaisseaux espagnols. Les Français étaient sous voiles et en rang de marche déjà, quand les Espagnols dérapaient à peine et s'orientaient pour venir prendre leur poste. En ce moment, on vit là flotte anglaise, forte de quarante-deux vaisseaux ou frégates, qui sortait, toutes voiles dessus, de la rade des îles d'Hyères par la petite

(1) Nous avons vu que l'escadre espagnole, en revenant de la Spezzia à Toulon avec l'escadre française, était composée de seize vaisseaux ; mais l'un d'eux, dans un gros temps de mistral qui avait assailli les flottes à la hauteur des îles d'Hyères, avait été rejeté sur les côtes de la Corse. Attaqué au mouillage quelques jours après par deux vaisseaux anglais, le commandant, sur le point de succomber, l'avait abandonné après l'avoir incendié. Les relations du temps constatent que le 19 février les Espagnols n'avaient plus que douze vaisseaux. Il faut supposer que trois vaisseaux n'étaient pas entrés à Toulon au mois de février 1742, et avaient convoyé la flottille espagnole rentrant à Barcelone en suivant la côte de France.

passe et cherchait à gagner au vent des ennemis. Elle les rejoignit à la hauteur du cap Sicié, devant Toulon. Par suite du retard mis par les Espagnols dans leur appareillage, il existait une assez grande distance entre leur tête de ligne et le corps de bataille ; l'amiral Mathews s'en aperçut et laissa porter pour couper la route à la division d'arrière-garde et l'isoler ainsi de la flotte française. Il signala cette manœuvre à son avant-garde et à son arrière-garde, mais ses signaux furent mal compris ou ses ordres mal exécutés. La brise tombait peu à peu et l'amiral Lestock, qui commandait l'arrière-garde, soit, comme l'en accusa l'opinion publique en Angleterre, qu'il n'obéit pas aux ordres de son chef, soit qu'il fut dans une zone de brise plus faible, se laissa arriérer, tandis que l'avant-garde, qui se trouvait déjà par le travers de la division de M. de Court, ne pouvait exécuter ce mouvement qu'en virant de bord, ce qui aurait demandé beaucoup de temps. Il en résulta que lorsque les deux forces ennemies furent à portée de canon et ouvrirent le feu, l'avant-garde anglaise fut aux prises avec le corps de bataille français, le corps de bataille anglais avec l'arrière-garde espagnole, pendant que l'avant-garde française trop en avant et l'arrière-garde anglaise trop en arrière, ne purent prendre part à l'action que vers la fin du combat, faute d'adversaires.

Il était midi environ lorsque l'amiral Mathews attaqua l'escadre espagnole par le travers, tout en manœuvrant pour s'interposer entre elle et le dernier vaisseau français. En même temps, son avant-garde, sous les ordres de l'amiral Rowley, commençait les hostilités contre notre centre. Il y eut là pendant plus de deux heures comme deux combats séparés et indépendants l'un de l'autre. Les douze vaisseaux espagnols, mal manœuvrés par des équipages réduits et inhabiles, mal servis par leur artillerie, furent très maltraités ; le *Poder*, qui avait beaucoup souffert, amena son pavillon ; quelques-uns laissèrent porter sur le cap Sicié et sortirent ainsi de leur ligne de bataille, tandis que le *Réal-Philippe*, battu par cinq vaisseaux ennemis, résistait valeureusement (1). A peu de distance de là, notre corps de bataille soutenait une lutte plus heureuse et, par son feu soutenu et bien dirigé, forçait l'avant-garde de l'escadre anglaise à s'éloigner pour réparer ses avaries. Dès que M. de Court fut dégagé et plus maître de ses mouvements, il comprit tous les dangers que courait l'escadre espagnole, menacée d'un anéantissement complet s'il n'accourait pas à son secours ; il signala à son avant-garde qui, dès le premier coup de canon, avait viré de bord, de forcer de voiles, ce que Gabaret faisait inutilement par suite d'un calme presque complet qui s'était établi, et se jeta résolûment entre les Anglais et les Espagnols. Ce fut une faute qui lui fut plus tard bien reprochée. Il aurait dû, en virant de bord pour venir à l'ennemi, doubler au vent les vaisseaux de l'amiral Mathews pour les tenir entre ses feux et les feux de son arrière-garde. Il céda à une inspiration plus généreuse que raisonnée et passa sous le vent de l'escadre ennemie pour s'interposer entre elle et les Espagnols. Par cette manœuvre il sauva, il est vrai, ses alliés peut-être, mais il perdit tout le fruit du combat, qui devait être décisif pour nos armes, et dont les résultats restèrent indécis pour les deux nations.

(1) Les *Relations* du combat de Toulon s'accordent à refuser à l'amiral Navarro l'honneur de la belle défense du *Réal-Philippe*. Elles disent que, blessé légèrement, l'amiral se hâta de descendre à l'ambulance, où il aurait subi les reproches d'un sergent de garde, qui voulait

Il n'entre pas dans mes devoirs de raconter les diverses péripéties du combat qui s'engagea à partir de ce moment. M. de Court, malgré son grand âge, debout à son poste de combat sur l'arrière du vaisseau l'*Intrépide*, qui portait son pavillon, engagea le feu contre les cinq vaisseaux qui s'acharnaient aux flancs du *Réal-Philippe*. Il eut beaucoup à souffrir, mais sa division ayant bientôt imité son mouvement, il parvint à dégager complètement les Espagnols et à reprendre aux ennemis le vaisseau le *Poder*. L'action paraît s'être terminée là. Il s'ensuivit une canonnade très vive entre nos vaisseaux et ceux de l'amiral Mathews, qui dura jusqu'à la fin du jour, sans avantages marqués pour un des adversaires. La nuit vint et, avec elle, une légère brise de terre qui permit aux vaisseaux de s'éloigner de la côte, dont leurs évolutions, pendant le combat, les avaient rapprochés. Vers minuit, un vaisseau anglais coula lentement sur place, après qu'on eut transbordé son équipage. Le lendemain, au lever du soleil, les deux flottes ennemies étaient encore en vue l'une de l'autre : l'amiral Mathews prit la haute mer et se dirigea vers Mahon pour

---

l'empêcher de passer ; qu'étant ensuite remonté sur le pont, il demeura assis sur un cable, dans un accablement profond, sans donner aucun ordre et comme indifférent à ce qui se faisait autour de lui. Il y a là bien certainement des exagérations nées des polémiques violentes auxquelles le combat de Toulon donna lieu entre les deux nations française et espagnole. La vérité est que l'amiral Navarro était un marin médiocre, un chef indécis que la responsabilité écrasait, et, avec cela, d'un orgueil excessif ; rentré dans son pays, il osa accuser les Français de l'avoir empêché d'anéantir la flotte anglaise ! Néanmoins, il est difficile d'admettre qu'il manquât du courage vulgaire du soldat. La gloire de l'énergique résistance du *Réal-Philippe* revient entièrement au capitaine Delage, d'origine française, capitaine de pavillon de l'amiral Navarro.

réparer ses avaries ; l'escadre franco-espagnole gagna Alicante et de là Carthagène, d'où M. de Court revint avec ses vaisseaux à Toulon.

Etrange distribution de la justice humaine ! l'amiral Mathews et son lieutenant Lestok ayant été cités à comparaître devant un conseil de guerre pour rendre compte de leur conduite pendant le combat de Toulon, le premier fut renvoyé du service, et le second, que l'histoire accuse aujourd'hui, non sans raison peut-être, d'avoir montré une mauvaise volonté coupable à obéir aux ordres de son chef, fut acquitté. En France, M. de Court fut démonté de son commandement (1), pendant qu'en Espagne, don José de Navarro, qui avait montré une incapacité notoire et une faiblesse d'âme que beaucoup caractérisèrent de lâcheté, reçut de l'avancement et fut promu lieutenant général des armées navales.

Le combat du 22 février, dans lequel les escadres de France et d'Angleterre s'étaient traitées en ennemies, fut regardé comme une déclaration de guerre entre les deux nations. Le 15 mars, en effet, Louis XV déclara la guerre au roi d'Angleterre, électeur de Hanovre. Les pirateries des navires anglais, leurs insultes contre les ports français, le blocus et le combat de Toulon furent les motifs allégués.

Quatre jours après ce combat, le 26 février, une armée forte de 50.000 hommes, dont 30.000 Espagnols et 20.000 Français, qui s'était concentrée en Provence, passa le Var et intervint dans les affaires de l'Italie.

(1) M. de Court ne fut pas seulement accusé d'avoir mal manœuvré le 22 février ; on lui reprocha aussi, et ce fut peut-être la cause déterminante de sa disgrâce, d'avoir manqué l'occasion, à sa rentrée à Toulon, le 13 avril, de s'emparer de deux vaisseaux anglais qui étaient au mouillage sur rade des îles d'Hyères.

L'expédition aboutit à un désastre. Après quelques succès éclatants vint l'heure des revers irréparables. Les Espagnols et les Français, écrasés sous les murs de Plaisance le 6 juin 1745, se séparèrent. Les débris du contingent français descendirent vers la mer et reprirent la route de Provence, en suivant la côte ligurienne. Nos soldats, épuisés de fatigue, sans souliers, couverts de haillons et ne vivant que de rapines, marchaient sans ordre, pêle-mêle avec les officiers, pour le plus grand nombre à pied et tenant un bâton à la main pour remplacer leur épée perdue ou brisée dans la dernière bataille. Le 18 octobre, ils repassaient le Var.

Au cours de nos défaites successives, suivies de cette retraite lamentable, les puissances alliées avaient délibéré sur les conséquences à tirer de leur heureuse campagne. Il semble qu'il y ait eu à ce sujet des oppositions très vives entre l'Autriche et l'Angleterre. Les Autrichiens auraient voulu, une fois maîtres de Gênes, qui venait de se donner à eux, faire la conquête du royaume de Naples, tandis que la cour de Londres poussait à une invasion de la Provence. Ce qu'elle poursuivait, en effet, c'était moins un agrandissement territorial en Italie du petit royaume sarde ou de l'empire autrichien, que la réalisation de ses propres intérêts par l'anéantissement de Toulon, car l'invasion de Provence n'avait pas d'autre but final. Les conseils de l'Angleterre l'emportèrent. On forma une armée de 40,000 hommes, qui fut mise sous le commandement du comte Braun de Lamarck, et l'escadre anglaise, revenue sur les côtes d'Italie, reçut l'ordre d'embarquer les canons et mortiers de la défense de Gênes et de les transporter devant Toulon. C'était le projet de 1707 qu'on allait tenter de réaliser, avec moins d'unité dans les vues et d'ensemble dans les opérations ; mais notre grand port militaire sur la Méditerranée, devenu l'objectif de toutes les coalitions dans lesquelles entrait l'Angleterre, allait être sauvé de nouveau par la défaite des ennemis, avant même, cette fois, qu'ils n'eussent paru sous ses murs.

En 1745, les fortifications de Toulon qui, depuis le siège de 1707, n'avaient pas été réparées, se trouvaient dans un grand état de dégradation. Après nos premiers revers en Italie, et comme si on avait eu quelques pressentiments des conséquences qu'ils pouvaient entraîner, M. d'Argenson, ministre de la guerre, avait ordonné des travaux de restauration, dont il avait mis les frais, à titre d'avances à l'Etat, à la charge de la commune. Les consuls, conseillers et habitants, unis dans un même sentiment de patriotisme, s'étaient imposé dans ces circonstances les plus lourds sacrifices. A un moment, cependant, ils durent s'arrêter devant le gouffre creusé dans les finances municipales par ces dépenses excessives. Les consuls écrivirent au ministre pour lui faire connaître l'impossibilité où ils se trouvaient de continuer les travaux, le priant de les poursuivre aux dépens du trésor public, ou de leur fournir quelques sommes en déduction de celles avancées par la communauté : « Nous attendons vos ordres, » disaient-ils, avec d'autant plus d'impatience, que nous » nous voyons avec douleur hors d'état de continuer les » travaux des fortifications ; nous manquons de fonds et » de ressources. » Le ministre, qui était aux prises avec des difficultés financières immenses, ne répondit à ces demandes que par de vagues promesses dont la réalisation était renvoyée à des temps meilleurs ; mais M. de la Tour, intendant de Provence, étant venu à Toulon sur ces entrefaites, fit mettre par la province quelques subsides à la disposition des consuls, ce qui permit de continuer les réparations commencées.

Au mois d'octobre 1746, on apprit que l'armée Austro-Sarde n'allait pas tarder à se mettre en mouvement pour se rapprocher du Var. A Toulon, où on ne doutait pas du but poursuivi par les ennemis, les consuls se préoccupèrent d'assurer du pain à la population pendant un siège considéré comme inévitable et prochain. La récolte du blé en Provence avait été cette année de beaucoup insuffisante pour les besoins du pays, et l'Italie et la Sardaigne, qui étaient en pareilles circonstances les greniers de la province, étant fermées au commerce, M. d'Astour, premier consul, s'adressa à l'intendant général du Languedoc. Celui-ci, après bien des refus basés sur nous ne savons quelles raisons, finit cependant par autoriser l'exportation à Toulon de 20,000 sétiers de blé, livrables contre remboursement (1). La caisse communale était vide et on se trouvait dans l'impossibilité, non seulement d'acquitter l'achat des 20,000 sétiers de blé, mais encore de pourvoir aux dépenses courantes. Le 27 octobre, M. d'Astour réunit le conseil et proposa de faire un emprunt de 100,000 livres. L'emprunt fut voté et, quelques jours après, approuvé et autorisé par l'intendant général de Provence. Un registre fut ouvert à l'hôtel de ville et une criée publique invita les habitants à venir s'y inscrire en versant entre les mains du

---

(1) La situation de Toulon, au point de vue des approvisionnements de première nécessité, était en ce moment fort inquiétante. Les consuls écrivaient au contrôleur général des finances qu'ils n'avaient plus que pour douze jours de blé ou de farine, et ils finissaient leur lettre par ces mots qui traduisaient leur anxiété : « Nous nous gardons bien d'alarmer nos habitans ; nous affectons au contraire une grande sécurité. »

trésorier le montant de leur souscription. Les fonds arrivèrent en abondance et en quelques jours on recueillit la somme de 155,900 livres (1).

En bonne règle administrative, les fonds versés dépassant de 55.900 livres la somme à emprunter, on aurait dû faire subir aux souscripteurs une réduction proportionnelle pour ramener le chiffre à 100,000 livres. Les consuls n'en firent rien et gardèrent le tout contre des titres de rente communale portant 5 0/0 d'intérêt. Ils ne se doutaient pas des dangers financiers qu'allait leur faire courir cette opération d'expédient. Dès qu'on sut, en effet, que la ville avait de l'argent disponible dans sa caisse, toutes les autorités provinciale, militaire et maritime s'empressèrent de lui demander des avances pour le paiement des troupes, les travaux d'armement des forts et batteries de la rade et de la côte, les approvisionnements généraux, etc. Un mois après l'emprunt il ne restait plus rien des 155.900 livres souscrites. Les consuls, partagés entre leur patriotisme et les intérêts financiers de la ville, écrivirent à l'intendant général de Provence pour lui faire connaître la situation. Ce qu'ils semblaient redouter surtout, c'est qu'après tant de sacrifices de leur part, on ne les accusât de paralyser la défense en supprimant les avances de fonds : « Serait-il juste, disaient-ils, que par

---

(1) *Archives communales*. Série CC : *Impôts et comptabilité*. Art. 335 : *Comptes trésoraires*.

Toutes les classes de la société toulonnaise souscrivirent à cet emprunt. A côté des noms les plus connus parmi la riche bourgeoisie, la noblesse et les corps constitués, les Marin, les de Beaussier, les Cavasse, les Dasque, le Chapitre de la cathédrale, etc., on trouve ceux de la petite bourgeoisie commerçante : un Reboul, confiseur, qui versa 8.000 livres, un Roche, tapissier, qui fut prêteur de 18.000 livres, etc. C'est la plus forte somme inscrite sur le registre des souscriptions.

» défaut d'argent et après avoir épuisé celui de nos
» concitoyens, nous fussions encore responsables de
» l'inaction des troupes, que la cessation du paiement ne
» peut qu'occasionner ? » En même temps, M. d'Astour
écrivait au ministre et faisait valoir auprès de lui les
sacrifices consentis par la ville : « C'est à nous, disait-il,
» que le Roy doit tout ce qui s'est fait. Nous avons pourvu
» à tous les travaux des fortifications, dont nous avons
» fourni la solde, et assuré la subsistance de la ville par un
» approvisionnement en tout genre qui ne laisse rien à
» désirer. Nous avons trouvé ces ressources dans le zèle
» de nos concitoyens qui, voyant notre embarras et la plus
» urgente nécessité, sont venus nous apporter jusqu'à
» concurrence de 155,000 livres. » Le ministre n'avait pas
d'argent ; il répondit à M. d'Astour en louant le patriotisme
des Toulonnais, la bonne administration des consuls, et en
engageant la population et ses magistrats à faire de
nouveaux sacrifices à la chose publique.

Sur ces entrefaites, le maréchal de Belle-Isle avait été
envoyé en Provence pour prendre le commandement des
troupes. Il ne possédait, il est vrai, aucune des qualités
supérieures qui font les grands capitaines ; mais il avait à
un haut degré l'esprit d'organisation et de discipline, et
c'était là surtout ce qu'il fallait en ce moment. Hommes,
vivres, munitions, tout faisait également défaut : les soldats
rentrés d'Italie, humiliés, découragés, la plupart sans
armes, étaient disséminés dans toutes les villes et communes de la Provence, les magasins étaient vides, les
hôpitaux remplis. M. d'Orvès, commandant de la marine
au port de Toulon, écrivait au ministre en lui annonçant
l'arrivée du maréchal à Aix : « Figurez-vous la situation
» d'un général qui arrive dans une province où il ne

» trouve qu'une poignée d'hommes accoutumés à fuir
» devant l'ennemi, harassés, sans souliers et dépourvus
» de tout, même de poudre et de balles; nulle mesure
» prise pour les fournitures, nul ordre, nulle précaution
» pour les hôpitaux et pour les subsistances dans une
» province stérile, et sur le tout, pas d'argent et autant de
» voleurs que d'employés..... » Malgré cet état de désordre
et d'abandon, le maréchal parvint cependant, au prix de
peines immenses, à former quelques compagnies régulières
dont il se servit heureusement comme cadres de bataillons,
en y incorporant tous les isolés répandus un peu partout,
à les armer et à approvisionner des magasins de vivres de
campagne, en même temps qu'il mettait sur pied les
milices du pays. Son premier soin, avant de prendre
l'offensive, fut d'assurer la défense de Toulon.

Le 30 novembre, l'armée Austro-Sarde avait passé le Var
sans être inquiétée. Les Autrichiens, sous la conduite de
Braun, s'étaient rendus maîtres de Cannes et des îles de
Lérins et avaient mis le siège devant Antibes, tandis que
les Piémontais s'étendaient dans l'intérieur du pays depuis
Grasse jusqu'à Castellane. Toutes les villes et communes
rurales, du Var à l'Argens, et à la Durance, furent en
moins d'un mois, occupées, rançonnées ou pillées. Belle-Isle
écrivait à ce propos au ministre de la guerre : « ..... Je
» suis outré de me voir à la tête d'une armée où tout
» manque, de déshonorer les armées du Roy et moi-même
» en demeurant spectateur de ce qu'il plaît à l'ennemi de
» faire sans pouvoir s'y opposer. » Dès que ses premiers
bataillons avaient été prêts pour entrer en campagne, il
était venu à Toulon. Il demeura trois jours dans cette ville,
pendant que les troupes qui l'accompagnaient allaient
camper au Luc, à 52 kilomètres en avant. Toulon

ressemblait à un camp et le maréchal se montra très satisfait des travaux accomplis ou en cours d'exécution. On donnait en ce moment la dernière main à l'armement du camp retranché de Sainte-Anne, du fort d'Artigues et de la hauteur de la Malgue, sur laquelle on éleva quelques années après cette grande forteresse qui couronne son sommet. Deux mille terrassiers et maçons avaient été réquisitionnés pour l'achèvement de ces travaux. La marine mettait en état la Grosse-Tour, les forts Saint-Louis, de l'Eguillette et de Balaguier, en même temps qu'elle montait quatre batteries sur la côte de Saint-Mandrier, ayant chacune de soixante à quatre-vingts matelots canonniers pour les servir. Quatre vaisseaux avaient été mouillés devant le Mourillon et deux à Castigneau, pour battre la plaine à l'est et à l'ouest de la place.

Des avis venus de Gênes, annonçant que l'escadre anglaise embarquait les gros canons et les mortiers des forts et des remparts, ne pouvaient laisser aucun doute sur les projets de l'ennemi de venir mettre le siège devant Toulon. La formation d'un camp au Luc n'avait pas d'autre but que de couvrir la ville, et le maréchal, qui avait donné des ordres pour que, à mesure que les bataillons s'organiseraient et se compléteraient à Aix et à Marseille, ils fussent dirigés sur Toulon et le Luc, en informait officiellement le premier consul d'Astour le 16 décembre. « Je vais me rapprocher de Toulon, lui écrivait-il, pour
» être encore de plus en plus à portée de protéger votre
» ville ; aussi je ne puis que vous exhorter à redoubler la
» vivacité de vos travaux pour les fortifications. Mon
» voisinage vous mettra à l'abri de toute appréhension de
» la part de l'ennemi et mettra en usage les effets de votre
» amour pour votre patrie. » Le maréchal leva, en effet,

son camp du Luc et le transporta au Puget, qui n'est qu'à 29 kilomètres de Toulon.

Alors qu'on avait les craintes les plus justifiées sur les dangers qui menaçaient Toulon, un événement inattendu vint tout-à-coup changer la face des affaires. Les Gênois qui, après la retraite de l'armée française, s'étaient donnés librement aux Autrichiens, n'avaient pas tardé à éprouver la dureté de leurs nouveaux alliés, lesquels, sans tenir compte des conventions stipulées, traitèrent le peuple en vaincu et s'emparèrent du trésor de la république, en même temps qu'ils désarmaient la ville en lui enlevant ses canons et ses mortiers pour les embarquer sur la flotte anglaise. Une sourde fermentation régnait dans toutes les classes de la population, lorsque, dans les premiers jours de décembre, un incident, vulgaire par lui-même, déchaîna les colères maintenues jusqu'à ce moment. Pendant cinq jours, les habitants combattirent avec acharnement et, finalement, le 10 décembre forcèrent les Autrichiens à évacuer la ville et la flotte anglaise à s'éloigner du port. Gênes en s'affranchissant avait dégagé Toulon et rendu sa liberté d'action au maréchal de Belle-Isle.

Lorsque la nouvelle de l'évacuation par les Autrichiens parvint en Provence, le maréchal avait sous ses ordres, par l'adjonction d'un contingent espagnol qui venait de débarquer à Toulon, soixante bataillons d'infanterie, vingt-deux escadrons de cavalerie et cinquante pièces d'artillerie. Dans les premiers jours du mois de janvier 1747, il leva son camp du Puget. L'hiver étant très rigoureux et les troupes ayant beaucoup souffert du froid sous leurs tentes, avant d'entrer en campagne, il évacua sur Toulon plus de quinze cents malades français, qui furent logés à l'hôpital de la Charité, dans des baraquements élevés dans

le jardin, et mille Espagnols environ, qu'on ne voulut pas hospitaliser dans la ville, parce que, disait-on, ils étaient couverts de vermine, et qu'on envoya sur la presqu'île Saint-Mandrier. Les troupes passèrent l'Argens. Le 21 janvier nos avant-postes étaient aux prises avec l'ennemi ; le 26, le général entrait à Draguignan. Je n'ai pas à raconter les faits de guerre qui s'accomplirent jusqu'à la sortie des Autrichiens de Provence. Harcelés partout par nos troupes, poursuivis par des bandes de paysans, égarés par de fausses indications dans un pays qu'ils ne connaissaient pas et que recouvrait une épaisse couche de neige, sur des routes impraticables et sans issues, les détachements ennemis, disséminés en garnisons isolées, se trouvèrent bientôt coupés et sans communications entre eux. Le général Braun de Lamarck battit en retraite sur le Var, qu'il repassa le 2 février 1747. Le lendemain, 3 février, le maréchal de Belle-Isle écrivait au ministre : « Il ne reste
» plus un seul Autrichien de ce côté du Var ; la Provence
» est entièrement délivrée. Il seroit plus brillant, sans
» doute, d'avoir livré bataille ; mais le Roy y auroit perdu
» beaucoup de bons et braves soldats, au lieu que cette
» expédition ne coute pas en tout cent hommes, tandis que
» les déserteurs de l'armée autrichienne sont en si grand
» nombre que je n'en puis pas encore relever l'état, et
» qu'entre ce qui a été tué et ce que les paysans ont
» assommé ou assomment tous les jours, leur perte se
» monte au moins à quatre mille hommes. »

Pendant l'invasion de 1746, la ville n'avait pas dépensé moins de 171,634 livres en approvisionnements de première nécessité, pour sa cote-part dans la défense ou en avances de fonds à l'Etat et à la province. Il ne serait peut-être pas sans intérêt de rechercher quelle était sa situation financière après cinquante années de calamités publiques, marquées par un siège, une peste cruelle, une invasion du pays et l'anéantissement progressif et continu des constructions et armements maritimes.

Un arrêt de vérification de la Cour des Comptes du 10 décembre 1718 avait établi le passif de la commune à ce moment à 1,216,627 livres, somme effroyable pour une ville dont les recettes n'atteignaient pas 340,000 livres, et qui représenterait aujourd'hui, comme pouvoir de l'argent, environ trois millions. Ce passif se décomposait ainsi : 344,161 livres de dettes privilégiées provenant de legs privés faits à la commune, à charge par elle de constitution de rentes en faveur des hôpitaux et autres œuvres pies, et 872,466 livres à divers créanciers. Les intérêts totaux fournis annuellement étaient de 60,831 livres, 7 sols, à raison de 5 0/0, à l'exception de quelques sommes souscrites à 4 1/2 0/0. Les fonds légués aux hôpitaux et autres établissements charitables ne pouvant être remboursés, la Cour des Comptes avait ordonné que les 872,466 livres dues aux prêteurs de la ville seraient amorties par annuités dans l'espace de vingt ans. La commune fournit, en effet, les quotités annuelles en 1719 et en 1720. En 1721, la peste étant survenue, non seulement elle ne put pas continuer à tenir ses engagements, mais elle fut forcée d'accroître le chiffre de sa dette par des emprunts successifs, que les malheurs du temps prolongèrent jusqu'en 1748. En 1749 elle n'avait encore remboursé, depuis 1718, c'est-à-dire en plus de trente ans, que 393,288 livres sur les 872,466 d'anciennes dettes, ce qui laissait subsister, de ce chef, un déficit de 479,178 livres.

Les emprunts, contractés depuis la peste de 1721 jusqu'à l'évacuation de la Provence par les Autrichiens, avaient atteint la somme totale de 782,127 livres (1), sur laquelle il était dû encore 424,457 livres en 1749 (2). Si à ce total on joint les 479,178 livres de dettes anciennes, on s'assurera que le passif de la ville s'élevait à ce moment à la somme de 903,635 livres (3).

Tel était l'état financier de la commune au mois de novembre 1749, lorsque l'Etat et la province lui remboursèrent les sommes qu'elle avait avancées pour les besoins de la guerre. L'Etat versa 23,580 livres et la province 141,634 livres, en tout 165,214, ce qui réduisait la dette à

---

(1) Pour dettes de la peste de 1721. . . . . 349.358 Livres.
Pour les offices municipaux créés en 1722 et réunis à la communauté . . . . 49.500 »
Pour ceux de la création de 1733, acquis et réunis à la communauté . . . . 101.750 »
Pour l'agrandissement d'une rue en 1737. . . . 1.135 »
Pour achever la construction du clocher en 1737. . 2.000 »
Pour pavage du quai en 1737 . . . . 6.000 »
Pour approvisionnement de blé et autres besoins en 1740 et 1741 . . . . 22.250 »
Pour les fortifications et autres dépenses en 1746 et 1747 . . . . 171.634 »
Pour approvisionnement de blé en 1748. . . . . 78.500 »

        Total . . . . 782.127 Livres.

(2) De l'emprunt de la peste . . . . 121.921 Livres.
Des offices municipaux acquis en 1722 . . . . . 27.917 »
De l'agrandissement d'une rue en 1737. . . . . 1.135 »
Du pavage du quai en 1737 . . . . 6.000 »
Des approvisionnements faits en 1740 . . . . . 22.250 »
Des dettes contractées en 1746 et 1747 . . . . . 166.734 »
Du dernier approvisionnement de blé . . . . . 78.500 »

        Total . . . . 424.457 Livres.

(3) *Archives communales.* Série BB. Art. 29 : *Mémoire sur la situation actuelle de la communauté de Toulon.* 1749.

738,421 livres. Le règlement de compte avec la province avait donné lieu à de pénibles tiraillements. La ville avait demandé, en restitution des avances faites par elle, la somme de 171,634 livres, en faisant remarquer qu'en y comprenant les intérêts servis aux créanciers elle avait en réalité déboursé 178,157 livres. Les Procureurs du pays ne consentirent à mandater pour compte de tout solde que 141,634 livres, laissant 30,000 livres à la charge de la communauté pour construction de corps de garde, magasins de vivres, etc.

Si on considère que la ville n'avait au plus, à cette époque, que vingt-un ou vingt-deux mille habitants (1), on trouvera sans doute qu'elle supportait des charges écrasantes. D'autre part, le commerce et l'industrie étaient en pleine décadence et jamais, en remontant dans son histoire, Toulon n'avait vu sa fortune publique traverser une crise aussi cruelle. Un rapport, adressé en 1749 par les consuls à la Cour des Comptes, nous apprend que tandis qu'au XVIIe siècle il y avait dans la ville plus de vingt fabriques de savon, il n'en existait plus que sept en ce moment ; que sur douze tanneries qu'il y avait autrefois, on n'en comptait plus qu'une ; qu'à peine y avait-il trois fabriques de gros drap, dit *Pinchinat*, à l'usage du peuple, et pas une seule de chapeaux, quand on en comptait douze en 1700 (2). C'est au milieu de ces grands embarras financiers, alors qu'elle succombait sous le poids de ses dettes, que la commune introduisit, sans que son budget

---

(1) La province ayant demandé en 1749 le nombre des habitants, « en » comptant seulement les communians », il fut répondu qu'il y en avait de 18 à 20,000, ce qui conduit à admettre que la population totale, les enfants de moins de douze ans compris, n'excédait pas 21 ou 22,000 âmes.

(2) *Archives communales.* Série DD. Art. 29: *Mémoires à consulter.*

eût à en supporter la charge, les Frères de la Doctrine Chrétienne comme directeurs des écoles gratuites de garçons.

Ainsi que je l'ai raconté en son temps, Mgr de Chalucet avait introduit à Toulon, en 1686, les Sœurs de Saint-Maur pour y donner gratuitement l'instruction aux jeunes filles pauvres. La ville appela en 1759 les Frères de la Doctrine Chrétienne pour remplir le même office auprès des jeunes garçons. L'initiative de la création à Toulon d'une école publique de garçons fut prise par deux généreux citoyens et remonte à l'année 1751, quoique la première application n'en ait été faite qu'en 1759. En exécution d'une délibération du conseil de ville du 10 mai 1751, la communauté avait accepté 12,000 livres d'un sieur Joseph Serre et 8,000 livres d'un sieur Joseph Cabasson, produisant ensemble 1,000 livres de rentes annuelles, pour être employées, après leur mort, à l'entretien de deux maîtres d'école chargés de donner l'instruction primaire aux jeunes garçons pauvres. Les conditions du contrat intervenu entre les donateurs et la ville étaient : 1º que les deux maîtres seraient à perpétuité au choix et à la nomination des consuls et approuvés par le conseil de ville ; 2º que le conseil prescrirait les règlements et la police de l'école ; 3º qu'au cas où la communauté « par quelque autorité que ce fut » serait troublée dans le choix des maîtres, la rente de 1,000 livres reviendrait de droit aux recteurs de l'hôpital de la Charité pour être appliquée aux besoins de cet établissement. Comme on le voit, la qualité des maîtres n'était nullement indiquée et la commune restait libre de choisir parmi les instituteurs laïques ou ecclésiastiques ceux qui lui paraîtraient les plus propres à assurer l'œuvre fondée par les deux bienfaiteurs.

Joseph Serre et Joseph Cabasson vécurent environ encore cinq ans et, après leur mort, la communauté, qui ne trouvait pas sans doute d'instituteurs consentant à diriger les écoles gratuites pour la modique somme de 500 livres annuelles, laissa s'accumuler entre ses mains les intérêts des fonds jusqu'à concurrence de 2,386 livres. Les choses en étaient là, lorsqu'un Frère de la Doctrine Chrétienne du nom de Bénezat, directeur des écoles de Marseille, vint à Toulon et traita avec les consuls. Par une délibération du conseil en date du 30 octobre 1758, il intervint entre la communauté et le Frère Bénezat un contrat par lequel ce dernier s'engageait, moyennant le versement des 2,386 livres et la rente annuelle de 1,000 livres, à ouvrir une école gratuite pour les garçons et à la pourvoir de deux Frères comme précepteurs.

Par une convention postérieure, qu'on trouve invoquée plusieurs fois, mais dont le texte n'existe plus aux *Archives*, la commune céda gratuitement aux Frères un ancien couvent, dit du Refuge, dans la rue de ce nom, aujourd'hui rue du Champ-de-Mars, et vacant depuis quelques années seulement (1). C'était une ancienne construction, formée de diverses maisons tant bien que mal reliées entr'elles et qui, en plusieurs points, menaçait ruine. Le F. Bénezat la fit réparer en toute hâte et les deux Frères destinés à

---

(1) J'ai déjà dit que ce couvent avait été fondé en 1683 par le chanoine Pierre d'Esparra pour y recevoir les femmes de mauvaise vie condamnées à la réclusion par le tribunal, ainsi que celles qui, touchées par le repentir, demandaient à y vivre cloîtrées. Ce couvent subsista jusqu'en 1753, où la province ayant élevé une maison centrale de force à Aix, toutes les femmes frappées par la justice y furent envoyées. Les Repenties de Toulon furent alors transférées au couvent du Bon-Pasteur dans la rue de ce nom, et l'immeuble du Refuge fit retour à la communauté.

tenir l'école s'y établirent le 1ᵉʳ janvier 1759. Leur succès fut très grand. Quatre ans après, en 1763, un consul de la ville, qui semble volontiers tirer quelque orgueil de ses idées philosophiques devenues à la mode à cette époque dans la bourgeoisie, ayant été chargé de rédiger un rapport demandé par l'intendant de la province sur l'état de l'instruction publique à Toulon, ne pouvait s'empêcher d'écrire : « ..... La nouveauté, qui séduit la multitude,
» leur attira (aux Frères de la Doctrine Chrétienne) des
» disciples de tous côtés. Non seulement les enfants de la
» ville et de la campagne, mais encore ceux des villages
» voisins y accoururent ; les aisés même de la ville
» voulurent que leurs enfants fussent admis à ces nouvelles
» écoles... (1). » Ce que le consul mettait si gratuitement sur le compte de la « nouveauté », n'était, en réalité, que le résultat de la confiance justifiée qu'inspiraient les humbles maîtres.

Déjà en 1761, deux ans à peine après l'ouverture de l'école, les deux Frères instituteurs, ne pouvant plus suffire à leur tâche, à cause du trop grand nombre de leurs élèves, avaient été obligés d'appeler à leur aide trois de leurs compagnons de Marseille. Mais il s'éleva alors une difficulté d'ordre purement financier. La dotation de mille livres annuelles, suffisante pour les deux instituteurs primitifs, cessait de l'être pour cinq et il fallut se préoccuper de pourvoir au déficit. La commune montra une certaine bonne volonté, mais qui resta sans sanction : elle était fort obérée dans ses finances et dut renoncer définitivement à fournir des subsides pour l'alimentation des trois coadjuteurs. Quelques conseillers, émus de cette triste

(1) *Archives communales.* Série BB. Art. 29 : *Mémoires à consulter.*

situation proposèrent d'autoriser les Frères à quêter dans la ville ; mais ils se heurtèrent à la règle de l'institut qui interdisait les quêtes aux membres de la Doctrine Chrétienne. Ce fut alors que le conseil décida qu'il serait constitué une commission de pieux laïques, qui se chargeraient de faire « une collecte de deniers » pour maintenir les cinq Frères à Toulon. L'Histoire semble n'être qu'un éternel recommencement. Ne voyons-nous pas, aujourd'hui encore, la ville de Toulon qui inscrit dans son budget la somme annuelle de 249.260 francs pour l'instruction publique, refuser, sans raison comme sans justice, tout subside aux écoles chrétiennes, et condamner les Frères à ne subsister parmi nous que grâce « à une collecte de deniers » faite par des mains laïques.

L'année suivante, 1762, l'institution de la Doctrine Chrétienne comptait sept Frères à Toulon. Un vénérable prêtre mort dans un âge avancé, messire Brioude, curé de la paroisse Saint-Louis, venait de léguer 600 livres de rente pour l'entretien de deux Frères, à la condition qu'ils tiendraient leur école dans la circonscription de sa paroisse. Ces deux nouveaux collaborateurs vinrent bientôt s'adjoindre aux cinq ouvriers de la première heure et ouvrirent leur classe dans la rue Saint-Sébastien, aujourd'hui du Canon. Néanmoins, comme leur dotation ne leur permettait pas de vivre isolément, ils constituèrent avec leurs cinq prédécesseurs de la rue du Refuge une sorte de maison-mère, où tous logeaient et prenaient leurs repas en commun. Mais l'ancien couvent du Refuge ne devait pas abriter longtemps encore ces humbles et dévoués instituteurs. La maison tombait en ruine et était devenue un danger permanent pour ceux qui l'habitaient. Le procureur général de la cour de Provence, sur un rapport qui lui fut adressé, requit, en 1778, le déguerpissement des Frères et de leurs élèves et, sur un arrêt conforme du Parlement, l'immeuble fut évacué. Cinq des Frères vinrent ouvrir leur école dans la rue des Vieilles-Prisons, aujourd'hui des Bons-Frères. La maison et la chapelle du Refuge furent vendues 40,000 livres, dont 26,000 furent attribuées à l'hôpital du Saint-Esprit, 10,000 à l'asile de la Charité et 4,000 à l'œuvre du Refuge d'Aix.

Je n'ai pas à suivre ici l'histoire des Frères de la Doctrine Chrétienne à Toulon jusqu'au jour où ils furent emportés, avec toutes nos institutions religieuses, par la tourmente révolutionnaire. J'ai déjà eu l'occasion de dire, à propos de l'établissement des PP. Récollets, que le couvent de cet ordre, construit sur la place Saint-Jean, fut donné en 1807 par l'empereur Napoléon à la commune, à charge par elle d'y établir une école primaire gratuite de garçons, sous la direction des Frères dits *Ignorantins*. Le retour des Frères à Toulon fut accueilli avec une grande faveur par la population, et, pendant plus de soixante-dix ans, leur succès fut tel que la commune dut leur ouvrir de nouvelles écoles dans les divers quartiers de la ville. Nous avons eu la tristesse d'assister de nos jours à l'éclosion et au développement de cette maladie politique, qui, sous le nom de *laïcisation*, sévit chez nos gouvernants et a pour but final de chasser la Religion de la rue par l'interdiction des processions, de l'Assistance publique et des Commissions hospitalières par l'éviction des curés des paroisses, des Ecoles communales par la suppression des Frères, du chevet des malades par le renvoi des Sœurs de Charité de nos hôpitaux. Toulon n'a pas échappé à cette folie moderne et nos administrateurs de la chose publique ont rayé du budget communal tous les établissements scolaires dirigés par des congréganistes. De ce fait, toutes les écoles municipales tenues par les Frères de la Doctrine Chrétienne et les Sœurs de Saint-Maur ont été officiellement supprimées (1).

Pendant que ces faits domestiques et de pure administration intérieure se passaient à Toulon, d'autres événements plus graves se levaient à l'horizon politique, qui allaient porter le dernier coup à sa fortune publique. La guerre venait d'éclater de nouveau entre la France et l'Angleterre : ce fut celle qu'on a appelée de sept ans parce qu'elle dura de 1756 à 1763. Toulon n'apparaît qu'aux débuts heureux de cette guerre qui, après le combat naval de Mahon et la prise de la citadelle, ne fut plus pour nos armes qu'une longue série de désastres, terminés par le traité honteux de Paris, qui dépouillait la France de ses plus riches et florissantes colonies et donnait l'empire des mers à l'Angleterre.

Dans les premiers jours du mois de janvier 1756, le ministre avait donné l'ordre au port de Toulon d'armer une escadre, dont le commandement fut donné à l'amiral de La Galissonnière, marin habile et organisateur éminent mais d'une santé précaire, et qui mourut trop tôt pour l'honneur de la marine française. Cette escadre était destinée à porter un corps de troupes, sous les ordres du maréchal duc de Richelieu, à Minorque, une des îles Baléares, et à en chasser les Anglais qui l'occupaient militairement depuis plus de cinquante ans. Dans sa conception politique, cette expédition avait une haute portée.

---

(1) Les habitants ont tenu à honneur de se substituer à la commune et suffisent, par leurs souscriptions, à l'entretien de quatre écoles libres régies par les Frères de la Doctrine Chrétienne.

On ne pouvait, en effet, atteindre plus cruellement l'Angleterre qu'en la dépossédant de ce poste, d'où elle menaçait Toulon et dominait le bassin occidental de la Méditerranée.

Au mois de mars, douze mille hommes arrivèrent à Toulon par bataillons séparés et furent logés dans la ville et dans les villages voisins. Le 3 de ce mois, l'amiral de La Galissonnière avait mis son pavillon sur le vaisseau le *Foudroyant*. De son côté, le maréchal de Richelieu avait quitté Paris et fait annoncer son arrivée pour le 27 mars. Les consuls, MM. Garnier du Pradel, Joseph Ricard, Melchior Daniel et Isnard de Cancelade, lui avaient offert l'hôtel de ville pour demeure, ce qu'il avait accepté avec beaucoup d'empressement et de bonne grâce. Le 27 mars, les consuls se disposaient à monter à cheval pour aller à sa rencontre jusqu'à l'Escaillon, limite du territoire communal sur la route d'Ollioules, lorsque le ciel se couvrit de nuages et qu'un orage diluvien se déchaîna sur la ville. Le maréchal, accompagné de son fils, le duc de Fronsac, et de sa maison militaire, s'était arrêté à Ollioules. Il dépêcha de ce lieu un courrier à M. de Mauriac, commandant de la place, et aux consuls pour les prier de décommander toute réception et, à 4 heures, il entra dans la ville en carrosse fermé, précédé de la maréchaussée à cheval. Il se rendit directement à l'hôtel de ville, où les consuls et conseillers, M. de Mauriac, une délégation des notables et les chefs de la marine, le reçurent sur le seuil de la porte s'ouvrant sur la rue Bourbon. Il monta dans la salle consulaire, où il fut harangué par l'orateur de la ville, auquel il répondit par quelques paroles aimables. Le premier consul lui présenta ensuite le vin d'honneur, consistant en vingt-quatre boîtes de confitures (de fruits confits), de trois livres chaque, en vingt-quatre paquets de bougies et un panier de bouteilles de vin de la Malgue. Ce modeste présent, les *banestons*, ou paniers en osier compris, n'avait coûté à la ville que la somme de 279 livres, 4 sous, 6 deniers.

Le maréchal passa dix jours à Toulon, dont trois seulement à l'hôtel de ville, ayant pris ensuite possession de son logement à bord du *Foudroyant*. L'escadre appareilla le 9 avril et, après deux relâches aux Vignettes et aux îles d'Hyères, nécessitées par un violent coup de vent de mistral, prit définitivement la mer le 12. Elle était composée de douze vaisseaux, de quatre frégates, d'un chebec et de six canonnières armées d'un canon de petit calibre à l'avant ; une flottille de transports, qui ne comptait pas moins de cent bâtiments de commerce, jaugeant dans leur ensemble 30,865 tonneaux, l'accompagnait. Plusieurs des vaisseaux ou frégates étaient montés par des officiers appartenant à des familles toulonnaises, parmi lesquels M. de la Clue, qui commandait la *Couronne* (1) ; M. du Revest, qui commandait le *Sage ;* M. de Beaussier de la Chaulane, qui commandait la frégate la *Junon* (2). La traversée de Toulon à Minorque s'accomplit heureusement. Les troupes débarquées étaient au nombre de quatorze

---

(1) M. de la Clue n'était pas, il est vrai, originaire de Toulon, mais il en était citoyen par un long séjour et les propriétés qu'il y avait acquises, notamment celle qui touchait au pont jeté sur l'Eygoutier entre Toulon et le Pradet, et qui a gardé le nom de Pont de la Clue.

(2) La famille de Beaussier était une des plus anciennes de Toulon. J'ai déjà dit qu'un Isnard Beaussier avait été envoyé comme otage en Aragon, en 1288, avec soixante fils aînés des principales maisons provençales, comme garantie de trois ans de paix, lorsque Charles II fut rendu à la liberté. Le domaine de la Chaulane, situé sur le territoire de Six-Fours, avait été inféodé à la famille de Beaussier au XIVe siècle.

mille hommes. En quelques jours l'île tomba en leur pouvoir, à l'exception de la citadelle Saint-Philippe, qui commandait le bras de mer qui forme le Port-Mahon et dans laquelle la garnison anglaise s'était retirée.

Pendant le siège de la citadelle, l'escadre française croisait devant Mahon pour en surveiller les approches. L'amiral Bing, qui commandait la flotte anglaise mouillée à Gibraltar, se présenta bientôt avec quatorze vaisseaux pour tenter de forcer l'entrée du port et jeter des hommes dans Saint-Philippe. De La Galissonnière alla à sa rencontre avec ses douze vaisseaux seulement et, le 20 mai, le combat s'engagea. L'avant-garde française, qui soutint la première le feu de l'ennemi, fut fort maltraitée. Bing voulut forcer le corps de bataille, le couper et s'avancer jusqu'aux grèves de la citadelle ; mais l'amiral français, quoique sous le vent, manœuvra avec une telle habileté pour serrer sa ligne, qu'il le contint et, finalement, par ses feux d'artillerie dirigés avec une grande précision, le contraignit à s'éloigner. Les Anglais se retirèrent à Gibraltar, remorquant quatre vaisseaux démâtés et deux coulant bas d'eau (1). De La Galissonnière, fidèle aux instructions qui lui prescrivaient de tout subordonner au succès du siège de Saint-Philippe, ne voulut pas s'écarter de Port-Mahon et n'inquiéta pas l'ennemi dans sa retraite. Après deux mois de travaux dans le roc, le maréchal finit par emporter la citadelle d'assaut et fit la garnison prisonnière. L'île était délivrée de la domination anglaise et nous appartenait. L'escadre quitta Mahon le 7 juillet, ramenant le duc de

---

(1) On sait que l'infortuné Bing, accusé de n'avoir pas vaincu, fut traduit devant un conseil de guerre, jugé, condamné et passé par les armes.

Richelieu et une grande partie du corps expéditionnaire. Minorque fut érigée en département maritime : le chef d'escadre de Villarzel en eut le commandement ; Dasque, de Toulon, fut nommé commissaire ordonnateur, et Truguet, lieutenant de vaisseau et fils d'un médecin de cette ville, capitaine de port.

Le 16 juillet, l'escadre mouilla sur rade de Toulon. De grandes fêtes publiques furent données au maréchal, à l'amiral, à la marine et à l'armée. Pendant que l'escadre défilait dans le Goulet, elle fut saluée par toute l'artillerie des remparts et des forts de la rade et de la côte. Le maréchal de Richelieu quitta le vaisseau le *Foudroyant* à trois heures et débarqua sur le quai, devant l'hôtel de ville. Il fut reçu au milieu d'une population immense, par les consuls et le corps de ville, sous un arc de triomphe décoré de ses armes et de devises et inscriptions en son honneur et en l'honneur de l'armée. En entrant dans l'hôtel, il trouva Mgr de Choin et l'évêque de Fréjus, le commandant de la place et le commandant de la marine, entourés d'un nombreux clergé et d'une foule d'officiers, qui le félicitèrent. Le soir, les consuls lui offrirent un grand dîner d'apparat, auquel avaient été invités les principaux officiers de l'armée et de la marine. En même temps, la ville s'illuminait splendidement et des danses avaient lieu sur toutes les places. Les réjouissances publiques continuèrent pendant quatre jours que le maréchal resta à Toulon. Le 17, il entendit la messe à la chapelle Saint-Jean, au rez-de-chaussée de l'hôtel de ville, et dîna, le soir, chez M. de Massiac, commandant de la marine. Le 18, il dîna chez M. de Mauriac, commandant de la place, et le 19 il reçut à sa table les quatre consuls et les principaux chefs de la marine et de l'armée. Le lendemain, 20 juillet, il partit, à 9 heures du matin, pour Paris, au milieu des cris de joie et de l'enthousiasme de toute la population.

L'amiral de La Galissonnière n'avait pas joué peut-être, dans la réception faite au vainqueur de Mahon, le rôle apparent qui revenait à celui qui avait battu une escadre anglaise. Dès que le maréchal eut quitté Toulon, les consuls lui écrivirent pour lui demander à quelle heure il pourrait les recevoir. L'amiral indiqua le lendemain, à dix heures du matin. Les consuls, en chaperon et accompagnés de leur livrée municipale, partirent du quai dans un canot portant un pavillon de soie blanche aux armes de la ville. Dès qu'ils eurent passé la chaîne vieille, le vaisseau amiral le *Foudroyant* arbora son grand pavillon et fut imité par tous les vaisseaux de l'escadre. Les consuls montèrent à bord, où ils furent reçus au haut de l'échelle de commandement par M. de La Galissonnière, entouré de son état-major. La moitié de l'équipage était en rangs sur le pont et l'autre moitié debout sur les vergues. Ils furent introduits dans la salle du conseil, où ils félicitèrent l'amiral sur sa glorieuse campagne et l'honneur qui en rejaillissait sur la France et sur la ville de Toulon en particulier comme grand port maritime. L'amiral se montra « très sensible à leurs » discours », dit la relation, et remercia affectueusement les magistrats municipaux, qui se retirèrent ensuite. M. de La Galissonnière les accompagna jusqu'à l'échelle, où les attendaient tous les officiers. Lorsque leur canot s'éloigna du bord, l'équipage poussa en leur honneur trois cris de *Vive le roi!* et, arrivés à une certaine distance, le *Foudroyant* les salua à son tour de onze coups de canon.

Le lendemain, l'amiral rendit leur visite aux consuls, à l'hôtel de ville. L'arc de triomphe préparé pour le maréchal de Richelieu, qui avait été conservé, fut approprié à sa nouvelle destination. On enleva les armes du maréchal et les devises et inscriptions en son honneur et en l'honneur de l'armée, et on les remplaça par des devises et inscriptions en l'honneur de l'amiral et de la marine. Le monument fut couronné par un grand écusson aux armes de France, supporté d'un côté par Neptune assis sur un cheval marin et, de l'autre, par Mars, au milieu d'un trophée d'armes. La frise portait en lettres d'or :

UTRIUSQUE NUTU LILIA FLORENT

L'amiral fut reçu avec le cérémonial accoutumé par les consuls en chaperon. Il fut ensuite conduit dans la grande salle et harangué par l'orateur de la ville. Il se retira accompagné jusque sous l'arc de triomphe par les consuls et les notables qui les entouraient (1).

Les fêtes de réception du maréchal de Richelieu et de l'amiral de La Galissonnière avaient coûté à la ville 6,234 livres.

L'amiral de La Galissonnière, accablé par la maladie, quitta son commandement et partit pour Paris le 3 octobre. Il était atteint d'hydropisie et fut forcé de s'arrêter à Aix, où il subit l'opération de la ponction. Il n'y survécut guère. Il mourut en route, à Nemours, le 26 octobre. L'histoire a été trop silencieuse pour cet amiral qui, seul, avait vaincu les Anglais sur mer depuis le commencement du XVIIIe siècle.

---

(1) *Archives communales.* Série AA. Art. 14 : *Réjouissances publiques.*

L'escadre arrivée de Mahon avait ramené un grand nombre de blessés, qui furent mis à l'hôpital de l'arsenal. Les blessés et les malades de la flotte et du port étaient encore, à cette époque, hospitalisés dans des conditions déplorables. La marine n'avait pas à Toulon d'hôpital proprement dit, car on ne saurait donner ce nom à une suite de magasins convertis, depuis la construction de l'arsenal, en salles d'infirmerie, qui s'étendaient en façade sur le quai ouest de la darse, depuis le parc actuel d'artillerie jusqu'à la chaîne neuve. C'étaient des constructions basses, humides, presque mortelles pour les mutilés des combats et les marins revenus malades de nos colonies. Mais si les établissements hospitaliers étaient misérables, la science des médecins et chirurgiens qui en avaient la direction était grande, et plusieurs d'entr'eux ont laissé parmi nous des souvenirs que le temps n'a pas effacés. Nous trouvons en effet, à cette époque, comme médecin-major du port, un sieur Durand, dont on vantait fort à Toulon les profondes connaissances médicales et le désintéressement. Il fut mis à la retraite dans un âge très avancé, vers 1764, et remplacé par un sieur Barberet, venu de l'école de Montpellier, qui créa le premier jardin botanique qu'ait possédé notre ville. En même temps, le sieur Boucauld était chirurgien-major et avait sous ses ordres un jeune toulonnais du nom de Verguin, qui lui succéda ensuite et devint un anatomiste distingué et un opérateur habile. Verguin fut à son tour le maître de M. Manne, dont le nom est resté dans les traditions de l'école de médecine navale, et qui fut le fondateur de la bibliothèque médicale de l'hôpital actuel. Il existait déjà à cette époque un inspecteur du service de santé de la marine, qui était M. Poissonnier, médecin consultant du roi. M. Poissonnier, dans ses visites annuelles à Toulon, fonda une école de chirurgie pratique et de dissection, dont M. Verguin prit la direction comme professeur et démonstrateur (1).

Cette absence d'un grand établissement hospitalier dans le port de Toulon, alors surtout que Brest et Rochefort étaient si bien dotés sous ce rapport, avait toujours préoccupé les intendants de la marine. Ils avaient fait bien souvent déjà des propositions aux divers ministres ; mais la difficulté de trouver un emplacement convenable et, par dessus tout, le mauvais état des finances avaient fait échouer tous les projets. En 1760, M. Berryer, ministre de la marine, eut le désir, bien plus que l'idée bien arrêtée, d'édifier un hôpital à Toulon, et il aurait voulu l'établir dans un des nombreux couvents de la ville, qu'il aurait fait approprier à sa nouvelle destination. La maison des Jésuites, par ses dimensions, son aspect monumental, ses cours intérieures, lui paraissait la plus propre à cette fin ; mais il aurait fallu en déposséder ces religieux et trouver un autre local pour en faire un séminaire des aumôniers de la marine. Le ministre n'osait s'aventurer dans une entreprise aussi ardue ; il voulait que la demande vînt des Jésuites eux-mêmes et il chargea l'intendant de la marine de les pressentir à ce sujet. Ceux-ci restèrent impénétrables : ils attendaient des propositions fermes qui ne se produisirent pas. Trois ans s'écoulèrent, pendant lesquels il ne fut plus question de la création d'un hôpital, lorsque tout à coup la foudre éclata sur la tête des Jésuites et l'Ordre tout entier disparut dans une tempête. A la suite d'événements que je n'ai pas à raconter, le Parlement de Paris

---

(1) *Archives communales.* Série GG : *Instruction publique.* Art. 55 : *Ecole de chirurgie.*

rendit un arrêt, le 6 août 1762, par lequel la constitution des Jésuites était abolie, l'Ordre sécularisé et ses biens vendus. Le 18 janvier de l'année suivante, sur le réquisitoire du procureur général Ripert de Monclar, qui a laissé une si grande renommée dans les annales de la magistrature provençale, le Parlement de Provence prononça la suppression de l'Ordre dans la province et la saisie de ses biens pour être mis entre les mains du roi et de la justice.

La dispersion des Jésuites privait la marine de ses aumôniers, mais, d'autre part, lui ouvrait la voie des revendications sur la propriété de leur maison. Elle traita avec les Pères Récollets, établis sur la place Saint-Jean, qui s'engagèrent « à faire la fourniture des aumôniers » nécessaires aux vaisseaux ». L'entrée en possession de l'ancien séminaire présenta plus de difficultés. La marine appuyait ses droits sur ce qu'elle avait fait ériger la maison par lettres patentes du 31 octobre 1685, sous le titre de Séminaire Royal de la marine ; sur ce qu'elle avait payé 83,000 livres pour sa construction et donné tous les ans 3,000 livres pour son entretien. Les Jésuites, sans nier le bien fondé de ces titres, répondaient qu'ils avaient emprunté pour achever leur maison, « ensemble la cha- » pelle, » la somme de 103,000 livres, qu'ils devaient encore et dont ils faisaient l'intérêt à 3 0/0 l'an. C'était la vérité. La marine comprit qu'elle ne pouvait bénéficier, par expropriation forcée, d'un immeuble grevé d'hypothèques sans désintéresser les créanciers, et l'affaire se conclut sur ces bases. Sur ces entrefaites, M. Berryer quitta le ministère et fut remplacé par M. de Choiseul. La transformation de l'ancien séminaire en hôpital redevenait une question à étudier par le nouveau ministre ; du reste, la France succombait en ce moment sous le poids d'une guerre douloureuse pour son orgueil et désastreuse pour ses finances, et toute exécution fut ajournée. Quelques années après, en 1771, la maison des Jésuites servit de caserne aux Gardes de la Marine, logés jusqu'alors dans l'arsenal, et prit le nom d'hôtel des Gardes de la Marine.

En 1774, l'organisation des Gardes de la Marine ayant reçu une nouvelle forme, leur école fut rétablie dans l'enceinte de l'arsenal. De ce fait, l'ancien Séminaire Royal resta sans destination. A cette époque, l'évêque de Toulon fit les démarches les plus actives pour se le faire céder et le transformer en séminaire diocésain. M. de Guédreville, intendant général du port, aurait voulu que ce monument ne sortît pas des mains de la marine et il ne voyait pour cela d'autre moyen que son utilisation immédiate. Il adressa au ministre un rapport qui concluait à la transformation de l'ancienne maison des Jésuites en hôpital. Dans ce rapport, très remarquable, du reste, au double point de vue humanitaire et financier, M. de Guédreville mettait le ministre en garde contre toutes les objections qu'on pourrait faire contre le projet proposé, sans oublier celle des consuls et des habitants, qui ne manqueraient pas, disait-il, d'accuser ce grand établissement hospitalier de répandre « le mauvais air » sur la ville. Le projet fut accepté ; mais le ministre, M. de Boynes, ayant, quelques jours après, quitté le ministère, l'exécution en fut de nouveau ajournée.

Neuf années s'écoulèrent. La France était en paix. L'attention du ministre fut attirée sur les établissements qui manquaient encore au port de Toulon. Les plus urgents étaient un hôpital, des magasins aux vivres et une caserne. La question de l'utilisation de l'ancien séminaire des Jésuites fut de nouveau agitée. Le ministre penchait pour sa transformation en caserne, préoccupé qu'il était des réclamations des consuls qui, comme l'avait prévu M. de Guédreville, ne cessaient de protester contre la création d'un hôpital au centre de la ville, et il proposait de construire celui-ci hors les murs, sur l'emplacement du Jardin du Roi, qui était du domaine de la couronne. Il y avait dans cette combinaison bien des inconvénients, dont les principaux étaient l'éloignement de l'hôpital de la rade et de l'arsenal et la dépense considérable qu'entraînerait son édification. M. de Malouet, intendant de la marine, homme de grand esprit et administrateur éminent, combattit ce projet à ce double point de vue et soutint la nécessité absolue de l'appropriation de la maison des Jésuites en hôpital. L'année 1784 se passa sans qu'aucune décision ne fût prise. M. de Malouet finit cependant par l'emporter, et le ministre signa, le 25 janvier 1785, l'ordre d'entreprendre les travaux de reconstitution intérieure du séminaire, sans toucher à ses lignes architecturales, à ses cours et à son escalier monumental, autorisant seulement la démolition de la chapelle pour l'agrandissement des salles de malades. Cette grave question, agitée depuis vingt ans, était enfin résolue. On travailla pendant sept mois aux modifications à apporter aux distributions primitives, et, le 3 octobre, on y hospitalisa cent quarante-cinq marins qui se trouvaient à l'infirmerie du port. L'édifice construit par Louis XIV était devenu l'hôpital de la marine du port de Toulon (1). Il ne devait avoir qu'un siècle d'existence. Il a été déplacé de nos jours et transféré sur la presqu'île de Saint-Mandrier, au-delà de la rade. En réalité, ce vieux bâtiment, malgré ses

(1) Les travaux de transformation du Séminaire Royal en hôpital coûtèrent à la marine la somme de 949,873 livres. *Archives de la Direction des travaux du port.*

dimensions, était devenu insuffisant pour les besoins du service et, quoique constamment remanié dans ses dispositions intérieures, il ne présentait plus pour les malades les conditions hygiéniques qu'exige la science moderne. Il ne contient plus aujourd'hui qu'un nombre très restreint de blessés et de fiévreux nécessaires aux cliniques de l'école de médecine navale, les salles de cours, les collections scientifiques et la bibliothèque.

La création de l'hôpital de la marine m'a conduit jusque vers la fin du XVIIIe siècle ; je reviens au récit des événements qui s'accomplirent à Toulon après l'expédition de Mahon.

Quatre ans plus tard, le 16 avril 1759, Mgr Joly de Choin mourut dans la 59e année de son âge, ayant gouverné son diocèse pendant plus de vingt ans. L'humilité qu'il avait pratiquée au cours de sa vie ne se démentit pas à l'heure de sa mort. Il avait ordonné par acte testamentaire qu'on l'ensevelît vingt-quatre heures après qu'il aurait rendu son âme à Dieu, sans pompe et sans distinction ; ce qui fut exécuté le mardi 17 avril, à dix heures du matin. « Son » corps fut porté de son palais à la cathédrale comme un » simple particulier ; le convoi n'étoit composé que de son » seul clergé (1). » Les funérailles de ce pieux prélat, y compris son tombeau et les honoraires du prédicateur qui prononça à la cathédrale son oraison funèbre, ne coûtèrent que 400 livres.

Le successeur au siège de Mgr de Choin fut Alexandre de Lascaris, des comtes de Vintimille, conseiller du roi et abbé commendataire de l'abbaye de Figeac, du diocèse de Cahors. Il fut sacré le 12 septembre 1759 et n'arriva à Toulon que

---

(1) *Le Courrier*, journal de Paris. Correspondance de Toulon, avril 1759.

le 25 novembre 1760. Il avait refusé d'être reçu, à son arrivée, avec le cérémonial accoutumé, et se rendit directement en carrosse à son palais épiscopal (1). Il gouverna son diocèse avec zèle et fermeté et maintint d'une main ferme, mais non sans peine quelquefois, la discipline et l'obéissance dans son clergé séculier et régulier. Il vivait à une époque orageuse et tourmentée, et le trouble que la philosophie du xviii° siècle avait jeté dans les esprits n'avait pas toujours pour barrière la porte des églises et des couvents. C'est sous son épiscopat que fut enfin résolue et terminée la grande et difficile affaire de la construction de l'église Saint-Louis, dont j'aurai à raconter tout à l'heure les diverses péripéties.

Après la paix de Paris, qui avait mis fin à la guerre de sept ans, on compléta à Toulon le système de défense des approches de la place par la construction du fort Sainte-Catherine et de la grande citadelle qui couronne la hauteur de la Malgue. On remarquera que les invasions de la Provence s'étant toujours faites par sa frontière du Var et Toulon n'ayant jamais été menacé ou assiégé que par son front est, il semble qu'on ne se soit préoccupé d'édifier des ouvrages avancés que sur cette face et qu'on ait négligé longtemps la défense de la partie ouest, non moins importante cependant. La position de Malbousquet, qui s'élève à l'extrémité de la plaine de Castigneau, et dominait l'arsenal de Louis XIV, ne reçut, en effet, qu'en 1770 un commencement de fortifications très incomplètes (2), alors

---

(1) « 1760. Mgr de Lascaris de Vintimille, évêque de cette ville, est » arrivé incognito le 25 novembre sur les trois heures de l'après-midi. » *Archives communales*. Livre vert.

(2) Encore en 1793 les travaux de défense du fort Malbousquet, appelé redoute dans les écrits militaires du temps, ne consistaient qu'en une

que les forts d'Artigues, de Sainte-Catherine et de la Malgue étaient déjà achevés et armés, le premier depuis 1710 et les deux autres depuis 1764 et 1770.

Pendant le siège de Toulon en 1707, on avait reconnu l'importance de la possession de la hauteur dite de Sainte-Catherine, qui avait été occupée par nos troupes, perdue ensuite et définitivement reprise par elles. L'année suivante, on commença les travaux d'un fort, qu'on appela d'Artigues, dénomination qui lui est restée, du nom d'un maître boulanger de la ville, propriétaire du terrain sur lequel il fut édifié. Ce fort, qui a conservé sa configuration première, fut achevé en 1710 et armé la même année. Les malheurs du temps empêchèrent pendant trente-six ans de compléter la défense des approches de la place, et ce ne fut qu'après l'invasion de 1746 qu'on utilisa, au point de vue militaire, la colline connue sous le nom de Chapelle Sainte-Catherine, d'une chapelle placée sous ce vocable qui y existait de temps immémorial. C'est sur cette colline et autour de cette chapelle que s'était livré, le 15 août 1707, le combat qui eut pour conséquence la levée du siège. Ce modeste monument religieux, où se rendait processionnellement le clergé de la ville le jour des Rogations, pour la bénédiction des fruits de la terre, avait été criblé de boulets pendant le siège et fut reconstruit en 1718 aux frais volontaires des habitants des campagnes voisines. La nouvelle chapelle ne subsista que quarante-six ans. En 1764 elle fut rasée et, sur l'emplacement, considérablement agrandi, qu'elle

lunette à peine fermée à la gorge. Pendant le siège de la ville par les républicains, les assiégés en complétèrent hâtivement l'armement ; mais elle ne put résister au feu des ennemis et, après la prise du fort Mulgrave, aujourd'hui Napoléon, elle fut évacuée dans la nuit du 17 au 18 décembre.

occupait, on édifia le fort Sainte-Catherine, aujourd'hui déclassé comme inutile à la défense, à cause de son extrême proximité de la place, et qui ne renferme plus que des magasins pour le matériel de la guerre.

En même temps qu'on construisait le fort Sainte-Catherine, on commença les travaux de la grande forteresse de la Malgue, lesquels furent achevés six ans après, en 1770. Cette place d'armes, une des plus vastes et des plus puissantes de l'époque, complétait la ligne des trois forts descendant d'Artigues à la mer, en passant par Sainte-Catherine, qui croisaient leurs feux et fermaient l'accès de Toulon dans l'Est. Les canons de la Malgue battaient, en outre, l'anse du fort Saint-Louis, où les ennemis pouvaient facilement opérer un débarquement et bombarder la ville en s'établissant sur les hauteurs dites Croupe-de-la-Malgue qui la dominent. La première pierre de la lunette est de la fortification fut posée le 5 novembre 1764, avec un grand appareil cérémonial, en présence de l'évêque, des consuls, de toutes les autorités militaires et maritimes, et au bruit de soixante coups de canon. Sous la pierre de fondation furent déposées trois boîtes de plomb contenant chacune, gravée sur une plaque de cuivre, une inscription commémorative. La première portait les noms du roi Louis XV, du duc de Choiseul, ministre de la guerre, et de M. de Coincy, commandant la place de Toulon. Elle était ainsi formulée :

Ludovico XV,
Gallorum imperatore regnante.
rei bellicæ summo administrante
duce de Choiseul
D. de Coincy, castrorum et urbis
Toloni prefecto.

La deuxième portait les noms de MM. Dupoiron, Portalis, Cavasse et Granet, consuls, ainsi que ceux de MM. de Milet de Montville, directeur des fortifications de Provence, et de Monteynard, lieutenant général. Elle était telle :

Du Poiron, Portalis,
Cavasse, Granet,
Consulibus regiis que inditione
Tolonensi legatis.
Primum posuit lapidem
D. Milet de Montville
propugnaculorum provinciæ,
procurator militaris
an. R. S. MDCCLXIV
Positus est hic lapis

annuente D. Guiffroy,
Marchione de Monteynard,
militaris ordinis commendatore,
Regiis exercitibus prætore
summoq. copiarum pedestrium
Inspectore
MDCCLXIV

Enfin la troisième portait le nom seul de M. de Bompar, commandant de la marine au port de Toulon, ainsi désigné :

Positus est hic lapis
annuente D. Marchione de Bompar,
militaris ordinis commendatore,
classium regiarum in porto Tolonensi
mariq. Mediterrane
prefecto
MDCCLXIV

Le soir, M. Milet de Montville, qui avait dressé le plan de la fortification, donna un grand dîner auquel assistaient

Mgr Alexandre de Vintimille, MM. de Monteynard, de Coincy, de Marbeuf, maréchal de camp, commandant les troupes de Corse, de passage à Toulon ; de Bouville et de Sabran, chefs d'escadre; Dupoiron et Portalis, consuls ; Truguet, capitaine de vaisseau (1) ; Dasque, commissaire ordonnateur ; Aguillon, ingénieur de la place, et un grand nombre d'autres officiers des armées de terre et de mer (2).

Quelques années après, le roi Louis XV mourut, le 10 mai 1774, léguant à son petit-fils, qui fut l'infortuné Louis XVI, un terrible héritage. Louis XV laissait la France ruinée, humiliée et, chose plus effroyable encore, profondément dépravée par l'exemple des mœurs dissolues du souverain et de la cour. Louis XVI essaya de la restaurer par les ministres populaires et intègres qu'il choisit, les réformes qu'il tenta, les sacrifices qu'il demanda aux privilégiés, l'honneur de la patrie qu'il releva dans une guerre glorieuse, l'honnêteté de sa vie et la pureté de ses mœurs domestiques. Vains efforts d'une âme généreuse que ne gouvernait pas un caractère suffisamment énergique et résolu. L'avènement du nouveau roi, âgé de vingt ans à peine, fut salué par des cris d'espérance, et il sembla que la France sentait revivre en elle ses antiques vertus obscurcies sous le règne du monarque qui venait de descendre dans la tombe.

(1) Jean-François Truguet, de Toulon, s'était marié en 1746, étant enseigne de vaisseau, avec une demoiselle Anne David, fille d'un chirurgien de la marine. Il fut le père de Laurent Truguet, né le 10 janvier 1752, qui devint amiral de France et fut ministre de la marine sous l'Empire.

(2) *Archives communales*. Série II : *Documents divers*. Art. 6 : *Epoques historiques*.

Louis XVI fit connaître aux consuls de Toulon, par une lettre en date du 10 mai, le jour même de la mort du roi, son avènement au trône (1). Le 23 du même mois, M. de Coincy les avisa qu'il était chargé par M. de Rochechouard, commandant pour le roi en Provence, de recevoir leur serment de fidélité. Le lendemain, en effet, il se présenta à l'hôtel de ville, où l'attendaient les consuls, les conseillers et un grand nombre de chefs de famille. Il fut reçu sur le seuil de la porte de la rue Bourbon par les consuls en chaperon et introduit dans la salle consulaire, où il prit place sur un fauteuil élevé sur une estrade. Les quatre consuls, à genoux, prêtèrent entre ses mains le serment de fidélité d'après la formule accoutumée, et M. de Coincy se retira ensuite accompagné jusqu'à la porte. Revenu dans la salle, le maire-consul prit le siège que venait de quitter le commandant de la place ; il reçut à son tour le serment des consuls, des conseillers, des intendants de la santé et des chefs de famille présents. Cette cérémonie terminée, l'assemblée tout entière, précédée des archers de la maréchaussée, des sergents de ville et de nombreux fifres et tambours, sortit de l'hôtel de ville et parcourut toutes les places et rues, proclamant par la voix du greffier de la communauté l'avènement au trône du roi Louis XVI. Le peuple, ce même peuple qui, quinze ans plus tard, devait souiller l'aurore de la Révolution par tant d'excès et de crimes, y répondit par des acclamations et des cris incessants de : *Vive le roi !*

Louis XVI fut sacré et couronné roi au mois de juin de l'année suivante, à Reims. Ce fut pour Toulon l'occasion de grandes fêtes. Le 29 juin, à trois heures de l'après-midi,

(1) *Archives communales.* Série AA. Art. 36 : *Lettres des souverains.*

les consuls et conseillers, précédés de tambours, de trompettes « et de symphonie », partirent de l'hôtel de ville pour aller prendre M. de Coincy à son hôtel. Celui-ci se mit à leur tête, marchant seul devant les quatre consuls, et le cortège se rendit à la cathédrale, où Mgr de Vintimille chanta le *Te Deum* au milieu d'un grand appareil religieux. M. de Valbelle, maréchal de camp, commandant intérimaire en Provence, M. de Salis, inspecteur d'infanterie, l'un et l'autre de passage à Toulon, la sénéchaussée et les prud'hommes pêcheurs, en robes, assistaient à la cérémonie. Les officiers de tous grades occupaient la grande nef entre deux haies de grenadiers, les notables et le peuple se pressaient dans les deux nefs latérales (1). Le *Te Deum* terminé, M. de Valbelle sortit le premier de l'église, suivi de tous les officiers de la garnison ; M. de Coincy se retira ensuite avec le corps municipal et ils se rendirent à l'hôtel de ville, où M. de Valbelle arriva peu d'instants après pour assister au spectacle de la joute dans le port.

La journée du 29 juin avait été inaugurée par d'abondantes aumônes et la remise d'une dot à douze filles pauvres, conduites le matin même à l'autel par douze conseillers. On avait élevé « une cocagne » garnie de comestibles sur la place de l'hôtel de ville, et trois fontaines de vin versaient leur contenu à tous ceux qui se présentaient « au robinet ». Des salles de danse avaient été disposées un peu partout, sur les places et carrefours des

---

(1) Il n'est pas fait mention dans la *Relation* officielle qui existe aux *Archives communales* de la présence à la cathédrale des autorités maritimes, ce qui doit faire supposer que la marine avait fait chanter ce même jour un *Te Deum* dans l'arsenal ou à bord d'un vaisseau.

divers quartiers, ainsi que des pistes sur le quai, la place d'Armes et la rue aux Arbres, pour les divertissements de la course et du saut. Des officiers municipaux « munis » d'éventails, de rubans, d'épingles, de fichus de gaze, de » bas de soie, etc. », les distribuaient aux jeunes filles et garçons les plus corrects dans leurs danses, aux coureurs les plus rapides et aux plus agiles sauteurs.

A l'arrivée de M. de Valbelle à l'hôtel de ville, le signal de l'ouverture de la joute fut donné par une fanfare de trompettes et aux cris de : *Vive le roi !* poussés par une multitude d'habitants et d'étrangers venus des villages voisins. Le balcon et les fenêtres de l'hôtel de ville étaient occupés par les dames de distinction et les fonctionnaires les plus élevés en grade de l'armée et de la marine, pendant que plus de trois cents dames, officiers et notables avaient pris place sur des gradins recouverts de tapis et abrités du soleil par de riches tentures, élevés à droite et à gauche des cariatides de Puget. On servit, tout le temps que durèrent la joute et les divertissements, des rafraîchissements de toutes sortes aux invités des consuls, et on distribua ensuite tout ce qui en restait au peuple. Le soir, à la nuit close, les consuls et M. de Coincy, suivis d'une grande foule, firent le tour de la ville et présidèrent à l'embrasement de trois immenses bûchers de sarments garnis de pièces d'artifices, qu'on avait dressés sur les trois principales places. De là, ils se rendirent au théâtre, où était donnée une représentation gratuite, ce qui ne s'était jamais fait encore à Toulon. Les comédiens jouèrent *La Chasse de Henri IV* et *le Tonnelier*. La salle regorgeait de spectateurs, « qui témoignèrent la plus grande » satisfaction d'un spectacle aussi nouveau pour eux, » et, nonobstant la foule, il y régna la plus grande tran-

» quillité, et ils sortirent en criant : *Vive le Roy !* » Les fêtes et réjouissances avaient coûté à la ville la somme de 5,940 livres.

Sous le règne de Louis XVI la marine se releva de ses ruines. Ce fut la grande époque des d'Orvilliers, des d'Estaing, des Guichen, des Lamothe-Piquet, des de Grasse, des Lapeyrouse et des Suffren. Les travaux de constructions et d'armements maritimes jetèrent dans la ville de Toulon une animation et une aisance qu'on ne connaissait plus depuis longtemps. En 1780, les consuls purent terminer une affaire qui, depuis près d'un siècle, avait vivement préoccupé leurs prédécesseurs, et dont j'ai déjà dit un mot en son temps : je veux parler de l'érection de la nouvelle église paroissiale de Saint-Louis.

On sait qu'en 1705, Mgr de Chalucet, ayant décidé de créer dans sa ville épiscopale une deuxième paroisse, avait obtenu du roi Louis XIV un terrain de 37 toises sur 16, à prendre sur la place d'Armes, pour y édifier une église sous le vocable de Saint-Louis. Ce terrain s'étendait depuis la rue est de la place d'Armes, qui le séparait du mur de clôture du couvent des Capucins, jusque vers le milieu de la place (1). J'ai déjà raconté les difficultés qu'eut à surmonter le pieux évêque pour obtenir de la ville et du Chapitre, qui devaient faire les frais de la nouvelle construction, les fonds nécessaires pour commencer les travaux, et comment, en attendant cette édification, le siège paroissial fut établi dans la chapelle des Pénitents bleus, sise dans la rue Saint-Sébastien, aujourd'hui du Canon.

---

(1) A cette époque, l'hôtel de la préfecture maritime n'existant pas encore, c'était à peu près la moitié de la place d'Armes que devait occuper l'église Saint-Louis avec ses annexes, c'est-à-dire la sacristie et la maison curiale.

Le siège de la ville en 1707, la mort de Mgr de Chalucet en 1712 et ensuite la peste de 1721 retardèrent la construction de l'église qui, en 1750, s'élevait à quelques mètres à peine au-dessus du sol. Cette année, le marquis de Paulmy, ministre de la guerre, étant venu à Toulon, l'intendant de la marine lui demanda la démolition des travaux commencés, par la raison que le monument diminuait la superficie de la place d'Armes de façon à la rendre absolument insuffisante pour les exercices de la garnison. Le ministre fut de cet avis et chargea le commissaire des guerres à Toulon de poursuivre cette démolition, d'accord avec l'évêque, Mgr de Choin. L'évêque n'accepta la proposition qu'à la condition qu'on lui donnerait un autre emplacement à sa convenance, et il désigna un terrain en grande partie couvert de maisons, situé à l'ouest et en façade sur la place d'Armes, ou la maison conventuelle des Capucins, dont le couvent, la chapelle et le jardin occupaient l'espace compris aujourd'hui entre la place d'Armes, la rue du Canon, la rue Larmodieu et la rue Saint-Louis. Ce dernier emplacement lui paraissait le plus avantageux, au double point de vue de la situation et de l'économie, à la construction projetée ; mais il présentait une grande difficulté d'appropriation : comment, en effet, et par quels moyens en déposséder les Capucins, qui le détenaient légalement depuis près de deux siècles? On pensa bien, il est vrai, à leur offrir, en compensation de la cession qu'on leur demandait, le couvent des Minimes, dans le quartier Saint-Jean ; mais les Capucins, auxquels on fit des ouvertures dans ce sens, les repoussèrent avec indignation et l'affaire en resta là (1).

(1) Les Minimes n'étaient plus en ce moment qu'en très petit nombre et avaient des dettes qu'ils ne pouvaient payer. Ils auraient

Plus de trente ans devaient s'écouler encore avant que les Pères Capucins fussent dépossédés de leur maison, dans les circonstances violentes que je dirai tout à l'heure. Le projet poursuivi de la démolition de l'église commencée et de son transfert fut abandonné. On se remit à l'œuvre et, de 1760 à 1773, les travaux, sans être poussés avec activité, ne discontinuèrent cependant jamais entièrement. A cette dernière époque, des dissentiments très vifs s'étant élevés entre la communauté et l'entrepreneur de l'église, relativement à quelques piliers mal établis, que les consuls voulaient faire abattre comme compromettant la solidité de l'édifice, M. de Guédreville, intendant de la marine, et frère du ministre, M. de Boynes, saisit cette occasion pour faire revivre l'ancienne question de la démolition de l'église. Il représenta à son frère que cet édifice encombrant privait la marine de la seule place qu'elle possédait à Toulon pour l'instruction et les manœuvres de ses troupes, et ajouta qu'il était un danger public par son peu de solidité. M. de Boynes, sans tenir compte des intérêts engagés et sans consulter la municipalité, ordonna de suspendre les travaux et d'examiner s'il ne serait pas possible de placer ailleurs l'église paroissiale. M. de Guédreville proposa de nouveau l'emplacement des Capucins, en transférant ceux-ci dans l'ancien couvent des Pères de la Mercy, Rédemption des captifs, situé sur la place de la Pyramide, à l'extrémité nord-ouest de la place d'Armes (1).

accepté volontiers leur translation définitive dans un couvent qu'ils possédaient à la Valette contre le désintéressement de leurs créanciers et quelques menus avantages.

(1) Les PP. de la Mercy, n'étant plus en nombre pour assurer leur existence ni même le service divin dans leur maison, avaient été dissous par un arrêt du conseil d'Etat du 17 juillet 1773. Leur couvent avait été

C'était une deuxième tentative de dépossession des Capucins. Ils avaient déjà refusé d'échanger leur couvent contre celui des Minimes, qui était grand et beau ; ils refusèrent avec plus de force encore d'accepter celui de la Mercy, qui n'était qu'une maison bourgeoise disposée hâtivement en 1720 pour y recevoir les Pères errants dans la ville, après la démolition de leur couvent de Saint-Lazare pendant le siège de 1707. Les Capucins députèrent à Paris pour défendre leurs intérêts ; mais M. de Boynes ayant sur ces entrefaites quitté le ministère, son successeur arrêta toutes les démarches commencées et autorisa, en 1775, la reprise des travaux de l'église.

Les travaux furent poussés avec une certaine activité et on se préparait à placer le bois de charpente de la toiture, lorsque tout à coup un ordre du ministre vint tout remettre en question et terminer définitivement cette affaire. Le 5 mai 1776, M. de Malesherbes, ministre d'Etat, revendiqua au nom du roi la totalité de la place d'Armes pour les besoins du service de la marine et de l'armée, et mit les consuls en demeure de faire démolir l'église, leur laissant le soin de choisir tout autre emplacement convenable pour la réédifier. En même temps, il leur fit savoir officieusement qu'on tiendrait compte à la commune des 145,000 livres qu'elle avait déjà dépensées. Cette communication dut singulièrement contribuer à calmer l'opposition du conseil, et Mgr de Vintimille lui-même, qui ne se dissimulait pas que le voisinage d'une place sur laquelle les troupes de la garnison s'exerçaient tous les jours au maniement des armes troublerait le calme et le recueillement des fidèles, accepta la décision ministérielle sans élever d'objections.

acquis par la marine pour être transformé en ateliers et magasins de dépôt d'habillements pour les équipages de la flotte.

Mais restait toujours l'ancienne difficulté à résoudre : où, dans la circonscription territoriale de la paroisse, trouverait-on un emplacement propre à l'édification de l'église ? On en revint au projet primitif de la dépossession des Capucins de leur couvent.

Pour faciliter les combinaisons des consuls, la ville reçut en pur don du roi l'ancien couvent des PP. de la Mercy, qui appartenait à la marine. On décida alors que les Carmes Déchaussés, qui étaient peu nombreux, seraient transférés de leur couvent dans celui de la Mercy et que les Capucins les remplaceraient dans celui qu'ils occupaient (1). Cet échange de locaux, que les Carmes acceptaient pour leur part, présentait cet avantage que le terrain devenu vacant par le départ des Capucins étant trop étendu pour l'édification seule de l'église projetée, l'Etat avait autorisé la vente des hors-lignes en façade sur la place d'Armes et les rues Saint-Sébastien, Larmodieu et Saint-Louis. C'était, en réalité, dans le produit de ces ventes que la ville devait trouver les 145,000 livres qu'elle avait fournies pour la construction de la première église. Mais les Capucins n'entrèrent pas dans ces considérations et refusèrent d'évacuer les lieux. Pour rendre leur cause populaire et se créer en même temps des amis puissants, ils inondèrent la ville et la cour de nombreux *Mémoires*, où leurs protestations se traduisaient en termes d'une violence extrême. Ils rappelaient que l'antique enclos des Dominicains leur avait été donné par acte régulier du

(1) J'ai déjà dit que les Carmes Déchaussés avaient leur couvent dans la rue Nationale actuelle, là où nous avons vu jusqu'à notre époque la caserne des ouvriers d'artillerie de la marine. La ville vient de l'acquérir de l'Etat, au prix de 75,000 fr., pour être démoli et le sol être vendu comme terrain à bâtir.

conseil de ville en 1606, et repoussaient la rétrocession exigée en invoquant la prescription, acquise par une possession légitime et jamais contestée pendant près de deux siècles ; ils disaient qu'ils n'avaient trouvé que des ruines à l'époque de leur installation, et que la chapelle, le couvent et les principales constructions qui existaient avaient été édifiés par eux avec les aumônes des fidèles, envers lesquels ils étaient comptables ; mais l'argument qu'ils faisaient valoir avec le plus d'indignation était tiré du bénéfice pécuniaire qu'allait réaliser la ville par la vente des hors-lignes à des particuliers : « Ce seroit une chose
» étrange, en vérité, disaient-ils, s'il falloit que les com-
» munautés religieuses abandonnassent leurs monastères
» et tous leurs établissements pour enrichir les corps de
» ville ! Que deviendroit alors le clergé régulier ! »

Quatre années se passèrent en contestations ardentes entre la commune et les Capucins ; la première ayant pour elle le Conseil d'Etat, le Parlement de Provence et l'évêque de Toulon ; les Capucins ayant pour eux, avec les droits acquis, quelques hauts personnages de la cour et, du moins le croyaient-ils, une grande partie de la population de Toulon. La lutte fut pleine d'incidents passionnés. Alors même que le Conseil d'Etat eut rendu un décret, enregistré et devenu exécutoire par arrêt du Parlement, qui mettait le couvent à la disposition de la commune, les Capucins résistèrent avec énergie. Le P. Gardien, recevant l'huissier qui venait lui signifier la décision du Conseil et l'arrêt de la Cour, refusa de l'entendre et le congédia en lui disant : « Que ceux qui l'envoyoient prendroient plus tôt la pro-
» vince que le couvent. » Et le lendemain, dans une entrevue qu'il eut avec l'évêque, comme celui-ci lui montrait sur son bureau une ordonnance par laquelle il autorisait les

consuls à pénétrer dans le couvent, même par la brèche, il osa lui dire « qu'il viendroit à bout, pour se défendre, d'op-
» poser la ville à la ville ». C'était une menace de guerre civile que la passion arrachait à un vieillard qui, incontestablement, n'était plus maître de ses paroles. L'évêque en fut tout troublé ; mais ne perdant pas cependant sa dignité, il lui montra de la main la porte de son cabinet et le renvoya sans lui répondre.

Ces longs et pénibles tiraillements eurent un terme. Mgr de Vintimille avait envoyé aux consuls, le 20 septembre 1780, l'autorisation de pénétrer par la force dans le couvent. Deux mois après, le 20 novembre, les consuls, accompagnés de nombreux ouvriers munis de pinces et de marteaux et suivis d'une grande foule muette et anxieuse, firent faire une brèche au mur de clôture du jardin, du côté de la place d'Armes. Lorsque la muraille s'écroula, les consuls seuls et le procureur de la commune franchirent la brèche. Ils s'avancèrent à travers le jardin désert et, ayant ouvert une petite porte latérale de la chapelle, ils trouvèrent la communauté entière, depuis le Père Gardien jusqu'au dernier Frère lai, priant avec ferveur devant l'autel. « Nous avons fait brèche à la muraille
» de leur jardin, hier à midi environ, écrivait le 21 novem-
» bre le deuxième consul à son collègue, M. Lantier de
» Villeblanche, qui siégeait en ce moment à l'assemblée
» des communautés réunies à Lambesc. Le nombre des
» spectateurs étoit très considérable. La satisfaction qu'ins-
» pire cet évènement éclate toujours davantage ; les Capu-
» cins ne s'imaginoient pas que l'universalité fut si peu
» sensible à leur malheur. » On pourrait dire peut-être que la municipalité avait vaincu puisqu'elle s'était emparée du couvent après y avoir pratiqué une brèche ; mais les suites

en furent cruelles pour M. Lantier de Villeblanche, maire-consul, qui avait conduit l'affaire de la dépossession des Capucins avec beaucoup d'habileté et à l'avantage des intérêts financiers de la ville. Neuf ans après, en 1789, au cours des élections des députés de la sénéchaussée de Toulon aux Etats-Généraux du royaume, une émeute dirigée contre cet ancien magistrat mit sa vie en danger, et il ne parvint à se soustraire à la mort que grâce à l'intervention de quelques généreux citoyens, qui le firent évader, meurtri et tout couvert de sang, par les toits de l'hôtel de ville. La voix publique accusa à cette époque, sans que le fait ait jamais été cependant démontré, les Capucins d'avoir secrètement fomenté cette sédition. Quoi qu'il en soit, le 6 décembre 1780, les Capucins sortirent de leur couvent et prirent possession de celui des Carmes-Déchaussés, qui vinrent s'établir dans la maison des PP. de la Mercy. Les Carmes n'avaient opposé aucune fin de non recevoir à l'ordre de déguerpissement qui leur avait été donné. Les consuls, dans le procès-verbal de translation adressé à l'intendant de la province, se plurent à faire ressortir leur entière soumission, en opposition aux résistances des Capucins : « ... Les ayant inter-
» pellés (les Carmes), disaient-ils, de se retirer dans la
» susdite maison de la Mercy pour y établir leur conven-
» tualité, ces religieux, toujours disposés à donner de nou-
» velles preuves de leur obéissance aux volontés du Roy et
» de leur empressement à concourir à l'utilité publique,
» qu'ils reconnoissent devoir résulter de la prompte exécu-
» tion du projet qui donna lieu à leur translation, nous ont
» requis de leur faire la remise de la maison..... »

Lorsqu'on fut en possession du couvent des Capucins on s'empressa de l'utiliser au double point de vue religieux et financier : on s'occupa de l'érection de l'église et de la mise en vente des terrains restant disponibles.

On eut un moment la pensée de se servir, comme siège paroissial, de la chapelle des Capucins, en l'agrandissant ; mais les consuls renoncèrent bientôt à ce projet, moins encore à cause des difficultés d'appropriation que parce qu'elle s'ouvrait sur la rue Larmodieu, très étroite et d'un difficile accès. Un architecte de Toulon, du nom de Votier, présenta le plan d'une église, de dimensions très restreintes et s'ouvrant sur la rue Saint-Sébastien ; il fut rejeté pour ces deux motifs. Les consuls s'adressèrent alors au sieur Sigaud, architecte de la province. Celui-ci envoya, au commencement de l'année 1781, un projet de monument trop grandiose pour les ressources de la ville, d'après lequel l'église avait sa façade au nord, sur la rue Saint-Louis, à peine, à cette époque, un peu plus large que la rue Saint-Sébastien, et dont le devis, pour le gros œuvre, n'atteignait cependant que 174,000 livres. Il se forma au conseil un parti d'opposition contre l'adoption du plan proposé, qui démontra, non sans raison, que le projet du sieur Sigaud était trop vaste, qu'il mettait la façade de l'église sur une rue trop étroite, à moins d'acquérir, pour être démolies, les maisons voisines, et enfin que l'exécution ne coûterait pas moins de 367,000 livres au lieu de 174,000. Le conseil entier se rangea à cet avis et le plan fut renvoyé à Aix pour être modifié. Avant la fin de l'année, il revint à Toulon avec les corrections demandées. Sigaud avait réduit les dimensions du bâtiment à l'état où nous les voyons aujourd'hui et, en reculant la façade nord, il avait laissé un emplacement assez grand pour créer un parvis en proportion avec l'église. C'est ce parvis qu'on a fermé aujourd'hui d'une grille qui le sépare de la rue. Le nouveau projet fut enfin adopté, non sans soulever encore quelques oppositions, et on commença les travaux.

Pendant qu'on s'occupait de dresser le plan de l'église à édifier, MM. de Villeblanche, Bourguignon et Caire, consuls, faisaient connaître à la population, par voie de placards, que les hors-lignes du couvent des Capucins, laissés disponibles par la future construction de l'église Saint-Louis, seraient mis aux enchères le 23 avril 1781 et les 1ᵉʳ et 10 mai suivant.

Aux jours indiqués, les terrains situés en bordure sur la place d'Armes furent adjugés, après diverses enchères, à Mᵐᵉ de Joyeuse-Lépine et à MM. Romain, Baudin, Manche, Lapoype-Vertrieux, d'Evant et de Pézenas, qui avaient fait les offres les plus élevées. L'adjudication eut lieu au prix moyen de 80 livres la toise carrée, soit 46 livres le mètre. Tous les acquéreurs furent soumis à certaines conditions générales, qui étaient : de construire immédiatement ; de se conformer au plan architectural fourni par le sieur Sigaud et approuvé par le conseil de ville ; de ne donner à chaque maison qu'une profondeur de 9 toises (16 mètres 55 centimètres) (1). De leur côté, les acquéreurs exigèrent de la municipalité l'engagement formel qu'il ne serait placé qu'une seule cloche sur l'église projetée. Le conseil accueillit cette demande avec empressement et décida que : « Considérant que le désir des acquéreurs se concilie très » fort avec l'intérêt pécuniaire de la communauté, » il donnait tout pouvoir aux consuls de souscrire à cette condition dans l'acte de vente. Ces sept maisons constituent, avec leur unité architecturale, la belle façade qui borde la place d'Armes à l'est. Les terrains visant les rues Saint-Sébastien, Larmodieu et Saint-Louis, ne furent vendus qu'un peu plus tard.

(1) Pour laisser une cour intermédiaire aux maisons et au mur occidental de l'église et ne pas priver celle-ci de lumière.

On travailla avec une certaine activité à l'église Saint-Louis, qui fut terminée en 1788. Ses origines avaient été très tourmentées et elle devait encore traverser bien des épreuves avant d'être affectée définitivement au culte. Elle venait d'être inaugurée, lorsque la Révolution éclata. Elle fut fermée et utilisée comme entrepôt pour les subsistances de la guerre. Quelque temps après, en 1794, elle fut évacuée et devint le temple de la Raison; mais cette religion manqua bientôt de fidèles et l'église fut fermée de nouveau. La Révolution, après avoir épouvanté le monde par ses excès, finissait dans les plus basses spéculations de l'immoralité et de l'idiotisme. Sous le Directoire, l'église fut donnée aux Théophilanthropes, qui y célébrèrent des cérémonies payennes écloses dans le cerveau malsain de quelques hommes dont l'un, Laréveillère-Lepaux, était en ce moment un des chefs de l'Etat. Un peuple est destiné à disparaître promptement lorsqu'il s'attarde dans de pareilles insanités. La vieille Gaule sortit enfin de cet effroyable cauchemar. L'église Saint-Louis fit retour au clergé en 1803, sous le Consulat, à la requête de l'archevêque d'Aix qui, l'année précédente, était venu à Toulon pour procéder à la réception et réconciliation de l'église cathédrale.

Mgr de Lascaris-Vintimille n'avait pas vu s'achever l'église Saint-Louis, commencée sous son épiscopat. Il était mort le 16 mars 1786, ayant gouverné son diocèse pendant vingt-sept ans. On a de lui un Cathéchisme à l'usage du diocèse, imprimé chez Mallard en 1775, orné des armoiries du prélat. Le 16 août 1784, étant à Belgentier, pays qu'il paraît avoir aimé beaucoup, il autorisa l'érection d'une église et la création d'un cimetière à Carqueiranne, du territoire d'Hyères. Ces travaux furent exécutés aux frais des habitants du quartier.

Mgr de Lascaris fut remplacé sur son siège par Mgr Elléon de Castellane-Mazaugues, né au château de Mazaugues, diocèse d'Aix, le 11 juin 1746. Il avait été aumônier du roi Louis XVI, abbé de Bonneval, au diocèse de Rhodez et vicaire général de Soissons. Il fut sacré le 13 août 1786. Il fut le dernier de cette longue suite de prélats qui s'étend, au moins pour ce que nous en savons, depuis Honoré, en 451, jusqu'à l'extrême fin du xviiie siècle. La Révolution l'emporta et, avec lui, le siège de Saint-Cyprien, des Pierre Danes, des Chalucet et de tant d'autres qui furent l'honneur et la gloire de l'épiscopat toulonnais. Pendant sa courte administration, il se montra toujours bon et généreux envers le peuple et les pauvres. Je citerai tout à l'heure une lettre de lui à l'assemblée du Tiers-Etat de Toulon, qui montrera son désintéressement sous un jour très favorable à sa mémoire. Il avait restauré de ses propres fonds son palais épiscopal, où il recevait avec la plus grande libéralité tous les personnages de distinction qui venaient à Toulon, comme tous les prêtres et les plus humbles desservants de son diocèse. Sa double qualité d'évêque et de grand seigneur le désignait d'avance aux fureurs des révolutionnaires de Toulon. Menacé dans sa vie et privé de l'exercice public de son autorité, il émigra à Vintimille, d'où il adressa, le 1er février 1790, un mandement à ses diocésains touchant le carême. Dans ce mandement, qui est, sans doute, le dernier qu'il ait écrit, il peint sous les couleurs les plus vives l'état de l'Eglise en ces temps troublés : « Que » voyons-nous aujourd'hui ? disait-il. Ah ! qu'il est triste » le tableau de nos mœurs. Toutes les lois divines et » humaines, les lois même de la nature sont méconnues » et foulées aux pieds avec un mépris outrageant. Nos » passions ont pris leurs places et exercent librement leur

» empire. Les jalousies, les animosités, les fureurs ont
» banni l'esprit d'union et de charité. L'irréligion surtout
» marche la tête levée ; les dogmes les plus impies sont
» reçus avec avidité, les écrits les plus scandaleux se
» répandent de toute part, les Temples sont profanés, le
» Sacerdoce est avili, le Sanctuaire est dépouillé, la Reli-
» gion enfin n'est plus regardée que comme un de ces
» accessoires à qui l'opinion publique a donné quelque
» importance, comme une de ces divinités subalternes qui
» doit avoir des autels, mais que chacun est libre d'honorer
» ou de mépriser à son gré, et qui doit se prêter aux
» caprices des peuples et obéir aux volontés des nations... »

La Révolution déployait des fureurs nouvelles contre la Religion et le clergé. Msgr de Castellane résida successivement en Piémont et en Lombardie. En 1799 il était à Venise, d'où il se rendit plus tard à Udine, dans le Frioul. Les Français occupaient cette ville et y avaient établi de nombreux hôpitaux pour les malades et blessés de leurs armées. Le pieux évêque eut la consolation, au déclin de sa vie, de prodiguer ses soins dévoués au chevet de nos soldats. Il mourut au mois de mai 1806, âgé de soixante ans, et fut enseveli dans l'église des Barnabites. Il existe aux *Archives* de l'église cathédrale de Toulon une lettre de Msgr Emmanuel Lodi, évêque d'Udine, à la date du 3 janvier 1827, qui nous fait connaître les tribulations qu'eurent à subir ses restes mortels. Cette lettre, adressée à « Msgr l'évêque de Toulon, » ce qui indique que le prélat d'Udine ignorait encore en 1827 la suppression du siège de notre ville par suite du Concordat, est ainsi conçue :

« Monseigneur,

» C'est à vous que je m'adresse, mon très respectable
» monseigneur l'évêque de Toulon, à l'objet de vous man-

» der ce qui suit, et qui ne peut pas manquer, ce me
» semble, de vous intéresser profondément.

» L'an 1806, l'émigré Monseigneur évêque de Toulon,
» votre prédécesseur, acheva sa mortelle carrière dans
» cette ville au mois de mai, comblé des très rares mérites
» et des vertus les plus éminentes. Il fut plaint amèrement
» de toute la ville et fut inhumé dans l'église des RR. Pères
» Barnabites, qui a été supprimée en 1810. Cette église
» fermée au culte fut convertie en un dépôt de bois, char-
» bon et autres objets pour le service des troupes. On ne
» respecta pas, Monseigneur, les cendres vénérables d'un
» si grand prélat et la curiosité et plus encore un vile *(sic)*
» intérêt osa porter quelqu'un dans son tombeau, pour voir
» si il y avait quelque chose de précieux dans son habille-
» ment. Pour surcroît de malheur, le plafond de l'église
» s'écroula et endommagea beaucoup l'arche. Je n'ai pas
» voulu laisser la dépouille de ce vénérable évêque en tant
» de dépérissement et ayant pris les dues permissions des
» autorités supérieures, je fis transporter ces cendres
» enfermées en une très décente caisse ; je les fis, dis-je,
» transporter très religieusement et déposer dans les tom-
» beaux des patriarches (des anciens évêques ?) existantes
» *(sic)* en cette église de Saint-Antoine, près de mon épis-
» copat.

» Si vous, Monseigneur, jugiez à propos, un jour, de
» faire transporter à Toulon le sacré dépôt, vous savez où
» il est actuellement inhumé.

» J'ai l'honneur d'être votre très humble serviteur et
» confrère.

» Emmanuel Lodi,
» *Evêque d'Udine en Friuli.* »

On a reproché à Mgr de Castellane, comme un acte de désobéissance à Pie VII, de n'avoir pas voulu donner sa démission d'évêque de Toulon lorsque le siège fut supprimé, à la suite du Concordat. Il a expliqué lui-même les motifs de ce refus, se défendant d'avoir jamais eu la pensée d'entrer en rébellion contre les volontés du pape, mais déclarant avoir résisté seulement aux exigences du gouvernement impérial. Il n'admettait pas que l'Eglise pût consentir, sans y être contrainte par la force, à briser le siège de Saint-Cyprien, et en laissait, en protestant, toute la responsabilité au pouvoir politique.

CHAPITRE XXIII

LES ÉLECTIONS DES DÉPUTÉS DE TOULON

AUX ÉTATS GÉNÉRAUX DU ROYAUME

1789

Convocation des Etats-Généraux du royaume. — Règlement du sénéchal pour la convocation et la tenue des assemblées des trois ordres dans les trois sénéchaussées de la circonscription électorale de Toulon. — Composition des assemblées primaires des trois ordres. — Composition des assemblées de sénéchaussée. — Composition des assemblées électorales. — Les réunions primaires du clergé et de la noblesse de Toulon. — Réunions primaires du Tiers-Etat de Toulon. — Assemblée communale des délégués du Tiers-Etat pour la rédaction du cahier des vœux et doléances. — Emeute des 23 et 24 mars. — Les mobiles secrets de l'émeute. — L'assemblée communale du Tiers-Etat, chassée de l'hôtel de ville, se réunit dans l'église Saint-Pierre. — Lettre des présidents du clergé et de la noblesse à l'assemblée des délégués du Tiers-Etat. — Discussion et adoption du cahier des vœux et doléances. — Tenue de l'assemblée générale des trois ordres de la sénéchaussée de Toulon. — Séparation des trois ordres en assemblées particulières pour procéder à la rédaction définitive de leur Cahier et à la nomination de leurs délégués électeurs. — Incertitudes historiques sur ce qui se passa dans ces assemblées et sur leurs résultats. — Les noms des quinze délégués électeurs de la noblesse de Toulon arrivés seuls jusqu'à nous. — Réunion du collège électoral des trois ordres des sénéchaussées de Toulon, d'Hyères et de Brignoles. — Election des députés aux Etats-Généraux. — Conclusion.

Au cours du XVIIIe siècle, la société française avait marché pendant que les institutions étaient demeurées immobiles ; il en était résulté cette situation dangereuse, que les esprits se trouvaient en avant des choses et les faits en arrière des idées. D'autre part, les finances étaient dans un état de détresse extrême, et la récente guerre d'Amérique, si elle avait jeté sur la nation un reflet de nos gloires passées, avait agrandi le gouffre du déficit. On ne pouvait guérir cette plaie que par la diminution des dépenses ou la généralisation de l'impôt ; mais, voulait-on diminuer les dépenses, on rencontrait les puissants abus qui en profitaient ; voulait-on accroître l'impôt en le généralisant, on se heurtait contre le privilège. L'infortuné Louis XVI se débattait au milieu de ces immenses embarras ; en vain avait-il fait appel aux hommes les plus savants, les plus honnêtes, les plus populaires ; Turgot, Malesherbes, Necker n'avaient pu trouver que des expédients, cette fausse monnaie de la politique, et s'étaient brisés contre le double écueil du privilège et de l'abus. En 1788, le roi, placé entre la banqueroute et la convocation des Etats-Généraux du royaume, convoqua les Etats-Généraux. Ils allaient faire faire aux institutions un pas d'un siècle pour que le pays officiel rejoignît le pays réel.

Un arrêt du conseil d'Etat, en date du 5 juillet 1788, annonça cette convocation comme prochaine. Un deuxième arrêt du 8 août fixa au 1er mai de l'année suivante l'ouverture, à Versailles, de la grande assemblée de la nation. Le 1er décembre enfin, il fut décidé que le nombre des députés à élire serait de douze cents et que, suivant le vœu émis par les Etats Provinciaux, les représentants du Tiers seraient en nombre égal à celui des représentants des deux premiers ordres réunis, soit six cents pour le Tiers, trois cents pour le clergé et trois cents pour la noblesse. Il restait à déterminer le mode selon lequel se feraient les élections. Un règlement royal paru le 24 janvier 1789 arrêta que les Pays d'Etat ne députeraient pas constitutionnellement, ainsi que cela s'était toujours fait, mais que les élections auraient lieu par bailliages ou sénéchaussées, comme dans les provinces du royaume dites Pays d'Elections (1). Cependant, les bailliages et sénéchaussées qui avaient député directement aux Etats de 1614 conservaient, par exception, ce privilège, les autres ne pouvant député que conjointement avec les bailliages et sénéchaussées de première classe, suivant la proximité et l'origine. A cela près on tâchait de proportionner le nombre de députés à la population et à l'importance de chaque agrégation.

La Provence avait six sénéchaussées (2), qui étaient celles d'Aix, de Marseille, d'Arles, de Toulon, de Draguignan et de Forcalquier. Les deux sénéchaussées de Marseille et d'Arles, villes qui appartenaient aux Terres Adjacentes et jouissaient du droit de s'administrer séparément, reçurent un règlement spécial ; celle d'Aix, sans leur être entièrement assimilée, fut autorisée, comme elles, à député directement. Il n'en fut pas de même des trois autres, qui durent député par délégations. Les trois sénéchaussées

---

(1) Avant 1789, la France se divisait en deux classes de provinces. Les premières, sous le nom de *Pays d'Etats*, s'administraient elles-mêmes, tenaient leurs assemblées représentatives, votaient l'impôt et le recouvraient. Les secondes, sous le nom de *Pays d'Elections*, ne possédaient aucun de ces droits. Il n'y avait chez elles ni assemblées provinciales, ni impôt librement consenti, ni vie indépendante. La taille y était rendue perpétuelle, sa répartition déterminée par des arrêts du Conseil d'Etat, les fonds perçus de plein droit sous la surveillance d'officiers royaux nommés *élus*, parce qu'ils avaient été primitivement choisis par le peuple ou par les Etats-Généraux, mais qui, depuis Charles VII (juin 1445), avaient vu leurs commissions érigées en titres d'office. Dans les *Pays d'Elections* toute l'administration était dévolue aux intendants et à leurs subdélégués.

(2) On désignait sous le nom de sénéchaussée le ressort d'une juridiction connaissant des cas royaux.

de Toulon, de Draguignan et de Forcalquier avaient dans leur ressort des sénéchaussées adjointes auxquelles le règlement conserva une sorte d'autonomie locale se traduisant par la tenue d'une assemblée de sénéchaussée et le pouvoir de dresser le Cahier général des plaintes et doléances de l'arrondissement. Néanmoins, elles restaient rattachées à la sénéchaussée de première classe, pour ne former avec elle qu'une seule circonscription électorale, par la présence de leurs délégués à une assemblée générale des sénéchaussées ayant seule mission de procéder à l'élection des représentants aux Etats-Généraux. Les trois sénéchaussées supérieures citées ci-dessus avaient dans leur ressort : Toulon, les sénéchaussées de Brignoles et d'Hyères ; Draguignan, celles de Grasse et de Castellane ; Forcalquier, celles de Digne, Sisteron et Barcelonnette. Le nombre des députés à élire dans chacune de ces trois circonscriptions électorales était de huit, dont deux de l'ordre du clergé, deux de l'ordre de la noblesse et quatre de l'ordre du Tiers-Etat.

La Révolution allait sortir de ces mémorables assises nationales. La constitution provençale, œuvre patiente et laborieuse de nos aïeux, était condamnée à disparaître, en même temps que l'unité provençale allait se perdre dans la grande unité française.

Le règlement du 24 janvier déterminait la tenue des réunions et la forme des élections. Il était général pour tout le royaume, mais il fut bientôt suivi d'un deuxième, paru le 2 mars, spécial pour la Provence, et comportant des modifications souvent importantes de la loi première (1).

---

(1) « Le règlement du 24 janvier dernier sera exécuté dans toute
» l'étendue du comté de Provence en toutes les dispositions auxquelles

Rien, en réalité, ne paraît plus confus et incohérent, au premier abord, que le système électoral édicté par ces règlements, dont la mise en pratique était parfois laissée à l'initiative des électeurs eux-mêmes (1). Je n'ai, pour ce qui me concerne, qu'à me préoccuper de l'application des règlements dans la sénéchaussée de Toulon, et je ne saurais prendre dans cette étude un meilleur guide que l'ordonnance publiée par le sénéchal d'épée de cette ville, réglant les détails des opérations électorales dans toute l'étendue de sa circonscription.

Le 13 mars, le sénéchal d'épée au siège de Toulon, le chevalier Claude-Laurent Burgues de Missiessy, ancien capitaine de vaisseau, publia, conformément aux règlements royaux des 24 janvier et 2 mars, une ordonnance déterminant le mode de convocation des trois Etats de la sénéchaussée de Toulon en assemblées primaires, particulières, de sénéchaussée et générale. Cette ordonnance était exécutoire dans les sénéchaussées de Brignoles et d'Hyères (2).

Il devait être procédé à la convocation des Etats de la manière suivante.

» il n'est pas dérogé par le présent règlement ». *Règlement du 2 mars.* Art. xii.

(1) C'est ainsi, par exemple, qu'il était dit dans le règlement que chaque ordre devait rédiger ses Cahiers et nommer séparément ses députés, « à moins qu'ils ne préfèrent d'y procéder en commun. » Cette provocation timide de Necker à une réunion des trois ordres dans les assemblées électorales ne fut entendue ni en Provence, ni, que nous sachions, dans aucune province du royaume.

(2) « Ordonnons qu'à la diligence du procureur du roi, copie de la
» lettre du roi, règlement y annexé et de notre présente ordonnance,
» seront portés sans délai à Hyères et à Brignoles, pour être remis à
» MM. les lieutenants généraux des dites sénéchaussées, pour être procédé à la convocation des trois Etats des dites sénéchaussées. » *Ordonnance du sénéchal de Toulon.*

A la requête du procureur du roi, l'évêque, les abbés séculiers et réguliers, les chapitres, corps et communautés ecclésiastiques rentés, réguliers et séculiers des deux sexes, les prieurs, curés, commandeurs et généralement tous les bénéficiers, ainsi que tous les marquis, barons, seigneurs et généralement tous les nobles possédant-fiefs, étaient assignés, individuellement, par le ministère d'un huissier royal, au principal manoir de leur bénéfice ou fief.

Les ecclésiastiques engagés dans les ordres et non pourvus de bénéfices, les nobles non possédant-fiefs, ayant la noblesse acquise et transmissible, âgés de vingt-cinq ans, nés français et domiciliés dans le ressort, ainsi que tous les membres du Tiers-Etat de toutes les villes, bourgs, paroisses et communautés de campagne, nés français ou naturalisés, âgés de vingt-trois ans, domiciliés et compris au rôle des impositions, étaient « suffisamment avertis par les » publications, affiches et cris publics. » Ces modes d'avertissements étaient ainsi déterminés : les maires ou autres officiers municipaux de toutes les communes de la sénéchaussée, le premier dimanche après que la notification leur en aurait été faite, devaient faire lire au prône de la messe paroissiale, publier à son issue sur la place de l'église et afficher aux lieux accoutumés, la lettre du roi, les règlements y annexés et l'ordonnance du sénéchal.

Rien, dans l'ordonnance, ne réglait la tenue des assemblées particulières de la noblesse, non plus que celles du clergé renté. Ces deux catégories d'électeurs ne comptant qu'un nombre relativement restreint de membres, éloignés, le plus souvent, les uns des autres, étaient laissées libres de se concerter comme elles le jugeraient bonet utile à leurs intérêts. Il n'en était pas de même des ecclésiastiques non bénéficiers, qui devaient se réunir pour délibérer et formuler leurs vœux et doléances chez le curé de la paroisse dont ils relevaient.

Les assemblées du Tiers-Etat, qui formait l'immense majorité des électeurs, étaient ainsi réglées. Au jour le plus prochain, et au plus tard huit jours après les publications, tous les habitants des villes, bourgs, paroisses et communautés de campagne qui se trouvaient dans les conditions d'âge, de nationalité et de domicile voulues par le règlement, devaient se réunir en assemblée primaire communale au lieu accoutumé ou à celui qui leur serait indiqué par leurs officiers municipaux. Dans ces assemblées, ils devaient discuter librement et procéder ensuite à la rédaction « du » Cahier des plaintes, doléances et remontrances que les » dites villes, bourgs et communautés entendent faire à Sa » Majesté, et proposer les moyens de pourvoir et subvenir » aux besoins de l'Etat, ainsi qu'à tout ce qui peut intéres- » ser la prospérité du royaume et celle de tous et chacun » des sujets de Sa Majesté. » Toutes fois, une exception était faite à ce mode général de constitution des assemblées primaires pour les quatre villes de Toulon, d'Hyères, de Brignoles et de Saint-Maximin. Le règlement du 24 janvier. (Art. XXVI) spécifiait, en effet, que dans certaines villes, dénommées dans un état annexé, la rédaction du Cahier des doléances ne serait pas laissée à l'ensemble des électeurs du Tiers, mais à une assemblée dite communale, composée de députés élus au deuxième degré dans les réunions primaires des diverses corporations. L'élection de ces députés devait se faire de la manière suivante. Les corporations étaient divisées, au point de vue de leur représentation à l'assemblée communale, en trois grandes sections : la première, composée des corporations de métiers, nommait un député par corporation pour cent électeurs présents et au-dessous, deux pour deux cents et au-dessous et ainsi de suite ; la deuxième, composée des corporations dites d'arts libéraux, nommait dans les mêmes conditions deux députés pour cent électeurs présents et au-dessous, quatre pour deux cents, etc. ; enfin la troisième, composée des bourgeois, négociants, industriels « et de la classe utile » et intéressante des ménagers, des paysans propriétaires » et des fermiers » n'appartenant à aucune corporation, nommait également deux députés pour cent électeurs présents et au-dessous, quatre pour deux cents et au-dessous, etc. L'article du règlement qui enlevait ainsi, dans les villes où les corps de métiers étaient organisés en corporations, la rédaction du Cahier à la masse des électeurs, pour la confier à un nombre relativement restreint de députés, avait été inspiré par la crainte que le trop grand nombre d'électeurs réunis en assemblée primaire ne fût un obstacle à la discussion paisible de leurs intérêts, et qu'en définitive la réunion n'aboutit qu'à l'impuissance et à la confusion.

Il y avait donc autant de Cahiers qu'il y avait de réunions particulières du clergé et de la noblesse, et dans le Tiers-Etat, de villes, bourgs, paroisses et communautés de campagne. On comprend sans peine quelle quantité de demandes pouvaient renfermer ces Cahiers qui, presque toujours identiques, quoique à des degrés divers, pour ce qui concernait les doléances, étaient souvent contradictoires dans l'expression des vœux, inspirés par des intérêts étroitement locaux. Pour apporter une certaine unité dans la rédaction de ces vœux et doléances, le sénéchal, conformément au règlement, convoquait des assemblées dites de sénéchaussée, qui devaient se tenir à Toulon, à Hyères et à Brignoles, dans lesquelles des délégués des trois ordres devaient « fondre et réduire » tous les Cahiers en un seul, qui devenait ainsi le Cahier général du clergé, de la noblesse et du Tiers-Etat des sénéchaussées de Toulon, d'Hyères et de Brignoles.

La composition de ces assemblées de sénéchaussée était ainsi déterminée :

Celle du clergé devait comprendre l'évêque (pour la sénéchaussée de Toulon), les abbés séculiers et réguliers rentés, les prieurs, les curés, sous certaines conditions de domicile ou d'administration paroissiale (1), les commandeurs et généralement tous les bénéficiers. Les chapitres, les communautés religieuses et le bas clergé n'y étaient représentés que par délégations : les chapitres, par un chanoine sur dix ; les prêtres attachés aux chapitres, par un sur vingt ; les ecclésiastiques non bénéficiers, par un sur dix ; les corps ou communautés religieuses, par un délégué par communauté (2). Comme on le voit, l'assemblée du clergé comprenait des électeurs directs ou du premier degré et des électeurs délégués ou du deuxième degré.

Celle de la noblesse n'était formée que d'électeurs du premier degré, c'est-à-dire représentant directement l'ordre entier des nobles fieffés ou non fieffés résidant sur le terri-

---

(1) « Que tous les curés qui sont éloignés de plus de deux lieues de
» la présente ville (Toulon, Hyères, Brignoles), seront tenus de se faire
» représenter par procureurs fondés de leur ordre, à moins qu'ils n'aient
» un vicaire ou desservant résidant dans leur cure, auquel vicaire ou
» desservant nous défendons de s'absenter pendant le temps nécessaire
» aux dits curés pour se rendre à l'assemblée et retourner à leurs
» paroisses. » *Ordonnance du sénéchal.* Art. 11.

(2) Les communautés de femmes avaient droit de se faire représenter par un ecclésiastique.

toire de la sénéchaussée (1), avec cette différence cependant que les nobles possédant fiefs pouvaient s'y faire représenter par procureurs fondés ayant la noblesse, tandis que les nobles non fieffés ne pouvaient opiner et voter que personnellement.

Enfin celle du Tiers-Etat se composait de délégués ou députés, comme les appellent les textes du temps, au deuxième degré des assemblées primaires des bourgs,

(1) La réunion en une seule et même assemblée des nobles possédant fiefs et des nobles non fieffés avait soulevé des orages en Provence. Les nobles possédant fiefs s'étaient réunis à Aix au mois de décembre 1788 et avaient émis la prétention, justifiée au point de vue du droit constitutionnel provençal, d'exclure de leurs délibérations les nobles non fieffés. Ils se basaient sur ce que ces derniers n'avaient pas entrée aux Etats du pays et, notamment, sur le règlement adopté en 1620 et ratifié en 1622 par les Etats, portant que : « Dorénavant, ainsi que toujours a » été accoustumé, les seuls gentilshommes possédant fiefs auront entrée » aux Etats et Assemblées. » Les nobles non fieffés s'élevèrent avec violence contre cette décision et inondèrent la province de *Mémoires* dans lesquels ils s'efforçaient de démontrer, par des exemples tirés des procès-verbaux des plus anciens Etats, qu'ils avaient eu jadis droit de suffrage dans les assemblées nationales. Mais leurs adversaires n'eurent pas de peine à prouver que les exemples cités étaient sans valeur et démontrèrent victorieusement que leur demande était contraire aux vrais principes de la constitution provençale, en vertu de laquelle le droit de représentation était attaché à la terre, soit noble, soit roturière, et non à la personne.

Les nobles non fieffés de la sénéchaussée de Toulon avaient pris une part active à ces débats et signèrent, le 15 février 1789, une protestation qu'ils firent signifier « A MM. les possédans fiefs qui prétendent repré- » senter seuls l'ordre de la noblesse. » Les signataires étaient au nombre de vingt-deux, parmi lesquels : MM. de Burgues de Missiessy, de Gineste, d'Entrechaus, de Possel, de Ruyter, Simony de Broutières, de Beaussier, de Drée, de Venel, de Martinenq, etc. Mais ces contestations prirent bientôt fin par les lettres royales de convocation, qui décidaient que les nobles possédant fiefs seraient confondus dans les assemblées de leur ordre avec les nobles et ennoblis non fieffés, et même avec ceux qui ne possédaient aucune terre.

paroisses et communautés de campagne, et de délégués au troisième degré des assemblées communales des villes de Toulon, Hyères, Brignoles et Saint-Maximin. Les élections, dans les deux cas, étaient réglées d'une manière différente. Les assemblées primaires des communes rurales nommaient « à haute voix » leurs délégués dans la proportion de deux pour 200 feux ou familles et au-dessous, de trois pour 200 à 300 feux, de quatre pour 300 feux et au-dessus. Les assemblées communales de Toulon, Hyères, Brignoles et Saint-Maximin nommaient : Toulon, quarante délégués pris dans son sein, Hyères huit, Brignoles six et Saint-Maximin, qui était du ressort de la sénéchaussée de Brignoles, également six (1). C'était là le dernier acte des assemblées primaires des communes rurales et des assemblées communales des quatres villes du ressort où les corps de métiers étaient organisés en corporations. Après avoir dressé leurs Cahiers et constitué l'assemblée de leur sénéchaussée respective, elles disparaissaient pour toujours de la scène électorale.

Les assemblées de sénéchaussées étaient convoquées pour le 27 mars, à Toulon, à Hyères et à Brignoles. Les trois ordres devaient y siéger séparément. Après avoir procédé, chacun en ce qui le concernait « à la réduction et » réunion des divers cahiers en un seul » ils devaient désigner au scrutin secret leurs députés électeurs des représentants aux Etats Généraux. C'était là une nouvelle et dernière sélection du suffrage universel compris à la manière du temps, et aboutissant à la constitution des trois collèges électoraux du clergé, de la noblesse et du Tiers-Etat. La

---

(1) Etat des villes du comté de Provence qui doivent envoyer plus de quatre députés aux assemblées de sénéchaussée et le nombre que chacune y enverra. *Tableau annexé au règlement du 2 mars.*

nomination des députés électeurs se faisait au nombre et dans les proportions suivantes.

Un état joint au règlement du 2 mars fixait à vingt-sept le nombre de députations attribuées aux sénéchaussées réunies de Toulon, Hyères et Brignoles (1). La répartition entre ces trois arrondissements était inégale et basée sur le chiffre de leur population. La sénéchaussée de Toulon avait à nommer quinze députations, celle de Brignoles neuf et celle d'Hyères trois. Chaque députation se composait d'un membre du clergé, d'un membre de la noblesse et de deux membres du Tiers-Etat (2), ce qui donnait : pour Toulon, quinze députés électeurs du clergé, quinze de la noblesse et trente du Tiers-Etat; pour Brignoles, neuf du clergé, neuf de la noblesse et dix-huit du Tiers-Etat, et pour Hyères, trois du clergé, trois de la noblesse et six du Tiers-Etat, soit en tout cent huit députés électeurs, dont cinquante-quatre pour le Tiers et vingt-sept pour chacun des premiers ordres. C'est à ce nombre restreint d'électeurs que se résumait en définive le suffrage universel représenté par les assemblées primaires ou de corporations pour le Tiers et particulières pour le clergé et la noblesse. Il est vrai de dire que ces électeurs avaient leurs racines dans le suffrage universel lui-même, dont ils étaient une émanation épurée, n'étant arrivés à cette situation privilégiée qu'en traversant les dé-

---

(1) Le même nombre de vingt-sept députations était donné aux sénéchaussées réunies de Draguignan, Grasse et Castellane, ainsi qu'à celles de Forcalquier, Digne, Sisteron et Barcelonnette.

(2) « Dans chacune des assemblées de sénéchaussée, il sera nommé le » nombre de députations déterminé par l'état annexé au présent règle- » ment, chaque députation devant être composée d'un membre du clergé » d'un membre de la noblesse et de deux membres du Tiers-Etat. »
Règlement du 2 mars. Art. VI.

légations multiples où l'estime et la confiance de leurs pairs les avaient maintenus.

Les cent huit députés électeurs devaient se trouver réunis à Toulon, siège de la sénéchaussée supérieure, le 6 avril, à huit heures du matin, en assemblée générale des sénéchaussées. Les trois collèges électoraux ou trois chambres, comme les dénomme le sénéchal, agissant séparément et distinctement, avaient à nommer : la chambre du clergé deux représentants, celle de la noblesse également deux, et celle du Tiers-Etat quatre. L'élection ne pouvait se faire que par « forme de réduction », c'est-à-dire que le choix des représentants ne pouvait porter que sur les membres composant l'assemblée de l'ordre (1).

Le système électoral dont je viens d'exposer rapidement les principales lignes, système qui, avec ses anomalies et ses irrégularités, fut énergiquement blamé par Mirabeau comme ne représentant pas le vote universel et direct (2), nous montre que les élections de 1789 n'ont pas été faites par le suffrage au deuxième degré, comme on se plaît généralement à le dire, mais bien, le plus souvent, au troisième et au quatrième degré. Les représentants seuls de la noblesse furent élus par le suffrage au deuxième degré, car il n'y eut dans cet ordre qu'une délégation de l'assemblée de séné-

---

(1) « Tous les députés nommés dans les dites sénéchaussées se réuniront au jour qu'il sera indiqué par le sénéchal dans la ville de Toulon. Les députés des trois ordres procéderont par forme de réduction et par la voie du scrutin au choix de huit députés, savoir]: deux de l'ordre du clergé, deux de l'ordre de la noblesse et quatre de l'ordre du Tiers-Etat, pour représenter aux Etats-Généraux les trois ordres des sénéchausssées de chaque arrondissement et y porter les Cahiers qui y auront été rédigés et qui leur seront remis à cet effet. » *Règlement du 2 mars.* Art. VI

(2) Lettre à Cerutti. Dans les *Mémoires de Mirabeau.* T v. p. 223, 227.

chaussée à l'assemblée électorale ; ceux du clergé le furent au deuxième et au troisième degré, leur collège électoral étant composé partie d'ecclésiastiques rentés, députés directement par l'assemblée de leur sénéchaussée, partie d'ecclésiastiques non bénéficiers, qui ne siégeaient dans ces assemblées qu'en vertu d'une délégation première ; enfin ceux du Tiers-Etat le furent au troisième et quatrième degré, selon que leurs électeurs appartenaient aux populations rurales ou aux populations corporatives de Toulon, Hyères, Brignoles ou Saint-Maximin.

Chose bien remarquable et digne de toutes nos réflexions ! Depuis plus de quarante ans que le suffrage universel direct est entré dans notre constitution comme base fondamentale de la loi électorale, le choix des masses populaires semble n'avoir cessé de s'égarer, à quelques exceptions près, que sur des hommes d'une valeur très contestable et se consumant dans des agitations stériles. En 1789, du suffrage universel épuré par des délégations successives et aboutissant, en définitive, à un collège électoral composé d'une infime minorité d'électeurs, sortit une assemblée nationale qui a laissé un souvenir impérissable de la puissance de ses conceptions, de son génie politique, de l'immensité de ses travaux et de l'éclat d'une éloquence que la Grèce et Rome ne connurent qu'aux temps fameux de Démosthènes et de Cicéron. L'Histoire serait sans but si elle n'était pas un enseignement. On a donc le droit de se demander si nos législateurs modernes, en substituant le suffrage universel direct au suffrage universel à plusieurs degrés, n'ont pas méconnu les leçons du passé.

Il nous faut suivre maintenant l'application des règlements du 24 janvier et du 2 mars aux élections de Toulon et raconter les graves incidents qui en marquèrent le début.

Nos *Archives communales*, aussi bien que celles de la *Sénéchaussée*, aujourd'hui aux *Archives départementales du Var*, sont muettes sur les actes du clergé renté et de la noblesse au commencement de la période électorale. Relativement peu nombreux et disséminés sur tous les points du ressort, il ne semble pas qu'il y ait eu entre électeurs de ces deux catégories des réunions préparatoires, et tout dut se borner à des échanges d'idées entre quelques-uns seulement. Il n'en fut pas de même du bas clergé, c'est-à-dire des ecclésiastiques non bénéficiers, qui se réunirent le plus généralement au siège du doyenné paroissial de leur région pour débattre leurs intérêts, rédiger leurs doléances et s'entendre sur le choix de leurs délégués à l'assemblée de sénéchaussée. Il n'est pas probable que les décisions prises dans ces réunions aient été consignées dans des procès-verbaux, mais on doit admettre que les membres qui les composaient, constituant des groupes isolés les uns des autres, eurent entr'eux des communications épistolaires, aujourd'hui perdues, pour combiner leurs efforts vers un but commun. Nous sommes mieux instruits de ce qui se passa au sein du Tiers-Etat, grâce à l'action plus directe qu'exerça sur lui l'administration communale.

Le 1er janvier 1789, M. Malouet, ancien intendant de la marine à Toulon, esprit généreux et libéral, ami de Necker et partisan d'une monarchie tempérée, qui fut un orateur distingué d'affaires aux Etats-Généraux, écrivait aux consuls, en leur envoyant le rapport de Necker au roi :
» M. Malouet craignant que le résultat du conseil et le beau
» rapport de M. Neker *(sic)* sur la convocation des Etats-
» Généraux n'arrivent pas directement et promptement à
» l'hôtel de ville de Toulon, se fait un plaisir de les adresser
» à MM. les consuls, auxquels il a l'honneur d'adresser ses

» hommages et ses félicitations comme citoyen, sur l'espé-
» rance que nous avons tous d'un plus heureux avenir. » Le
rapport du ministre de Louis XVI, qu'on ne connaissait
encore à Toulon que par ce qu'en disaient les lettres particulières et les *Gazettes* venues de Paris, souleva un vif
sentiment de reconnaissance et de joie dans la ville. Mais
l'enthousiasme fut porté à son comble lorsque, le 24 janvier,
le roi promulgua le règlement qui enlevait aux Etats provinciaux le droit de nommer directement aux Etats-Généraux, pour l'attribuer aux habitants des sénéchaussées,
réunis librement dans leurs comices. Du fond de tous les
cœurs, comme du sein de toutes les corporations, s'élevèrent des cris de liberté associés au nom du roi, l'ami, le
bienfaiteur et le père du peuple, qui venait de prononcer
solennellement ces paroles : « Je désire que des extrémités
» de mon royaume et des habitations les moins connues,
» chacun soit assuré de faire parvenir jusqu'à moi ses
» vœux et ses réclamations. » Le 26 février, les corporations réunies des marchands Drapiers, Toiliers, Quincailliers, Parfumeurs et Fripiers, assemblées dans une salle
du couvent des FF. Prêcheurs, déclaraient: « qu'elles se
» conformeraient aux désirs de Sa Majesté qui, par un effet
» de sa justice et de sa bienfaisance, veut connaître le nom
» de chaque classe de citoyens pour faire le bonheur de
» tous. » Le 1er mars, les Huissiers des sièges de l'amirauté
et de la sénéchaussée, réunis en corporation dans le prétoire
du palais du roi (aujourd'hui le Vieux-Palais), disaient :
« L'époque de la convocation des Etats-Généraux, qui fait le
» vœu de tout bon Français et sera la gloire de Louis XVI,
» est sur le point d'arriver. Le roi bienfaiteur veut s'envi-
» ronner de toutes les classes des citoyens faisant partie de
» la nation, pour réunir toutes les lumières et connoître

» leurs vœux pour opérer le bien. Sa tendre sollicitude
» s'étend jusques aux moindres de ses sujets... » La corporation des Tailleurs d'habits, assemblée le 3 mars dans une salle « du vénérable chapitre de cette cathédrale », s'exprimait ainsi dans le procès-verbal de la séance : « Notre
» auguste monarque ayant fait connoitre ses dispositions
» paternelles, les tailleurs d'habits ont le bonheur de
» coopérer à la régénération française. La volonté de notre
» juste monarque étant aussi touchante qu'énergique, dé-
» sire que toutes les classes de citoyens concourent à lui
» faire part de leurs doléances, de même que tous les corps
» et communautés. (1) » Ainsi en était-il partout dans la ville et dans la campagne. Les corporations, à Toulon, les agrégations d'habitants, dans les communes rurales, exprimaient avec un abandon touchant leurs expérances, inséparables, à l'aurore de ces grands jours, de leur respectueux amour pour un roi bon, honnête et libéral qui, en élevant les plus humbles à la dignité de citoyens, leur ouvrait des horizons que la plupart d'entr'eux n'avaient peut-être jamais entrevus dans leurs rêves. C'est à ce moment qu'il faut saisir le véritable état de l'esprit public à Toulon, pour distinguer ce qui appartient au mouvement généreux de 1789, de ce qui fut, plus tard, la résultante des plus effroyables passions.

Le 13 mars, le sénéchal d'épée avait publié son ordonnance réglant les opérations électorales; le 14, les consuls, MM. Eynaud, Meifrund et Roubaud (1), écrivirent aux curés

(1) *Archives communales modernes*. Série B. *Révolution française. Etats-Généraux.*

(1) Eynaud, ancien commissaire de la marine, maire, premier consul, se démit de ses fonctions au mois de juillet. Meifrund, ancien vice-consul

de la ville et aux desservants des chapelles rurales, pour qu'ils fissent le lendemain, dimanche, à la messe, les publications prescrites par le règlement. Le même jour, ils adressèrent une circulaire à tous les syndics des corporations, les invitant à convoquer les électeurs corporés dans les lieux habituels de leurs réunions, en même temps qu'ils faisaient publier à son de trompettes et afficher dans la ville et dans les champs, l'avis que les électeurs non corporés eussent à se rendre le lundi, à deux heures de l'après-midi, à l'hôtel de ville. Telle fut la forme simple et rapide par laquelle tous les hommes du Tiers de Toulon et de son territoire, âgés de vingt-trois ans, domiciliés et compris au rôle des impositions, furent appelés dans leurs comices pour y nommer « le nombre de députés qui devoient les » représenter à l'assemblée municipale ». Cette assemblée était fixée au mercredi 18 mars, à une heure, à l'hôtel de ville, « à l'effet de procéder à la rédaction du Cahier des » doléances, plaintes et remontrances, et, après la rédaction » dudit Cahier, procéder pareillement à l'élection des dé- » putés qui seront chargés de porter ledit Cahier à l'assem- » blée de la sénéchaussée. »

Les réunions primaires se tinrent le 16 mars. Les procès-verbaux, qui existent au complet aux *Archives*, nous apprennent que les élections des députés à l'assemblée communale s'y firent à la pluralité des suffrages et sans contestations apparentes, ce qui semblerait indiquer qu'il y avait eu précédemment des conciliabules et une sorte d'entente préalable. Les corporations d'arts et métiers étaient

à Alger, deuxième consul, fut l'un des quatre députés du Tiers aux Etats-Généraux. Ant. Roubaud, sous-commissaire de la marine en retraite, troisième consul, mourut d'apoplexie à l'hôtel de ville, le 2 janvier 1790, étant premier consul.

au nombre de 73 (1), en y comprenant le corps des métiers de l'arsenal. Par suite de certaines affinités professionnelles et d'intérêts communs, elles s'étaient, avec le temps, constituées en trente-quatre groupes, dont quelques-uns comprenaient depuis deux jusqu'à quatre et cinq corporations. Le nombre des électeurs fut de 2.466 environ, lesquels élurent cinquante-trois députés à l'assemblée communale. Les corporations d'arts libéraux, au nombre de neuf, ne réunirent en tout que 76 électeurs, qui déléguèrent leur pouvoir à dix-huit députés. Enfin les habitants qui n'appartenaient à aucune corporation s'étant divisés en deux collèges électoraux : celui des paysans, fermiers, métayers, etc., et celui des bourgeois, négociants et industriels ou employés divers de la ville, le premier, qui ne compta que 66 membres présents, élut deux députés, et le deuxième, qui se composa de 317 électeurs, tous dénommés dans le procès-verbal, se fit représenter par huit députés. Au total, 2.925 électeurs du Tiers-Etat de Toulon assistaient aux assemblées primaires et concoururent à l'élection de

---

(1) En fait, ce nombre de 73 fut porté quelques jours après à 76, par l'adjonction des corporations des *capitaines de vaisseaux marchands*, des matelots de commerce et des pilotes. Les consuls les avaient primitivement compris parmi les corps devant nommer leurs députés, mais ils s'en étaient excusés, disant que, se considérant « comme subordonnés » à des chefs et sur le pied militaire » (sans doute parce qu'ils appartenaient à l'inscription maritime), ils avaient cru de leur devoir d'en rendre compte au commandant de la marine, « qui ne croit pas que » nous soyons dans le cas de comparoître à l'assemblée à laquelle vous » nous avés fait l'honneur de nous convoquer comme corporations. » Néanmoins et sans que nous sachions ce qui se passa ensuite, nous voyons ces trois corporations représentées, pour la première fois, à l'assemblée communale tenue le 28 mars.

quatre-vingt-un députés (1). Outre certains vœux qu'ils étaient chargés de faire prévaloir à l'assemblée communale, au nom de leurs corporations ou commettants, ces députés avaient reçu et accepté le mandat, uniforme pour tous, « de concourir à la rédaction du Cahier des remon-
» trances, plaintes et doléances, avec tous pouvoirs géné-
» raux et suffisans de proposer, remontrer, aviser et con-
» sentir tout ce qui peut concerner les besoins de l'Etat,
» la réforme des abus, l'établissement d'un ordre fixe et
» durable dans toutes les parties de l'administration, la
» prospérité du royaume, le bien de tous et chacun des
» sujets du Roy (2). »

Le mercredi, 18 mars, les députés du Tiers se réunirent à l'hôtel de ville, sous la présidence de M. Eynaud, maire. Celui-ci, dans une allocution, où, selon le goût de l'époque, il fut beaucoup question de la régénération de la nation, du bonheur public et des vertus du roi, leur indiqua la succession des travaux qu'ils avaient à accomplir « pour donner
» une nouvelle preuve de leurs sentiments d'amour pour le
» meilleur des rois, qui met tout son bonheur à faire celui
» de ses sujets. » Les députés lurent alors successivement, et déposèrent ensuite sur le bureau, les vœux et doléances des divers groupes ou corporations qu'ils représentaient. Ces documents ne sont pas parvenus jusqu'à nous ; mais nous n'avons pas trop à le regretter, car, pour le peu que

---

(1) Les abstentions du Tiers-Etat aux assemblées primaires furent générales en France. Droz réduit le chiffre des votants à Paris à 12.000 sur 60.000 inscrits ; mais Buchez, dans son *Histoire parlementaire de la Révolution*, le porte à 25.000, ce qui, dans ce cas, ne représenterait même pas la moitié des électeurs.

(2) Voir pour la tenue des réunions primaires à Toulon, *Pièces justificatives*. Preuve 1.

nous en sachions, ils ne se rapportaient qu'à des intérêts particuliers à chaque corporation prise isolément et souvent en hostilité avec l'intérêt général de la communauté, et d'une façon plus unanime, à une demande d'abolition du régime municipal en exercice depuis 1776, déclaré « vieux » et abusif. (1) » Lorsque cette lecture fut terminée, l'assemblée procéda, au scrutin de liste, à la nomination de huit commissaires chargés de rédiger le Cahier général des doléances. Elle décida ensuite que le travail de la commission serait soumis à la discussion et ratification des députés, réunis de nouveau le 23 mars en assemblée plénière. Les commissaires-rédacteurs élus furent :

MM. MARTELLY, avocat du roi.

GAUTHIER, ancien capitaine de vaisseau.

LANTIER DE VILLEBLANCHE, ancien commissaire de la marine, ancien maire-consul.

RIMBAUD, procureur du roi.

DEJEAN, prévôt de la marine.

CHAUVET, père, avocat.

PHILIBERT, notaire.

GIRARD, procureur de la sénéchaussée (2).

Le 23 mars, vers neuf heures du matin, l'assemblée communale se réunit de nouveau à l'hôtel de ville, sous la présidence de M. Eynaud « pour examiner le Cahier des » doléances, plaintes et remontrances que les sieurs com- » missaires ont rédigé sur les divers cahiers qui leur ont » été remis par les députés des diverses corporations et

(1) Nous verrons tout à l'heure que les commissaires chargés de la rédaction du Cahier général ne retinrent, à peu de chose près, de ces vœux que celui du corps des ouvriers de l'arsenal et la demande d'un changement dans le régime municipal.

(2) *Archives communales modernes.* Reg. des délibérations. F° 35.

» d'après leurs lumières. » Soixante-sept députés seulement étaient présents, plus MM. Marroin, avocat, et J^h Gueydon, M^{tre} en chirurgie, en qualité de conseillers adjoints et convoqués. En arrivant dans la salle consulaire, les députés furent fort surpris de la voir occupée déjà par les deux consuls et les douze conseillers municipaux, qui émirent la prétention de prendre part aux travaux, comme représentants directs et supérieurs de la population, et en vertu d'une décision prise en conseil (1). Les députés protestèrent énergiquement, et comme les conseillers refusaient de se retirer, ils en appelèrent au lieutenant-général du sénéchal. Celui-ci arriva accompagné du procureur du roi, du greffier et de deux huissiers, et somma les intrus de sortir de la salle pour laisser les députés seuls délibérer sous la présidence du maire ou sous la sienne propre, s'il refusait de siéger. Le tumulte s'apaisa ; les conseillers se retirèrent et M. Eynaud consentit à présider la séance. Mais ces contestations avaient pris presque toute la matinée et les députés s'ajournèrent à trois heures de l'après-midi. A l'heure dite, ils se réunirent de nouveau, et on commençait à peine la lecture du Cahier, lorsqu'un bruit confus se fit tout à coup dans la rue Bourbon et sur le place du Quai du Port, bientôt suivi de clameurs et de vociférations qui semblaient sortir du sein d'une foule considérable. Les députés, surpris et en proie à une vive anxiété, restaient interdits et silencieux, quand l'émeute força l'entrée de l'hôtel de ville et vint battre la porte de la salle des délibérations.

(1) Dans une séance du conseil de ville tenue le 21 mars, les conseillers avaient requis le maire de convoquer le conseil municipal pour assister à l'assemblée du Tiers-Etat ; ce qu'il avait eu la faiblesse d'accepter.

Il faut à toute sédition un motif apparent ou réel, que les habiles qui veulent soulever les passions de la foule, pour la satisfaction de leurs intérêts ou de leurs rancunes, sont chargés de trouver. L'hiver de 1788 à 1789 avait été d'une rigueur extrême. Les oliviers et les arbres fruitiers avaient presque universellement péri, et les semailles, cachées longtemps sous une couche épaisse de glace, étaient perdues pour les récoltes prochaines. Le blé avait atteint en Provence, comme partout ailleurs, un prix très élevé et les agitateurs, que la misère publique servait dans ces circonstances, n'eurent pas de peine à montrer aux populations la famine se levant devant elles avec toutes ses horreurs. Si à cela on ajoute que le peuple avait été rendu plus excitable par les événements politiques qui s'accomplissaient et les enseignements qu'on lui prodiguait sur le mépris du droit de propriété, la haine des supériorités sociales et les principes d'une égalité absolue, on comprendra facilement comment des insurrections purent se produire presque au même instant, non seulement à Toulon, mais encore sur un grand nombre de points de la Provence (1). Déjà, le 19

(1) Ce même jour, 23 mars, une émeute éclatait à Marseille et le peuple, après avoir pillé les approvisionnements de blé, fixait à un taux dérisoire le prix du pain. En même temps, des tumultes, des pillages et des meurtres se multipliaient un peu partout en Provence. Le 25 mars, la population d'Aix envahit l'hôtel de ville, en chassa les consuls et saccagea les greniers publics. Les habitants de Carqueiranne et de la Crau, de la sénéchaussée d'Hyères, armés de batons et de faux, se portèrent sur cette ville et détruisirent la maison du Piquet. Dans la sénéchaussée de Toulon, les hommes de la campagne envahirent le bourg du Beausset et y commirent les plus grands désordres en proférant des menaces de mort contre les bourgeois, pendant qu'à Solliès, les insurgés, maîtres de la commune, détruisaient les moulins et ravageaient le château et les terres du marquis de Forbin. Un peu plus haut, à Salernes, la foule prenait d'assaut la maison de l'intendant du marquis de Galiffet, et la mettait à sac en détournant une somme de plus de 7.000 livres.

mars, il y avait eu des rassemblements tumultueux dans les rues, où M. Lantier de Villeblanche, qui avait exercé les fonctions de maire-consul l'année précédente, avait été hautement accusé d'être l'auteur responsable de la cherté des vivres. L'émeute du 23 mars se faisait aux cris de mort poussés contre ce vertueux et intègre citoyen.

« Le peuple remplissoit la salle basse de l'hôtel de ville,
» l'escalier, la salle joignant celle où nous étions assemblés
» et la place extérieure de l'hôtel (1). » Du fond de cette foule sortaient les plus effroyables menaces de mort contre M. de Villeblanche et l'avocat Baudin. Ce dernier remplissait, depuis plusieurs années, les fonctions d'archiviste-adjoint de la commune, et le peuple l'associait à l'ancien maire dans ses griefs contre l'administration sortie d'exercice. Baudin était en ce moment dans son cabinet, à la mairie ; en entendant les cris des émeutiers il fut pris de panique et se réfugia dans la grande salle au milieu des députés du Tiers-État. « Le péril croissant et voulant sous-
» traire à la fureur du peuple les deux personnes qu'il
» désignoit, » on les poussa dans un étroit cabinet qui s'ouvrait sur la salle consulaire, et les consuls étant intervenus annoncèrent du haut du balcon qu'ils venaient d'ordonner une diminution sur les prix du pain, de la viande et de l'huile. Les esprits étaient trop surexcités pour que la

---

A Aups, elle massacrait M. Brouillony de Montferrat. Le lendemain, 26 mars, Draguignan, Brignoles, Saint-Maximin étaient le théâtre des plus déplorables excès, et, à Manosque, l'évêque de Sisteron, Mgr de Suffren Saint-Tropez, assailli sur la route, était laissé blessé grièvement dans son carrosse.

(1) *Archives communales modernes.* Série B : Procès-verbal des événements des 23 et 24 mars 1789, dressé par les consuls de Toulon, le 6 avril, à la requête du Parlement.

modération reprît ses droits. La porte fut forcée et un flot d'hommes criant et vociférant se précipita dans la salle.

Le désordre était à son comble. Le peuple demandait qu'on lui livrât Villeblanche et Baudin, que les consuls et les commissaires disaient être absents. En ce moment, quelques soldats du corps de garde de la place Saint-Jean accoururent, mais ils furent bientôt repoussés et quelques-uns même désarmés. Un des plus exaltés factieux, qui n'avait jamais vu M. de Villeblanche, s'étant emparé d'un sabre, se précipita sur M. Gauthier, ancien capitaine de vaisseau, qu'il prit, à la croix de chevalier de Saint-Louis qu'il portait, pour l'ancien consul, et il allait lui fendre le crâne, lorsqu'il fut arrêté par les commissaires qui l'entouraient, « qui lui persuadèrent que c'étoit contre toute raison » qu'il en vouloit audit sieur Gauthier. » Mais le peuple ne pouvait croire que Villeblanche et Baudin ne fussent pas dans l'hôtel de ville ; il brisa la porte du cabinet dans lequel ces deux infortunés se tenaient cachés et les traîna dans la grande salle, « exerçant sur leurs personnes toutes les » horreurs imaginables ». M. de Villeblanche parvint à s'échapper de leurs mains, à l'aide de quelques assistants qui le poussèrent dans le secrétariat et de là dans un couloir sans issue masqué par une tapisserie. Il ne tarda pas à être découvert, renversé, foulé aux pieds et accablé de coups. En même temps, M. Baudin subissait un traitement semblable dans la salle consulaire.

Le peuple ne s'était pas accoutumé encore aux lâches assassinats. Les fureurs des assaillants parurent se calmer, soit que leur vengeance fût satisfaite, soit que la vue des deux victimes, le visage tuméfié, couvertes de sang et les vêtements en lambeaux, portât le trouble dans leur âme. Quelques commissaires et citoyens généreux qui avaient pénétré dans l'hôtel de ville parvinrent à relever MM. de Villeblanche et Baudin et, les ayant fait monter au plus haut étage, les firent évader par les toits. Ils descendirent ensuite par une lucarne dans une maison voisine, où ils furent recueillis par une famille qui les cacha pendant plusieurs jours et leur prodigua les plus grands soins.

Les séditieux avaient fini leur œuvre à l'hôtel de ville. Ils se retirèrent et se divisèrent en deux bandes de nombre inégal, ce qui indique bien une direction occulte à laquelle ils obéissaient inconsciemment. La première, la plus faible, se porta sur le palais épiscopal, non, à ce qu'il semble, pour faire un mauvais parti à l'évêque, mais seulement pour lui montrer qu'il avait dans la ville des adversaires prêts à tout et qui, dit-on plus tard, « n'avoient pas oublié qu'il » avoit, quelques années auparavant, autorisé les consuls » à pénétrer dans le couvent des capucins, en faisant une » brêche au mur de clôture. » La foule, après avoir brisé les fenêtres à coups de pierres, força l'entrée du palais et se répandit dans la cour, les salles basses et la cuisine. Pas un seul des envahisseurs ne monta au premier étage, où se trouvait l'évêque avec son grand vicaire, quelques prêtres et chanoines. Ce fut une sorte de saturnale grotesque bien plus qu'une émeute, et la mimique provençale s'y donna une libre carrière. Un manifestant ayant enlevé au suisse son chapeau et son beaudrier s'en affubla et parada ensuite au milieu des éclats de rire et des applaudissements de ses compagnons ; d'autres encore, et en grand nombre, entrèrent dans la cuisine et les offices, s'emparèrent des ustensiles en fer ou en cuivre qui les garnissaient, et s'en étant coiffés ou les choquant les uns contre les autres, se livrèrent à des danses et des gambades, s'enivrant de bruit, de chants et de quolibets. Puis, lorsque cette indigne comédie fut finie, une vingtaine d'hommes, accompagnés d'une grande quantité de femmes et d'enfants accourus de toutes les rues voisines, s'attelèrent à la voiture de l'évêque et la traînèrent à travers la rue aux Arbres, notre cours Lafayette actuel, jusqu'au bord du quai, où ils la précipitèrent dans la mer.

Pendant ce temps, la deuxième bande, plus nombreuse et plus hostile, se dirigeait vers la place d'Armes et saccageait la maison de M. Baudin (1). Encore faut-il supposer que des instruments de démolition avaient été préparés d'avance et distribués sur place, car le procès-verbal d'enquête des consuls constate que « la porte ayant été brisée » à coups de hâche, les mutins s'introduisirent dans ladite » maison et portèrent leur fureur jusqu'à démolir les che- » minées, briser les cloisons, la rampe de l'escalier, les » fenêtres, les barreaux en fer qui défendoient celles du » rez-de-chaussée, ainsi que toutes les portes, même les » pieds droits de celle de la rue. » Il y eut là une heure de délire insensé. Les envahisseurs jetaient par les fenêtres dans la rue, au risque d'écraser leurs compagnons, les meubles, les tableaux et jusqu'aux glaces et aux pendules. Au moment où le désordre était à son comble, on vit une femme suivie de cinq enfants et en portant un sixième dans ses bras, sortir de la maison et traverser les rangs épais des assaillants : c'était Madame Baudin. L'infortunée eut à subir les étreintes de la plus noire misère, jusqu'au jour où son mari put, sans danger, quitter l'asile où il se tenait caché, et elle eut la douleur de perdre dans ces tristes cir-

---

(1) C'est celle qui porte aujourd'hui le n° 17, dans la ligne des maisons qui limitent la place d'Armes à l'est.

constances son plus jeune enfant, qu'elle allaitait encore (1).

Quand cette œuvre de destruction fut achevée, la foule se porta dans la rue Sainte-Claire, devant la maison que possédait et qu'habitait un avocat du nom de Mourchou, archivaire de la commune depuis plus de quarante ans. Mourchou était un vieillard qui touchait à sa soixante-dixième année et vivait très retiré avec son frère et sa sœur, presque aussi âgés que lui, ayant depuis quelques années abandonné ses fonctions à l'avocat Baudin, pour n'en conserver que le titre honorifique. Lorsque nous tâcherons d'examiner tout à l'heure les motifs qui avaient pu soulever tant de passions et de colères, nous ne trouverons aucune accusation formulée contre le paisible archivaire. En peu de temps la maison fut saccagée. « Le dit sieur Mourchou, » dit le procès-verbal, son frère et sa sœur, tous trois » presque septuagénaires, furent témoins du pillage de » tous leurs meubles, papiers, argent, effets et autres

(1) Trois jours après le saccagement de sa maison, le 26 mars, elle écrivait aux consuls pour les supplier de lui envoyer un lit pour ses enfants : « ... Dans la triste situation, disait-elle, où l'émeute et la fureur » du peuple a réduit mes enfans, je prends la liberté de m'adresser à » vous pour vous prier de m'accorder un bois de lit et quelques matelas » pour les coucher. Vous jugerés bien qu'étant seule, je n'ay pas assez » de meubles pour les arranger, je ne dis pas commodément, mais » du moins pour les mettre en état de reposer. Comme il fut porté » des effets qui m'ont été enlevés à l'hôtel de ville, j'espère, Messieurs, » de votre bonté, que vous ne me refuserés pas la grâce que je vous » demande pour mes enfans... » Il semble que les consuls se montrèrent très durs pour Mme Baudin et lui refusèrent ce qu'elle demandait si justement, car deux jours après Baudin leur écrivait de la maison où il était caché : « J'ay appris que ma femme avoit fait demander à l'hôtel » de ville quelques effets faisant partie de ceux qui m'ont été enlevés, » pour couvrir et coucher mes enfans, et qu'ils lui ont été refusés... » Et il les suppliait d'ordonner de les délivrer. *Archives communales modernes.* Série B : *Révolution. Etats Généraux.*

» objets quelconques, et, dénués de tout, ils prirent asyle
» à l'hôpital du Saint-Esprit, où ils se trouvent encore (1).

La nuit était venue. L'émeute se présenta de nouveau à l'hôtel de ville, où les consuls siégeaient en permanence. « Vers les huit heures du soir, nous, dits maire, consuls,
» voyant la populace continuer à remplir et entourer l'hôtel
» de ville, nous nous crûmes authorisés à quitter la salle
» d'assemblée pour nous réfugier en une chambre du dit
» hôtel de ville. Une troupe de plébées de la plus basse
» classe, se disant députés du peuple, montèrent à l'appar-
» tement où nous étions. Il nous dirent d'un ton tranchant
» que, si nous désirions prévenir les plus grands malheurs,
» il falloit satisfaire à l'instant le peuple ; que si on ne luy
» accordoit une diminution nécessaire sur le prix des objets
» de consommation, tout seroit fini. » Les consuls acceptè-
rent docilement ce qu'on exigeait d'eux. Le pain, qui coûtait la veille 3 sols 5 deniers, fut taxé à 2 sols 6 deniers ; le mouton qui valait 7 sols fut mis à 5 sols, et le bœuf descendit de 6 sols à 4 sols ; enfin le prix de l'huile fut porté de 11 sols le quarteron à 8 sols. Il semblait que tant de

(1) Les frères Mourchou, ruinés par le saccagement de leur maison la vendirent moins de deux mois après, le 16 mai, à un sous-ingénieur de la marine du nom de Brun de Sainte-Catherine, au prix de 9,800 livres. L'acte de vente est accompagné d'un rapport d'experts constatant l'état de dégradation de la maison, sise rue Sainte-Claire, n° 3. On y voit que « la porte d'entrée a été brisée à coups de hache...; qu'aux
» trois étages il n'existe plus de portes de communication, ayant toutes
» été brisées et enlevées...; que les fourneaux et potager de la cuisine
» ont été démolis, les plaques, la fonte, armoires, enlevés.... ; que dans
» les diverses chambres il n'existe plus de fenêtres ; que les buffets,
» revêtement de marbre des cheminées, moulures et ornements en
» plâtre ont été dégradés à coups de marteau...; que la rampe en fer
» qui servoit de garde-fou a été arrachée...; que les tuiles de la couver-
» ture de la maison ont été brisées en grande partie, etc. » *Actes de* M° GARNIER, *notaire, aux Archives de* M° L. GENCE.

faiblesses accumulées dans cette journée auraient dû calmer la foule. Il n'en fut pas ainsi. Avant de se retirer pour aller reprendre de nouvelles forces pour le lendemain, elle mit trois maisons au pillage. Quoique les consuls passent sous silence, dans leur rapport, ces excès accomplis pendant la nuit du 23 au 24 mars, nous en trouvons la constatation dans une lettre qu'ils écrivaient le 24 mars à M. de la Tour, intendant de Provence, dans laquelle ils lui disaient : « La ville est exposée depuis hier à une sédition » populaire des plus terribles. C'est du sein des alarmes » que nous vous instruisons de ce qui se passe. Les proprié- » tés ne sont plus respectées ; trois ou quatre maisons ont » été, dans le courant de la nuit, entièrement pillées et en » partie démolies... »

Le peuple, en obtenant une notable diminution de prix sur les denrées de première nécessité, avait travaillé pour lui : c'était comme le salaire de sa journée. Le lendemain il travailla de nouveau dans l'intérêt des passions invisibles qui le faisaient mouvoir. Il semble que si, le 23 mars, il ne s'était pas porté sur la maison de M. Lantier de Villeblanche, c'est qu'il la savait gardée par un certain nombre de soldats qui, dès le premier moment, étaient accourus du poste voisin du Piquet pour la défendre. Les meneurs, déçus dans leurs projets, avaient alors détourné le mouvement sur les maisons Baudin et Mourchou et remis au jour suivant l'exécution de leur plan primitif, qu'ils combinèrent très habilement. Le 24, dès sept heures du matin, un attroupement considérable se forma devant le local dit du Piquet, situé sur la place actuelle de l'Intendance (1).

(1) Le Piquet était un droit prélevé sur la farine que les communes affermaient au plus offrant et dernier enchérisseur. Nul ne pouvait faire

Bientôt la foule obéissant à un signal muet força le corps de garde, défendu par quatre soldats seulement, et envahit le bureau et les greniers, chassant devant elle les agents et les commis. En moins d'une demi-heure, les cloisons furent abattues, vingt balles de farine qui se trouvaient en dépôt dans les magasins enlevées, et la caisse, « où il y » avoit dix louis en argent », dévalisée. On se disposait à mettre le feu au local, lorsque les soldats accoururent en armes de la maison Villeblanche. C'était la diversion espérée par les meneurs. « Au moment où les soldats se pré-
» sentèrent, leur chef ayant, pour intimider le peuple, fait
» manœuvrer la troupe comme si elle alloit faire feu, »
l'émeute recula et reflua vers la rue Saint-Roch par toutes les voies qui y aboutissaient.

La maison qu'habitait M. de Villeblanche, contrairement à ce qu'on a toujours écrit, n'était pas, ou n'était plus sa propriété en 1789, mais bien celle d'un sieur Cruvélier, de La Seyne, comme cela résulte des poursuites de ce dernier en demande d'indemnité à la commune en responsabilité des dégradations faites à son immeuble le 24 mars. Elle était située à l'angle de la place d'Armes et de la rue Saint-Roch, et s'ouvrait comme aujourd'hui encore, en face de la grande porte de la Préfecture maritime (1). Aucune

entrer de la farine dans Toulon sans qu'elle passât par la ferme du Piquet, où elle était pesée et acquittait le droit d'entrée. Inique comme la Taille, qu'il était destiné à suppléer, le Piquet était vexatoire comme les Aides et la Gabelle : le fermier avait le droit de faire, même à main armée, à toute heure du jour et de la nuit, des perquisitions dans les maisons pour s'assurer des fraudes.

(1) L'hôtel de la marine, actuellement dit Préfecture maritime, ne fut commencé qu'en 1786. Il avait été question d'abord de l'édifier en façade sur la place d'Armes en acquérant et démolissant quelques maisons, mais le ministre n'ayant voulu allouer que 50.000 livres pour ces achats,

force militaire n'apparaissant, « les séditieux percèrent un
» mur, s'introduisirent par cette brèche dans la maison
» du dit sieur de Villeblanche et la dévastèrent entière-
» ment. » L'ivresse d'un succès qui n'avait pas été disputé
avait mis les assaillants en joie, et ce fut au milieu des
chansons que les appartements de l'ancien maire furent
pillés et saccagés. Mme de Villeblanche, plus heureuse que
la femme de l'avocat Baudin, échappa au spectacle et au
danger de l'envahissement de sa maison : elle avait quitté
Toulon la nuit précédente et s'était réfugiée à Ollioules.

Ce fut le dernier acte de l'émeute dite du 23 mars, qui
dura deux jours et inaugura les déplorables excès de la
Révolution à Toulon. Après la dévastation de la maison de
M. de Villeblanche, la foule se porta de nouveau à l'hôtel
de ville, où elle exigea des consuls une troisième diminution du prix du pain, qui descendit ainsi, en moins de
trente-six heures, de trois sols et demi la livre à deux sols.
Victoire facile mais qui devait être sans lendemain ! La
commune ne pouvait supporter impunément des charges
pareilles ; en même temps qu'elle était tenue de combler
l'écart qui existait entre le prix réel de vente et le prix
d'achat du pain, de la viande et de l'huile, on avait tari la
source journalière de ses revenus en abolissant le Piquet.
Dès le mois d'avril, les denrées de consommation avaient

---

on ne put s'entendre avec les propriétaires. On se décida alors à le
construire sur la place même, là où nous le voyons aujourd'hui. L'hôtel
coûta 100.000 livres. Il fut achevé dans les premiers mois de 1788.
M. Albert de Rioms, commandant de la marine, n'en avait pas encore
pris possession, lorsqu'on y logea une nombreuse ambassade envoyée à
la cour de France par le sultan de l'Inde Tippo-Saïb. M. de Rioms ne
l'occupa qu'après le départ des ambassadeurs pour Versailles, vers le
milieu du mois de juin 1788.

repris leur ancien taux et, au mois de mai, le droit de Piquet était rétabli (1).

On a le droit d'être surpris en voyant une ville, qui possédait une garnison nombreuse (2), livrée pendant deux jours à tous les excès d'une poignée de séditieux, sans qu'une force publique quelconque apparaisse pour empêcher ou réprimer les désordres de la rue. On a voulu faire retomber la responsabilité de cette inaction sur les consuls qui, a-t-on dit, en absence de M. de Coincy, commandant de la place, en ce moment en congé à Paris, avaient le commandement des troupes, en leur qualité de lieutenants du roi. Sans essayer d'exonérer les magistrats municipaux de la faiblesse qu'ils montrèrent pendant ces deux douloureuses journées, nous devons à la vérité de déclarer que c'est là une erreur. M. de Coincy était, en effet, présent à Toulon et seul chargé du commandement militaire, comme l'atteste une lettre de M. de Caraman, chef général des troupes de Provence, au ministre de la guerre, à la date du 25 mars, et dans laquelle il lui disait : « ... Il est bien étonnant que dans une place » de guerre où l'armée de terre et la marine réunissent plus » de quatre mille hommes, on ait tenté une pareille insur- » rection; mais il est à présumer que M. de Coincy, très

---

(1) Le Piquet fut, à cette époque, établi sur la place Saint-Roch. L'ancien local avait été dégradé à ce point qu'on fut forcé de l'abandonner, et ce fut sur son emplacement primitif et celui de deux maisons attenantes que la Ville acheta pour les faire raser, que fut créée quelques années après, la place de l'Intendance.

(2) Outre les troupes de la marine, sous les ordres de M. Albert de Rioms, la garnison de Toulon se composait de deux régiments : du Dauphiné, commandé par le marquis de Mac-Mahon, et du Barrois, commandé par le comte de Baschi.

» âgé et malade, aura été averti trop tard ..... » M. de Coincy ne pouvait être averti trop tard des événements qui se passaient sous ses yeux, et, s'il était malade, il avait sous ses ordres des chefs de corps qui pouvaient agir pour lui. L'explication vraie de l'attitude passive de l'armée dans ces circonstances nous a été révélée par le comte de Portalis dans ses *Mémoires*. Dans une conversation qu'il eut plus tard avec M. de Coincy, celui-ci lui montra, dit-il, une instruction ministérielle signée de Necker, qui lui enjoignait d'éviter *à tout prix* l'effusion du sang, et il lui déclara qu'en conséquence « il avoit fait battre la générale, mais qu'il » avoit paralysé l'action des troupes en leur donnant la » consigne humiliante du temps (1). » Mais il y a une chose plus humiliante encore et que ni les historiens, ni les consuls dans leur rapport, ni M. de Coincy n'ont dite : c'est que les soldats sortis des casernes pour faire des patrouilles inutiles, furent, sur certains points de la ville, attaqués et maltraités par le peuple, alors que des ordres supérieurs ne leur permettaient pas de se défendre. C'est, du moins, ce que nous pouvons inférer de ce fait, qu'une somme fut payée par la commune à un chapelier, pour avoir réparé et mis à neuf près de deux cents chapeaux de soldats déchirés ou jetés à la mer « par les séditieux ».

 Le calme s'était fait dans la ville. Les consuls organisèrent de nombreux postes de surveillance et firent faire des perquisitions dans certaines maisons. « La vigilance des » patrouilles, écrivaient-ils, les perquisitions, l'accord intime » du bourgeois et du soldat, la crainte des peines rame- » nèrent l'ordre. » Plus tard, le parlement ordonna de rechercher les coupables et en condamna plusieurs à

---

(1) *Académie des Sciences morales et politiques*, t. XLIX, p. 67.

différentes peines, parmi lesquels deux à être pendus ; mais les consuls demandèrent leur grâce au roi, qui l'accorda (1).

Il fallut, cependant, solder les dépenses consenties par l'administration et celles, non prévues, qu'entraînent toujours avec elles les séditions populaires. La somme payée de ces deux chefs par la ville s'éleva, pour les vingt-deux jours écoulés, du 23 mars au 15 avril, jour où la caisse municipale cessa de supporter la moins-value des denrées de consommation, au chiffre de 47,734 livres, 14 sols, 9 deniers. Sur ce total, on relève 7,172 livres, 16 sols pour frais de dégats, dont 92 livres, entr'autres, à un chapelier du nom de Poncy, « pour avoir réparé et repassé cent quatre-vingt-quatre » chapeaux de la troupe, qui furent jetés dans la mer lors » de l'émeute populaire ». Les indemnités payées aux boulangers pour complément de solde de pain à prix réduit furent de 30,188 livres ; celles payées aux bouchers de 6,443 livres, et celles aux marchands d'huile de 3,931 livres. Il s'éleva au moment du règlement des comptes, entre les membres de la commission municipale et les fournisseurs, un conflit fort bizarre, basé sur les quantités exagérées de pain et de viande livrées dans les vingt-deux jours. Les commissaires avaient établi leur calcul sur la consommation moyenne avant le 23 mars et trouvaient hors de proportion les livraisons faites par les bouchers qui, d'après eux, n'auraient dû percevoir qu'une somme de 2,641 livres au

(1) La maison Baudin demeura pendant vingt ans inhabitée et telle que l'avait laissée l'émeute. Elle ne fut réparée qu'en 1809. La municipalité de l'époque « ayant égard à l'état de disgrace du sieur Baudin » l'exonéra de certains droits de voirie en ne taxant l'immeuble que d'après la valeur du terrain. M. de Villeblanche mourut loin de Toulon, à Orange, où il s'était réfugié. Mourchou, son frère et sa sœur s'éteignirent obscurément à Toulon dans des conditions voisines de la misère.

lieu de celle demandée de 6,443 livres. Mais ceux-ci démontrèrent par les livres de la ferme de la boucherie que les livraisons avaient été bien telles qu'ils le disaient, et expliquèrent que ce surcroît de consommation provenait de ce que le bœuf et le mouton se vendant à un prix équivalent ou inférieur à celui des légumes secs et autres denrées dont la majeure partie de la population se nourrissait dans cette saison, elle avait trouvé tout profit et avantage à consommer de la viande. Le même conflit s'éleva avec les boulangers, qui prouvèrent victorieusement que pendant les derniers vingt jours écoulés, leur vente avait été presque doublée par la grande affluence des habitants des villages voisins, qui venaient régulièrement s'approvisionner à Toulon de pain à prix réduit (1).

Les émeutes des 23 et 24 mars avaient eu pour prétexte apparent la cherté des vivres, mais, en réalité, elles avaient été dirigées contre MM. de Villeblanche et Baudin. On doit se demander ce qu'avaient bien pu faire ces deux personnages pour attirer sur leur tête de si nombreuses et si violentes hostilités? M. Lantier de Villeblanche avait appartenu à l'administration de la marine ; on trouve qu'il était commissaire en 1755, contrôleur en 1771, et qu'il fut mis à la retraite en 1777. Ses concitoyens le nommèrent maire-consul en 1780 et, par une exception rare dans les temps réguliers, il avait vu son consulat prolongé d'un an pour lui permettre de terminer les affaires relatives à l'érection de l'église Saint-Louis. En 1788, il avait été élevé pour la troisième fois au premier consulat et n'était sorti de charge que le 1er janvier 1789, où il avait été remplacé par

(1) *Archives communales modernes.* Série B: *Evénements historiques. Révolution française.*

M. Eynaud. Pendant ses trois années consulaires, M. de Villeblanche s'était montré administrateur éminent, intègre et laborieux. Sa présence aux affaires avait été marquée par des actes de grande importance administrative. Il avait mené à bonne fin, avec beaucoup de prudence et d'habileté, la démolition de la première église de Saint-Louis et sa reconstruction sur l'emplacement du couvent des Capucins, non seulement en sauvegardant les avances faites par la Ville, mais encore en la faisant bénéficier d'un excédant de recettes produit par la vente des terrains en horslignes restés disponibles. Il avait travaillé à « l'utilité et » décoration de la ville » par l'érection des deux fontaines de la place de la Halle et de Saint-Michel (1), la réfection de l'abattoir communal, qui avait coûté 22,000 livres, prises sur les économies du budget, et celle du bâtiment de l'Intendance sanitaire, plus connu à cette époque sous le nom de Consigne, qu'il agrandit et fit orner de sculptures et d'une statue de saint Roch. En 1781, il s'était vivement préoccupé d'apporter des améliorations au service de la salubrité publique : il avait proposé d'imposer aux propriétaires une taxe de cinq sols par fenêtre de leur maison pour le produit en être appliqué au nettoiement des rues ;

---

(1) C'est sous son consulat de 1780 que M. de Villeblanche avait fait élever ces deux fontaines. Celle de la place de la Halle, aujourd'hui place Puget, fut construite en remplacement d'une fontaine exécutée ou réparée en 1649 par Gaspard Puget, neveu du grand artiste, et Nicolas Levray, qui se qualifiaient de maîtres tailleurs de pierre, quoiqu'ils fussent d'habiles sculpteurs en ornements décoratifs. Les travaux d'art de la nouvelle fontaine furent confiés au sieur Chastel, d'Aix, qui prit dans l'acte de prix-fait le titre de sculpteur de la province. Ce monument, un des plus gracieux de la ville, coûta 6,000 livres. La fontaine Saint-Michel, qui n'existe plus, était placée à l'extrémité nord du cours Lafayette actuel.

mais sa proposition avait été repoussée par le Conseil de ville. Il créa l'emploi de *chasse-mendiants*, très utile et qui rendit de grands services en débarrassant Toulon d'une multitude de mendiants étrangers à la commune. Etant encore premier consul, au moment où la convocation des Etats-Généraux préoccupait tous les esprits, il avait, le 2 décembre 1788, présidé une assemblée générale de la communauté, dans laquelle il avait émis et fait adopter les vœux : que le nombre des députés de la Provence aux Etats fût proportionné à la masse de ses impositions ; que le Tiers eût un nombre de députés égal à celui des deux ordres du clergé et de la noblesse réunis, etc.

Mais M. de Villeblanche, et c'était là son grand honneur d'homme et d'administrateur, était par nature comme par devoir l'ennemi irréconciliable des abus, à une époque où les abus existaient en haut comme en bas dans la société. Pendant ses trois années de consulat il avait revendiqué avec une grande rigueur de principes les droits communaux, et il s'était heurté souvent, dans cette poursuite de la justice et de l'égalité des citoyens devant la loi communale, à des corps monastiques puissants, à des personnages très haut placés dans la ville, à des corporations de métiers et jusqu'à des confréries de Pénitents (1). De là des hostilités

---

(1) J'ai déjà indiqué sommairement les démêlés de M. de Villeblanche avec les Capucins pour leur faire évacuer leur couvent, et rapporté les paroles du P. Gardien à l'évêque, « qu'il viendrait à bout pour se dé-
» fendre d'opposer la ville à la ville. » Il avait supprimé à M. de Coincy, commandant militaire, l'exemption du droit de Piquet, dont lui et ses prédécesseurs avaient toujours joui sans raison comme sans justice, et refusé ensuite de lui faire allouer une indemnité en dédommagement, qu'il avait fait demander par l'intendant de la province. D'autre part, il avait fait annuler par le Parlement un article des statuts de la

ardentes, qui, habilement exploitées par ses ennemis, avaient fini par pénétrer dans les couches les plus profondes de la population et l'avaient rendu odieux à la masse ignorante. Deux mois après les déplorables événements du 23 mars, le 9 juin, M. de Villeblanche écrivait d'Orange, où il s'était réfugié, aux consuls, en réponse au procès-verbal qu'ils lui avaient adressé d'une délibération d'un Conseil général dans laquelle il avait été décidé, à l'unanimité, qu'il serait supplié de rentrer à Toulon, une lettre pleine d'amertume, mais aussi juste dans le fond que remarquable par la dignité de la forme. « Je suis aussy sensible que recon-
» naissant, disait-il, de l'intérêt que vous voulés bien
» prendre, Messieurs, en ce qui me regarde, et à la jus-
» tice qu'en cette occasion vous daignés me rendre. Je la
» mérite, Messieurs, cette justice ! Je n'ay jamais fait que
» le bien de la communauté, et on n'a qu'à ouvrir les
» registres pour s'en convaincre. J'ay augmenté son re-
» venu annuel de mieux de quarante mille livres, sans
» l'établissement d'aucun impôt, mais bien par la suppres-
» sion de quelques abus dont aucun de mes prédécesseurs
» n'avoit oser entreprendre la destruction. Malgré ce zèle
» pour la communauté, qui m'a attiré dans le temps l'ani-
» madversion de bien de gens en place et même d'un corps
» entier, je n'ay jamais cessé de prendre à cœur ses inté-
» rêts. Quelle a été ma récompense ? J'ay été outragé par
» cette même ville ; on a attenté à mes jours, que je n'ay
» sauvés que par une sorte de miracle, et non contente de
» cet acte de cruauté, qu'on craindroit d'exercer sur le

corporation des maçons, par lequel les maîtres de ce métier prélevaient un droit de un pour cent sur les travaux communaux donnés à l'entreprise, etc.

» plus avoué malfaiteur, la populace est venue dévaster
» ma maison ! Comment me suis-je vengé d'elle? Je n'ay
» jamais voulu dénoncer personne et j'aurois cependant eu
» une bien longue liste à produire ; j'ay toujours soutenu
» que je n'avois reconnu âme qui vive, et j'ay forcé mon
» domestique de suivre mon exemple. Cette conduite de
» ma part a été pour moi, Messieurs, un véritable motif
» de consolation, et je me félicite d'avoir pu prendre sur
» moi d'opposer la plus grande modération aux plus grands
» outrages.... » M. de Villeblanche refusa toujours de rentrer à Toulon et mourut dans un exil volontaire.

Mourchou ne fut dans ces circonstances qu'une victime expiatoire : il paya du pillage de sa maison l'impopularité dont se trouva tout-à-coup frappée l'administration communale dont il avait été le modeste serviteur. Il n'existe aux *Archives*, non seulement aucun acte pouvant le compromettre, mais encore aucun acte signé de lui. Les causes qui émurent le peuple contre ce vieillard, probablement fort inoffensif, nous sont donc cachées et sa disgrâce reste pour nous un mystère, à moins d'admettre qu'on lui fît un crime d'avoir été, jadis, l'auxiliaire du maire Lantier de Villeblanche, en lui fournissant, en sa qualité d'archivaire, les documents dont il avait le dépôt pour l'accomplissement de la répression de certains abus. Exemple inouï de l'injustice de l'opinion publique, qui croyait abolir la fonction en frappant le fonctionnaire.

Il semble qu'on ne saurait en dire autant de Baudin, quoique rien ne vienne justifier absolument les accusations que la voix publique faisait peser sur lui. Ayant une certaine fortune, puisqu'il possédait une des grandes et belles maisons en façade sur la place d'Armes, on le disait avare, et, chose plus cruelle pour lui, prêt aux concussions pour

augmenter son bien. A tort ou à raison on lui reprochait d'avoir profité de sa situation d'archiviste de la commune, lors de la démolition de l'église Saint-Louis, pour détourner de vieux fers et des pierres de taille, qu'il avait fait servir à la construction de sa maison. A une enquête faite à ce sujet après les journées des 23 et 24 mars, dont les conclusions ne lui étaient pas favorables, il répondit par un *Mémoire* dans lequel il se disculpait habilement: « Je con-
» viens, disait-il en terminant, que j'ay des ennemis dans
» Toulon et que le nombre en est grand; je partage en
» cela le sort de mes prédécesseurs. J'en aurois moins
» certainement si j'avois rempli ma place avec moins de
» zèle, si j'avois défendu avec moins de fermeté et avec
» moins de succès les privilèges et les droits de la com-
» munauté contre les prétentions des corps qui ne cessoient
» de les attaquer, et qui ne me pardonneront jamais d'avoir
» contribué, par la rédaction des *Mémoires* qui leur étaient
» opposés, à la suppression des exemptions dont ils jouis-
» soient au préjudice des autres contribuables... »

En définitive, et de quelque côté qu'on cherche la culpabilité des victimes de ces événements, il faut toujours en revenir aux véritables griefs. Quelques hommes des plus notables de la ville, quelques communautés religieuses, celle des Capucins entr'autres, quelques corps de métiers dont Lantier de Villeblanche et Baudin, chacun dans ses attributions, avaient combattu les prétentions ou fait cesser les exemptions abusives, furent les agents mystérieux qui ameutèrent la foule contre ces deux personnages. Le peuple, vivement surexcité par les faits politiques qui s'accomplissaient, fut le bras qui frappa, mais la pensée qui la faisait mouvoir était plus haut.

L'assemblée communale, violemment dispersée le 23

mars, avait été ajournée, d'abord au 25 mars, et ensuite au 28 de ce mois. Elle se réunit ce même jour dans la chapelle des Augustins, aujourd'hui église Saint-Pierre, sous la présidence du lieutenant général de la sénéchaussée. La séance s'ouvrit sous l'impression d'une profonde émotion et d'une joie vive. Le président s'étant levé dit : « Messieurs, Je crois ne pouvoir vous annoncer rien de plus » agréable qu'un consentement de MM. les présidents du » clergé et de la noblesse à la contribution commune et à » payer toutes les charges du Roy et de la ville. Jamais ma » qualité de président du Tiers-Etat ne me fut plus chère » qu'en vous transmettant ce monument de l'union de tous » les ordres et de tous les citoyens. » Et il donna lecture de la lettre suivante :

« Monsieur l'évêque de Toulon et le sénéchal d'épée, en » leur qualité de présidents du clergé et de la noblesse, » déclarent à l'assemblée du Tiers-Etat que le premier » objet qu'ils proposeront à leurs ordres sera la contribu- » tion commune à toutes les charges de l'Etat et de la ville, » et qu'ils s'y soumettent personnellement et d'avance. »

» Toulon, le 28 mars 1789.

» Elléon, évêque de Toulon ;
» De Missiessy, sénéchal d'épée. »

Cette déclaration fut accueillie par des applaudissements unanimes : elle était, comme l'avait dit excellemment le lieutenant du sénéchal, « un monument de l'union des trois ordres. » Mais cette union, si désirable et si nécessaire, était fragile, et le Tiers ne devait pas tarder à la briser de ses propres mains, en violant à son tour les principes éternels de justice et de droit au nom desquels il luttait en ce moment.

Quand le silence se fut rétabli et l'émotion provoquée par cette communication apaisée, les commissaires-rédacteurs du Cahier des doléances soumirent leur travail à l'assemblée. M. Gauthier, en sa qualité de doyen d'âge, déclara « qu'ils avoient réuni dans leur résumé de doléan-
» ces toutes les demandes essentielles contenues dans les
» Cahiers particuliers et susceptibles d'être portées à l'as-
» semblée des Etats Généraux. » C'était là une réponse anticipée aux députés des corporations, dont la plupart des vœux avaient été écartés comme trop étroitement liés à un intérêt exclusivement professionnel. En réalité, la commission n'avait retenu dans leurs termes exacts que ceux émis par le corps des métiers de l'arsenal, ayant, à peu d'exceptions près, condensé ceux des autres corporations dans des formules générales sur la liberté commerciale et industrielle, la suppression de certains droits sur les matières premières, l'abolition de quelques impôts fiscaux sur la navigation, etc. La discussion des différents articles ne paraît pas avoir soulevé d'objections sérieuses, ni entraîné des modifications apparentes dans les textes proposés, si nous en croyons le procès-verbal de la séance, qui nous apprend « qu'ils furent acceptés à la satisfaction générale. » Le Cahier ayant été signé par tous les membres présents, moins quatre qui, ne sachant pas écrire, firent une croix, l'assemblée, avant de se dissoudre, procéda à l'élection de quarante délégués pris dans son sein, qui devaient la représenter à l'assemblée de la sénéchaussée indiquée pour le 31 mars (1)

---

(1) On trouvera les noms de ces quarante députés dans le procès-verbal de l'assemblée de la sénéchaussée, aux pièces justificatives, n° 2.

Le Cahier des plaintes et doléances de la commune de Toulon mérite d'être rapporté, au moins dans ses principaux articles. La plupart des vœux émis révèlent chez ceux qui les avaient fait prévaloir, comme chez ceux qui les avaient votés, une véritable maturité d'esprit politique, en même temps qu'une grande sagesse. Ils touchaient à tout dans l'Etat, sans violence et dans une juste mesure des besoins du temps. A peine si dans l'énumération que nous allons en donner aurons-nous quelques réserves à faire, car les hommes n'échappent jamais complètement aux entraînements de leurs intérêts particuliers ou de caste. Le Cahier portait en tête : « La ville de Toulon, utile à » l'Etat sous les rapports de la politique, présente au Roi » et à la Nation assemblée les vœux réunis de ses habi- » tants. » Il était divisé en sept chapitres, sous les titres de : Constitution. — Législation. — Clergé. — Administration. — Commerce. — Guerre. — Marine. Un huitième chapitre annexé comprenait quelques articles communs à la guerre et à la marine. Les articles essentiels de cette grande enquête sont :

Chapitre I. — Constitution.

La demande de la constitution du royaume fixée avant toute autre proposition.

La tenue régulière, tous les trois ans, des Etats-Généraux, sans convocation préalable et sans obstacle à leur réunion ; toutes les lois, consenties et demandées par eux et votées par tête et non par ordre (1).

(1) « Aucune loi ne pourra être exécutée si elle n'a été consentie ou » demandée par les Etats-Généraux, qui s'assembleront régulièrement » tous les trois ans... sans qu'il soit besoin d'autre convocation, ni qu'il » puisse y être apporté aucun obstacle, et que dans tout il soit voté par » tête et non par ordre ». Art. 2.

Le vote motivé de l'impôt et son égalité de répartition entre tous les citoyens sans distinction réelle ou personnelle (1).

L'impôt territorial payé en nature.

Le droit de propriété inviolable, si ce n'était pour cause d'utilité publique et contre dédommagement « au plus haut prix et sans délai. »

La liberté individuelle des citoyens garantie.

La destruction des prisons d'Etat.

Les lettres de cachet tolérées seulement contre ceux dont les familles les solliciteraient en présentant un jugement domestique visé par le juge local.

La liberté légitime de la presse.

Chapitre II. — LÉGISLATION.

La loi immuable et ne pouvant être modifiée, interprétée, étendue ou restreinte par les cours supérieures ni aucune autorité représentative de l'autorité souveraine, et abolition de toute promulgation, de leur chef, d'arrêts, règlements ou autres dispositions impératives, « toute loi dérivant » essentiellement de la Nation et du Roi. »

Réformation du Code criminel et du Code civil. La peine de mort uniforme, sans gradation de douleur, si ce n'est pour le crime de lèze-majesté au premier chef, et réduite aux seuls cas de meurtre suivi de mort, de parricide et d'assassinat.

---

(1) « Nul impôt ou subside ne pourra être accordé par les Etats-Généraux » qu'après la connaissance détaillée qu'ils prendront de la situation des » finances et des besoins de l'Etat rigoureusement démontrés, et après » réductions dont la dépense sera susceptible. L'égalité dans la réparti- » tion des impôts entre les citoyens de tous les ordres, sans distinction » réelle ou partielle. » Art. 3 et 4.

Abolition entre la noblesse et le Tiers-Etat de toutes les distinctions dans les châtiments, « la raison n'admettant » point que l'ordre le plus étroitement soumis aux lois de » l'honneur reçoive des ménagements dans la peine de leur » violation et que le supplice déshonore plus que le crime. »

Quoique, en fait, la loi soit impuissante contre les préjugés, présentation par les représentants de Toulon aux Etats-Généraux d'une proposition proscrivant, comme barbare, l'opinion qui couvre d'infamie la postérité des coupables.

Abolition de la question préalable et du serment de l'accusé, « comme atroces ».

Le cabinet du juge d'instruction ouvert au défenseur de l'accusé et le juge chargé de prévenir les accusés qu'ils ont le droit de choisir un défenseur et, à défaut, tenu de lui en donner un d'office.

Indemnité accordée à l'accusé reconnu innocent, sans préjudice de tous ses droits contre le dénonciateur et le ministère public.

L'élargissement provisoire de l'inculpé, sous caution, si les charges n'indiquent point une peine afflictive.

Tous jugements motivés. L'opinion des juges qui auront été d'un avis contraire à la condamnation constatée à la suite des sentences ou arrêts.

Le droit de pardon confirmé au souverain et nul arrêt de mort civile ou naturelle ne pouvant être exécuté qu'après la confirmation du roi.

Abolition de la vénalité des charges sans lésion pour les titulaires.

La justice, « comme dette royale » rendue gratuitement et les juges rétribués par l'Etat.

Les juges choisis individuellement par le roi sur une liste

de trois noms, présentée par les Etats pour les cours souveraines, et les villes pour les tribunaux locaux (1).

Les tribunaux supérieurs mi-parti de noblesse et de Tiers-Etat.

Jugement et punition de tous les représentants du souverain, sans exception, qui auront abusé de leur pouvoir, et de tous juges supérieurs ou subalternes pour déni de justice, sollicitations accueillies et autres abus.

Chapitre III. — CLERGÉ.

Augmentation de la portion congrue des curés et vicaires, « qui sont les ministres les plus laborieux. »

Canonicats, dignités des églises, métropoles et cathédrales, donnés aux curés ou vicaires pour leur servir de retraite et, en conséquence, abolition de toutes résignations, permutations et collations de bénéfices.

Suppression des Chapitres des églises collégiales, et les prêtres qui les composent employés à la desserte des paroisses.

Evêchés, abbayes et autres places éminentes du clergé accordés au mérite reconnu des ecclésiastiques, pris sans distinction de naissance.

Incompatibilité de plusieurs bénéfices sur une même tête.

Obligation des évêques et grands bénéficiaires de résider dans les lieux de leurs bénéfices.

---

(1) « A chaque mutation, les Etats ou commissions intermédiaires, » pour les cours supérieures, et les villes, pour les juges locaux, pré- » senteront trois sujets d'une capacité bien reconnue, parmi lesquels le » souverain fera son choix, après la justification de dix-huit années de » profession au barreau pour les juridictions subalternes, et, en outre » de la profession, de quatre années d'exercice dans un tribunal infé- » rieur, pour pouvoir être admis dans les cours souveraines. » Art. 22.

Suppression des dîmes et, à défaut, leur abonnement permis aux communes.

Chapitre IV. — ADMINISTRATION.

La dette de l'Etat déclarée nationale et par là consolidée.

Publication par la voie de l'impression de l'état actuel des finances.

Incompatibilité de plusieurs places sur une même tête.

Suppression des intendants de province.

Suppression de la loterie royale et militaire.

Les corporations des citoyens réunis pour l'exercice des mêmes fonctions érigées en jurandes, avec le droit de police intérieure de leur corps et pouvoir de rédiger les règlements nécessaires à leur organisation, sauf approbation du conseil des chefs de famille de la corporation et l'autorisation du roi.

Suppression de l'impôt « désastreux » de la gabelle.

Défense aux provinces, aux communes et à tous les corps en général, d'emprunter sans pourvoir en même temps au remboursement, dans un délai fixé, par une imposition.

Le secret inviolable des lettres confiées à la poste.

Suppression du droit de chasse et faculté du rachat des droits féodaux.

Un règlement contre la mendicité ; une loi de secours pour les pauvres valides ; une loi de soulagement pour les pauvres infirmes.

Un nouveau régime « qui règle avec sagesse le destin de » trente mille habitants, gouvernés jusqu'ici par le règle- » ment vieux et abusif de la municipalité de Toulon. »

Suppression du Piquet, ainsi que des autres impositions sur les comestibles.

Chapitre V. — COMMERCE.

Etablissement d'une juridiction consulaire dans toutes les villes où il y a bailliage, sénéchaussée ou présidial.

Suppression ou révocation des privilèges du commerce exclusif accordés à diverses compagnies.

Suppression du droit de frêt sur l'importation des grains et sur l'exportation des vins, ainsi que des autres droits établis sur les grains.

Suppression du droit de Foraine perçu sur les marchandises expédiées de Provence et devant sortir le détroit de Gibraltar.

Suppression de l'impôt sur les tanneries et liberté entière pour cette industrie, « afin que nos cuirs puissent soutenir » la concurrence avec les cuirs étrangers. »

Exemption de tous droits sur les articles nécessaires à la construction et équipement des navires de commerce.

Suppression des péages établis sur les routes et rivières.

Un seul poids et une seule mesure dans tout le royaume.

Chapitre VI. — MARINE.

« La suppression des entreprises et prix-faits dans l'arse-
» nal, et que dans la fixation des fonds, celui du salaire
» des ouvriers ne donne plus lieu à cette classe précieuse
» de sujets à s'expatrier et à porter leurs utiles services à
» la première puissance qui veuille leur donner du pain.
» Cette émigration devient chaque jour plus frappante et
» les suites politiques plus à craindre. »

Les autres articles de ce chapitre se rapportent à la nécessité pressante d'attirer dans la ville de Toulon le plus grand nombre possible de fabriques de savon et de tanneries, dont les lessives et les égouts préserveraient les vaisseaux et les bois, « autrefois si bien conservés et au-

» jourd'hui dévorés des vers, par la diminution de ces » fabriques, protégées à Marseille par des privilèges et » abandonnées à Toulon par la raison contraire ; » à l'administration du service des quarantaines, de la santé publique et de l'établissement hors des murs de la ville d'un carénage pour les navires du commerce, « afin d'écarter » des accidents du feu les vaisseaux de la marine royale » enfermés dans la darse du commerce. »

Chapitre VII. — Guerre.

Abolition des coups de plat de sabre, « discipline exoti- » que opposée au caractère de la nation française, » comme punition dans l'armée.

Réduction du nombre et des appointements des officiers généraux.

Suppression des appointements accordés aux gouverneurs particuliers des forts et citadelles du royaume, en conservant ce titre aux officiers que le roi jugera dignes.

Articles communs a la marine et a la guerre

Suppression en temps de paix des poudrières dans l'intérieur des villes.

Les fonds assignés aux deux départements annuellement déterminés pour chaque objet particulier de dépenses, et que les comptes en soient rendus dans la même forme.

Amnistie en faveur des déserteurs soldats et matelots, et délivrance des contrebandiers détenus à la chaîne.

Ces vœux et doléances du Tiers-Etat de Toulon n'avaient pas tous la même valeur politique, sociale ou administrative. A côté de demandes aussi clairement formulées qu'on pouvait l'exiger de l'esprit du temps : d'un gouvernement représentatif, du vote motivé de l'impôt et de son égalité de répartition, de la réforme de la justice, de la consolidation de la dette de l'Etat, de l'abolition des privilèges qui frappaient de stérilité le commerce maritime libre, du respect de la propriété et de la liberté individuelle, d'une plus juste répartition des dignités de l'Eglise, de l'obligation pour les conseils des communes de n'emprunter qu'après avoir pourvu au remboursement, etc., on en trouve un certain nombre qui indiquent ostensiblement des préoccupations d'intérêts particuliers ou locaux, souvent en opposition avec les intérêts généraux de l'Etat. Nous ne pouvons les énumérer toutes ici et nous ne signalerons rapidement que celles qui nous frappent le plus.

La rédaction du vœu concernant les ouvriers de l'arsenal en révèle l'origine et la source. Les expressions de « classe » précieuse » pour désigner l'ensemble de cette partie de la population, celles « d'utiles services » pour caractériser leurs travaux manuels, indiquent suffisamment qu'il avait été formulé et imposé par les corps de métiers de notre grand chantier maritime. Il y avait une exagération criante à dire que les travailleurs du port étaient obligés, pour vivre, « d'aller demander leur pain aux puissances étran- » gères ». La vérité était que les ouvriers réclamaient une augmentation de solde, ce qui pouvait se justifier, et le remplacement des travaux à prix-faits par une solde journalière, ce qui était discutable, au point de vue de la production du travail, avec l'organisation de nos arsenaux à cette époque. D'autre part, la demande du paiement de l'impôt territorial en nature, créait une sorte de dîme au profit de l'Etat et aurait suscité au gouvernement, ainsi transformé en marchand d'huile, de vin ou de blé, des embarras immenses. Celles qui se rapportaient à la suppression des droits de frêt sur l'importation des blés et l'exportation du vin, du droit de Foraine ou de douane, des droits d'octroi sur les bois, fers, chanvres, goudron et autres matières nécessaires aux constructions navales du commerce, de l'impôt de la Gabelle, de l'abolition des droits de péage sur les routes et sur les rivières, du recul des douanes, qui aurait fait de Toulon une sorte de port franc, etc., constituaient un système économique qui, en 1789, n'était propre qu'à opérer le vide dans les caisses de l'Etat, alors que tous les efforts devaient converger à combler le déficit. Mais ces ombres, qui tenaient aux mouvements encore mal réfléchis des idées du temps, disparaissent dans la lumière des revendications inspirées le plus souvent par un pur esprit de justice et de vérité.

L'assemblée de la sénéchaussée de Toulon, composée des députés, à des degrés divers, des trois ordres, avait été primitivement convoquée pour le 27 mars ; mais une ordonnance du sénéchal, en date du 26, l'avait prorogée au 31 mars. Elle se réunit ce même jour, à huit heures du matin, dans l'église du couvent des FF. Prêcheurs, sous la présidence du sénéchal d'épée. Le clergé y était représenté par 59 membres, la noblesse par 22, le Tiers-Etat de Toulon par 36 et celui des communes du ressort par 75, en tout 192 membres, au lieu de 198, quatre députés du Tiers de Toulon et deux des communes rurales étant absents (1).

Après avoir prêté le serment, sur la réquisition du président, de procéder fidèlement à la rédaction du Cahier général de la sénéchaussée et à la nomination des députés-électeurs, et avant que les trois ordres ne se séparassent pour tenir chacun leur assemblée particulière, il se produisit un incident qui souleva le plus vif enthousiasme. L'évêque de

---

(1) Voir aux *Pièces justificatives*. Preuve 2. *Procès-verbal de l'assemblée de sénéchaussée.*

Toulon proposa aux membres du clergé d'adhérer à la contribution commune de toutes les charges de l'Etat, de la province et de la ville. Cette proposition fut acclamée et votée à l'unanimité au milieu des applaudissements du Tiers-Etat. L'émotion n'était pas calmée encore, lorsque le sénéchal prenant la parole demanda à la noblesse la même adhésion spontanée. M. de Lapoype-Vertrieux, chef d'escadre, doyen de l'ordre, répondit que l'ordre entier acceptait la contribution commune et s'engageait à participer à toutes les charges financières que le Tiers avait seul supportées jusque là. De nouveaux applaudissements éclatèrent sur tous les bancs, accompagnés des cris de *Vive le roi !* et on put croire un moment que ces hommes, divisés la veille en classes distinctes séparées par des intérêts si opposés, étaient à tout jamais unis et confondus en une seule famille de citoyens d'une même patrie. Il appartenait au président du Tiers-Etat de se montrer l'interprète des sentiments de ses collègues ; il le fit en termes émus et annonça aux deux ordres que le peuple serait instruit le même jour des déclarations faites et des engagements pris, par voie de publications et d'affiches dans la ville et dans toutes les communes du ressort. Ensuite les trois ordres se séparèrent pour vaquer à leurs travaux particuliers. Le clergé tint sa séance dans une des salles du palais épiscopal, la noblesse dans une salle du couvent des FF. Prêcheurs, et le Tiers-Etat dans l'église même du couvent où venaient de siéger les trois ordres.

Les procès-verbaux de la tenue des assemblées particulières des trois ordres de la sénéchaussée de Toulon sont perdus. C'est là une lacune regrettable dans le récit des événements historiques et qu'il nous faut renoncer à combler, toutes les recherches faites dans les *Archives* de la commune, dans celles de la sénéchaussée (1), aussi bien que dans les grands dépôts nationaux, ayant été vaines jusqu'à ce jour. En présence de cette impossibilité de produire un titre quelconque, on peut se demander si le clergé et la noblesse rédigèrent les Cahiers de leurs vœux et doléances? Nous ne le pensons pas, si on donne à cette expression le sens exact qu'elle comporte. Nous croyons que, par suite d'un accord préalable avec les ordres du clergé et de la noblesse de la sénéchaussée de Draguignan, ils se sont bornés, comme eux, à consigner par écrit l'engagement déjà pris de participer aux contributions royales, provinciales et communales. Dans la sénéchaussée de Draguignan, en effet, limitrophe de celle de Toulon et ayant avec elle tant de points de contact, de relations et d'intérêts, la noblesse et le clergé ne rédigèrent pas de Cahiers proprement dits de leurs vœux et doléances, mais se contentèrent, chacun en ce qui le concernait, de signer une déclaration par laquelle ils s'engageaient à renoncer « à » tous privilèges et exemptions pécuniaires, de quelque » part, titre et possession qu'ils dérivent (2). » Il en fut incontestablement ainsi à Toulon ; néanmoins, et quelle

---

(1) Les *Archives* de la sénéchaussée de Toulon, abandonnées pendant quatre-vingts ans dans les combles du Palais de Justice, ont été transportées, en 1877, aux *Archives départementales du Var*. Elles furent trouvées à cette époque dans un grand état de dégradation: une notable partie des dossiers était réduite en poussière par les ravages des vers et des souris.

(2) Ce qu'on appelle le Cahier des doléances du clergé de Draguignan se réduit à cette simple et concise formule : « L'ordre du clergé de la » sénéchaussée de Draguignan déclare renoncer à tous privilèges et » exemptions pécuniaires, de quelque part, titre et possession qu'ils dé- » rivent, et consentir à ce que les biens ecclésiastiques, fruits et reve- » nus quelconques soient et demeurent soumis à jamais et à perpétuité » aux impositions royales, provinciales, municipales, locales, générales

que soit notre conviction à cet égard, il est profondément regrettable que les déclarations des deux premiers ordres de notre sénéchaussée soient perdues à tout jamais.

Mais si, grâce à cette interprétation, nous pouvons nous rendre compte de ce qui se passa au sein des assemblées du clergé et de la noblesse, il n'en est pas de même pour ce qui regarde les actes du Tiers-Etat, qui nous sont absolument inconnus faute de documents directs, et que nous ne pouvons rapprocher de ce qui se fit dans les sénéchaussées voisines, sous peine de faire courir de grands dangers à la vérité historique. Que décida, en effet, le Tiers-Etat réuni dans l'église du couvent des FF. Prêcheurs après la levée de l'assemblée générale ? On sait que, conformément au règlement du 24 janvier, l'ordonnance du sénéchal prescrivait que les députés de la ville, des bourgs et communautés de campagne, munis des Cahiers des populations qu'ils représentaient, devaient « procéder à la réduction » et réunion des divers Cahiers en un seul, » contenant les

» et particulières, quelles qu'elles soient, sans déduction ni prélèvement
» d'aucune charge quelconque et sous quelque prétexte que ce puisse
» être, tendant à diminuer la contribution ; et ce, à l'instar et à l'égal
» dans la même forme et quotité que les biens du Tiers-Etat. »

Le Cahier des doléances de la noblesse est conçu dans des termes identiques : « Nous, nobles soussignés, représentant l'ordre de la no-
» blesse de la sénéchaussée de cette ville de Draguignan, convoquée et
» assignée, les présents délibérant pour les absents en tant que nous
» pouvons, déclarons renoncer à tous privilèges et exemptions de quel-
» que part, titre et possession qu'ils dérivent, et consentir à ce que les
» biens nobles ou autrement privilégiés, pensions et revenus féodaux,
» sous quelque dénomination qu'ils puissent être, soient et demeurent
» soumis à jamais et à perpétuité aux impositions royales, provinciales,
» municipales, locales, générales et particulières quelles qu'elles
» soient, et ce, à l'instar et à l'égal, dans la même forme et quotité que
» les biens du Tiers-Etat. »

vœux et doléances de la sénéchaussée entière. Or, ce Cahier fut-il dressé ? Nous l'ignorons. Il est certain que le Tiers, comme, du reste, les deux autres ordres, s'était engagé, dans la matinée même du 31 mars, à accomplir ce travail, et cependant on ne possède et il semble qu'on n'ait jamais possédé que le Cahier que nous avons analysé déjà, rédigé par la commission de Toulon, adopté et signé dans la séance du 28 mars. S'il fut apporté des modifications à ce texte primitif par suppression de certains articles ou introduction d'articles nouveaux donnant satisfaction aux intérêts locaux des communes rurales, ou s'il fut accepté dans sa teneur comme exprimant les vœux de la sénéchaussée entière, c'est ce que nous ne saurions dire. Nous avons recherché vainement un texte s'éloignant plus ou moins de celui que nous possédions déjà, non seulement dans nos *Archives* locales, mais aussi aux *Archives Nationales*, à la *Bibliothèque Nationale* et aux *Archives du corps législatif*, et nous n'avons jamais trouvé que le Cahier des vœux et doléances de la ville de Toulon. De ces investigations inutiles dans leur résultat, nous avons été conduit à supposer que les députés des communes rurales de la sénéchaussée de Toulon, réunis dans un sentiment commun avec ceux de la ville, auraient accepté sans modifications le Cahier rédigé par ces derniers, lequel aurait été remis aux représentants de Toulon aux Etats-Généraux, comme résumant pleinement l'ensemble des vœux de leurs commettants.

Avant de se séparer et se dissoudre, les trois assemblées du clergé, de la noblesse et du Tiers-Etat de la circonscription de Toulon procédèrent à la nomination de leurs députés-électeurs. Ceux-ci, au nombre de quinze pour le clergé, de quinze pour la noblesse et de trente pour le Tiers-Etat, devaient constituer, par l'adjonction des députés des sénéchaussées de Brignoles et d'Hyères, l'assemblée générale des trois sénéchaussées, chargée d'élire les huit représentants aux Etats-Généraux. Toujours par suite de la perte des procès-verbaux des réunions du 31 mars, nous n'avons pas les noms des députés du clergé et du Tiers-Etat ; ceux de l'ordre de la noblesse sont seuls parvenus jusqu'à nous dans un document étranger aux actes accomplis le 31 mars, ce furent :

MM. Michel de Vialis, maréchal des camps et armées du du roi, directeur des fortifications du Dauphiné et de la Provence.

César, marquis de Coriolis, ancien capitaine des vaisseaux du roi et brigadier des armées navales.

Paul Méry de la Canorgue, capitaine des vaisseaux du roi, directeur des élèves de la marine au port de Toulon.

Louis, Armand de Lapoype-Vertrieux, chef d'escadre des armées navales.

Etienne, François, Joseph vicomte des Roys, colonel, chef de brigade au corps royal du génie.

Louis, Marie, Antoine Destouff-Milet de Murreau, capitaine au corps royal du génie.

Jean, Paul, Hyacinthe de Possel, commissaire général des ports et arsenaux de la marine, ordonnateur au département de Toulon.

Joseph, Antoine de Ferri de Clappiers, gentilhomme.

Joseph, François de Rochemore, major des vaisseaux du roi.

Joseph, Philippe de Cuers, chevalier de Cogolin, capitaine des vaisseaux du roi.

Jules, François Robineau de Villemont, chevalier de Saint-Louis, commissaire des guerres.

MM. Louis Daniel, commissaire des classes de la marine.

Félix, Magdeleine de Gineste, ancien capitaine de vaisseau.

François, Simony de Broutières, aide-major de la place de Toulon.

Louis, Alexandre, Toulon, Isnard de Cancelade, major des vaisseaux du roi (1).

Le 6 avril, à huit heures du matin, l'assemblée électorale des trois sénéchaussées se tint à Toulon et procéda à la nomination des huit représentants aux Etats-Généraux. Les trois ordres siégèrent séparément : les vingt-sept députés du clergé au palais épiscopal, les vingt-sept de la noblesse dans la grande salle du palais du roi, et les cinquante-quatre du Tiers-Etat dans la chapelle des Augustins dite de Saint-Pierre. Aucun incident notable ne marqua les opérations électorales, qui se firent au scrutin secret. Les représentants élus furent : pour le clergé, l'abbé Rigouard, curé de Solliès-Farlède, de la sénéchaussée de Toulon (2), et l'abbé Monjallard, curé de Barjols, de la sénéchaussée de Brignoles ; pour la noblesse, le chef d'escadre de Lapoype-Vertrieux et le maréchal de camp de Vialis, et pour

(1) Sur ces quinze électeurs, huit appartenaient à la noblesse fieffée et sept à la noblesse non fieffée. Ces derniers étaient MM de Lapoype-Vertrieux, le vicomte des Roys, le capitaine du génie Milet de Murreau, le commissaire général dePossel, l'aide-major de place Simony de Broutières, le commissaire des classes Daniel, et le capitaine de vaisseau de Gineste. Tous avaient signé la protestation du 15 février.

(2) Le 9 avril 1791, conformément à la loi du 13 janvier de la même année sur la nomination des évêques départementaux, le directoire du département du Var, composé de 411 membres, se réunit dans l'église cathédrale de Toulon et, par 258 voix, nomma évêque un ci-devant dominicain du nom de Aicardi, habitant Marseille depuis la dispersion de son ordre. Il refusa cette fonction en se basant sur l'état de sa santé. Le 11 avril, le directoire procéda à un deuxième tour de scrutin,

le Tiers-Etat, Meifrend, deuxième consul de Toulon, Jaume, propriétaire à Hyères, Féraud, consul de Brignoles, et Ricard de Séalt, avocat, originaire de Peyrolles, près d'Aix, mais habitant et propriétaire, croyons-nous, à Saint-Maximin. Aucun de ces représentants ne joua un rôle apparent à l'Assemblée Nationale et leurs noms sont aujourd'hui complètement oubliés.

Les élections terminées et avant de se séparer, les électeurs des trois ordres désignèrent au scrutin secret un député suppléant. Le clergé nomma l'abbé Dauphin, curé d'Entrecasteaux ; la noblesse, M. Destouff de Murreau, capitaine au corps royal du génie (1), et le Tiers-Etat, M. Honoré Granet, de Toulon, négociant.

Les Etats-Généraux s'ouvrirent à Versailles le 5 mai 1789.

Ici se termine la tâche que je m'étais imposée. J'ai écrit les annales de ma chère ville natale avec un respect religieux de ce que je crois être la vérité. Je ne saurais cependant me dissimuler tout ce que mon travail renferme d'incomplet. Je garde l'espérance qu'une plume plus autorisée que la mienne mettra un jour en pleine lumière et mieux que je ne l'ai fait, les actes de nos vénérables pères

---

MM. Mougins de Roquefort, curé de Grasse, et Rigouard, curé de La Farlède, membres l'un et l'autre de l'Assemblée Nationale, réunirent le plus de voix, sans obtenir cependant la majorité. On procéda à un troisième tour de scrutin, qui ne fut dépouillé que le lendemain, 12 avril. Le curé Rigouard obtint 208 voix sur 385 votants et fut proclamé évêque constitutionnel du département du Var.

(1) Pour nous ne savons quel motif, le chef d'escadre de Lapoype-Vertrieux ne siégea pas aux Etats-Généraux. Il fut remplacé dans la représentation de la sénéchaussée par le capitaine de Murreau, comme nous l'apprend une lettre de lui, écrite de Paris le 16 avril, dans laquelle il informe les consuls de Toulon, « qu'il a été admis en remplacement de M. de Lapoype-Vertrieux. »

de la patrie toulonnaise, et les montrera tels qu'ils furent réellement, c'est-à-dire honnêtes, laborieux et animés d'un grand esprit municipal. Je m'arrête donc au seuil de la Révolution. Aussi bien pourquoi pousserais-je mon étude plus loin ? Je touche à l'âge que les Romains dénommaient *senectus*, et le récit de nos discordes civiles ne convient pas aux préoccupations de la fin de la vie.

La Révolution fut, à l'aurore des grands jours de 1789, comme un fleuve qui, grossi par des orages longtemps accumulés, rompt tout-à-coup ses digues séculaires et, après s'être répandu au loin en bouleversant la surface de la terre, la féconde en déposant dans son sein un limon généreux pour les moissons prochaines. Préparée par plusieurs siècles de progrès matériels, d'études, de controverses et de luttes, elle prit possession de la France au nom des traditions du passé et des exigences de l'avenir. Elle emporta dans son cours tous les abus légaux et fonda l'économie dans les finances, l'ordre dans l'administration, l'égalité devant la loi et la répartition des impôts, et dégagea la monarchie en réglant les mœurs représentatives. A une heure solennelle, la France se retrouva, unie dans un acte mémorable d'abnégation et de sacrifice pour asseoir la société nouvelle sur les bases immortelles de la justice immuable et de la fraternité chrétienne. Prêtres et soldats, nobles, magistrats et peuple, tous citoyens d'une même patrie, semblèrent ne former plus qu'une même famille sous une même loi et un même roi. Mais les révolutions ont toujours à compter avec les passions des hommes, qu'elles ne savent ou ne peuvent maîtriser. La France allait bientôt se frapper elle-même, victime de ses propres fureurs. Tombée un jour, après avoir épouvanté le monde par l'immensité de ses excès, sous l'épée d'un soldat grand et heureux, les idées qu'elle avait semées dans ses emportements et ses colères semblent, après un siècle d'incubation, germer à l'horizon orageux de notre génération fatiguée et sans espoir.

Notre vieille mère patrie, la patrie de Clovis, de Charlemagne et de saint Louis, traverse à la fin du xix° siècle une crise terrible d'où elle sortira régénérée ou anéantie. Quand une nation oublie les traditions qui ont fait sa gloire et sa splendeur et cesse de regarder en haut pour y puiser ses énergies et ses espérances, elle est fatalement destinée à périr, comme périrent la république et l'empire romains, dans les convulsions des guerres civiles ou sous le choc des pures forces matérielles. Mais l'avenir est à Dieu et « le Christ aime les Franks ! »

FIN DU QUATRIÈME ET DERNIER TOME.

PIÈCES JUSTIFICATIVES

I

Réunions tenues par le Tiers-Etat de Toulon, le 17 mars 1789.

CORPORATIONS DES ARTS ET MÉTIERS

Les Aubergistes, Cuisiniers et Rôtisseurs, réunis dans une des salles basses du couvent des PP. Minimes, au nombre de 39, élurent pour député André Monier, aubergiste.

Les Bouchers, réunis dans la grande salle d'un restaurant tenu par le sieur Garnier, au nombre de 20, députèrent Jérôme Fillol.

Les Boulangers, réunis dans une salle du Vénérable Chapitre de la Cathédrale, au nombre de 20, députèrent J^h Possel.

Les Cabaretiers, réunis dans le réfectoire du couvent des PP. Minimes, au nombre de 105, députèrent Honoré Sauvaire et J^h Bruguière.

Les Cardeurs à laines, réunis dans la maison de Pierre Artaud, syndic, au nombre de 4, députèrent P. Artaud.

Les Chapeliers, réunis dans une salle du couvent des FF. Prêcheurs, au nombre de 13, députèrent Louis Ribergue.

Les Charcutiers, réunis dans une salle du couvent des FF. Prêcheurs, au nombre de 13, députèrent Henri Peytral.

Les Cordonniers, réunis dans la salle du réfectoire du couvent des FF. Prêcheurs, au nombre de 109, députèrent F. Rome et Aug. Girard.

Les corps de métiers de l'arsenal : Cordiers, Voiliers, Charpentiers, Calfats, Menuisiers, Forgerons, etc., en tout plus de mille, élurent dix députés, dont un pris parmi les perceurs ; deux parmi les voiliers, poulieurs et chaudronniers ; deux parmi les cordiers et les scieurs de long ; deux parmi les canonniers (?) un parmi les forgerons ; un parmi les menuisiers ; un parmi les broyeurs, « tous au service de » Sa Majesté dans l'arsenal ».

Les Distillateurs, Cafetiers, Liquoristes, Limonadiers, Marchands de verres et Fayenciers, réunis dans une salle du couvent des PP. Augustins, au nombre de 43, députèrent Guillaume Gagne, cafetier.

Les Drapiers, Toiliers, Quincailliers, Fourbisseurs, Gantiers, Parfumeurs et Fripiers se réunirent dans la grande salle du couvent des FF. Prêcheurs, au nombre de 101, dont vingt drapiers, trente-six toiliers, vingt-deux quincailliers, quinze fripiers, etc., et nommèrent quatre députés, qui furent : Noël Dollone, drapier ; Mouttet, toilier ; Barrallier, quincaillier ; Granet, fripier (1).

Les Droguistes, Epiciers et Confiseurs, réunis dans une salle du couvent des PP. Augustins, au nombre de 32, députèrent J^h Mouriés.

Les Ferblantiers, Bridiers, Armuriers, Fondeurs, Forgerons, Aiguiseurs, Balanciers, Maréchaux, Bourreliers, Selliers, Couteliers et Taillandiers se réunirent dans une salle du couvent des FF. Prêcheurs, au nombre de 33, dont huit ferblantiers, quatre chaudronniers, quatre maréchaux,

---

(1) On ne s'explique pas l'élection de quatre députés au lieu de deux seulement pour 101 membres présents, à moins de supposer que cette réunion de sept corporations en formait quatre distinctes auxquelles les trois autres étaient agrégées.

trois couteliers, trois forgerons, etc., et élurent pour député Simon Faucon, coutelier.

Les Jardiniers, réunis dans une salle du Vénérable Chapitre, au nombre de 32, dont neuf du nom de Picon, députèrent F. Picon.

Les Maçons, Tailleurs de pierres, Potiers de terre, Marbriers et Couvreurs se réunirent dans une salle du Vénérable Chapitre, au nombre de 105, et nommèrent députés Ant. Sauvaire, maçon, et Jacques Faissolle, tailleur de pierres.

Les Marchands de soie, Passementiers et Molliniers, réunis dans une salle du Vénérable Chapitre, au nombre de 11, députèrent Ant. Macadré, marchand de soie.

Les Menuisiers, réunis dans une salle du Vénérable Chapitre, au nombre de 45, députèrent Etienne Pélabon.

Les Orfèvres et Joailliers, « réunis dans la chambre » commune des corps où se font les essais des matières en » conformité des règlements, » au nombre 14, députèrent Ch. Grillet, orfèvre.

Les Patrons Pêcheurs, réunis dans la salle de juridiction des prud'hommes, au nombre de 58, dont quatre prud'hommes, députèrent Raymond Boyer, père.

Les Perruquiers, Barbiers, Baigneurs et Etuvistes, réunis « au bureau ordinaire de la communauté », députèrent Benoit Aynard, perruquier.

Les Portefaix à blé, réunis daus une salle basse du couvent des FF. Prêcheurs, au nombre de 128, députèrent J^h Bauchier et Ant. Rousset.

Les Portefaix à huile, réunis dans l'avant-salle consulaire de l'hôtel de ville, au nombre de 24, députèrent J^h Cauvin.

Les Regrattiers, Cordiers, Auffiers et Fidéliers, réunis

dans la salle de la confrérie des Pénitents-Gris, au nombre de 24, députèrent J.-B. David, auffier.

Les Savetiers, réunis dans une salle du Vénérable Chapitre, au nombre de 40, députèrent Ant. Mallet.

Les Serruriers, réunis dans une salle du couvent des PP. Augustins, au nombre de 12, députèrent J.-B. Marin.

Les Tabletiers, Tourneurs et Charrons, réunis dans une salle du couvent des PP. Minimes, au nombre de 12, députèrent A. Aubin, tourneur.

Les Tailleurs d'habits, réunis dans la chapelle des Pénitents Gris, au nombre de 54, députèrent Roch Barrallier.

Les Tanneurs, réunis dans une salle du couvent des PP. Minimes, au nombre de 6, députèrent F. Fisquet.

Les Tonneliers et Barillats, réunis dans une salle du couvent des FF. Prêcheurs, au nombre de 24, députèrent Gaspard Coulomb, tonnelier.

Les Tisseurs de toiles et cotons, réunis dans une salle du couvent des FF. Prêcheurs, au nombre de 14, députèrent Ant. Paviat.

Les Vitriers, réunis « dans l'étude de M^{tre} Lesperon, » notaire, » au nombre de 5, députèrent F. Aurenge.

A ces corporations et députations, il faut joindre celles des matelots de commerce qui, au nombre de plus de 200, députèrent quatre maîtres d'équipage ; des capitaines de vaisseaux marchands, qui députèrent l'un d'eux, du nom de F. Isnard, et des pilotes, qui se firent représenter par le sieur Ant. Allemand. Ces six délégués, élus seulement le 25 mars, n'assistèrent, pour la première fois, qu'à l'assemblée tenue le 28 de ce même mois.

CORPORATIONS DES ARTS LIBÉRAUX

Les Apothicaires, réunis dans une salle basse du couvent des FF. Prêcheurs, au nombre de 7, députèrent les sieurs Aguier et Ferra.

Les Avocats, réunis au Palais du roi, au nombre de 15, députèrent les sieurs Laugier et Chauvet, père.

Les Chirurgiens, réunis à l'hôpital de la marine, au nombre de 14, députèrent les sieurs Alex Verguin et André Rey.

Les Huissiers, réunis au Palais du roi, au nombre de 5, députèrent les sieurs Verse et Sébastien Barthélemy.

Les Médecins, réunis dans la maison de M. Burel, syndic, au nombre de 11, élurent les sieurs Barberet et Faure de Roussieux.

Les Notaires, réunis au Palais du roi, au nombre de 8, députèrent M^{tres} Philibert et Garnier.

Les officiers de l'Amirauté, réunis au nombre de 4, MM. Roch Amyot, lieutenant général civil et criminel ; Melchior Rimbaud, avocat du roi ; F. Rimbaud, procureur du roi, et Jean Pibre, députèrent R. Amyot et M. Rimbaud.

Les officiers de la Sénéchaussée, réunis au nombre de 5, M. Truc, juge honoraire étant absent, députèrent MM. Laugier, lieutenant particulier, et Martelly, avocat du roi.

Les Procureurs, réunis dans le cabinet de M^{tre} Thouron, syndic, au nombre de 7, quatre étant absents, élurent MM. J^h Baudeuf et Dom. Girard.

HABITANTS NON CORPORÉS

Les ménagers, paysans, propriétaires et fermiers, au nombre de 66, élurent députés Pons Funel, ménager au quartier des Routes, et F. Ravel, propriétaire aux Darboussètes.

Les électeurs de la ville, au nombre de 317, députèrent : Lantier de Villeblanche, ancien commissaire contrôleur de la marine, maire sorti de charge le 1ᵉʳ janvier 1789 ; Brun Sainte-Marguerite, ancien commissaire de la marine ; Gavoty, négociant ; Honoré Granet, négociant ; Gauthier, brigadier des armées navales du roi d'Espagne, ancien capitaine des vaisseaux du roi, chevalier de l'ordre royal et militaire de Saint-Louis ; Giraud, garde-magasin ; Jʰ Brun, négociant, et Dejean, prévôt de la marine.

Archives communales modernes. Série D : *Révolution française Etats-Généraux.*

II

Assemblée de la Sénéchaussée de Toulon, tenue le 31 mars 1789.

Ce jourd'huy, trente-un mars, mil-sept-cent-quatre-vingt-neuf, savoir faisons, nous Charles, Laurent, Burgues de Missiessy, chevalier de l'ordre royal et militaire de Saint-Louis, sénéchal d'épée au siège et ressort de la sénéchaussée de cette ville de Toulon, qu'ensuite de nos ordonnances des 12 et 16 du courant, portant indication et prorogation de l'assemblée des trois ordres de cette sénéchaussée, transférée dans l'église des Prêcheurs de cette ville, nous nous y serions rendu en compagnie de M. maitre Granet, lieutenant général en ladite sénéchaussée, de M. maitre Fournier, procureur du roy en icelle, et de maître Jacques Guérin, commis principal au greffe, précédés par les huissiers ; où, arrivé, nous aurions, après l'heure d'expectative, fait l'ouverture de ladite assemblée, donné défaut contre les non comparants, et reçu le serment de tous les membres de ladite assemblée, moyennant lequel ils nous ont promis et juré de procéder fidèlement à la rédaction du Cahier général et à la nomination des députés ; après lequel serment les trois ordres se sont retirés, savoir : le clergé dans le palais épiscopal, la noblesse dans une salle du monastère, et le Tiers-Etat dans la présente église, pour tenir leur assemblée particulière, le tout en conformité de l'article quarante du règlement de S. M. du 24 janvier dernier, de laquelle ouverture avons dressé le présent procès-verbal, que nous avons signé, avec M. le lieutenant général, M. le procureur du roy et le greffier.

Et avant la séparation des ordres, M. l'évêque de Toulon ayant, en sa qualité de président du clergé, proposé à cet ordre de délibérer d'adhérer à la contribution commune à toutes les charges du roy, de la province et de la ville, à l'égal des autres ordres, le clergé, par acclamation, a donné ladite adhésion. La même proposition ayant été faite par M. le Sénéchal à l'ordre de la noblesse, cet ordre, par la bouche de M. de Lapoype-Vertrieux, chef d'escadre des armées navales, et par acclamation, a renouvelé la déclaration à la contribution commune qu'il avoit déjà faite, et M. le lieutenant général, en sa qualité de président du Tiers-Etat, a témoigné à ces deux ordres tous les sentiments dont le Tiers est animé pour l'union commune des trois ordres ; et les applaudissements universels de l'assemblée ayant couronné cette délibération, il a été arrêté d'en donner connaissance au peuple à l'issue de l'assemblée ; et M. le Sénéchal a signé avec M. le lieutenant général, M. le procureur du Roy, M. l'évêque de Toulon et les membres du clergé, M. le marquis de Lapoype-Vertrieux et les membres de la noblesse, ainsi que les députés du Tiers-Etat et le greffier.

De Burgues Missiessy, sénéchal. Granet, lieutenant général. Fournier, procureur du Roy.

MM. DE L'ORDRE DU CLERGÉ

Elléon de Castellane, évêque de Toulon ; Deydier de Pierrefeu, archidiacre, pour le Chapitre de Toulon ; Chéry, curé de Saint-Louis ; Roubert, curé ; Rastin, curé ; Beaumont, curé de La Seyne ; Portalis, curé de la Cadière ; de Combaud, prieur de Sainte-Anne ; Rigouard, curé de la Farlède ; Bœuf, curé ; Gerfroid, curé ; Baude, curé ; Sage, chanoine-curé ; Revest, curé de Cuers ; Daumas, curé de la cathédrale ; Lalain, prêtre ; Huillet, curé de la Garde ; Bernard, curé de Solliès-Pont ; Raphaël Paris, prieur et député de la Chartreuse de la Verne ; Lassère, vicaire général et chanoine ; Fournier, doyen ; Gardon, curé de Bandol ; Gasquet, curé ; Lardier, procureur de M. le curé d'Ollioules ; Sénès, curé de Bormes ; Constantin, vicaire à Solliès-Ville ; Garnier, prêtre de l'Oratoire ; Revest, procureur des Ursulines de la ville ; Imbert, prêtre bénéficier ; Sibon, prévôt du Chapitre de Cuers ; Gay, représentant l'agrégation du lieu d'Ollioules ; Rambert, prêtre, procureur fondé du curé du Revest ; Villot, prêtre de l'Oratoire, supérieur de la maison d'Ollioules ; Espanet, prêtre, procureur fondé du curé du Castellet ; Roux, prêtre-vicaire de Saint-Louis ; Gras, prêtre bénéficier ; Guiraud, prêtre-vicaire du Beausset ; Bonnaud, prêtre ; Artaud, prêtre, prieur de Saint-Maur ; Bernard, vicaire ; Baudoin, curé d'Evenos ; Guérin, vicaire ; Julien, prêtre-vicaire de Solliès ; Roubaud, vicaire de Toulon ; Estienne, prêtre, député de la Cadière ; Charles, vicaire de la cathédrale de Toulon ; Portal, prêtre du Beausset ; Thollon, prêtre ; Mandine, prêtre ; Gautier, prêtre-vicaire ; Louaine, prieur des Augustins Réformés ; Bastide, des FF. Prêcheurs ; Aube, correcteur des Minimes ; Martin, Minime ; Ange, prieur et député des Carmes Déchaussés ; Daviot, député des Clairistes d'Ollioules ; Bouttet, des FF. Prêcheurs ; Ventre, curé de Pierrefeu ; Thollon, recteur de la chapelle de Sainte-Maxime.

MM. DE L'ORDRE DE LA NOBLESSE

Lapoype-Vertrieux, chef d'escadre des armées navales ; Vialis, maréchal de camp ; le chevalier de Vialis, ancien capitaine de vaisseau ; Boullement de la Chesnay, capitaine au corps royal du génie ; de Possel, commissaire général ordonnateur ; le vicomte de Roys, colonel ; de Coriolis ; le chevalier de Tressemanes-Chasteuil ; de Cuers ; de Rochemore, capitaine de vaisseau ; le marquis de la Canorgue, capitaine de vaisseau ; Isnard de Cancelade ; d'Antrechaux ; de Gineste ; de Martinenq ; le chevalier de Burgues de Missiessy ; le chevalier de Cogolin, fondé de procuration pour M. de Selle de Réal, seigneur de la Castille ; Daniel, commissaire des classes de la marine ; le comte de la Porte-Yssertiaux, ancien capitaine des vaisseaux du roy ; Simony de Broutières, capitaine aide-major de cette place ; Ferri de Clappier, écuyer.

MM. DE L'ORDRE DU TIERS-ÉTAT

Martelly, avocat du roy ; Rimbaud, procureur du roy de l'amirauté, Chauvet, père, avocat ; Philibert, notaire ; Girard, procureur ; Ferra, apothicaire ; J. S. Barthélemy procureur ; Mouttet, marchand ; Grillet, orfèvre; Mouriès, confiseur; Gabert, maitre d'équipage; Macadré, marchand de soye; Aynaud, perruquier; Boyer, pêcheur; Pons Funel, paysan; Isnard, capitaine marchand; Fisquet, tanneur ; Gagne, cafetier ; Marin, serrurier; Vidal, canonnier ; Pauquet, voilier; Ribergue, chapelier; Barralier, tailleur ; Rome, cordonnier; Monier, traiteur ; Sauvaire, maçon ; Possel, boulanger; Fouque, coutelier; Pélabon, menuisier; Brun Sainte-Marguerite; Gavoty, négociant; Aubin, tourneur ; Fillol, boucher ; Sauvaire, cabaretier ; Gautier, charpentier; Bauchier, portefaix à blé.

En deffaud de MM. Barberet, médecin ; Dejean, prévôt de la marine; Henri Granet, négociant, et Eynaud, maire.

Les députés des villes, bourgs, paroisses et communautés de campagne.

Cuers. — MM. Bourgogne, Sauveur Montagne, Aumérat, Aurran.

Ollioules. — MM. Andrieu, médecin ; Lantier, notaire; Martelly, négociant ; Ycard, négociant.

Solliès-Pont. (1) — MM. Victor Dollieule, maire; J^h Gerfroid, médecin; Gensollen, avocat; Aug. Albert, bourgeois; J^h Sénès, négociant ; F. Lieutaud, bourgeois; L. Guiol, ménager; J^h Guidon, négociant; L. Toucas, négociant; P. Guidon, négociant ; L. Arène, ménager; J. Rey, maitre bourrelier; A. Aiguier, ménager.

(1) Solliès-Pont, Solliès-Ville, Solliès-Toucas et Solliès-Farlède ne formaient en 1789 qu'une seule communauté, dont le chef-lieu était Solliès-Pont. Elle comptait en tout 1.361 feux ou familles. Ce ne fut qu'en l'an VII de la République que les quatre Solliès furent constitués en quatre communes distinctes.

La Cadière. — MM. F. Ganteaume, A. Braquety, Melchior Portalis; J. B. Audiffren, J. B. Gairoard, J^h Gairoard, F. Gairoard. En deffaud de M. Etienne Portalis, ancien assesseur.

Le Bausset. — MM. Angelin, F. Gairoard, J. J^h Portalis, Léonard Laffond, M^{tre} Marquand, F. Imbert. En deffaut de M^{tre} J. B. David Portalis.

La Valette. — MM. Gautier, Baudouvin, Pascalet, Monier, Gérin.

Six-Fours. — MM. L. Julian, Dellepoux, Garnier, F. Denans, J^h Beaussier.

Saint-Nazaire. — MM. Hermite, notaire; J^h Fournery, bourgeois; Pardigon, procureur; Ant. Icard.

La Seyne. — MM. Guigon, Beaussier, L. Beyle, J^h Abé.

Le Castellet. — MM. Ganteaume, Décugis, Guirard, Revest.

Evenos. — MM. Guiol, Pichaud.

Le Revest. — MM. L. Fauchier, Esprit Jean.

Cogolin. — MM. Imbert, avocat ; Porre.

Bormes. — MM. Honnoraty, Brunet, bourgeois.

Pierrefeu. — MM. Ginouvès, Caudeiron.

La Garde. — MM. Reynaud, Remont, Grué.

Bandol. — MM. Gardon, Bellieu, Tournefort, avocat.

Le lieu de Sainte-Marguerite. — MM. Gasquet, maire; Barrallier.

Archives communales, modernes. Série D. Révolution française. Etats-Généraux.

LISTE CHRONOLOGIQUE DES ÉVÊQUES DE TOULON

Depuis les origines du siège jusqu'à la suppression en 1791

La date qui suit le nom de chaque évêque indique l'époque où il apparaît pour la première fois, et la deuxième, l'époque de sa mort ou de sa dernière apparition dans les documents venus à notre connaissance.

Honoré	451 —	...
Gratien	493 —	...
Cyprien	514 —	545 (?) †
Pallade	549 —	...
Didier Ier	573 —	575
Mennas	601 —	...
Taurin	680 —	683 (1)
Gandalmar	878 —	... (2)
Eustorge	879 —	...
Armode	899 —	...
Jantad	1021 —	...
Déodat	1031 —	1056
Guillaume Ier	1057 —	1079
Aymin	1095 —	1110
Guillaume II	1117 —	1165
Isnard Pierre	1169 —	1183
Didier II	1183 —	1201
Rausin, Pons	1201 —	1210
Guillaume III	1210 —	1212
Etienne	1212 —	1223

(1) Voir une note insérée t. II., p. 448.

(2) Voir pour cet évêque le document cité t. I., p. 355.

Baussan, Jean	1223 — 1232
Rostang, Guillaume	1235 — 1250
Gautier	1257 (?) 1276
Jean Sylvestre	1283 (?) 1295
Rostang II, Raymond	1299 — 1310 (1)
Pons	1310 — ....
Elzéar de Glandevès	1319 — 1323
Pierre	1324 — ....
Foulques	1328 — 1330 (2)
Jacob de Corvo	1330 — 1341
Hugues de Beylune	1346 — 1352
Gauffridi, Pierre	1357 — ....
Dacon, Raymond	1364 — ....
Guillaume de la Voulte	1365 — 1368
Jean, Etienne	1368 — 1381
Pierre de Marville	1395 — 1402 †
Jean	1403 — 1409 †
Vitalis	1411 — 1427
Draconis	1427 — 1433 †
Jean Gombaud	1434 — 1440 †
Pierre de Clapiers	1440 — 1454 †
Jean Huet	1454 — 1484
Jean Lebigre	1490 — ....
Jean Mixon	1491 — 1495
Guillaume Briçonnet, dit le Cardinal de Saint-Malo	1502 — 1511
Denis Briçonnet	1511 — 1515
Philas de la Rovère	1515 — 1518
Nicolas de Fiesque	1518 — 1524

(1) Voir une note insérée t. II., p. 449.
(2)   Ibidem.

Augustin Trivulce.................	1524 —	1527
Antoine Trivulce.....................	1528 —	1559
Jérôme de la Rovère.................	1559 —	1565
Thomas Jacomel.....................	1565 —	1570 †
Guillaume du Blanc...................	1571 —	1588 †
Dominique de Grimaldi..............	1598 —	....
Gilles de Sceptris.....................	1599 —	1626 †
Auguste de Forbin Solliès.............	1628 —	1639 †
Jacques Danes.......................	1640 —	1656
Pierre de Pingré.....................	1658 —	1662 †
Louis de Forbin d'Oppède.............	1664 —	1675 †
Jean de Vintimille du Luc.............	1675 —	1682 †
Armand, Louis, Bonnin de Chalucet....	1684 —	1712 †
Louis, de la Tour du Pin de Montauban..	1712 —	1737 †
Louis, Albert, Joly de Choin...........	1738 —	1759 †
Alexandre de Lascaris de Vintimille....	1759 —	1786 †
Elléon de Castellane-Mazaugues........	1786 —	1790

Mort en émigration à Udine, dans le Frioul, en 1806.

TABLE DES MATIÈRES

CHAPITRE XVIII

TOULON SOUS LOUIS XIV (SUITE)

Agrandissement de la ville : ouverture de sept rues nouvelles ; la place d'Armes, la place Saint-Roch et la porte Royale. — Construction de la Fonderie, du Collège Royal ou Séminaire de la Marine et de l'hôtel de l'Intendance. — Etablissement à Toulon d'un commandant militaire en résidence fixe. — Conflit entre le commandant militaire et les consuls. — Ordonnance du roi réglant leurs rapports. — Le Cérémonial de la ville de Toulon. — Des visites des consuls après leur élection. — Marches et cérémonies publiques. — De la réception par les consuls des souverains et des princes, des gouverneurs de la province, des ministres, ambassadeurs, etc. — Les querelles du Jansénisme à Toulon. — Jean de Vintimille du Luc, évêque. — La vénalité des offices à Toulon. — Armand, Bonnin de Chalucet, évêque. — Fondation de l'hôpital de la Charité. — Institution d'une école primaire gratuite de filles, sous la direction des sœurs de Saint-Maur. — Introduction des PP. Recollets dans la ville et construction de l'église Saint-Jean, aujourd'hui de Saint-François-de-Paule. — Construction de la Poissonnerie. (1680-1700) . . . . Page 1

CHAPIRE XIX

LE SIÈGE DE TOULON EN 1707

La guerre de la succession d'Espagne. — L'armée des coalisés réunie dans les Alpes menace la Bresse, le Dauphiné et la Provence d'une invasion. — Incertitudes funestes à la cour de France sur les projets des ennemis. — On apprend que leur objectif est de surprendre Toulon avec l'appui d'une flotte anglaise concentrée à Gênes. — Les coalisés descendent par Coni et Nice sur le Var. — Situation misérable des fortifications de la place de Toulon. — Le maréchal de Tessé reçoit l'ordre de diriger une armée de secours du Dauphiné sur la Provence. — Préparatifs de défense à Toulon : état du personnel et du matériel de siège. — Construction d'ouvrages avancés sur le front est de la ville et d'un camp retranché à Sainte-Anne. — Les ennemis passent le Var le 11 juillet. — Les premiers bataillons français arrivent à Valensole le 19. — Toulon devenu l'enjeu d'une marche à accomplir par les deux armées. — Itinéraires projetés du maréchal de Tessé, de Valensole à Toulon. — Le comte de Grignan les fait modifier. — Marche des bataillons à travers les montagnes de Tavernes à Montrieux et de là à Toulon, par Orvès. — Sept bataillons de secours entrent à Toulon, le 22, pendant que le duc de Savoie campait au Luc. — Arrivée à Toulon, le 23 juillet, de neuf bataillons, et, le 25, des treize derniers bataillons. — Les ennemis arrivent le 26 à la Valette et y établissent leurs campements. — Ouverture des hostilités. — Les assiégeants s'emparent de la Croix de Faron, et, successivement, de la hauteur d'Artigues et du plateau de Sainte-Catherine. — Ils ouvrent une parallèle de Sainte-Catherine à la hauteur de la Malgue. — Opérations de la flotte anglaise devant Toulon et sur la côte — Le 7 août les ennemis ouvrent le feu contre la ville. — Relation du siège. — Plan d'une sortie générale des assiégés sur six colonnes. — Combat du 15 août. — Les ennemis perdent leurs positions de Faron, d'Artigues, de Sainte-Catherine et de Dardennes. — Bombardement de Toulon par terre et par mer. — Levée du siège. — Etat de la ville et de son territoire après la levée du siège. — Retraite de l'armée des coalisés sur le Var. — Inaction du maréchal de Tessé. — Ses causes et ses effets. — Conclusion (1700-1707) . . . . . Page 75

CHAPITRE XX

TOULON PENDANT LA PESTE DE 1721

Détresse des habitants de Toulon dans les premières années qui suivirent le siège. — Création d'une nouvelle paroisse, sous le vocable de Saint-Louis. — Louis de Montauban, évêque. — Querelles de la bulle *Unigenitus*. — La peste se déclare à Marseille. — Premières mesures prises à Toulon pour se garantir de la contagion. — Création d'un hôpital à Saint-Roch. — Apparition des premiers cas de peste. — M. d'Antrechaus, maire-consul. — La peste envahit la ville. — Les mendiants sont transférés sur un vaisseau mouillé en rade. — Evacuation des infirmes, malades et blessés de l'hôpital du Saint-Esprit dans le couvent des FF. Prêcheurs. — Organisation d'une quarantaine générale. — Généreuse conduite de la population de Lorgues pendant toute la durée de la peste. — Toulon pendant la quarantaine. — La peste se déclare dans l'infirmerie du couvent des FF. Prêcheurs et à bord du vaisseau des mendiants. — Désarroi de tous les services par la mort des administrateurs et des agents. — Création de l'hôpital du Camp-Gérin.

— Effroyable mortalité. — Fin de la quarantaine. — Prolongation des pouvoirs consulaires de M. d'Antrechaus. — Cessation de la peste. — Statistique des morts en ville, dans les hôpitaux et sur le territoire de la commune. (1707-1721) . . . . Page 177

CHAPITRE XXI

TOULON SOUS LE RÈGNE DE LOUIS XV

Toulon après la peste de 1721. — Construction de l'avant-quai. — Affaire de la Cadière et du P. Girard, jésuite. — Les hallucinations maladives de la Cadière et les imprudences du P. Girard. — La Cadière se retire dans un couvent à Ollioules. — Son séjour et sa sortie. — Le P. Girard abandonne la direction spirituelle de la Cadière. — Celle-ci en conçoit un vif ressentiment et prend pour confesseur un religieux carme. — Révélations de la Cadière à son confesseur. — Le P. Girard est accusé de séduction, d'avortement et de sorcellerie. — L'accusation est portée devant le lieutenant de la sénéchaussée. — Le P. Girard en appelle au Parlement. — Vive émotion en Provence. — Arrêt du Parlement qui met hors de cour le P. Girard et la Cadière. — Manifestations séditieuses à Aix et à Toulon en faveur de la Cadière et contre le P. Girard. — L'évêque de Toulon veut retirer la régence du collège aux Oratoriens. — Mgr de Choin, évêque. — Etat des possessions et revenus de l'évêché au milieu du XVIIIe siècle. — Construction du clocher de la cathédrale. — Edification de la porte de l'Arsenal. — Modifications diverses apportées au régime municipal depuis 1609 jusqu'en 1754. — Règlement de 1754. — Désordres dans l'administration. — Nouveau règlement édicté par Louis XVI en 1777. (1721-1740) . . Page 247

CHAPITRE XXII

TOULON SOUS LE RÈGNE DE LOUIS XVI

Origine de la guerre de la succession d'Autriche. — La flotte combinée franco-espagnole à Toulon. — Blocus du port par la flotte anglaise. — Combat naval de Toulon. — Invasion de la Provence par les Austro-Sardes. — Toulon pendant l'invasion. — Etat des finances municipales en 1750. — Introduction à Toulon des Frères de la Doctrine Chrétienne. — La guerre de sept ans — Arrivée à Toulon du maréchal de Richelieu. — Expédition de Mahon. — Retour de l'armée et de l'escadre à Toulon. — Fêtes et réjouissances publiques en l'honneur du maréchal et de l'amiral de LaGalissonnière. — Création de l'hôpital de la marine. — Mort de Mgr

de Choin. — Mgr de Lascaris-Vintimille, évêque. — Construction des forts d'Artigues, de Sainte-Catherine et de la Malgue. — Mort de Louis XV et avènement de Louis XVI. — Cérémonies et réjouissances publiques à Toulon. — Construction de l'église Saint-Louis. — Mgr Elléon de Castellane, dernier évêque de Toulon. (1740-1788) . . . . Page 311

CHAPITRE XXIII

LES ÉLECTIONS DES DÉPUTÉS DE TOULON AUX ETATS-GÉNÉRAUX DU ROYAUME

Convocation des Etats-Généraux du royaume. — Règlement du sénéchal pour la convocation et la tenue des assemblées des trois ordres dans les trois sénéchaussées de la circonscription électorale de Toulon. — Composition des assemblées électorales. — Les réunions primaires du clergé et de la noblesse de Toulon. — Réunions primaires du Tiers-Etat de Toulon. — Assemblée communale des délégués du Tiers-Etat pour la rédaction du Cahier des vœux et doléances. — Emeute des 23 et 24 mars. — Les mobiles secrets de l'émeute. — L'assemblée communale du Tiers-Etat, chassée de l'hôtel de ville, se réunit dans l'église Saint-Pierre. — Lettre des présidents du clergé et de la noblesse à l'assemblée des délégués du Tiers-Etat. — Discussion et adoption du Cahier des vœux et doléances. — Tenue de l'assemblée générale des trois ordres de la sénéchaussée de Toulon. — Séparation des trois ordres en assemblées particulières pour procéder à la rédaction définitive de leur Cahier et à la nomination de leurs délégués électeurs. — Incertitudes historiques sur ce qui se passa dans ces assemblées et sur leurs résultats. — Les noms des quinze délégués électeurs de la noblesse arrivés seuls jusqu'à nous. — Réunion du collège électoral des trois ordres des sénéchaussées de Toulon, d'Hyères et de Brignoles. — Election des députés aux Etats-Généraux. — Conclusion . . . . Page 377

Pièces justificatives . . . . Page 439

Chronologie des évêques de Toulon depuis les origines du siège jusqu'à sa suppression, en 1791 . . . . Page 451

Imp. du Var, angle des rues Picot et d'Antrechaus, Toulon.

www.ingramcontent.com/pod-product-compliance
Lightning Source LLC
Chambersburg PA
CBHW070206240426
43671CB00007B/568